August Heinrich Petiscus

Der Olymp oder Mythologie der Griechen und Römer

August Heinrich Petiscus

Der Olymp oder Mythologie der Griechen und Römer

ISBN/EAN: 9783742896582

Hergestellt in Europa, USA, Kanada, Australien, Japan

Cover: Foto ©ninafisch / pixelio.de

Manufactured and distributed by brebook publishing software
(www.brebook.com)

August Heinrich Petiscus

Der Olymp oder Mythologie der Griechen und Römer

Der Olymp

oder

Mythologie der Griechen

und Römer.

Mit Einschluß

der Aegyptischen, Nordischen und Indischen

Götterlehre.

Zum Selbstunterricht
für die erwachsene Jugend und angehende Künstler;
sowie für höhere Lehranstalten
von

A. H. Petiscus.

Zwölfte verbesserte Auflage.
Mit 67 erläuternden Abbildungen in Holzschnitt.

Leipzig.
C. F. Amelang's Verlag.
(Friedr. Volckmar sen.)
1860.

Vorwort.

Wenn ein Buch fünf und vierzig Jahre hindurch ein Liebling des Publicums war, wenn der Vater, der mit Behutsamkeit auf den Bildungsweg seines Sohnes schaut, dasselbe Buch bei letzterem erblickt, welches auch ihm in seiner Jugend den reichen Stoff des my=thologischen Wissens zuführte und noch in seinen älteren Tagen die Quelle bildet, woraus er die Anschauung und das Verständniß der religiösen Vorstellungen ver=schwundener Zeiten schöpft — da ist wohl mit Recht die Ansicht gerechtfertigt, daß ein solches Buch, wel=ches eine so lange Periode bestand, einen Werth in sich tragen müsse, welcher die Neigung rechtfertigt, die eine Generation nach der andern der beliebten Schrift gezollt.

So ist's mit dem Olymp von Petiscus! Fragen wir nach der Ursache, warum gerade dieses Buch sich einer so ungewöhnlichen Gunst erfreut, so beruht solche in der glücklichen Vereinigung wissenschaftlicher Grund=lage mit einer Darstellungsweise, die den Geist ent=zündet, und die uns empfänglich macht für jenen hoch=poetischen Ideenkreis des classischen Alterthums! In logischer Entwickelung gelangen wir bei der Lectüre des Olymp zum klaren Verständniß der Mythen und Sagen der Vorzeit, in einer Ausdehnung und Deutlich=keit, wie sie für den Kreis des gebildeten Publicums sich eignet.

Mag auch diese Schrift bisher allen Anforderun
gen genügt haben, welche man an ein Lehrbuch die:
ser Art stellen mag, so haben wir es doch als
eine gebieterische Pflicht erkannt, bei dieser Auflag
keine erneute Sorgfalt zu scheuen. Wir haben zu den
Zwecke hochstehende Kräfte gewonnen, mit derei
Hülfe es gelang, in unserem Olymp Alles, was i
neuerer Zeit die Wissenschaft auf dem Gebiete der My
thologie erforschte, als ein fertiges Bild in anziehen
der Darstellung und in systematischer Anordnung mi
dem frühern Texte zu verweben. Darum haben be
der jetzigen Bearbeitung vielfache Aenderungen statt
gefunden, die jedoch sammt und sonders dem prüfende
Leser den Beweis liefern, daß eine jede derselbei
eine Bereicherung und Verbesserung im Vergleich zu
früheren Auflage ist.

Was die Darstellung in Schrift und Bild an
langt, so ist dabei jede rücksichtsvolle Grenze mit Be
hutsamkeit erwogen! Lehrerinnen, Lehrern, Eltern un
Erziehern, welche die Lectüre und den Bildungsgan
ihrer Kinder und Zöglinge mit Sorgfalt erwägen, di
darnach streben, daß nicht minder der Sinn für Kennt
nisse und historische Auffassung, als auch für das wun
derbar Schöne und Poetische, was dieser Sagenkrei
bietet, in jungen Gemüthern erweckt und entzünde
werde, allen diesen legen wir getrost den Olymp i
die sorgenden Hände!

So wie jetzt, soll auch unser ferneres Streben kei
anderes sein, als dafür zu sorgen, daß der Olmyp sic
auf der Höhe ächt deutscher Bildungsbücher erhalte.

Verzeichniß der Abbildungen.

(Die römischen Zahlen bezeichnen die Tafel, auf welcher das Bild, die arabischen Zahlen die Seiten, zwischen welchen die Tafel sich befindet.)

Aesculapius, Asklepios, XV. 214. 215.

Aïs, Aïdes, Aïdoneus, Hades, Pluton, IV. 64. 65.

Amor, Eros, Cupido, XI. 182. 183.

Apeliotes, XXIII. 182. 183.

Aphrodite, Venus, V. 92. 93. XI. 182. 183.

Apollon, Apollo, VI. 102. 103.

Ares; Mars, V. 92. 93. XI. 182. 183.

Artemis, Diana, VII. 122. 123. VIII. 122. 123.

Asklepios, Aesculapius, XV. 214. 215

Athene, Pallas, Minerva, VI. 102. 103.

Aurora, Eos, XIII. 178. 179.

Bacchus, Bakchos, Dionysos, VII. 122. 123.

Boreas, XXIII. 182. 183.

Ceres, Demeter, Deo, IV. 64. 65.

Centauren, Kentauren, XXII. 192. 193.

Chariten, Grazien, XXII. 192. 193.

Chloris, Flora, XVII. 166. 167.

Cupido, Amor, Eros, XI. 182. 183.

Demeter, Deo, Ceres, IV. 64. 65.

Dionysos, Bakchos, Bacchus, VII. 122. 123.

Diana, Artemis, VII. 122. 123. VIII. 122. 123.

Eos, Aurora, XIII. 178. 179.

Ephesische Artemis, VIII. 122. 123.

Erato, XXI. 176. 177.

Eros, Amor, Cupido, XI. 182. 183.

Euros, XXIII. 182. 183.

Euterpe, XX. 174. 175.

Flora, Chloris, XVII. 166. 167.

Fortuna, Tyche, XVII. 166. 167.

Ganymedes, XI. 182. 183.

Grazien, Chariten, XXII. 192. 193.

Hades, Aïs, Aïdes, Aïdoneus, Pluton, IV. 64. 65.

Hebe, Juventas, XII. 176. 177.

Helios, Sol, VI. 102. 103.

Hephästos, Vulcan, V. 92. 93.

Hera, Here, Juno, III. 52. 53.

Herakles, Hercules, XXII. 192. 193. XXIV. 200. 201.
Hermes, Mercur, IX. 136.
Hestia, Vesta, IV. 64. 65. [137.
Horen, XXI. 176, 177.
Hygiea, XV. 214. 215.
Hymen, Hymenäos, XII. 176. 177.
Janus, IX. 136. 137.
Iris, XII. 176. 177.
Isis, XXVI. 320. 321.
Juno, Hera, Here, III. 52. 53.
Jupiter, Zeus, II. 38. 39.
Juventas, Hebe, XII. 176. 177.
Kalliope, XIX. 174. 175.
Klio, XVIII. 174. 175.
Kora, Persephone, Proserpina, IV. 64. 65.
Kronos, I. 34. 35.
Latona, Leto, X. 142. 143.
Laokoon, XXV. 268. 269.
Lips, XXIII. 182. 183.
Lucifer, XIII. 178. 179.
Mars, Ares, V. 92. 93.
Mercur, Hermes, IX. 136. 137.
Melpomene, XVIII. 174.
Minerva, Athene, [175.
Pallas, VI. 102. 103.
Mnemosyne, XIX. 174. 175.
Momus, XV. 214. 215.
Neptunus, Poseidon, III. 52. 53.
Nike, Victoria, XXIV. 200. 201.
Nymphen, XVII. 166. 167.
Osiris, XXVI. 320. 321.
Pan, XIV. 154. 155.

Pallas, Athene, Minerva, VI. 102. 103.
Pegasos, XVII. 166. 167.
Persephone, Proserpina, Kora, IV. 64. 65.
Pluton, Ais, Aïdes, Aïdoneus, Hades, IV. 64. 65.
Polyhymnia, Polymnia, XX. 174. 175.
Poseidon, Neptunus, III. 52. 53.
Proserpina, Persephone, Kora, IV. 64. 65.
Psyche, XI. 182. 183.
Rhea, griechisch, I. 34. 35. II. 38. 39.
Sarapis, Serapis, XXVI. 320. 321.
Satyrn, XIV. 154. 155.
Sirenen, XVI. 164. 165.
Sol, Helios, VI. 102. 103.
Telesphoros, XV. 214. 215.
Terpsichore, XXI. 176. 177.
Thalia, XVIII. 174. 175.
Themis, X. 142. 143.
Theseus, XXV. 268. 269.
Triton, Tritonen, XVI. 164.
Tyche, Fortuna, XVII. [165. 166. 167.
Urania, XX. 174. 175.
Venus, Aphrodite, V. 92. 93. XI. 182. 183.
Vesta, Hestia, IV. 64. 65.
Victoria, Nike, XXIV. 200. 201.
Vulcan, Hephästos, V. 92. 93.
Winde, XXIII. 182. 183.
Zephyros, XXIII. 182. 183.
Zeus, Jupiter, II. 38. 39.

Der Olymp,

oder

Mythologie der Griechen und Römer.

Das Wesen und die Bedeutung

der

Götter des classischen Alterthums.

————

Lassen Sie uns, meine jungen Leser und Leserinnen, zusammen eine Wanderung machen in der sogenannten alten Welt, in dem von Dichtern vielfältig gepriesenen Lande, wo nach dem Glauben des Volkes Götter und Göttinnen und Heroen in vielerlei Art und Wesen lebten, wohnten und wirkten, die mit Allgewalt vom **Olymp**, der hohen Götterwohnung herab, die Erde, das Meer, das Feuer im Innern der Erde mit seinen feuerspeienden Bergen und Erderschütterungen, wie auch die nächtlichen Tiefen der Unterwelt beherrschten, dem Menschen das Leben nebst den mancherlei Gaben körperlicher und geistiger Vorzüge verliehen, aber auch in der Natur walteten, so daß der Berg, das Thal, die Quelle, der Bach, der Fluß, der stille Hain, das blumengeschmückte wie getreidereiche Gefilde, die Heerden, die Hütte, und auch der Palast unter der Obhut eines Gottes standen. Ueberall fand der religiöse Glaube jener frühen Zeit ein Götterwesen mit einem bestimmten Gebiet seiner Thätigkeit. Darum ist das einfache Wort

1*

eines deutschen Dichters über die Götter dieser Frühzeit
so wahr:

„Die Götter eifern in die Wette
Wer zur Begabung der Natur
Am meisten beizutragen hätte."

Wo also auch der Mensch sich befinden mochte, Alles, die
Natur außer ihm wie er selbst, war ihm das Werk einer Gott=
heit, deren Wahrnehmung nichts entgehen konnte. Darum
lebte in seiner Brust heilige Scheu, die ihm wehrte die Götter
zu verletzen und dadurch zu erzürnen, aber ebenso lebte er in
dem Glauben, daß Alles durch eine Gottheit geschehe, was
sich um ihn und in ihm ereignete. Darum ergab er sich auch
dem Schicksal als einer unwandelbaren Bestimmung der
Weltordnung, die selbst die Götter nicht zu ändern ver=
mochten. Frei war ihm zwar die Wahl der That, aber
an diese knüpfte sich das Schicksal in den Folgen des Ge=
schehenen.

Mit diesem Glauben zog man hinaus zum feindlichen
Kampf in der Feldschlacht; war doch der Gott selbst gegen=
wärtig. Ebenso bauete der Landmann sein Feld; denn eine
Gottheit hatte ja die Kunst gelehrt, Feldfrüchte zu bauen, die
sie dem Menschen als eine himmlische Gabe gegeben hatte.
Dem Schiffer war die Gunst der Gottheit des Meeres zur
glücklichen Fahrt unentbehrlich; darum hütete er sich auch die
Gottheit zu erzürnen. Dem Dichter war seine Begeisterung
zu Liedern und Gesang die Gabe einer Gottheit, und nicht
minder gab dem bildenden Künstler eine Gottheit das Ge=
lingen seiner Werke. Auch die Freuden der Geselligkeit im
Spiel und Gastmahl konnten nicht ohne die Gunst der Gott=
heit sein, der man daher den ersten Tropfen des Trunkes und
beim Beginn des Gelages den Gebetruf weihte und den Lob=
gesang anstimmte. So war eine wahrhafte und tiefe Reli=
giosität der alten Welt in allen Lebensverhältnissen eigen,

wenn gleich ihre Form die Vielgötterei ist, in der man die Götter in natürlicher und menschlicher Weise lebend und wirkend glaubte.

Demnach haben wir es bei unserer Wanderung mit dem Heiligsten eines Volkes, mit dem religiösen Glauben desselben zu thun, und dringen in einer genaueren Betrachtung desselben in die tiefsten Geheimnisse der Vergangenheit. Wir lernen hier in den Vorstellungen der Götter ihren Ursprung und ihre Verehrung kennen. Die Götter wurden von den Künstlern in menschlicher Gestalt in der höchsten künstlerischen Vollkommenheit, je nachdem wie eine Gottheit im Volksglauben lebte, dargestellt und dann der öffentlichen Verehrung geweiht. Dem Volksglauben war ein Götterbild nicht ein bloßes Werk des Künstlers; er sah darin die leibhaftige Gottheit sich vergegenwärtigt und betrachtete das Götterbild als die irdischen Blicken allein sichtbare Hülle, in der die Gottheit selbst geistig anwesend war. Deshalb konnte der Anblick eines Götterbildes nicht gleichgiltig lassen, indem man sich in der Nähe der Gottheit sah und fühlte. Dies ist der Umstand, welcher die Kunde von dem Götterglauben des Alterthums für das Verständniß der Geschichte der Entwickelung der Menschheit so bedeutsam macht. Die Zeit, wo jener Götterglaube noch in den Völkern lebte, ist schon seit Jahrtausenden dahingeschwunden, auch die Völker selbst sind nicht mehr, und der Glaube an diese Götter ist längst in der Wurzel erstorben. Man kennt ihn nur aus den Schriften jener Zeit, so wie aus den in der Zerstörung übrig gebliebenen Götterbildern, nach denen die unter uns bekannten Abbildungen gemacht werden. Mit den verlassenen Göttern zerfielen auch die Prachtbauten ihrer Tempel, die aber noch in den Ruinen von ihrer einstigen Größe zeigen und das Staunen der Nachwelt erregen.

Schauen nun wir, ein um Jahrtausende jüngeres Geschlecht, zurück in jene Vergangenheit der Menschheit, so gewährt uns dieser Blick nicht bloß Neues und Unterhaltung in Mußestunden, sondern er gewährt auch bildende Belehrung, durch die Vergleichung zweier Zeitalter, die durch Jahrtausende von einander getrennt sind. Seien wir dabei dessen eingedenk, daß diese Götterlehre das heilige Eigenthum, die Religion von Völkern war, die sich zu einer Bildung in der Literatur, der Wissenschaft, der Kunst und dem Staatswesen erhoben, welche sie bis jetzt noch in mehrfacher Hinsicht als unsere Vorbilder und zum Theil als unübertroffene Meister erscheinen läßt. Wem wären, dem Namen nach wenigstens, unbekannt ihre Werke der Poesie (Homer, Pindar, Anakreon, Theokrit u. a.), des Dramas (Aeschylos, Sophokles, Euripides, Aristophanes u. a.), der Redekunst (Demosthenes, Aeschines u. a.), der Geschichtschreibung (Herodot, Thukydides, Xenophon u. a.), der Philosophie (Plato, Aristoteles u. a.), der Mathematik (Archimedes, Euklid) von den Griechen, und von den Römern die eines Cicero, Horaz, Virgil, Ovid, Livius, Tacitus, Juvenal u. a.? Wer hätte nicht von der unendlich großen Zahl der griechischen Bildhauer und Maler wenigstens den Namen eines Praxiteles, Phidias, Apelles und Zeuxis kennen gelernt? Namentlich waren es die Griechen, die in ihrer natürlichen Religiosität die heiligen Stätten, Tempel und Altäre mit dem Schönsten schmückten. Dadurch war hier ein Reichthum an Weihgeschenken und Kunstwerken aller Art entstanden, den man unermeßlich nennen kann, wie die Nachrichten darüber bezeugen.

So war der religiöse Glaube, als das Edelste und Heiligste eines Volkes, auch damals die Quelle der Bildung. Beide entsprachen sich natürlich. Man wird in Beiden das Großartige, Edle, Hohe und Schöne nicht verkennen können, aber trotzdem bemerken wir, daß der religiöse Glaube sich doch nicht von der äußeren Natur, in der er größtentheils seine ursprüngliche Wurzel hatte, so loszureißen vermochte, daß man nur Ein höchstes Wesen als den alleinigen Lenker unserer Schicksale geistig erkannte, und als geistiges Wesen angebetet hätte. Indessen waren jene Völker in ihrem aus der Natur geschöpften Glauben doch glücklich, denn sie konnten ja das Bessere des Christenthums, als eine spätere Offenbarung, noch nicht haben. Auf diesen großen Unterschied des Sonst und Jetzt im religiösen Glauben deutet auch unser großer Dichter in seinen Worten:

> „Da ihr noch die schöne Welt regieret,
> An der Freude leichtem Gängelband
> Selige Geschlechter noch geführet,
> Schöne Wesen aus dem Fabelland!
> Ach! da euer Wonnedienst noch glänzte.
> Wie ganz anders, anders war es da!"

Unsere Wanderung in die sogenannte alte Welt versetzt uns nach Griechenland und Latium. Die Alt-Griechen wohnten seit uralter Zeit in dem heutigen Griechenland, auf den Inseln im Archipel, auf der Westküste von Kleinasien, sowie auch in Kolonien angesiedelt an den Küsten des Schwarzen Meeres nordwärts bis gegen die Mündung der Wolga, dann aber auch in Kolonien auf der Insel Sicilien und in einigen Städten in Süd-Italien, so wie auf der Süd-küste von Frankreich. In diesem Ländergebiet treffen wir in Thessalien den götterbewohnten Berg Olympos, das schöne Thal Tempe, die lachenden Ufer des Peneios, in der Land-schaft Phokis den heiligen Hain zu Delphi, wo die Priesterin des schicksalkundigen Gottes vom Dreifuß herab die Orakel verkündete, das stille Gebirgsland Arkadien mit seinen ein-fachen Hirten, das weite Olympische Gefilde mit seinen unzäh-

ligen Tempeln, Götterbildern und Schatzhäusern der Weih-
geschenke, das reiche und meerbeherrschende Korinth, Athen,
die Stadt der Athene, Theben mit der uralten Burg des
Kadmos, Eleusis, die Apollon heilige Insel Delos, die Inseln
Aegina, Lemnos, Chios, Naxos, Rhodos u. a. — Der alten
Römer Stammsitz war Rom in der Landschaft Latium, an
den Ufern der Tiber. Von hier breiteten sie erobernd ihre
Herrschaft über Europa, Asien und Afrika aus.

Lassen Sie mich jedoch, ehe ich Sie in das Gebiet der
Vorzeit weiter einführe und mit dem religiösen Glauben
der Völker in Griechenland und Italien näher bekannt mache, Einiges voranschicken, wozu ich mir um so mehr
Ihre Aufmerksamkeit erbitte, als das Gesagte zum richtigen
Verstehen und zur richtigen Beurtheilung des Nachfolgenden
so wichtig als nöthig ist. Vor Allem ist die Bemerkung über
die Bedeutung des Wortes Mythologie nothwendig. Das
Wort besteht aus der Zusammensetzung der beiden griechischen
Wörter Mythos (Sage) und Logos (Erzählung, Lehre),
heißt demnach wörtlich „Sagenlehre", und man versteht darunter die Lehre oder Erzählung von den Sagen, in denen die
Alten die Wirksamkeit ihrer Götter, ihr Wesen, ihre Entstehung und die Entstehung der ganzen sichtbaren Welt, wie
sie dieselbe sich vorstellten, geschildert haben. Der bei uns
gewöhnliche Begriff einer Fabel, welche im Griechischen auch
Mythos genannt wird, findet jedoch hier keine Anwendung,
da Fabeln oder Märchen von Niemandem als eine Thatsache
geglaubt werden, der Mythos bei den Alten aber der
poetische Ausdruck ihres wirklichen religiösen Glaubens war, daher man Mythologie auch Götterlehre
genannt hat.

Kein Volk war von seinem Ursprung an so gebildet,
als es in der Zeit seiner späteren Bildung erscheint.
Wie der Mensch nicht unterrichtet, gebildet und erfahren aus

den Händen der Natur hervorgeht, sondern eine Kindheit verlebt, und eine Jugend, in welcher die Anlagen seines Geistes
und die Triebe seines Herzens sich allmälig entwickeln, in welcher seine Phantasie (Einbildungskraft) ihr Spiel treibt, bis
durch Entfaltung seiner Vorstellungen und durch Berichtigung
seiner Begriffe eine bessere Erkenntniß von den ihn umgebenden Dingen und das Verstehen ernster Wahrheiten in ihm
begründet werden; wie der Mensch nur allmälig von der
Herrschaft der Phantasie, die ihn in der Jugend oft irre leitet,
losgemacht, und dahingeführt wird, das, was Irrthum war,
zu erkennen und der Wahrheit zu huldigen; wie er erst dann
lernt, seine Gedanken auf höhere Gegenstände dauernd hinrichten und seine Kräfte zu guten und nützlichen Zwecken an-
wenden; so auch, wenigstens ungefähr so ganze Völker, die
ja doch aus einzelnen Menschen in großer Anzahl vereint
bestehen. Wie wir daher verschiedene Zustände der
Verstandes- und Herzensbildung an dem einzelnen Menschen, von seiner Jugend an bis zu seinem Alter, unterscheiden müssen, so auch in ganzen Völkern.

Der ursprüngliche Zustand eines Volkes ist der der
Rohheit, wo dasselbe weder sich selbst, seine höheren Kräfte
und seine Bestimmung erkennt, noch die es umgebenden Dinge
und die Welt, in der es lebt, recht zu beurtheilen versteht.
Die Phantasie ist dann besonders rege, je weniger die Vernunft, — das innere heilige Licht des Menschen, bereits zur
vollen Klarheit gelangt, — und der Verstand, — das Urtheils-
vermögen, — ausgebildet ist. Indessen fühlt auch der rohe
Mensch, daß er von tausend äußern Dingen umgeben ist, die,
mächtiger als er, ihren Einfluß auf ihn ausüben, z. B. die
Kräfte der Natur, und daß sich tausend Dinge in der Welt
befinden, denen er nicht das Dasein gegeben, und über die er
keine Gewalt hat. Allmälig kommt er dahin, sich die natürliche Frage aufzuwerfen: woher kommt dies Alles, was

du um dich her wahrnimmst? wer hat es hervor-
gebracht? und je weniger er sich diese Fragen beantworten
kann, desto tiefer empfindet er seine Schwäche. Sein noch
ungeübtes Nachdenken gestattet ihm nicht, in den innern
Zusammenhang der Dinge einzubringen; sein noch ungebil-
deter Verstand versagt ihm die Mittel und Wege zu einer
richtigen Beurtheilung, zu einem beruhigenden Erkennnen.
In diesem beschränkten geistigen Zustande läßt er nun seiner
Phantasie einen um so freieren Spielraum, und bildet sich, —
indem er eine höhere Kraft, von deren schöpferischem Wirken
alles Vorhandene ausging, in der tiefsten Brust ahnet, —
dieses höhere Wesen nach seiner menschlichen Art aus.

Denn weil der Mensch kein absolut höheres Wesen, als
er selbst ist, begreifen, geschweige denn in seiner Phantasie
erschaffen kann, und da er sich andererseits seine Gottheit als
das höchste und vollkommenste Wesen vorstellt, das er zu
begreifen vermag, so denkt er sich dieselbe menschenartig und
legt ihr, der eigenen Empfindung gemäß, alle menschlichen
Eigenschaften und Kräfte bei, jedoch in einem weit höheren
Grade, als er solche selbst besitzt. Dieses Gebilde seiner Phantasie fängt ihn, je mehr er es selbst ausstattet, zu befriedigen
an, und da er von keiner Seite her seinen Irrthum als solchen
erkennen lernt und eines Bessern belehrt wird, so glaubt
er bald, was er sich einbildet, und hält die Schöpfungen seiner
Phantasie für Wahrheit.

Da er jedoch in der Vielartigkeit der Naturdinge zu
Mannichfaltiges um sich her erblickt, da er eine Vielheit von
Kräften wahrnimmt, die scheinbar unabhängig von einander
sowohl, wie von einem obersten Gesetze, ja die gegen einander
wirken und sich einander aufheben, so muß ihn seine Phantasie
zur Vorstellung einer Vielheit von Göttern (zum **Polytheismus**) treiben. Er bildet sich also nicht Ein Wesen höherer
Art, sondern so viele als er verschiedene sein Leben und Dasein

bedingende Kräfte bemerkt, und legt ihnen, je nachdem sie ihm
groß und herrlich oder minder gewaltig und schön erscheinen,
eine verschiedene Hoheit, Gewalt und Würde bei, ja selbst in
dem Schrecklichen und Furchterregenden, sofern dasselbe ihm
als eine Macht erscheint, von der er abhängt und die ihn vernichten kann, ahnt er etwas Göttliches, das er zu versöhnen
und günstig für sich zu stimmen suchen muß. So bildet er sich
in der ihn umgebenden Welt eine neue voll selbsterschaffener
Wesen, die er je nach ihrer Art ehrt, liebt und fürchtet. Er
bevölkert auf diese Weise die Luft, das Wasser, die Erde, den
Wald, das Saatgefilde, den Palast und die Hütte; er findet
in den Begebenheiten, die sich vor seinen Augen zutragen, die
wirkende Kraft eines der mächtigen unbekannten Wesen, und
sie ahnungsvoll ehrend, liebend oder fürchtend, suchte er sich
mit ihnen in ein gutes Einvernehmen zu setzen, und ihre Ge-
neigtheit und Unterstützung zu erwerben durch Dienste und
Gaben, wie sie ihm selbst lieb und angenehm sind. Er errichtet
ihnen vor Allem heilige Stätten, Altäre und Tempel, um hier
an bestimmter Stelle der Nähe des höheren Wesens gewiß zu
sein. Denn die Gottheit muß ja nach seiner Vorstellung auch
eine Wohnstätte haben, wie der Mensch, wenn er irgendwo
weilen soll. Aus diesem Glauben entstanden die Tempel,
wie die Altäre, aber auch die Opfer von allerlei Gaben,
die heiligen Gebräuche oder Ceremonien bei diesen Handlungen, die Reinigungen, Sühnopfer, Weihungen, Festzüge
und bei den Griechen die großen Volksfeste der olympischen,
nemeïschen Spiele ꝛc., ferner die Geheimdienste oder Mysterien, z. B. die Eleusinischen zu Ehren der Demeter. Der
einfache Naturmensch, wie es auch die Griechen, — nicht so
ganz die Römer —, waren, fühlte sich in der Nähe der Gottheit da, wo er sie suchte oder glaubte. Dieser Glaube pflanzte
sich nicht nur vom Vater zum Enkel fort, sondern erweiterte
sich auch durch Vereinigung von verschiedenen Gebräuchen aus

andern Gegenden mit der Zeit durch größere Ausbildung und
Verschönerung der äußeren Zeichen.

So, meine Leser, entstand die Mythologie, das heißt:
die durch die Sage fortgepflanzten Vorstellungen
von Entstehung der Welt und der Erde mit allen
darauf wahrgenommenen Erscheinungen, sowie
auch von den Göttern und Heroen (Helden) im Zustande der Rohheit der alten Völker.

Sie können sich, meine Leser, schon nach dem, was hier
angeführt ist, nicht darüber wundern, daß Widersprechendes,
Wunderbares, Ungereimtes, ja selbst Unmögliches in dieser
aus Sagen entstandenen Götterlehre zum Vorschein kommt.
Und dieses wird Ihnen um so erklärlicher erscheinen, wenn
Sie bedenken, wie und wann diese Sagen entstanden sind.
Dieselben gehören ja keineswegs einer und derselben Zeit,
noch auch einem und demselben Orte an. Sie haben mit
dem Volke die Zeiträume von Jahrtausenden durch alle Um-
wandlungen seiner Bildungsstufen erfahren. So hat die
früheste Zeit des rauhesten Naturlebens Theil daran, so gut
wie die spätere Zeit der hohen Cultur. Dichter und
Philosophen haben dabei mitgewirkt. Dies müssen Sie,
meine Leser, bei den nachfolgenden Erzählungen nie aus den
Augen verlieren, darüber nicht erstaunen und daran keinen
Anstoß nehmen.

Wenn ich diese Aufforderung auch auf dasjenige aus-
dehne, was in der Mythologie theils uns nach dem Maßstabe
unseres Sittengesetzes unsittlich und schlecht erscheint, theils
nach jedem sittlichen Begriffe unsittlich und schlecht ist, gleich-
wohl aber von den Göttern erzählt wurde, so glaube ich dies
thun zu dürfen, indem ich Sie darauf hinweise, daß, wie wir
gesehen haben, die Götter Personificationen von Naturkräften
sind, daß demnach, was von ihnen unter der Form von per-
sönlichen Thaten und Leiden berichtet wird, nur der bild-

liche Ausdruck für das Verhältniß der Naturkräfte
zu einander ist. So läßt sich z. B. aller Streit und Haber
unter den Göttern sehr einfach auf den Conflict verschiedener
Naturkräfte wie Licht und Dunkel, Hitze und Kälte u. s. w.
zurückführen, während das freundliche Zusammenwirken zweier
Kräfte, wie z. B. Wärme und Feuchtigkeit, bildlich bald als
geschwisterliche bald auch als geschlechtliche Liebe dargestellt
wird. Es kommt also überall darauf an, den Sinn der bild=
lichen mythologischen Ausdrücke zu verstehn; wo wir dies ver=
mögen werden wir von Unsittlichem und Schlechtem nicht
mehr reden und nur unverstandene Mythen werden uns sitt=
lich tadelnswerth scheinen. Hiebei will ich nicht unbemerkt
lassen, daß die Alten selbst in Zeiten, welche der Entstehung
der meisten Mythen um Jahrhunderte folgten, den Sinn
mancher Erzählungen nicht mehr verstanden, und daß manche
der Edelsten und Besten unter ihnen die eben deswegen un=
sittlich erscheinenden Erzählungen von den Göttern als Er=
dichtung und Verläumbung verwarfen, während Andere den
alten Sagen einen neuen, ihrer Bildungsstufe entsprechenden
Sinn unterzulegen suchten. Je weiter auf diesem Wege die
griechische Religion sich fortbildete, um so weiter entfernten
sich die Götter von der Natur und von ihrer ursprünglichen
Bedeutung, um so mehr wurden sie zu rein geistigen Wesen.
Je weiter aber dieser Umbildungsproceß fortschritt, desto mehr
mußte von dem alten Glauben und von den alten Sagen auf=
gegeben werden, und da trotzdem die Götter ihren Ursprung
nie ganz verläugnen konnten, so ergaben sich daraus eine
Menge von Zwiespältigkeiten und Widersprüchen, eine Fülle
von Verwirrung und Willkühr in der Auffassung der Religion,
welche endlich zu deren Auflösung und zum Verfalle des
Heidenthums führen mußte und geführt hat. Demgemäß ist
wohl festzuhalten, daß die Griechen und Römer auch nicht alle
und zu allen Zeiten alles das glaubten, was die gesammte

Götterlehre dieser Völker umfaßt, und Sie im Nachfolgenden erzählt finden, und daß die Aufgeklärten unter ihnen, besonders die Philosophen, d. h. Weltweisen, wie Sokrates, Plato u. m. a., es dem großen Haufen des Volks überließen, sich daran zu halten, weil diesem etwas nöthig ist, was er glaube und glaubend fürchte, damit er den allgemeinen Gesetzen der Menschheit und der Staaten gebührend gehorche. Denn ein weiser Mensch ehrt selbst den Irrthum seines Mitbruders, wenn er unschädlich für Andere, ein Mittel zu dessen Besserung und Beruhigung, und jener noch nicht gebildet genug ist, um eine höhere Wahrheit aufzufassen, festzuhalten und ihr Folge zu leisten.

Daher geschah es denn auch, wenn Zweifel im Volk über gewisse Dinge im Gottesdienst entstanden, was das Rechte sei, daß man sich Bescheid bei dem Orakel zu Delphi holte. So fragten einmal hier die Athener, an welchen Gottesdienst sie sich vorzüglich zu halten hätten. Darauf gab das Orakel den Bescheid: „an den bei ihren Vorfahren üblichen". Außerdem überwachte auch der Staat den Gottesdienst, und strafte die Neuerung. Deßhalb wurde ja Sokrates zum Giftbecher verurtheilt, weil er die Jugend verführe durch die Lehre von einem andern Gott.

Sie aber sollen die Mythologie nicht glauben, denn Sie leben in einer Zeit, wo die Begriffe über die Entstehung der Welt, über Gott, als den Urheber alles Vorhandenen, über das Verhältniß der Menschen zu ihm und über die einzig rechte Art der Verehrung des höchsten Wesens geläutert sind, wo diese dem Verstande und der Vernunft des Menschen eben so anpassend, als für das Herz bildend, bessernd und tröstend erscheinen; aber Sie dürfen zur Bildung Ihres Geistes und Ihres guten Geschmacks, sowie auch zum richtigen Verständniß der Geschichte der Menschheit nicht unbekannt bleiben mit dem religiösen Glauben alter Völker, der, aus dem rechten Gesichtspunkte betrachtet, so gut sein Ehrwürdiges hat, wie der unsrige.

Auch in manchem der Religionsbekenntnisse, die, nachdem jene Mythologie längst im Strom der Zeit und durch die weiter vorgeschrittene Ausbildung der verschiedenen Völker untergegangen war, von diesen angenommen wurden, ist noch Manches enthalten, das sich mit der wahren Aufklärung eines erleuchteten Verstandes nicht wohl verträgt; deshalb aber haben sie doch ihr Wahres, Nützliches und Ehrwürdiges; und eine noch aufgeklärtere Nachwelt würde so Unrecht thun, diese Mängel zu verspotten, wie wir, wenn wir über den Volksglauben der Vorwelt witzeln oder gar lachen wollten, weil wir in dem glücklichen Falle sind, richtigere Religionserkenntnisse, als jene hatten, zu besitzen. Was der gebildete Verstand unterrichteter Menschen sich vorstellt, muß so weit von dem verschieden sein, was der Rohe sich einbildet, als die Zeit der Kindheit von dem männlichen Alter. Das Wunderbare beschäftigt lebhaft den ungebildeten Verstand des rohen Menschen, der das Ungereimte noch nicht erkennt; er will Alles vor Augen sehen, da er sich von unsichtbaren Dingen noch keinen Begriff zu bilden vermag. Er kann sich nicht in Untersuchungen vertiefen, weil ihm das geistige Geschick dazu mangelt, nimmt daher selbst die lächerlichste Vorstellung an, und gestaltet sich nach den sichtbaren Dingen das, was ihm zwar unsichtbar, aber doch seinen Wirkungen nach für ihn vorhanden ist.

Aus diesem Gesichtspunkte, meine Leser, müssen Sie die ganze Götterlehre der Griechen, Römer und Aegypter betrachten; dann wird weder die große Zahl, noch das Wesen der von dem rohen Volkshaufen verehrten Gottheiten Sie überraschen, Ihnen aber auch das Sinnliche und Ceremonielle ihres Götterdienstes, ihrer Feste und Opfer nicht auffallend erscheinen.

Jedes Urvolk, d. h. ein solches, welches die in irgend einem Lande der Erde wohnende Menschenmasse umfaßt, der

eine gleiche Sprache, gleiche Sitten und späterhin gleiche Ge=
setze eigen waren (zum Unterschiede von andern Völkern, die,
als Abzweige von einem Urvolke herstammend, in eine andere
Gegend der Erde zogen und dort durch allmälige Umbildungen
eine von dem Urvolke verschiedene Sprache, Sitte und Ver=
fassung annahmen), jedes Urvolk also hat seine eigene My=
thologie, deren Bildung in der Zeit beginnt, wo dasselbe sich
aus der ersten Rohheit seiner Sitte und seines Zustandes los=
zuringen anfing. Es hatte seine eigene Vorstellung von seinen
Göttern, von Entstehung der Welt, der Erde und den Ursachen
der auf derselben wahrgenommenen Erscheinungen. Die Bil=
dungsgrade der Urvölker sind aber nach dem Lande und dem
Himmelsstriche, wo sie wohnten, so wie nach ihren Beschäf=
tigungen, verschieden, verschieden nach der Zeit und den
Schicksalen, welche sie erlebten. Indessen sind gewisse Vor=
stellungen von Göttern und von der Welterschaffung Allen
und zu allen Zeiten gemein; nur der äußere Ausdruck ihrer
Vorstellungen (die Form) ist verschieden. Zuerst erkannten
alle Urvölker gewisse höhere eigentliche wahre Gottheiten
an; dann schmückten sie auch andere Wesen von minderer
Macht und Herrlichkeit mit göttlichen Eigenschaften, jedoch so
aus, daß sie jenen nicht gleichkamen, vielmehr ihnen unterge=
ordnet waren, Untergottheiten genannt; und endlich
legten sie auch ausgezeichneten Menschen ungewöhnliche Kräfte,
Fähigkeiten und einen höheren Beruf bei, die sie dann als
Halbgötter oder Heroen verehrten.

Völker, welche der Rohheit noch nicht ganz entsagt hatten,
stellten ihre Götter und Heroen nach ihrem Maßstabe roh,
— gebildete Völker dieselben aber schon in edlerer Gestalt, im
verfeinerten Wesen dar.

Der Götterglaube der Griechen ist der ausgebildetste
unter allen andern Völkern und ihm schließt sich der der
Römer an, da sie im Wesentlichen ihre Bildung von den

Griechen annahmen. Der Götterglaube der Aegypter ist als der bei weitem älteste für uns auch der dunkelste.

Die Mythologie der Griechen und Römer, mit der wir uns zunächst beschäftigen werden, enthält jene schon im Eingange allgemein bezeichneten Götter: 1) obere und 2) untere Gottheiten; 3) Heroen oder Halbgötter, an deren Geschichte sich dann manche mythische Erzählungen anknüpfen.

Die Griechen erhielten nach gewissen, aber durchaus unverbürgten Sagen durch die Einwanderer Kadmos, Kekrops u. A., einen Theil ihrer Bildung von dem in der frühesten Zeit sehr gebildeten Volk der Aegypter. Zu größerer Vollständigkeit sollen Sie daher, meine Leser, wenn ich Ihnen das Wichtigste aus der griechischen und römischen Mythologie mitgetheilt haben werde, auch das Wesentlichste aus der Mythologie der Aegypter, dieses wichtigen und in seiner abgeschlossenen Bildung merkwürdigen Volkes, erfahren. Das Ganze dieser an Sie gerichteten Erzählung werden belehrende Winke über Abbildungen allegorischer Personen beschließen.

Sollten Sie übrigens hier, und ehe Sie weiter lesen, noch zwei sehr natürliche Fragen aufwerfen, nämlich: woher hat man diese mythologischen Nachrichten genommen? und: wozu sollen uns dieselben nützen? so hören Sie zur Beantwortung derselben Nachfolgendes:

Auch schon in den Zeiten, wo die Mythologie, wie sie Ihnen hier wird vorgetragen werden, Volksglaube war, gab es Männer, welche die im Volke herrschenden Vorstellungen und Sagen sammelten und niederschrieben, Gelehrte (Philosophen, Weltweise), Geschichtschreiber und Dichter. Aus den von jenen verfaßten, auf unsere Zeit gekommenen Werken sind die mythologischen Nachrichten glaubwürdig entlehnt, und es ist dabei das benutzt worden, was sich an Abbildungen in Denkmälern der bildenden Kunst jener Zeiten

vorfand, in welchen und durch welche man Gegenstände des
damaligen Volksglaubens zu verewigen suchte, wie z. B. durch
Statuen, Gemälde, Gemmen und Münzen. Dies sind die Quellen
unserer Kenntniß der Mythologie der Alten, von der richtige Be=
griffe zu haben, um deswillen wichtig und für jeden Gebildeten
nöthig ist, weil man aus derselben einen wesentlichen Theil
der allgemeinen Bildungsgeschichte des Menschengeschlechts in
so fern kennen lernt, als man mit dem Geiste der Völker jenes
Zeitalters vertraut wird. Die aus demselben bis auf uns ge=
kommenen und jetzt mit Recht so geehrten Werke der Schrift=
steller und Dichter der Griechen, so wie die ihrer bildenden
Künstler, nämlich: übrig gebliebene Theile (Ruinen) von Ge=
bäuden, Abbildungen (Reliefs) an denselben, Inschriften, zum
Theil oder ganz erhaltene Statuen, und Münzen, würden wir
theils nicht richtig verstehen, theils ihre Schönheit und ihren
Kunstwerth als Denkmäler der Zeit, in welcher sie entstanden,
nicht erkennen, mithin auch nicht für unsere Künstler zur be=
lehrsamen Nachahmung benutzen können; wir würden keine
vollständige Geschichte der allmäligen Bildung jener alten
Völker besitzen, wenn wir mit der Mythologie derselben unbe=
kannt geblieben wären; endlich aber würden wir auch die viel=
fach trefflichen Allegorien, d. h. die sinnbildlichen Darstel=
lungen eines Verstandesbegriffes, deren sich unsere neueren
Dichter und die bildenden Künstler unserer Zeit bei ihren
Werken mit so großem Erfolge bedienen, nicht verstehen, also
auch deren Werth nicht ganz würdigen können, wenn wir nicht
mit der Mythologie der Alten bekannt wären.

Um den religiösen Volksglauben noch besser als Theil
des Volkslebens zu verstehen, dem er ganz eigen ist, so müssen
wir auch die Art und Weise der Götterverehrung,
den sogenannten Gottesdienst oder Kultus kennen. Im
Alterthum bestand derselbe hauptsächlich in Opfern, die auf
den Altären dargebracht wurden, wie schon im Vorhergehenden

bemerkt worden ist. Uns erscheint es jetzt kaum glaublich, daß
man ehedem, wie auch noch heute die rohen Völker des Heidenthums in Afrika und Asien, außer den Thieren und Feldfrüchten, auch Menschen opferte. Und doch war ja Abraham auf
das Geheiß Gottes im Begriff, seinen eigenen Sohn Isaak zu
opfern; und auch aus mehren Orten Griechenlands, sowie aus
mehren griechischen Sagen, z. B. der allbekannten von Iphigenia erfahren wir von Menschenopfern. Diese grausige Sitte
erlosch jedoch später auch schon unter den Griechen, je mehr sie
in ihrer Bildung fortschritten. Endlich erschien das Christenthum, dessen Lehre die Opfer ganz aufhob.

Fragen wir nun, wie die Opfer entstanden, so ist
einfach die Antwort: sie waren der Antheil, den man einer
Gottheit schuldig zu sein glaubte, von dem, was man erst durch
sie erhalten hatte. Sie sind daher von dem Naturdienst unzertrennlich, da ja die Götter als durchaus menschenartige
Persönlichkeiten gedacht wurden. Wie nun jeder Mensch von
dem, wobei er mitgeholfen hat, seinen Theil zu haben verlangt,
und wie andererseits das natürliche Gefühl der Dankbarkeit
uns treibt, demjenigen, der sich uns freundlich und hilfreich er-
wiesen hat, von dem was wir Gutes besitzen, mitzutheilen, so
hielt man sich auch verpflichtet, jeder Gottheit das ihr gebüh-
rende Theil von dem zu geben, was man durch ihre Hilfe oder
vermöge ihrer Huld besaß. Dies that der Landmann, indem
er von den geernteten Feldfrüchten, und der Hirt, indem er
von seiner Heerde die Erstlinge des Jahres dem Gott darbrachte, dessen Schutz und Macht er die Ernte und das Gedeihen der Heerde verdankte; aber ebenso gab der Kaufmann
und Schifffahrer von seinem Gewinn, so wie der Krieger von
der Beute den betreffenden Göttern. Die Opfer waren also
Gaben, durch welche man sich abfinden mußte. Dies unter-
lassend fürchtete man sich vor dem Zorn und dem Verlust der
Gunst der Götter. So erscheinen die Opfer als die natürliche

Handlung eines Naturmenschen, der Alles nur nach seinen
eigenen Begriffen zu beurtheilen vermag. Wenn man nun
heute die Opfer im Licht des Christenthums nicht mehr bil-
ligen kann und durch dasselbe als völlig abgethan betrachten
muß, so bestätigen sie uns doch eine von Natur dem Menschen
inwohnende deutliche Ahnung des Göttlichen in der Natur
und allen ihren Erscheinungen, dem Sonnenschein, Regen,
Blitz und Donner, Wachsthum, Fließen der Ströme, dem bewegten Meer, der labenden Quelle, dem schattigen Baum ꝛc.
Je weiter man seine Wahrnehmung entwickelte, erkannte man
es auch in der eigenen geistigen Kraft und schrieb dieselbe einer
Gottheit zu. Darum flehte der Dichter, der Künstler und
auch der Wettkämpfer zu derselben und weihte ihr auch den
mit der gelungenen Arbeit errungenen Preis, den er im Tempel
oder an geweihter Stätte aufhängte oder aufstellte.

In diesem Ursprung des Götterglaubens aus der Natur
wurzelt auch die dem Alterthum eigene, große Religiosität.
Der griechische Philosoph Pythagoras lehrte, daß es dem
Menschen gut sei, und daß er besser werde, wenn er fleißig bei
den Wohnungen, d. h. den Tempeln und Altären der Götter
einspreche und zum allgemeinen Gottesdienst komme. In diesem Sinne errichteten auch die alten Griechen überall Tempel,
Götterbilder, Altäre und Heiligthümer, damit man an allen
Orten an die Nähe der Götter erinnert werden solle, indem
man stets unter ihren Augen wandelte. Erfüllte nun der
Mensch das, was er den Göttern schuldig war, so bewies er
seine Frömmigkeit; that er das nicht, so war er gottlos. Hatte
er unwillkürlich und sich unbewußt gegen die Achtung der
Götter gefehlt, so mußte er sich durch Reinigung von der Un-
that und durch Opfer sühnen. Glaubte man auch, daß die
Götter zu jeder Zeit überall seien, und daß man deshalb immer
und überall fromm und rein in Worten und Handlungen vor
ihnen wandeln müsse, so mußte man sich vorzugsweise in der

Nähe der Tempel und Heiligthümer, bei Opfern und Festen
vor jeder bösen und verunreinigenden That scheuen und zugleich der Andacht befleißigen. Vor Allem mußte Jeder vor
den Göttern an Tempeln und Altären r e i n i n K l e i d u n g
und S i n n erscheinen; denn die Unreinigkeit war den Göttern ein Abscheu. Deshalb durfte man auch nicht in Trauer
oder Trauergewändern erscheinen; sondern heiter und in
Feierkleidern. An Festen mußte die Arbeit ruhen. Da den
Göttern nur Heiterkeit, Ordnung und Ebenmaß angenehm
war, so mußte bei den Festzügen die Kleidung, der Gang und
die ganze Körperbewegung gemessen und feierlich sein, und die
Musen, d. h. Gesang und Musik, durften nicht fehlen. Der
Eintritt der Feier eines Festes wurde öffentlich angekündigt,
z. B. bei den Römern durch diesen Ruf: „Der festliche Tag
ist erschienen: habet Acht auf Gedanken und Worte, sprecht
günstige Worte am günstigen Tag! Kein Zank belästige die
Ohren; fern sei leidenschaftliches Hadern, verspare dein Geschäft, boshafte Zunge! Mit balsamischem Duft steige die
Flamme vom Altar empor! In reine, fleckenlose Gewänder
gehüllt, wie es der Feier ziemt, wallet zu den Heiligthümern!"
Jeder Gottheit wurde nur das geopfert, was ihr angenehm
war, was entweder dem Kreise ihrer Wirksamkeit angehörte
und als ihre Gabe galt, oder was einen tieferen und geheimen
Bezug zu dem Wesen der Gottheit hatte; von Thieren bisweilen auch diejenigen, welche der Gabe einer Gottheit schaden, so der Ziegenbock als Beschädiger des Weinstocks dem
Dionysos (Bacchus); dazu mußte das Opfer makellos sein,
und es wurde außerdem festlich geschmückt und geweiht mit der
Opferbinde. Darum sieht man auf Bildwerken den zum Altar
als Opfer geführten Stier mit Kränzen geschmückt, und auch
das zum Sühnopfer bestimmte Schwein mit einer Binde um
den Leib angethan. Wer einen Menschen tödtete, oder einen
Todten sah oder gar berührte, hatte sich verunreinigt, und

mußte sich erst wieder sühnen, ehe er vor den Göttern an heili-
liger Stätte erscheinen durfte. Die Reinigung geschah zunächst
mittels Waschung oder Besprengung mit Seewasser oder
Quellwasser, und war stets mit entsprechendem Opfer verbunden. Die Opfer als heilige Handlung mußte ein Priester
verrichten. Das Priesteramt konnten nach hergebrachten, unwandelbar festen Bestimmungen Männer oder Frauen haben.
So waren bei den alten Römern die Priesterinnen der Vesta
Jungfrauen, Vestalinnen genannt, welche das Feuer der heiligen Lampe beobachten mußten, damit dasselbe niemals ver-
löschte. Bei den Griechen war das Priesteramt bei dem delphischen Orakel des Apollo in den Händen einer Frau, welche
den göttlichen Ausspruch verkündete und auch andere Götter
und besonders Göttinnen hatten Priesterinnen. Zu den Festzügen zur heiligen Stätte der Tempel und Altäre gehörten die
Priester, obrigkeitlichen Personen, außer den übrigen Theil-
nehmern. Die Opferung der Thiere begann damit, daß einige
Haare an der Stirne des Opferthieres abgeschoren und als
Erstlingsgabe in das Feuer geworfen wurden, dann streute
man dem Thiere den mit Salz vermischten Opferschrot zwischen
die Hörner. Dabei wurden die Worte gesprochen, je nachdem
das Opfer ein Stier, Schaaf ꝛc. war: „Laß dir diesen Stier
(Schaaf ꝛc.) gefallen" und darauf wurde das Thier geschlachtet.
Das Blut goß man um den Altar, und die edleren Eingeweide,
mit Mehl, Wein und Weihrauch bestreut, wurden auf dem
Altar verbrannt. Den Opferantheil für die Fluß- und Meergottheiten versenkte man in die Tiefe des Gewässers. Bei den
Opfern für die unterirdischen Gottheiten stand das Opferthier,
das auch von schwarzer Farbe sein mußte, in einer Erdgrube.
Die Ueberreste vom Opferthiere wurden im feierlichen Mahl
verzehrt. Ein günstiges Opfer war dasjenige, bei dem man
glückliche Zeichen wahrgenommen hatte.

Bei den Römern richtete ein Betender sich gegen Norden,

und zwar im Tempel nach dem Bilde und Altar der Gottheit, faßte dabei auch die Kanten des Altars an, und sprach das Gebet sehr vorsichtig. Bei einer Bitte an die himmlischen Götter erhob man die Hände zum Himmel, wenn sie den unterirdischen galt, richtete man sie gegen die Erde. That man ein Gelübbe, so legte man die Hände auf die Brust. Bei den Römern küßte man auch den Götterbildern den Mund, die Hand und die Kniee.

Als große religiöse Feste sind noch die Olympischen, Pythischen, Nemeischen und Isthmischen Spiele der Griechen zu erwähnen, bei deren Feier das ganze Volk Theil nahm. Daher wurden während dieser Feier selbst die Kämpfe zwischen den einzelnen griechischen Staaten eingestellt, wenn es etwa solche gab. Die Olympischen Spiele wurden zu Ehren des Olympischen Zeus in jedem fünften Jahre gefeiert mit allerlei Wettkämpfen im Ringen, Laufen, Faustkampf, Pferde- und Wagenrennen u. s. w. und selbst im Vorlesen eigener schriftlicher Arbeiten, wie dieß z. B. Herodot mit seinem Geschichtswerk that. Die Theilnehmer an solchen Kämpfen rüsteten sich dazu mit großer Sorgfalt lange vorher, um den Siegerpreis, einen Olivenkranz, zu gewinnen. Die weiten ebenen Gefilde, wo diese Spiele gefeiert wurden, lagen in der Landschaft Elis in der Peloponnes. Die Pythischen Spiele wurden zu Ehren des Gottes Apollo in der Nähe von Delphi gefeiert. Dies geschah ebenfalls in jedem fünften Jahre und zwar mit gymnastischen und musikalischen Wettkämpfen. Der Preis war ein Lorbeerkranz. — Bei den Nemeischen Spielen, die dem Zeus zu Ehren gefeiert wurden, war der Siegerpreis ein Eppichkranz. — Die Isthmischen Spiele wurden auf der Landenge von Korinth, dem Poseidon (Neptun) zu Ehren in jedem dritten Jahr gefeiert, und der Sieger in den Wettkämpfen mit einem Fichtenkranz ausgezeichnet. Der größte lyrische Dichter der Griechen, Pindar, dichtete zur Verherr-

lichung der Sieger in diesen Volksfestspielen seine schönen
Lieder, die bis auf die heutige Zeit gekommen sind.

Dieser Blick auf das Leben zweier vom Weltschauplatz
verschwundenen, einst durch Bildung und Macht großen Völker
zeigt uns Lebenszustände, wie sie jetzt nirgends mehr und auch
seitdem überhaupt nicht mehr gewesen sind.

So öffnet sich denn für Sie, meine Leser und Leserinnen,
hier ein neues Feld des Wissens. Lassen Sie es uns — als
wenn wir den Boden der berühmten alten Welt selbst berührten, — mit Ehrfurcht vor dem ehrwürdigen Alterthum und
seinem Glauben, mit Eifer für historisches (geschichtliches)
Wissen, und mit Interesse für die Kunst, mit Lust und Ge-
schmack an menschlicher Bildung, mit Schonung gegen frühere
Irrthümer und mit Theilnahme an den oft so belehrenden und
ernsten Schicksalen alter Helden betreten.

Wenn wir nun den Schauplatz der alten Welt besuchen,
und Götter und Heroen auf demselben wollen handeln sehen,
so müssen wir uns zuvor mit dem bekannt machen, was man
sich damals von dem Entstehen der Welt und besonders
unserer Erde und deren physischer (natürlicher) Beschaffenheit dachte. Hier finden wir gleich anfangs Vorstellungen und
Begriffe, welche nur eine Zeit hervorbringen und unterhalten
konnte, in welcher die Phantasie des Menschen über dessen
andere Seelenkräfte die Oberhand hatte. Nur sie trieb ihr
Spiel, und wo sie die Gedanken nicht weiter trug, wo sie sich
in Nacht, Finsterniß und Chaos verlor, da suchte sie selbst auch
diese zu gestalten, und gebrauchte sie als den ersten Stoff,
aus welchem sie ihre Mythen bildete.

Uns ist die Welt das unermeßliche All, in welchem sich
alles Erschaffene, alles Vorhandene befindet, ein aus zahllosen
Theilen zusammengesetztes großes Ganze, dessen Grenzen wir

nicht kennen. Unsere Erde betrachten wir nur als einen
Punkt in diesem unendlichen All, als einen geringen einzelnen
unter den unzähligen, von einer allmächtigen Schöpfungskraft
ins Dasein gerufenen Körpern. Nicht so bei den alten Völ=
kern, und namentlich auch bei den Griechen und Römern.
Sie betrachteten diese Erde als den Mittelpunkt des Weltalls
und erklärten sich deren Entstehung folgendermaßen: Das
Erste, was vorhanden war (woher? darüber grübelten sie
nicht), war das Chaos, d. h. eine formlose und verworrene
Masse eines Ur= oder Grundstoffes, aus welchem alle nachher
vorhandenen Wesen gebildet wurden, ein roher Klumpen, der
erst durch eine andere Kraft in einzelne Theile abgesondert
und zur Hervorbringung verschiedenartiger Dinge geschickt ge=
macht werden mußte. Diese andere Kraft war Eros
(Amor, die Liebe), durch dessen Einflüsse sich die einander ver=
wandten Stoffe und Dinge zusammenfanden und sich von den
ungleichartigen absonderten, so daß Ordnung und Harmonie
in das Chaos zu kommen begann. Durch diese Sonderung
der gleichartigen und ungleichartigen Elemente entstanden aus
dem Chaos zuerst Erebos (Urfinsterniß) und Nyx (die mit
dem Tage wechselnde Nacht). Diese Beiden verbanden sich
wieder mit einander und die Frucht ihrer Verbindung waren:
Aether (die helle Luft) und Hemera (der Tag). Durch die
Annäherung von Eros und Chaos war aber auch der Tar=
taros (die Unterwelt) und die Gäa (Tellus oder Terra, die
Erde) entstanden, welche Letztere dann den Pontos (das
Meer), die Berge und den Uranos (Himmel) gebar. Als
sich die Erde (Gäa) hierauf mit ihren Erzeugten, dem Pontos
und dem Uranos vermählte, gebar sie eine zahlreiche Nach=
kommenschaft, worunter wir vorläufig die Titanen, Gi=
ganten und Kyklopen nennen.

Sie erkennen gewiß, meine Leser, hier gleich das Bild=
liche dieser Vorstellung, die nichts Anderes ausdrücken soll,

als: daß Alles ordnungslos durch einander gemischt war, ehe durch eine gewaltige Kraft, die sehr sinnreich Eros — die Liebe — genannt wird, Tag und Nacht, Himmel, Erde und Meer von einander abgesondert und die beiden letzteren mit lebenden Wesen bevölkert wurden.

Der Glaube der Alten ließ die durch die schaffende Kraft der Liebe gebildete Erde zuerst mit höheren, ge= waltigeren Wesen, als die nachfolgenden lebenden Geschlechter waren, bevölkert werden, damit Letztere einer Macht und Herr= schaft unterworfen wären, welche früher vorhanden war, als sie. Derselbe Glaube gab aber auch der Erde, die ihm die ganze Welt war, eine andere Gestalt, als die, welche wir jetzt kennen. Gewohnt, sich nur an das zu halten, was sie sahen, beurtheilten sie auch die Gestalt der Erde darnach. — Gestellt auf einen Thurm, oder auf eine Anhöhe, die sich auf einer Ebene befindet, überblickt man den sichtbaren Theil der Erde, wie eine Scheibe gestaltet, auf deren äußerster Begrenzung der Himmel zu ruhen scheint. Diese natürliche Erscheinung, welche Ihnen, meine jungen Leser, durch anderweiten Unterricht erklärt sein wird, führte die Alten zu dem Glauben, die Erde sei eine schildförmig flachgewölbte Scheibe, welche fest= stehe, und ringsum vom Urstrome oder Urwasser, dem Okea= nos, umgeben sei. Den äußern Rand dieser Scheibe dachten sie sich erhöhet, um den Meeresfluthen zu widerstehen, den innern Raum derselben aber vertieft und vom Meer (Pontos) eingenommen, in welches sich die aus verschiedenen Richtungen herströmenden Flüsse ergossen. Ueber dieser Scheibe befand sich ihrer Meinung nach in weiter hoher Ausdehnung das Himmelsgewölbe, gleich einem ausgespannten Zelte, welches auf den Bergen, am äußersten Rande der Erdscheibe ruhte. Luft, Wolken, und über ihnen der reine Aether, füllten den Raum zwischen der Erdscheibe und dem Himmelsgewölbe aus, an welchem sich Sonne, Mond und Sterne befanden, deren

erstere an jedem Morgen durch eine Gottheit, im Osten des
Himmelsgewölbes, mittels eines mit vier edlen Rossen bespannten Wagens herauf und durch den ganzen Bogen desselben
nach Westen geführt ward, um die Erde zu erleuchten, worauf
sie sich dann in den Okeanos senkte und auf demselben während
der Nacht, vermittels eines Schiffes, von Westen nach Osten
fuhr, um am Morgen den täglichen Kreislauf wieder von
Neuem zu beginnen. Die hohen oder oberen Götter lebten
in dem Lufttraume zwischen der Erdscheibe und dem Himmelsgewölbe, und hatten ihren Hauptsitz in prächtigen Palästen auf
dem Gipfel des Gebirges Olympos in Griechenland. Deshalb werden diese Götter, deren zwölf sind, auch die Olympischen Zwölf-Götter genannt. Diese sind Zeus (Jupiter), Hera (Juno), Poseidon (Neptunus), Demeter
(Ceres), Apollon, Artemis (Diana), Hephästos (Vulcan), Pallas Athene (Minerva), Ares (Mars), Aphrodite (Venus), Hermes (Mercur), Hestia (Vesta). Nach
dem Glauben der Alten bildete der Olympos die hohe Mitte
der Erdscheibe. Vom Olymp, glaubten sie, stiegen die unsterblichen Götter zuweilen zu den sterblichen Menschen hinab, bis
eine spätere Meinung die Wohnung der Götter über das Himmelsgewölbe versetzte, von dem aus sie durch eine in demselben
befindliche weite Oeffnung, neben welcher eben Jupiters
Burg und die Paläste der übrigen Gottheiten standen, die
Erdscheibe übersehen konnten. Nach dieser Vorstellung wurde
die Benennung Olymp oft statt Himmel gebraucht, und
bezeichnete überhaupt den Wohnsitz der Götter. Ihm war der
Tartaros (die Unterwelt) entgegengesetzt, ein weites Gewölbe tief unter der Oberfläche im Innern der Erde, in welches hinab, im äußersten Westen der Erde, ein Fluß aus dem
Ocean strömte, welcher die Grenze des Tartaros, nach der
Oberwelt zu, bildete, Styx hieß, und über den man in die
Unterwelt gelangte.

Die Wohnsitze der unteren Götter und der Heroen
waren nicht zugleich die der oberen Götter; jedoch waren
die Meinungen über den Ort des Wohnsitzes der Heroen
in verschiedenen Zeitperioden des Alterthums verschieden.
Die unteren Gottheiten konnten wegen der Oertlichkeit ihres
Wirkungskreises auf Erden keinen abgesonderten Wohnsitz
haben; so wohnten die Najaden, d. h. die Quellnymphen, in
den Quellen, die Oreaden, d. h. die Bergnymphen, in den
Bergen, die Dryaden, d. h. die Baumnymphen, in den
Bäumen u. s. w.

Um zu einem richtigen Verständniß der Mythologie der
Griechen und Römer, so wie es der Geschichte gemäß ist, zu
gelangen, müssen wir, ehe wir zur Darstellung des Einzelnen
übergehen, noch über einen Punkt von allgemeiner Bedeutung
sprechen. Es betrifft derselbe die Verschiedenheit der
Mythologie beider Völker, von der wir gewöhnlich eine mehr
oder weniger vollkommene Gleichheit und Uebereinstimmung
annehmen. Und doch ist diese Uebereinstimmung in Bezug
auf große Theile des Stoffes nur eine scheinbare, welche
darauf beruht, daß wir für römische Mythologie halten, was
wir in römischen Schriften erzählt finden. Dies ist aber, wie
wir weiterhin begründen werden, ein Irrthum, und thatsächlich
weichen die Religionen beider Völker sehr von einander ab.
Dies wird uns sehr leicht begreiflich erscheinen, wenn wir
bedenken, daß nichts inniger und unzertrennlicher mit der
Bildung eines Volkes zusammenhängt, als sein religiöser
Glaube. Blicken wir nun auf die früheste Zeit der Griechen
und Römer zurück, so finden wir, daß sie beide, obwohl einem
und demselben Urstamme der Menschheit angehörend, doch als
einzelne Völker Jahrhunderte lang in gar keinem Verkehr mit
einander standen, und sich in mannichfach verschiedener Weise
entwickelten. Daher ist es auch nicht zu verwundern, daß die
Mythologie beider, d. h. ihre Sagen von den Göttern und

Helden, so wie deren Verehrung in der frühesten Zeit
in manchen Punkten, und zwar in den urältesten Theilen,
ursprünglich übereinstimmt, in vielen andern dagegen, und
zwar in den später entwickelten Sagen, sich verschieden gestaltete. Die Götterverehrung der Römer war ihrer frühesten
Lebensweise, als der eines Volkes, das nur aus Hirten und
Ackerbauern bestand, angemessen, sehr einfach, und nicht so
mannichfaltig wie die der Griechen, welche sich namentlich
deshalb so überaus mannichfaltig entwickelte, weil das griechische
Volk in eine große Zahl von einzelnen, in getrennten Wohn=
sitzen seßhaften Stämmen zerfiel, deren jeder, der Natur seiner
Landschaft und der von dieser bedingten Lebensweise gemäß,
seinen eigenen Götterglauben ausbildete. So mußten z. B. die
Bewohner des vom Meere getrennten Alpenlandes Arkadien,
welche wesentlich auf Viehzucht angewiesen waren, nothwendig
andere Götter als die Schützer ihres Daseins anbeten, als die
Bewohner der Küsten und Inseln, deren Lebenselement das
Meer und deren Hauptbeschäftigung Fischfang und Schifffahrt
waren. Die Römer dagegen, von Anfang an einheitlicher und
in einem gleichartigeren Landstriche wohnend, besaßen demgemäß
auch einen einheitlicheren und weniger mannichfaltig entwickelten Götterglauben. Viele Sagen gehörten in Griechenland
ursprünglich nur einzelnen Stämmen an und wurden erst durch
die Dichter zum Gemeingut der Nation, andere wurden überhaupt erst durch die Dichter ausgebildet und gehören gar nicht
zum Volksglauben. Alle dergleichen Erzählungen sind den
Römern ursprünglich fremd, so z. B. diejenige von dem Kampf
des Uranos mit seinen Söhnen, von des Kronos Verschlingen der eigenen Kinder, von der Einsperrung des Kronos
in den Tartaros durch seinen Sohn Zeus. Manche Sagen
von den Kämpfen, Verwundungen und Knechtsdiensten der
Götter bei den Menschen, diejenige von der Entführung der
Persephone (Proserpina) in die Unterwelt durch Pluto,

diejenige von den Leiden des Dionysos und andere mehr sind
ursprünglich ausschließlich griechisch. Aehnliches gilt von
manchen Culten, so z. B. von der ausgelassenen Feier des
Bakchosfestes ec. Letzteres fand zwar in dem zunehmenden Luxus
der späteren Zeit in Italien Aufnahme, aber der ausgelassene
Lärm dabei in der nächtlichen Feier wurde bald so anstößig,
daß dieses Fest streng verboten wurde, und auch alle Theil=
nehmer als zügellose Menschen in Verachtung geriethen. Ferner
fand Mercur bei den Römern niemals diejenige verbreitete
Verehrung, wie er sie bei den Griechen genoß, denen er eine
der vorzüglichsten Gottheiten war. Auch ist der Saturnus
der Römer keineswegs vollkommen der Kronos der Griechen,
obschon man dies nach der Darstellung der römischen Dichter
(Ovid u. A.) glauben sollte.

Eben diese Erzählungen der römischen Dichter haben die
oben bezeichnete irrige Ansicht hervorgerufen, als sei der Götter=
glaube der Griechen und Römer vollkommen gleich und derselbe.
Nun gehören aber die Dichter und Schriftsteller der Römer,
welche uns den mythologischen Stoff überliefern, schon der
späteren Zeit an, wo man in Rom die griechische Bildung
angenommen hatte, von der die Mythologie unzertrennlich
war. Und demgemäß stellen diese Dichter und Schriftsteller
uns nicht den römischen Götterglauben dar, sondern sie berichten
wesentlich über griechische Mythologie, welche sie früheren
griechischen Schriftstellern nacherzählen. Und so blieb das
fremde Griechische auf die Erzählung in den Schriften beschränkt,
wie wir es darin lesen; in den Kultus, d. h. in die wirkliche
Verehrung der Götter, sind Elemente des griechischen Götter=
dienstes nur einzeln aufgenommen. Hie und da knüpfte man
die Sagen von den griechischen Göttern und Heroen an heimische
Gottheiten, bei denen man Aehnlichkeit fand; aber zu einer
wirklichen Verschmelzung der Sagen des einen und des anderen
Volkes ist es auch durch die Dichter niemals gekommen. Die

griechischen Sagen bleiben auch im Bewußtsein der römischen
Dichter griechisch, und nur die Namen der Götter und Heroen
wurden entweder übersetzt oder in einer der römischen Sprache
entsprechenden Form wiedergegeben.

Da nun aber in der modernen Welt die römische Literatur
früher allgemein bekannt wurde, als die griechische, so bürgerten
sich die römischen Namen für die Götter und Helden bei uns
ein, und zwar um so tiefer, da auch unsere Dichter, wenn sie
Gegenstände der antiken Mythologie in ihre Dichtungen ein-
flechten, was besonders im vorigen Jahrhundert häufig geschah,
meistens von den durch die Römer bekannt gewordenen Namen
Gebrauch machen. Da aber, wie aus dem vorstehend Gesagten
klar sein wird, die griechischen und die römischen Götter keineswegs durchaus gleich und dieselben sind, so muß man sich, um
zu einem gründlichen Verständniß zu gelangen, auch die
griechischen Namen einprägen, die wir deshalb immer angegeben und zwar, als die der Regel nach älteren und ursprünglichen, den römischen vorangestellt haben.

Betrachten Sie diese Andeutungen über das Wesen und
Verhältniß des religiösen Glaubens und der Götter der
Griechen und Römer gleichsam als die Schwelle, über die wir
in das religiöse Heiligthum zweier großen Völker eintreten.

Nach diesen Vorausschickungen wollen wir nun die Mythologie selbst mit einander durchgehen und zunächst die Gottheiten
der Griechen und Römer neben einander kennen lernen.

Wir folgen mit unserer Darstellung dem von den Dichtern
ausgebildeten vollständigen System der Mythologie, welches,
wie wir schon früher erinnert haben, in manchen Stücken über
den Inhalt des Volksglaubens hinausgeht. Dieses System
entstand dadurch, daß man sich bemühte, sich über die Entstehung und allmälige Entwickelung der geregelten Weltordnung, in der man lebte, Rechenschaft zu geben. Daß diese
Weltordnung, vollkommen wie sie erscheint, gleich von Anfang

so gewesen sei, das konnte nur ·der glauben, welcher einen einzigen, von Ewigkeit her vorhandenen Schöpfer annahm, als welchen wir unsern Gott glauben; wem die Vorstellung eines allmächtigen und allweisen Schöpfers aller Dinge fehlte, der mußte sich denken, daß die vollkommene Weltordnung nach und nach entstanden und aus langen Kämpfen streitender Elemente und Mächte sich abgeklärt habe. ·Ueber die Entstehung der sichtbaren Welt aus dem Chaos haben wir die Ansichten der Griechen schon mitgetheilt; die allmälige Ausbildung der Weltordnung aber dachte man sich unter drei großen Göttergeschlechtern vollzogen, welche nach einander den Thron der Weltherrschaft inne gehabt hatten. An der Spitze des ersten Göttergeschlechts stand als Herrscher Uranos, ihm folgte als der Herrscher des zweiten sein Sohn Kronos und auf diesen als Haupt der jüngsten und vollkommensten Götterdynastie Zeus (Jupiter). Was man sich über den Thronwechsel dieser drei Herrscher erzählte, dies sei der erste Gegenstand unseres Berichtes. Um denselben aber klarer und übersichtlicher zu machen, halten wir uns zunächst an:

I. Die oberen Gottheiten.

Uranos (lateinisch Coelus).

Uranos ist die personificirte Darstellung des Himmels, wie ihn sich die Alten nach der Ihnen, meine Leser, erklärten sinnlichen Wahrnehmung desselben dachten. Mit ihm beginnt, nach der Vorstellung der ältesten griechischen Dichter, das erste Göttergeschlecht. Wir wissen schon aus dem Vorhergehenden, daß Gäa (die Erde) ihn hervorbrachte und sich dann mit ihm vermählte, aus welcher Verbindung die Titanen, deren Name noch nicht sicher erklärt ist, Hekatoncheiren und Kyklopen entstanden. Der Titanen, welche nach ihrem

Vater auch Uraniden genannt wurden, waren sechs: Koios, Krios, Hyperion, Japetos, Okeanos und Kronos. Sie hatten sechs Schwestern: die Theia, Rhea, Themis, Mnemosyne, Phoebe und Tethys, mit denen sie sich vermählten. Diese Gottheiten, gepaart vorgestellt als männliche und weibliche Kraft, bedeuten die Urkräfte der Natur, die man sich bei der Entstehung der Natur wirkend vorstellte. — Der Hekatoncheiren (griechisch), oder Centimanen (römisch), (Hundertarmige, Wesen mit hundert Händen) waren drei: Kottos, Gyges oder Gyes und Briareus; sie sind die Bilder der furchtbaren Kräfte der Meereswogen, die erschütternd wie Erdbeben wirken. — Die Kyklopen, als deren Namen uns Brontes (der Donner), Steropes (der Blitz) und Arges (der Leuchtende) genannt werden und welche man sich mit nur einem flammenden Auge in der Mitte der Stirn ausgerüstet dachte, sind Personificationen der Wetterwolke mit dem leuchtenden und zündenden Blitz nebst dem krachenden Donner. Da man nun in den Erscheinungen vulcanischer Eruptionen Aehnlichkeit mit denen des Gewitters fand, so verlegte man den Wohnsitz der Kyklopen in feuerspeiende Berge, namentlich den Aetna in Sicilien, wo man sie als Schmiedegesellen des Hephästos (Vulcan) zunächst mit dem Schmieden der Blitze, dann auch mit demjenigen anderer Gegenstände beschäftigt dachte. Da alle diese übermenschlichen Wesen Bilder der furchtbarsten Naturkräfte sind, so wurden dieselben als die ungeheuersten Riesen dargestellt, und der poetische Mythus berichtet, daß Uranos von ihrer Gewalt und Stärke Gefahr für seine Regierung fürchtete und sie in den Tartaros hinabwarf, wo er sie gefangen hielt. Seine Gattin Gäa schmerzte das harte Schicksal ihrer Kinder; sie bewaffnete daher den Kronos mit einer adamantenen, d. h. stählernen, von ihr gefertigten gewaltigen Sichel, womit dieser bei einer passenden Gelegen-

heit den Uranos unheilbar verwundete, hierauf die Titanen
aus dem Tartaros befreite, die sich nach dem Sturz ihres
Vaters mit ihren Schwestern vermählten, und ein zahlreiches
Göttergeschlecht hinterließen, das noch dadurch vermehrt ward,
daß aus den bei Verwundung des Uranos auf die Erde
fallenden Blutstropfen die Giganten entstanden — mit-
Drachenfüßen begabte Riesen — ferner die melischen Nym-
phen, das sind die Nymphen der Eschen, aus denen die
Kriegslanzen gemacht werden, und die Erinnyen (bei den
Römern Furien genannt): Tisiphone, Megära und
Alekto, die Rachegeister, ursprünglich die des vergossenen
Vaterblutes, — weibliche Wesen mit Schlangenhaaren, und
mit Vipern umgürtet, — von denen Verbrecher mit schrecklichen
Qualen der Rache gemartert wurden. Alle diese Götterwesen
waren ursprünglich nur der Mythologie der Griechen eigen,
und der Religion gehören von denselben ausschließlich die
Erinnyen an, welche z. B. in Athen unter dem Namen der
„Ehrwürdigen" einen Cultus hatten. Den Römern wurden
sie erst später und zwar ausschließlich als poetische Fictionen
bekannt, und ohne in deren religiösen Glauben aufgenommen
zu werden. Die Römer glaubten dagegen andere Dämonen,
nämlich die Larven, die sogar die Todten nicht ruhen ließen,
wenn sie nicht gesühnt waren. Indessen beweisen doch
Griechen und Römer durch den Glauben an solche über-
menschliche Wesen, wie sehr sie die verdiente Rache des Himmels
fürchteten.

In dem Göttergeschlecht der Uraniden findet man
gleichsam die Vorstellungen aller Himmelskräfte als
persönliche Wesen dargestellt, wie sie erzeugend, zerstörend
und als sichtende Kraft selbst auf das Dasein wirken. Von
Uranos selbst geht die Fruchtbarkeit aus, welche die Erde
von dem Himmel in der Feuchtigkeit des warmen befruchtenden
Regens empfängt.

KRONOS.

RHEA.

Kronos

(siehe Abbildung I.)

(griechisch: der Reifer oder Vollender) war der Sohn des
Uranos. Man hat diese Gottheit lange Zeit für gleichartig
mit dem Saturnus der Römer gehalten; dies ist sie jedoch
nicht vollständig, und deshalb ist letzterem, auf Grund neuerer
Forschung, nachstehend eine besondere Darstellung gewidmet
worden. — Kronos erhielt nach des Uranos Entthronung die
Herrschaft, vermählte sich mit der Rhea, einer Tochter der
Gäa, welche ihm den Pluton, Poseidon (Neptun) und
Zeus (Jupiter), die Hestia (Vesta), Demeter (Ceres)
und Here (Juno) gebar. Da ihm aber, nach einer Prophezeiung seiner Eltern, gleiche Entthronung, wie seinem Vater,
bevorstand, so verschlang er seine fünf älteren Kinder. Als
seine Gemahlin Rhea aber den Zeus, ihren jüngsten Sohn,
geboren hatte, entzog sie denselben der Wuth seines Vaters
dadurch, daß sie ihrem Gemahl einen wie ein neugeborenes
Kind in Windeln gewickelten Stein gab, den er in dem Wahn
verschlang, er habe seinen jüngsten Sohn Zeus dadurch
getödtet, während sie den Neugebornen in die Idäische Höhle
auf der Insel Kreta (im mittelländischen Meer) bringen ließ,
wo die Nymphen das Kind mit der Milch der Ziege Amalthea
und mit Honig nährten, während ihre Priester, die Kureten
und Korybanten, einen Waffentanz mit einem solchen Getöse hielten, daß Kronos das Geschrei des Säuglings nicht
hören konnte.

Diese Scene, wo Rhea dem auf seinem Throne in
ernster, göttlicher Ruhe sitzenden Gemahl den verhüllten
Stein darreicht, stellt die nebenstehende Abbildung dar.
Die Ruhe des Gottes bezeichnet außer der sitzenden Stellung
das herabgelegte Gewand, und die Sichel, welche er in der

3 *

linken Hand hält, das Instrument der Ernte, welches ihn
als den Gott der Reise und Ernte bezeichnet, deutet zugleich
auf seine That gegen den Vater Uranos.

Der auf Kreta verborgen gehaltene Zeus wurde in
seinem kindlichen Alter auf Geheiß der Gäa von den Kureten
gepflegt und erzogen. Als er herangewachsen war und Kronos
durch ein von der Gäa und Metis (Tochter des Okeanos)
ihm beigebrachtes Brechmittel die fünf verschlungenen älteren
Kinder wieder von sich gegeben hatte, verband Zeus sich
mit diesen und stürzte den Vater vom Thron, welchen er
selbst nun bestieg.

Mit dieser Aenderung der Herrschaft waren aber die
Titanen nicht zufrieden. Sie empörten sich gegen Zeus,
und zehn Jahre vergingen, ehe dieser blutige Krieg der
Uraniden und Kroniden (Söhne des Uranos und des
Kronos), oder auch der Titanen-Krieg genannt, mit Hülfe
der Hekatoncheiren dadurch beendigt wurde, daß Zeus die
Titanen in den Tartaros hinabschleuderte, und sie dort von
jenen bewachen ließ. Gäa, traurig und erbittert über die
ihren Söhnen angethane Schmach, wiegelte die Giganten,
ebenfalls ihre Kinder, gegen Zeus auf, welche, Felsen auf
Felsen und Berge auf Berge thürmend, den Himmel zu
ersteigen droheten. Vergebens schleuderte Zeus seine Blitze
auf sie, vergebens boten seine Geschwister, die Mitbewohner
des Olymp, ihre Macht gegen sie auf; erst mit Hülfe des
Herakles (Hercules) wurden die Empörer theils getödtet,
theils in Abgründe hinabgeschleudert, und Felsen und Berge
über sie hingewälzt. Dadurch noch unmuthiger und belei=
digter, sann Gäa auf neue Rache, und sandte den Typhon
oder Typhonus, — ein von ihr mit dem Tartaros erzeugtes
furchtbares Ungeheuer, dessen Kräfte unwiderstehlich waren,
und dessen Schnauben Gewitterstürmen und verheerenden
Orkanen glich, — gegen Zeus aus. Aber auch dies Mal siegte

dessen Macht ob. Typhon ward bezwungen, und Zeus' Macht war nun für alle Zeit gesichert.

Richten Sie, meine Leser, auf diese Mythe einige Augenblicke Ihre Aufmerksamkeit, und Sie werden wahrnehmen, daß Kronos die zeitigende und reifende Naturkraft ist, die bis zur Ernte wirkt, die dann eingebracht, aber auch wieder mit der Zeit verzehrt wird, jedoch in fortgehender Entwickelung durch Hülfe der alten Titanischen Naturkräfte, gleichsam in einem steten Kampf dieser Kräfte wieder zu Tage kommt, ohne daß dieses Wirken der Naturkräfte durch die furchtbaren Umwälzungen der gebirgeaufthürmenden und wieder Abgründe erzeugenden Erdbeben und der anderer Gewalten (Sturm, Wasserfluth ꝛc.) irgendwie verhindert werden kann. So umfaßt die Vorstellung des Kronos eine andere Reihe personificirter Naturkräfte, die durch Schaffen und wieder Zerstören doch fortgestaltend wirken, daß endlich dennoch ein vollendetes Ganze, eine Weltordnung, die Zeus vertritt, daraus entsteht.

So haben sich die Griechen das mit den furchtbarsten Naturerscheinungen verbundene Wirken der scheinbar einander aufhebenden und vernichtenden, aber dennoch zu einer höheren Ordnung verbundenen und diese höhere Ordnung schaffenden Naturkräfte als Kämpfe der Gottheiten versinnlicht, von denen die gewaltsameren und älteren den jüngeren und geistig höher begabten unterliegen mußten.

Die berühmteste Stätte aber, an der die Sage von Zeus' Geburt und von der heimlichen Pflege seiner Kindheit am weitesten ausgebildet wurde, war Kreta, ein Staat uralter Cultur, in welchem auch die Verehrung des Kronos heimisch war.

Diese Verehrung aber galt hier wie in einigen anderen Gegenden Griechenlands, z. B. in Athen, nicht sowohl dem finsteren, seine eigenen Kinder verschlingenden Gotte, als vielmehr demjenigen, welcher als der Reifer und Vollender, als Gott der Ernte, Segen und Reichthum, Glück und Freude verleiht, weshalb seine Feste in Griechenland, die Kronien, ebensowohl wie die entsprechenden italischen Saturnalien zu denen gehörten, an denen sich, ähnlich wie noch an unseren Erntefesten, die ausgelassenste Lustigkeit entwickelte. Die Sage aber von dem Kampfe der Götter unter Zeus' Führung mit den Titanen, Giganten und Typhon ist, in der Gestalt, wie wir sie erzählt haben, wesentlich von den Dichtern aus- gebildet worden, ohne in ihrer ganzen Ausdehnung einen Bestandtheil der Religion zu bilden.

Saturnus.

Die Mythe der Römer vom Saturnus (eigentlich der Säer, Saatgott) ist verschieden von der des Kronos der Griechen. Seine Gemahlin hieß Ops. Sie erzählten von ihm, daß er nach Italien, in den an der Tiber belegenen Theil dieses Landes kam, wo der uralte König Janus regierte. Saturnus begab sich zu demselben, unterwies dessen Volk im Ackerbau, Gartenbau und in vielen dort noch unbekannten Künsten, z. B. der Anpflanzung des Weinstocks, der Ver- edelung des Obstes u. s. w., wodurch es von seiner rohen Lebensweise entwöhnt und zu der Ordnung friedlicher Be- schäftigungen gewöhnt wurde. Dadurch gelangte er zu solchem Ansehen, daß Janus endlich die Oberherrschaft über das Land mit ihm theilte und dasselbe nach ihm Saturnia, d. h. Saat- oder Fruchtland, genannt worden sein soll. Die Zeit der Regierung des Saturn wurde von den Dichtern übrigens als die glücklichste gepriesen, in welcher die Menschen ein heiteres Leben ohne Sorgen, in Unschuld, Freiheit und Freude führten, und daher das goldene Zeitalter genannt. Von einem solchen, welches unter der Herrschaft des Kronos stattfand, erzählen auch griechische Sagen, und dieser Umstand vorzüglich hat zur Verschmelzung des Saturnus mit Kronos geführt.

RHEA.

JUPITER.

Die Römer feierten dem Saturn zu Ehren im Monat December jährlich ein fünf- bis siebentägiges Fest, Saturnalien genannt, unter lauten Ergötzungen. An diesen Tagen fand kein Unterschied zwischen Herren und Sclaven Statt, es wurden keine Rathsversammlungen gehalten und keine Strafen vollzogen. Die Sclaven gingen dabei in Herrenkleidung, wurden köstlich bewirthet, und beschenkt. Auch die Kinder wurden mit Bildern beschenkt, die in der sogenannten Bildergasse zu Rom zum Verkauf ausgestellt waren.

Saturn hatte in Rom einen Tempel am Fuße des capitolinischen Hügels, in welchem seine Bildsäule stand, dessen Füße mit einem wollenen Bande umschlungen waren, welches nur an den Saturnalien gelöset wurde. In der einen Hand hielt er ein krummes Gartenmesser, zum Zeichen, daß er die Beschneidung des Weinstocks und des Oelbaums gelehrt hat. Auch wurden in seinem Tempel die Staatskasse und die Feldzeichen aufbewahrt.

Rhea

(siehe Abbildung I. und II.)

haben wir schon in dem Vorhergehenden als die Gemahlin des Kronos, und als Mutter des Pluton, Poseidon und Zeus, der Hestia, Demeter und Here kennen gelernt. Sie war bei den Griechen anfangs eine von der lydischen und phrygischen Göttin Kybebe oder Kybele ganz verschiedene Gottheit; da jedoch beide mit einander viel Aehnlichkeit hatten, verschmolz sich die Idee von beiden in eine, und ihre Verehrung wurde ebenfalls nur eine. Man hat mit ihr die Gemahlin des Saturnus der Römer, Ops, d. h. Fülle, Wohlstand oder Reichthum, gewöhnlich zusammengestellt, weil man beide für gleichbedeutend hielt. Und jedenfalls haben Beide, ohne gerade gleich zu sein, große Aehnlichkeit mit einander, wie schon ihr gleiches

Verhältniß als Gattinnen der mit einander so sehr verwandten Götter Kronos und Saturnus zeigt. Der Grundbegriff beider Göttinnen ist derjenige der fruchtbringenden Erde. Rhea aber wurde in Griechenland besonders als die Muttergöttin des Waldgebirgs verehrt und die „Bergmutter" genannt, und diese besondere Auffassung ist es, welche ihre Verschmelzung mit der gleichgeltenden orientalischen Kybele veranlaßte. Als Göttin der Cultur aber ist Rhea-Kybele auch Gründerin der Städte, deren Mauern sie wie Kronen des Gebirges auf dem Haupte trägt, weßhalb sie auch mater turrita (mit dem Thurm als Kopfschmuck versehene) heißt und mit der Mauerkrone auf dem Haupte abgebildet wird (siehe Abb. II.).

Ueber die Rhea der Griechen giebt es sehr verschiedene Nachrichten in Rücksicht auf ihre Geburt, d. h. auf ihre Her= kunft als Götterwesen. Als Rhea soll sie eine Tochter des Uranos und der Gäa (des Himmels und der Erde), als Kybele die Tochter eines Fürsten der Provinz Phrygien (in Klein= asien), Namens Mäon, gewesen sein, der sie bald nach ihrer Geburt, aus Unmuth, daß sie kein Knabe war, auf den Berg Cybelus aussetzen ließ, wo sie von wilden Thieren gesäugt, und von Hirten gefunden und erzogen wurde. Ihre Schönheit und Klugheit machten sie bei dem Volke beliebt; als sie sich aber mit einem jungen Phrygier, Attys, verband, gerieth ihr Vater Mäon, der sie wieder erkannt und bei sich aufgenommen hatte, darüber in solchen Zorn, daß er den Attys hinrichten ließ. Kybele verfiel über diesen Verlust in einen an Wahn= sinn grenzenden Schmerz, suchte die Einsamkeit, und verweilte am liebsten unter einem Fichtenbaum, in welchen sie ihren Lieb= ling verwandelt glaubte. Sie erfand in ihrer Abgeschiedenheit von Menschen eine eigene Art von Handpauken (Cymbeln) und Flöten, mit denen sie eine lärmende Musik machte, und die umliegenden Länder, wie im Zustande der Raserei, durchzog. Ihr treuester Freund und Diener, der mit ihr klagend in den

Waldgebirgen umherirrte, und auch die von ihr erfundene
Musik weiter ausbildete, war Marsyas. In dieser Waldein=
samkeit waren Löwen ihre gewöhnliche Begleitung. Das Ge=
birge durchstreifend mit unwiderstehlicher Gewalt, bändigt sie
dies stärkste der wilden Thiere, den Löwen. Ihr waren die
Fichte vorzugsweise, aber auch die Eiche, nebst dem Veilchen
geheiligt. Die Sage erzählte nämlich, daß dies liebliche Blüm=
chen, der Frühlingsbote, aus dem Blute des getödteten Ge=
liebten der Göttin entsprossen sei.

Ihrer Darstellung als Rhea=Kybele entsprechend
wird sie abgebildet mit Herrscherstab in der einen Hand und
in der anderen die Cymbel, und auf dem Haupt die Mauer=
krone als Symbol der Städtegründung auf einem springenden
Löwen sitzend, indem sie denselben ihrem Willen unter=
worfen hat (s. Abbildung I.). Als Zeichen, daß ihr Dienst
zur Nachtzeit gefeiert wurde, sind Mond und Stern dabei
abgebildet. Wie ein anderes Bild (s. Abbildung II.) zeigt,
wurde sie auch, die hohe Mauer auf dem halbverhüllten
Haupt, in knapp anliegender Kleidung, und die Handpauke
(Thympanum) in der Linken, auf dem Throne sitzend dar=
gestellt.

Außerdem wurde diese Göttin uralter Verehrung noch
auf einem Throne zwischen zwei großen Löwen sitzend, oder
auf einem von Löwen gezogenen Wagen stehend dargestellt.
Ihre Priester (Männer, die sich ihrem Dienste, und der Ver=
richtung der bei ihrer öffentlichen Verehrung üblichen Ge=
bräuche unterzogen), die Galli, Korybanten oder Kureten,
ahmten die Musik bei den der Göttin gewidmeten Festen nach.
Das Eigenthümliche dieses Gottesdienstes war der tobende
Lärm, welchen die Priester und Verehrer vereint durch die
Musik mit Cymbeln, Handpauken, Pfeifen, Hörnern und
wildem Gesang machten, indem sie mit lodernd brennenden
Fackeln zur Nachtzeit Wald und Gebirge durchschwärmten,

und dabei sich gegenseitig durch Verwundung kasteiten, zur Erinnerung an die Leiden der Göttin um ihren Geliebten. Der ihr geweihte Geheimdienst ging später bei den Griechen in den Dienst des Dionysos (Bacchus) und der Demeter (Ceres) über.

Ihre Verehrung war in ganz Kleinasien (dem heutigen Anatolien), so wie auf der Insel Kreta heimisch, außerdem in dem gebirgigen Arkadien in Griechenland in der Gegend, wohin man die Geburt des Zeus und die Entstehung des ersten Menschen versetzte. Die eigentliche Heimath dieses Dienstes war die Gegend um Pessinus in Phrygien, wo sich im Gebirge ein höhlenartiges Heiligthum, das älteste von allen dieser Göttin geweihten Heiligthümern, Kybela genannt, befand. Den ersten Tempel zu Pessinus baute ihr der König Midas, den bis in die späteste Zeit die Herrscher des Landes unterhielten und auf das Kostbarste ausstatteten. Außerdem waren ihre berühmtesten unter den Tempeln aller Orte die zu Sardes, Magnesia, Smyrna, Ephesos, Lampsacus und Cyzicus. Auch in Athen wurde ihr ein Heiligthum gegründet, in welchem der berühmte Bildhauer Phidias ein Meisterbild der Göttin. arbeitete.

Nach den Zeiten des Einfalls Hannibals in Italien wurden ihr zu Ehren, da man ihrem Einflusse die Vertreibung der Feinde zuschrieb, Feste gefeiert, welche Megalesien hießen und nur von Frauenzimmern begangen wurden.

Zeus oder Jupiter.
(Siehe Abbildung II.)

Der Gott des Himmels bei den Griechen hieß Zeus, und führte eine große Menge von Beinamen, welche zum Theil von den verschiedenen Localen seines Cultus stammen, wie z. B. Dodonäos (Gott von Dodona in Epirus), Anchesmios

(Gott des Berges Anchesmos in Attika) u. a., zum Theil, und
zwar in überwiegendem Maße die verschiedenen Seiten seines
Wesens auszudrücken bestimmt sind. Von diesen letzteren sind
die bekanntesten und in den homerischen Gedichten (Ilias und
Odyssee s. unten) am häufigsten gebrauchten die folgenden:
der Schwarzwolkige oder der Wolkenversammler, der Donnerer oder der Hochdonnernde, der höchste Herrscher, der Vater
der Götter und Menschen. Ein sehr oft vorkommender und
als besonders ehrenvoll geltender Beiname: Kronion oder
Kronide bezeichnet ihn als den Sohn (und Thronerben) des
Kronos. Der oberste der Götter, war er ein Sohn des Kronos
und der Rhea, durch die Sorge der Mutter erhalten, und auf
der Insel Kreta, und zwar auf dem Berge Ida in Sicherheit
gebracht, ward er dort von Nymphen, wie vorher (S. 35 f.)
schon erzählt worden ist, genährt. Schnell wuchs er heran
unter der sorgsamen Pflege seiner Erzieherinnen und genährt
von der Milch der Ziege Amalthea, die er späterhin aus Dankbarkeit dafür unter die Sterne — Capella im Sternbilde
des Fuhrmanns — versetzte, entwickelte die seltensten Kräfte,
Verstand und Weisheit, stürzte schon in seinem Jünglingsalter.
Kronos, seinen Vater, mit Hülfe seiner Geschwister vom Throne,
überwand die Titanen und Giganten, und befestigte dadurch
für immer seine Macht. Mit seinen Brüdern theilte er, nach
der Entscheidung durch das Loos, die Herrschaft über die Welt
so, daß er den Olymp oder den Himmel, nebst der Obergewalt
über alles Vorhandene erhielt, seinem Bruder Poseidon aber
die Herrschaft über das Meer, und dem Hades die Herrschaft
über die Unterwelt eingeräumt wurde; die Erde aber blieb
allen drei Brüdern gemeinsam, obgleich die beiden andern
auch hier die Oberherrlichkeit des Zeus anerkannten, der nach
alten Mythen in allen drei Reichen, im Himmel, auf Erden
und unter der Erde waltete. Er giebt Gutes und Böses, wie
es ihm gefällt, selbst Leiden und Heimsuchung; jedoch will und

weiß er nur das Beste. Daher war er der Erretter in aller
Noth, den man anrief. Die Weltordnung kann er indessen
nicht verändern, da er sie ja selbst schützt; daher vermag er
auch das Schicksal (Fatum) nicht zu ändern.

Während der ersten Zeiten der Regierung des Zeus
herrschte das silberne Zeitalter auf der Erde, welches dem
Menschen zwar wie das goldene Zeitalter Reichthum und Wohlleben in größter Fülle gewährte, aber nicht zugleich jene Unschuld und Zufriedenheit, welche die Menschen im goldenen
Zeitalter zu wahrhaft glücklichen gemacht hatte. Die Menschen des silbernen Zeitalters lebten demgemäß in Ueppigkeit
und Weichlichkeit, im höchsten Grade übermüthig und doch nie
zufrieden, sie vergaßen die Götter und entzogen ihnen, auf ihr
Glück und Wohlsein trotzend, die gebührenden Ehren. Daher
vertilgte sie Zeus und verbarg sie unter der Erde, wo sie als
Dämonen fortleben, nicht so mächtig wie die Geister der Menschen des goldenen Zeitalters, aber von den später Geborenen
doch noch hoch geehrt. Dem silbernen folgte dann das eherne
Zeitalter, das heißt dasjenige der Gewaltthätigkeiten und des
Kampfes, in welchem die Menschen ohne Ackerbau und mildere
Sitten toll und wüst in den Tag hineinlebten, wo durchaus
nur das Faustrecht und das Recht des Stärkeren herrschte, so
daß die Menschen, so groß und kraftvoll sie waren, sich bald
selbst aufgerieben hatten und ohne Andenken und geistige Fortdauer in die Unterwelt hinabsanken. Endlich folgte diesem
Zeitalter das eiserne, in welchem die Menschen entarteten,
sich mühevoll von ihrer Hände Arbeit nähren mußten, auf Gewinn ausgingen und sich einander übervortheilten, weshalb die
Göttin der Gerechtigkeit (Dike oder Asträa) nebst Treue,
Scham und Wahrhaftigkeit von der Erde zum Himmel zurückkehrte, und Zeus beschloß, das Menschengeschlecht durch eine
hohe Wasserfluth zu vertilgen. Diese bedeckte ganz Griechenland. Nur Deukalion und seine Gattin Pyrrha retteten sich

auf die Höhe des Gebirges Parnassus, von wo ausgehend
sie dann auf Geheiß der Götter dadurch die Stifter eines
neuen, des gegenwärtigen, Menschengeschlechts wurden, daß
sie Steine hinter sich warfen, welche bald als Menschen belebt
erschienen, die nach Ablauf der hohen Wasserfluth das Land
wieder zu bebauen anfingen, und sich nach allen Gegenden hin
verbreiteten, aber, weil sie um nichts besser waren, als das ge=
tödtete Geschlecht, oftmals den Unwillen des Zeus auf sich
zogen, und deshalb auch seine Strafen fühlten.

Die erste Gemahlin des Zeus war die Metis (Klug=
heit), eine Tochter des Okeanos (eine Okeanide); weil ihm
aber das Fatum (das Schicksal), ein dunkles allgewaltiges
Götterwesen, geweissagt hatte, daß Metis ihm einen Sohn ge=
bären werde, der mächtiger als er selbst sein würde: so verschlang
Zeus die Metis, und gebar darauf selbst aus seinem Haupte
die Pallas Athene (Minerva), die Göttin der Weisheit.
Hierauf vermählte Zeus sich, jedoch nur auf kurze Zeit, mit
der Themis (Gerechtigkeit), mit welcher er die Asträa und
die Horen erzeugte. Besonders aber liebte Jupiter seine
eigene Schwester Here (Juno), deren hohe Reize sein Herz
gefesselt hatten. Lange widerstand Here seinen Bitten, bis sie
endlich nachgab, und sich feierlich mit ihm vermählte, zu wel=
chem glänzenden Hochzeitsfeste nicht nur alle Götter des Him=
mels, sondern auch die, welche auf Erden die Unterherrschaft
ausübten, eingeladen waren. Die Nymphe Chelone, welche
über diese Verbindung Jupiters mit der Juno spöttelte, wurde
durch den Hermes (Mercur) nebst ihrem Hause in einen nahen
Fluß gestürzt, und in eine Schildkröte verwandelt, die deshalb
ihr eigenes Haus auf dem Rücken trägt.

Juno gebar ihrem Gemahl die Hebe, den Ares (Mars)
und den Hephästos (Vulcan). Jupiter blieb aber der mit
seiner Schwester geschlossenen Verbindung nicht immer treu.
Er liebte heimlich nicht allein auch andere Göttinnen, sondern

näherte sich, oft unter angenommenen fremden Gestalten, selbst schönen Töchtern der Menschen, weshalb Here, wenn sie dergleichen erfuhr, mit ihrem Gemahl heftig zürnte. So gebar Demeter (Ceres) aus ihrem geheimen Umgange mit Zeus die Persephone (Proserpina), — Leto (Latona) den Apollon und die Artemis (Diana), — Dione die Aphrodite (Venus), — Mnemosyne die Musen, — Eurynome die Chariten (Grazien), — Semele den Dionysos (Bacchus), — Maia den Hermes (Mercur), — Alkmene den Herakles (Hercules). Mehrere Halbgötter, welche wir späterhin werden kennen lernen, waren Söhne des Zeus von verschiedenen anderen Müttern.

Diese vielen Liebesverbindungen des Zeus (wie diejenigen anderer Götter), welche uns bei den Dichtern so anstößig und des Herrschers der Welt so unwürdig erscheinen und schon im Alterthume anstößig erschienen, sind aber aus verschiedenen Sagen zu erklären, die, unabhängig von einander in verschiedenen Landschaften entstanden. In jeder dieser Sagen hatte Zeus nur eine Gemahlin, gegen welche er sich einer Untreue durchaus nicht schuldig machte, und erst nachdem die Dichter diese Sagen als gleichberechtigt neben einander erzählten, ergab sich die Vorstellung, die uns geläufig ist. Zeus konnte nur eine rechtmäßige Gattin haben, weil die Griechen eben so streng wie wir an der Ehe mit einer Frau festhielten; als diese rechtmäßige Gemahlin erschien Here, und deshalb mußten natürlich die Ehen, welche Zeus nach den localen Sagen als eben so rechtmäßige eingegangen hatte, als bloße Liebschaften und die Göttinnen, die eigentlich seine wirklichen Frauen waren, neben Here als Zeus' Concubinen oder Buhlen erscheinen. Sie sehen, daß hier ein scheinbar durchaus unsittlicher Zug des Mythus sich als in der That durchaus nicht unsittlich erweist, und dasselbe gilt von vielen anderen, die wir nur richtig zu erklären und geschichtlich aufzufassen brauchen, um ihnen jeden bösen Schein, den sie für das mangelhafte Verständniß haben, zu benehmen.

Jupiter war bei den Römern ebenfalls Himmels-vater, und unter den Göttern der höchste und gewaltigste. Daher hieß er der Beste und Höchste. Er war Schirmer der Stadt und des Landes.

So hielten sowohl die Griechen ihren Zeus, als die Römer ihren Jupiter für das höchste Wesen, den Vater der Götter und Menschen, den Regierer und Erhalter des Welt-alls, der die höchste Macht, Weisheit und Gerechtigkeit besitze, und sich bei seiner Regierung über das Menschengeschlecht von Gerechtigkeit eben so, wie von unbegrenzter Liebe und Güte leiten lasse. Das Wirken aber des höchsten Gottes erstreckte sich auf die ganze Natur und auf fast alle Beziehungen des menschlichen Lebens. Zeus ordnet den Wechsel von Tag und Nacht und den der Jahreszeiten, ihm gehorchen die Winde, er sammelt und zerstreut die Wolken und läßt den fruchtbaren Saatregen auf die Felder und Fluren herabströmen. Er schirmt aber auch die Ordnung des Staates, Recht und Gesetz, er verleiht die königliche Gewalt und schützt die Könige in der Ausübung ihrer Macht, er überwacht den ganzen Verkehr der Menschen unter einander, überall das Rechtthun, die Wahrheit, Treue und Milde fördernd und lohnend, das Unrecht, die Un-wahrhaftigkeit, Treulosigkeit und Härte strafend. So wie er aber nicht allein der höchste Herrscher in Donnergewölk, son-dern „der Menschen und Ewigen Vater" hieß, so nahm er sich auch des ärmsten und verlassensten Menschen väterlich liebend an und der heimathlose Bettler hatte an ihm einen gnaden-reichen Schutzherrn, der den Unbarmherzigen züchtigte und Mitleid und Erbarmen zu lohnen wußte. Zwei mythologische Erzählungen mögen als Beispiele seines Waltens auf Erden hier einen Platz finden.

Philemon und Baucis — ein hochbetagtes Ehepaar

niedern Standes — lebten in ihrer Hütte in Phrygien in un=
gestörter Eintracht, und verehrten mit frommer Demuth die
Götter. Zeus, der, um unerkannt zu bleiben, oft unter ange=
nommener Menschengestalt die Erde besuchte, und das Be=
tragen der Menschen erforschte, kam auf einer solchen Wande=
rung durch Phrygien auch zu diesen armen alten Leuten, welche
ihn und seinen Begleiter, den Hermes, als müde Wanderer
herzlich empfingen, freundlich bei sich aufnahmen, mit allem,
was ihre Armuth gewähren konnte, bewirtheten, und zu dem
Zwecke gern auch die einzige Gans, welche sie noch besaßen,
schlachten wollten. Zeus verhinderte dies zwar, war aber über
die Gutmüthigkeit und den frommen Sinn der beiden Alten
um so gerührter, als er bei andern Bewohnern des Landes
nur Härte, Laster und Geringschätzung gegen die Götter be=
merkt hatte. Um diese zu bestrafen, beschloß er, die ganze Ge=
gend mit einer verheerenden Ueberschwemmung heimzusuchen,
den Philemon und die Baucis, dieses bejahrte edle Paar, aber
nicht nur zu retten, sondern auch ausgezeichnet zu belohnen.
Zu dem Ende gab er sich ihnen zu erkennen, ließ die hohe
Wasserfluth daherrauschen, verwandelte jedoch die auf einem
Hügel belegene Hütte der beiden Alten in einen prachtvollen
Tempel, setzte den Philemon zum Priester und die Baucis zur
Priesterin desselben ein, gewährte ihnen auch ihre Bitte: einst
zu gleicher Zeit sterben zu können, und verwandelte sie endlich,
als ihr Tod nach vielen Jahren erfolgte, in eine Eiche und
eine Linde, die nachbarlich bei einander standen.

Lykaon, ein Fürst in Arkadien, hatte funfzig Söhne,
welche in Rohheit und Grausamkeit so ausarteten, daß sie die
Umgegend unsicher machten, und alle Menschen ermordeten,
die ihnen in die Hände fielen. Zeus besuchte sie einst, von
ihnen unerkannt, und sie trachteten auch ihm nach dem Leben.
Als er sich ihnen aber als Gott zu erkennen gab, wollten sie ihn
als solchen nicht anerkennen, sondern suchten ihn auf die Probe

zu stellen. Lykaon schlachtete heimlich ein unschuldiges Kind, und setzte dasselbe Zeus als Speise vor, ohne das gräßliche Gericht zu nennen. Zeus aber erkannte sofort Alles und verwandelte den Lykaon und die Seinen zur Strafe für ihren Blutdurst, ihre Grausamkeit und Unfrömmigkeit in reißende Wölfe, und ließ ihren Palast von Flammen verzehren.

So würdig dem Gesagten nach auch im Allgemeinen der oberste Gott der Griechen und Römer erscheint, so zeigt er sich uns doch in manchen Erzählungen mit menschlichen Schwächen und Fehlern behaftet. Zum größten Theile aber sind diese wiederum, wie die oben berührten Züge von ehelicher Untreue, nur scheinbare, zum Theil sind sie wirkliche Mängel und Schwächen nach Maßgabe unseres Moralbegriffes, nicht aber nach demjenigen der früheren Zeiten und weniger hoch civilisirter Völker. Aber wenngleich Zeus, namentlich in dichterischen Erzählungen nicht als ein sittlich vollkommenes, heiliges Wesen erscheint, so galt er doch bei allen griechischen Stämmen als die höchste Gottheit, und von allen wurden ihm die Attribute der größten Gewalt und Macht beigelegt, welche keinem der übrigen Götter gebührten. Er donnerte in den Wolken, er schleuderte mit allgewaltiger Hand von oben herab zerstörende Blitze auf die Erde. Er kannte die Zukunft wie die Gegenwart, und zu Dodona (in der griechischen Landschaft Epirus) war eine heilige Eiche befindlich, durch deren Rauschen er den Menschen seinen Willen und die Geschicke ihrer Zukunft kund gab; eben so, wie er auch in der heiligen Grotte des Berges Ida auf der Insel Kreta Orakel verkündigte. Zeus wurde in Griechenland überall mit großem Eifer verehrt. Auf dem heiligen Gefilde Olympia hatte er seinen prächtigsten Tempel, in welchem seine von dem berühmten Künstler Phidias verfertigte, etwa 40 Fuß hohe Bildsäule, aus Elfenbein und Gold errichtet stand, die man, ihrer Schönheit und Seltenheit wegen, zu den sieben Wunder-

4

werfen *) der Welt rechnete. Andere glänzende Tempel
waren ihm in Athen und Agrigent geheiligt, — vieler, mehr
oder minder berühmten Tempel in andern Städten und Landschaften nicht zu gedenken, von denen er oft eigne Beinamen
führt.

Dem Zeus zu Ehren wurden im Monat Julius (Heka-
tombäon), immer nach Verlauf von vier Jahren, also in jedem
fünften, in der olympischen heiligen Ebene die feierlichsten,
größten und berühmtesten unter den vier heiligen Volksspielen
der Griechen gefeiert. Diese olympischen Spiele dauerten
fünf Tage, begannen mit Opfern und bestanden in Wettrennen
zu Fuße, im Springen, Diskuswerfen (das heißt: im Werfen
einer linsenförmigen, bis zu 8 Pfund schweren Wurfscheibe aus
Stein oder Metall, also einer gymnastischen Uebung, welche
sich mit dem noch heutzutage in der Schweiz üblichen Stein-
stoßen einigermaßen vergleichen läßt), im Ringen, Faustkämpfen,
im Wettrennen zu Pferde und im Wettfahren mit dem Zwei- und
Viergespann, endlich in Wettstreiten in der Musik und Dicht-

*) Gewisse Denkmäler der Kunst im Alterthume, welche wegen
ihrer ausgezeichneten Schönheit, oder ihrer seltenen Größe und Dauer,
über die menschlichen Kräfte zu gehen schienen, und daher als Wunder
betrachtet wurden, hat man, da man deren sieben zählte, die sieben
Wunder der Welt genannt. Es waren die folgenden: 1. Die ägyptischen Pyramiden, 2. die Mauern von Babylon, 3. die sogenannten
hängenden Gärten daselbst, 4. der Tempel der Diana zu Ephesus,
5. die Bildsäule des Jupiter zu Olympia, 6. das Mausoleum zu Hali-
karnassus, und 7. der Koloß zu Rhodus. Bei den Werken aus Gold
und Elfenbein, wie die Bildsäule des Zeus zu Olympia und manche
andere, wurde das Gesicht und was sonst von den Theilen des Körpers nackt zu sehen war aus Elfenbein, das Haar und die Gewandung
aus, zum Theil bunt emaillirtem getriebenen Golde hergestellt. Von
der kostbaren Pracht solcher Kolossalstatuen kann man sich aus der
Notiz eine Vorstellung machen, daß eine einzige Locke des Zeus in
Olympia nach unserem Gelde ungefähr 300 Frd'or. werth war.

kunst. Die Ehre, in diesen Spielen den Sieg errungen zu
haben, galt als die höchste, obgleich der Siegespreis nur
in einem einfachen Kranze von einem wilden Oelbaum bestand.
Nach Einigen soll Zeus selbst diese Spiele zum Andenken
seines Sieges über die Titanen gestiftet, und selbst die Götter
in frühesten Zeiten gern daran Theil genommen, — nach An=
dern soll sie Pelops (Sohn des lydischen Königs Tantalos,
—welcher dem südlichen Theile Griechenlands den Namen Pe=
loponnesus gab) zu Ehren des Zeus gestiftet haben. Nach
den Zeiträumen, in welchen die olympischen Spiele gefeiert
wurden, berechnete man übrigens in Griechenland die Jahre.
Eine Olympiade war ein Zeitraum von vollen vier Jahren.
Dem Zeus zu Ehren wurde auch das zweite der großen Natio=
nalfeste, die Nemeen (in Nemea) gefeiert, während das
dritte, die Pythien (zu Delphi), dem Apollon, und das vierte,
die Isthmien (auf dem Isthmus von Korinth), dem Poseidon
(Neptun) galten.

Nicht minder, als Zeus bei den Griechen, war Jupiter
bei den Römern verehrt. In Rom selbst waren ihm mehrere
Tempel, und zwar der am reichsten ausgeschmückte im Capi=
tolium *) auf dem tarpejischen Berge errichtet, daher er bei

*) Capitolium war die berühmte Burg des alten Roms, im
Jahre 140 nach Gründung dieser Stadt, vom Könige Tarquinius
Priscus erbaut, enthielt den capitolinischen Tempel des Jupiter mit
drei abgesonderten Zellen, des Jupiter, der Juno und der Minerva.
Die des Jupiter war 200 Fuß lang und 185 breit. Die Statue des
Jupiter war aus Elfenbein und Gold, ging nebst dem Tempel mehr=
mals durch Brand zu Grunde, wurde aber stets aus denselben kostbaren
Materialien wieder hiergestellt. Verschwenderisch hatten die Römer die=
sen Tempel ausgeschmückt, in welchem die Consuln beim Antritte ihres
Amtes, und die Feldherren, ehe sie in den Krieg zogen, feierliche Opfer
verrichteten. Der Namen Capitolium (von caput, das Haupt) be=
zeichnet die alte Römerburg als das Haupt der Stadt.

4*

den Römern der capitolinische Jupiter (oder optimus maximus) hieß, wie er denn überhaupt nach den verschiedenen Kräften und Wirkungen, die man seiner Gottheit zuschrieb, oder auch nach Landschaften und Städten, wo er besonders verehrt wurde, verschiedene Beinamen führte, z. B. Stator, Hospitalis, Nuptialis, Abretanos (von Abretana in Mysien) u. a. m.

Die Römer feierten dem Jupiter zu Ehren die sogenannten römischen oder großen Spiele mit Wettkämpfen mehrere Tage hindurch, bei denen auch öffentliche Speisungen Statt fanden. Sie hatten auch auf dem Capitolium eine kolossale Bildsäule des Gottes aus Erz aufgestellt, welche aus den erbeuteten Prachtwaffen der heiligen Legion der Samniter (einer unteritalischen, von den Römern unterworfenen Völkerschaft) gegossen worden war.

Bei den Opfern wurden ihm vornehmlich Stiere dargebracht; ein großes Opfer von 100 Stieren, bei besondern Feierlichkeiten oder Veranlassungen dem Zeus gewidmet, hieß eine Hekatombe. Unter den Bäumen war ihm besonders die Eiche und der Oelbaum, unter den Vögeln der Adler geheiligt, den ja auch wir noch als den König der Vögel bezeichnen, und der deshalb als ein passendes Attribut des Königs der Götter erscheinen muß.

Jupiter wird abgebildet als ein kräftiger Mann, Hoheit und Ernst in der Haltung und Miene, mit hoher Stirn, edler und breitgeformter offener Brust, entweder, aber selten, von jugendlichem, sanftem Aussehen mit weniger Bart, oder und zwar in der Regel mit starkem Haupthaar, starkem Bart, ein Scepter in der einen Hand, in der andern einen zackigen Blitz oder einen Donnerkeil (als Attribute seiner Macht), sitzend auf einem Throne, das Gewand zurück, nur um die Hüften gelegt zum Zeichen der

III

JUNO.

NEPTUN.

Ruhe, und neben ihm — als Sinnbild der eben angegebenen Bedeutung — ein Adler.

Auch findet man den Gott sitzend mit dem Blitz, und von Mond, Erde, Meer und den Thierkreisgestirnen umgeben; oder auch stehend auf einem Wagen fahrend, wie er besonders als Bekämpfer der Giganten erscheint; ferner als der Gott von Dodona mit einem Eichenkranz im Haare und als olympischer mit einem Kranze aus dem heiligen Oellaube von Olympia. Als Zeus-Ammon, als welcher er ein Orakel in der libyschen Wüste besaß, wurde er aus einem Grunde, der hier nicht angegeben werden kann, mit Widderhörnern, und in seiner Verschmelzung mit gewissen asiatischen Gottheiten ungefähr gleicher Bedeutung, auch mit einem Panzer angethan und auf einem Stier stehend, abgebildet.

Here oder Juno
(siehe Abbildung III.)

war, wie wir aus dem Vorhergehenden wissen, eine Tochter des Kronos und der Rhea, also Zeus' Schwester, mit der er sich rechtmäßig vermählte. Sie ist die weibliche Kraft, während Zeus die männliche repräsentirt. Die Ehe beider bezeichnet die Quelle des Natursegens. Here wurde als höchste Göttin, als Königin des Himmels und der Erde verehrt, und galt, als die in ganz Griechenland anerkannte rechtmäßige Gemahlin und Hausfrau des Zeus, ganz besonders als die Schutzgöttin der Ehen, und führte dieser Eigenschaften wegen die Beinamen: Gamelia, Zygia, Teleia (griechisch), und Pronuba, Juga und Abulta *) (lateinisch).

---

*) Unter den Namen Abultus und Abulta verehrten die Römer (die Griechen unter den Namen Teleios und Teleia) besondere Gottheiten als Beschützer und Beschützerinnen der Ehe.

Als Königin und Ehefrau, die sich niemals auch nur die
kleinste Untreue hatte zu Schulden kommen lassen, hielt sie
ganz besonders auf ihre Würde im Kreise der Götter, einerseits
und auf die Wahrung keuscher Sitte und ehelicher Treue ande=
rerseits. Demnach bildete sich bei ihr ein erhabener und stol=
zer, aber auch starrer und etwas herber Charakter aus, und da
ihr den poetischen Erzählungen der Sagen nach sowohl ihr Ge=
mahl vielfachen Anlaß zur Eifersucht gab, wie auch die anderen
Götter und die Menschen nur zu oft das Gesetz verletzten,
dessen unverbrüchliche Heiligkeit Here vertrat, so erscheint sie
in den Darstellungen der Dichter, namentlich aber in der home=
rischen Ilias, oft eifersüchtig, zürnend und hadernd, straft die
Uebertreter des strengen Sittengesetzes und verfolgt besonders
die Geliebten des Zeus nicht selten mit Härte und Grausam=
keit, wenigstens nach unseren Begriffen. So ließ sie z. B. die
Latona von einem Drachen ruhelos quälen, verwandelte die
Jo, des Inachus Tochter, in eine Kuh, die Jynx, Tochter
des Pan, in einen Vogel, die Galanthis, eine Vertraute
der Alkmene, in ein Wiesel. Auch den Kindern, die dem Zeus
von seinen Nebenweibern geboren wurden, stellte sie rachsüchtig
nach, und verfolgte besonders den Herakles, Alkmenens Sohn,
sein ganzes Leben hindurch. Zeus, über solche Handlungen
seiner Gemahlin aufgebracht, behandelte dieselbe dann seiner=
seits wieder unfreundlich genug, oft sogar hart, ja er mißhan=
delte sie wohl gar oder drohte ihr wenigstens mit körperlicher
Züchtigung. Gegenüber diesen Scenen häuslichen Zwistes
muß aber, um die Vorstellungen der Alten von dem ehelichen
Leben ihrer beiden höchsten Götter getreulich wiederzugeben,
daran erinnert werden, daß Zeus in anderen Fällen seine
Gemahlin mit der ihr gebührenden Achtung und Zart=
heit, ja daß er sie mit hoher Auszeichnung behandelt,
und daß die anderen Götter, wenn sie sich in Zeus'
Palaste zu Rath oder Mahl versammeln, der Here durchaus

so begegnen, wie es der Frau des Hauses und der Königin zukommt.

So wie Here's sittliche Strenge in Härte und Eifersucht, so artete ihr königlicher Stolz und das Gefühl ihrer Würde als Schwester und Gemahlin des höchsten Gottes auch in Herrschsucht und Eitelkeit aus, durch welche sie zu Thaten der Lieblosigkeit und Härte, und selbst zu Ungerechtigkeiten hingerissen wurde. Davon liefert unter andern ihr Betragen gegen die Sida ein Beispiel, welche sie in den Tartaros hinabstürzte, weil dieselbe es gewagt hatte, ihre eigne Schönheit höher als die der Here zu preisen. Noch mehr aber empfanden die Einwohner der Stadt Troja ihren Zorn, als die Griechen gegen sie Krieg führten, und Here zusammen mit Athene (Minerva) diesen Letzteren deswegen mit Gewalt und List beistand, weil ein trojanischer Fürstensohn, Paris, ihre Eitelkeit beleidigt hatte, indem er sie und Athene für weniger schön erklärte als Aphrodite (Venus), eine Sage, von der wir weiterhin genauer berichten werden.

Bei den Griechen wie bei den Römern war übrigens die Verehrung der Juno, und zwar besonders unter den Frauen, weit verbreitet; das ihr gewidmete größte Fest in Rom hieß Junonia.´ Der Volksglaube hatte ihr viele Tempel geweiht, deren prächtigste sich an einem Bergabhange unfern der Stadt Argos und auf der Insel Samos im ägäischen Meere (an der Küste von Kleinasien) befanden. Von dem letztern führte Here auch den Beinamen Samia. Ihre Begleiterinnen waren die Chariten (Grazien) und Horen; die Iris aber ihre besondere Dienerin. Unter den Thieren waren der Pfau, seiner stolzen Prächtigkeit wegen — auch nach italischen Culten die Gans — und der Kukuk ihr heilig. Dieser letztere Vogel deswegen, weil er der Verkündiger des Frühlings ist und Here ihre heilige Hochzeit mit Zeus nach dem Glauben der Griechen im Frühlinge gefeiert hatte. In die

Frühlingszeit fielen deshalb auch ihre Hauptfeste, welche sich auf ihre Vermählung bezogen und in der Nachahmung von Hochzeitsgebräuchen bestanden. Aus demselben Grunde liebte Here auch die Blumen, und an ihren Festen war Alles mit Blumen geschmückt und bekränzt.

In Rom feierten die Frauen dieser Göttin am ersten März das Fest der Matronalien. Sie erschienen bei der Opferfeier ohne alle Knoten im Gewande, erhielten von ihren Bekannten, Gatten und Liebhabern Geschenke, bewirtheten und beschenkten dagegen wieder ihre Dienerinnen.

Die Attribute der Juno sind: ein königliches Diadem nebst dem Scepter, welches sie als Gattin des Götterkönigs bezeichnet, oder ein mit Sternen besäeter Schleier, der ihr als der Königin des Himmels gegeben wurde. Sie wird als eine majestätische, schöne Frau, jedoch mehr ernst und stolz, als mit sanften Zügen, abgebildet, die sich namentlich durch ein großes Auge voll ehrfurchtgebietender Hoheit auszeichnet, weshalb Homer Here „die hoheitblickende, ehrwürdige Göttin" nennt, angethan mit einer Tunika, die unter der Brust gegürtet ist, oder

wie in der gewählten Abbildung eines schönen Standbildes der Göttin, mit dem königlichen Diadem auf dem Haupt, ungegürtet, und mit einem Mantel, der nur die eine Schulter bedeckt, übrigens aber lose um den andern Arm und den Leib herabhängt. In der einen Hand hält sie den Herrscherstab, und eine Patere (flache Schale, als Symbol der ihr dargebrachten Opferspenden) in der anderen.

Manchmal erscheint sie auf einem Throne sitzend mit einem Scepter und einer Granate, manchmal auch auf einem von zwei Pfauen gezogenen Wagen; oder hat zur Seite einen Pfau oder auf dem Scepter einen Kuckuk. Die Frauen und Mädchen in Griechenland feierten ihr zu Ehren alle fünf Jahre zu Olympia ein großes Fest, an welchem sich nur Weiber be-

theiligen durften, welche ihr ein prachtvolles, heiliges Gewand
woben und in zwei Chöre getheilt einen Wettlauf veranstal-
teten.   Ihre Opfer ſind beſonders Lämmer und junge
weiße Kühe.

In Rom waren dieſer Göttin, die hier den Beinamen
Lucina hatte, weil man ſie für die Helferin bei der Geburt
der Menſchen hielt, und als ſolche verehrte, mehrere Tempel
errichtet, und die erſten Tage jedes Monats, beſonders aber
der ganze Monat Junius, waren ihr heilig.   Junonen wurden in früher Zeit die Schutzgeiſter der Frauen genannt.

Poſeidon oder Neptun,
(ſiehe Abbildung III.)

auch Poſidaon, Poſeidaon bei den Griechen, und Neptunus bei den Römern genannt, war Zeus' Bruder, ein
Sohn des Kronos und der Rhea.   Nachdem er ſeinem Bruder
im Kampfe gegen die Titanen und Giganten wichtige Dienſte
geleiſtet hatte, war ihm durch das Loos die Herrſchaft über
das Meer zu Theil geworden.   Damit war die Obergewalt
über die Winde, und die Macht, Erdbeben erregen zu können,
verbunden, weßhalb ſein bei Homer ſehr gebräuchlicher Beiname „der Erderſchütterer" iſt.   Auf dieſe Weiſe wurde die
allgemeine Mythe von der Gewalt der Elemente bei den Alten
weiter ausgebildet.   Wie Zeus und Here Himmel und Erde
bezeichnen, ſo bezeichnet Poſeidon das Waſſer.   Wie an jenen
Elementen, welche Zeus mit Here vorſtellen, große Erſcheinungen wahrgenommen werden, ſo auch an dem Element, welches Poſeidon vorſtellt, weßhalb er als ein großer und ſehr gewaltiger Gott verehrt wurde.   Er erſcheint als Gott aller Feuchte
und alles Waſſers auf der Erde, beſonders als das Meer, das
mit ſeinen ſtürmiſchen und brüllenden Wogen die Felſen der
Inſeln und Küſten erſchüttert, als erbebte die Erde durch Erd-

beben. Aus dem Meer steigen die feuchten Dünste auf, die sich in der Luft zu Wolken sammeln; da aber auch durch Erd=beben Gebirge sich trennen und wasserreiche Thäler an der Stelle sich öffnen, oder Quellen hervorbrechen, so mußte dies nach dem Glauben des Volks Poseidon (Neptun) mit seinem Dreizack bewirken. Die Wolken senden wieder die Feuchtigkeit herab auf die Erde, wodurch das Wachsthum der Früchte des Feldes (der Ceres), des Weinstockes (das ist der Frucht des Dionysos oder Bacchus), die Quellen und Brunnen (der Nymphen), die Flüsse, Seen und auch das gleich einem furcht=baren, brüllenden Ungeheuer brausende Meer entstehen und erhalten werden.

Dies ist das große Reich der Herrschaft dieses Gottes, in dem er mit der Demeter (Ceres) und dem Dionysos (Bacchus) in enger Verwandtschaft steht und ebenso mit den Nymphen eng befreundet ist, und mit seiner göttlichen Wirksamkeit in das Leben der Menschen auf Meer und Land, in Gebirge und Thal eingreift. Er stand auch dem Zeus in dem Kriege gegen die Titanen und in demjenigen gegen die Giganten bei, in welchem letzteren er den Riesen Polybotes in's Meer stürzte und mit einem Vorgebirge der Insel Kos begrub. Er entzweite sich jedoch darauf mit Zeus, und lehnte sich gegen dessen Oberherrschaft auf; dieser aber strafte seinen Bruder dadurch, daß er demselben die ihm übertragene Regie=rung über Meer und Winde für die Dauer eines ganzen Jah=res nahm, und ihn überdies noch zwang, während dieser Zeit dem Könige Laomedon von Troja zu dienen, und demselben nebst Apollon bei dem Bau der großen Mauern um Troja zu helfen. So berichten einige Schriftsteller, andere behaupten, die beiden Götter haben die Mauern freiwillig erbaut, um Laomedons Charakter zu prüfen, der sich aber schlecht be=währte, indem Laomedon sich weigerte, dem Poseidon den zuvor dafür ausbedungenen Lohn zu geben. Poseidon, hierüber er=

bittert, verheerte das Land durch Ueberschwemmung und sandte
ein Meerungeheuer, welchem Laomedons Tochter zum Sühn-
opfer für den erzürnten Gott überliefert werden sollte.
Herakles aber befreite die Jungfrau und tödtete das Unge-
heuer. Auf diese Weise unversöhnt, zürnte Poseidon dauernd
den Trojanern und stand späterhin auch den Griechen in ihrem
Kriege gegen dieselben bei, und würde Troja den größten
Schaden zugefügt haben, wenn Zeus nicht seine feindlichen
Plane gehemmt hätte. Vor Zeus' Befehl aber zog sich
Poseidon, wenn auch unwillig murrend, von der thätigen
Hülfeleistung der Griechen zurück und anerkannte hiermit
thatsächlich die Oberherrschaft seines Bruders.

Manche Sagen berichten von Streitigkeiten des Poseidon
mit anderen Göttern um den Besitz verschiedener griechischer
Landschaften, in welchen der Gott des Meeres meistens den
Kürzeren zog. Dies gilt auch von dem berühmtesten dieser Kämpfe,
welchen Poseidon mit der Athene um den Besitz der griechischen
Landschaft Attika hatte, welche nach gemeinschaftlichem Aus-
spruch der Götter der erhalten sollte, welcher das größte
Wunderzeichen zu schaffen und diesem Lande das nützlichste
Geschenk zu geben vermöchte. Durch einen Stoß mit seinem
Dreizack in den 400 Fuß hohen und durchaus wasserlosen
Burgfelsen Athens brachte Poseidon darauf eine sprudelnde
Salzquelle hervor, Athene aber ließ aus demselben kahlen
Burgfelsen den ersten Oelbaum erwachsen, und erhielt, da
derselbe für das nützlichste Geschenk anerkannt wurde, das Land
geheiligt, welches Poseidon hierauf aus Verdruß und Rache
mit einer Ueberschwemmung heimsuchte.

In der Gegend von Lerna in der wasserlosen Landschaft
Argos öffnete er der bedrängten Königstochter Amymone zu
Liebe, die für ihren Vater Danaos Wasser holen sollte und keine
Quelle entdecken konnte, mit seinem Dreizack die Erde, daß
drei Quellen hervorsprudelten. Die Mythe erzählte nämlich,

daß die Landschaft Argos deshalb so arm an Quellen sei, weil Poseidon (Neptun) derselben zürne, nachdem Inachos sie in einem Streit mit der Here nicht ihm, sondern dieser Göttin zugesprochen habe.

Poseidons rechtmäßige Gemahlin war nach dem Glauben der Griechen Amphitrite, eine Tochter des Okeanos und der Tethys; aber er hatte auch einige Nebenweiber, welche ihm mehrere in der Mythologie ausgezeichnete Söhne gebaren, z. B. Gäa den Riesen Antäos, den Herakles überwand, die Melanippe den Aeolus und Böotus, die Tyro den Pe= lias und den Neleus (letzterer: Vater des Nestor, ersterer: Aussender der Argonauten), die Thoosa den Polyphemos, die Alope den Hippothoon. Mit der Demeter soll er nach der in Arkadien heimischen Sage, oder mit einer der Erinnyen nach der in Böotien herrschenden Sage, unter der angenommenen Gestalt eines Rosses, das wunderbare, durch seine Schnelligkeit berühmte und deshalb auch wie der Pegasus als geflügelt dargestellte Roß Arion, ferner mit der Medusa das von den Dichtern als Bild der poetischen Begeisterung aufgefaßte, geflügelte und von den Nymphen an den Quellen gepflegte Pferd Pegasus, endlich mit der in ein Lamm ver= wandelten Theophane den goldnen Widder der Argonauten erzeugt haben. In allen diesen Wesen stellte sich der religiöse Glaube der Griechen den vielseitigen und auch äußerst schnell sich entwickelnden Einfluß des Elementes des Poseidon, nämlich der Feuchtigkeit, in der Natur vor.

Man dachte sich, daß Neptun in der Tiefe des Meeres (grie= chisch: Pontos) einen prächtigen, schimmernden Palast bewohne. Von hier aus übte er nicht blos die Herrschaft über das Meer, son= dern übte seinen Einfluß auch auf die Inseln, die Küstenstriche, die tiefer landein liegenden Gegenden und selbst auf die Gebirge aus.

Er befuhr das Meer mit einem flüchtigen Gespann von Seepferden oder Hippokampen (Seethiere, die man sich vorn als Pferd, hinten aber mit einem Fischschwanz versehen, vorstellte), wie ihn die beigegebene Abbildung zum Stoß mit seinem Machtwerkzeuge und Symbol bereit zeigt.

Homer, der Dichter der Iliade, besingt die Meerfahrt des Gottes:

„Er schirrt seine Rosse, die schnell dahinfliegenden, mit ehernen Hufen und goldnen Mähnen an den Wagen, und selbst mit goldnen Waffen gekleidet über die Wogen fährt er, und es hüpfen unter ihm rings die Thiere des Meeres aus ihren Schlupfwinkeln hervor, denn wohl kennen sie ihren Herrn, und das Meer macht freudig Bahn. Die Rosse aber fliegen leichten Schwunges und kein Tropfen feuchtet von unten die eherne Achse."

Poseidon selbst wurde abgebildet als ein älterer, bär=tiger Mann von finstern Gesichtszügen, zum Zeichen seiner Herrschaft über das Meer, oder als Erderschütterer einen Dreizack (bei den Griechen Triäna, bei den Römern Tridens genannt) in der Hand haltend, eine Art Waffe, deren sich in den ältesten Zeiten die Seefahrer auf dem mittelländischen Meere zum Harpuniren (Fange der Thun=fische) bedienten.

Mit diesem Dreizack bändigt er die Giganten, wühlt das Meer auf, öffnet auf dem Festlande die Quellen, und erschüttert auch die Erde und die Felsen. Als Erderschütterer und als Erbauer von Troja besingt ihn unser Schiller:

„Auch den Meergott sieht man eilen;
Rasch mit des Tridentes [d. h. Dreizacks] Stoß
Bricht er die granitnen Säulen
Aus dem Erdgerippe los,
Schwingt sie in gewalt'gen Händen
Hoch, wie einen leichten Ball,
Und mit Hermes, dem bebenden,
Thürmet er der Mauern Wall."

Bei den Griechen wird Poseidons Gemahlin, Amphi=

trite, oft mit einem um ihr Haupt flatternden Schleier,
neben ihm auf dem Muschelwagen sitzend, oder auch von einem
Delphin getragen, abgebildet. Nereïden, Tritonen, Delphine
umgeben das Götterpaar, besonders als Symbole des beruhigten
Meeres, während man mit den brüllenden Ungeheuern, die
aus dem Meer auf das Land kommen, die stürmisch brausenden
Wogen symbolisch darstellt.

Poseidon wurde überall in Griechenland, und besonders
in den Seestädten und Seehäfen, mit großem Eifer und auf
verschiedene Weise verehrt. In Thessalien, in Böotien, im Innern des Peloponnes, in Arkadien, so wie
zu Aegä und Helike in der Küstenlandschaft Achaja, zu
Pylos in Messenien, in Elis, auf der Insel Samos,
zu Korinth, Nauplia, Trözen, auf der Insel Kalauria,
zu Euboea, Skyros und Tenos, auf der Küste von Kleinasien in Jonien bei Mykale, am Vorgebirge Taenarum,
in Athen und auf dem Isthmus, — der Erdenge, welche
bei Korinth den Peloponnesus mit dem festen Lande von
Griechenland verbindet, — waren demselben schöne Tempel,
nebst andern Heiligthümern und Volksfesten geweiht. Die
Thessalier verehrten ihn, weil er die thessalische Thallandschaft
geschaffen hatte, indem er mit seinem Dreizack die Gebirge
sprengte, so daß das Wasser, welches in uralter Zeit das
ganze, von hohen Gebirgen umgebene Land überfluthete, durch
das berühmte Thal Tempe abfließen konnte. Böotien war dagegen
eine wasserreiche Niederung, wo Landbau und Viehzucht großen
Reichthum gewährte, und wo sich, wie in Arkadien, dem Gebirgs-
lande mit tiefen Höhlen, Bächen und auch schönen Thälern,
in denen Ackerbau und Viehzucht, namentlich Pferdezucht,
gedieh, seine Verehrung auf die Liebe zur Ackergöttin, der
Demeter, bezog. Berühmt war das jährlich gefeierte Fest
auf der Insel Tenos, wo Poseidon sogar als Arzt verehrt
wurde. Zu demselben versammelte sich eine große Menge

Volk von den benachbarten Inseln. Man feierte es mit Opfern, festlichen Schmausereien und gemeinsamen Berathungen. Auf dem Isthmus wurden, vom Theseus angeordnet, zwei Mal in jeder Olympiade, zur Herbstzeit, dem Poseidon zu Ehren glänzende Spiele gefeiert, die so berühmt wie die olympischen waren, und auch denselben Zweck wie jene hatten, nämlich — die einzelnen griechischen Volksschaften in dem Bewußtsein der gemeinsamen Stammverwandtschaft zu erhalten. Diese Volksspiele hießen von dem Orte, wo man sie beging, die isthmischen. Die Athener genossen dabei gewisse Vorrechte, obschon die Korinthier die Aufsicht über die Feier der Spiele hatten. Dies war das Hauptfest des Poseidon, als des Meerherrschers und Urhebers, so wie auch Vorstehers der Pferdezucht. Der dem Gott heilige Tempel stand mit andern Heiligthümern in einem Fichtenhain. Das Fest wurde durch Festkämpfe gefeiert, bei denen der Sieger mit einem Kranz aus Fichtenzweigen geehrt wurde. In diesen heiligen Hain hatte der religiöse Sinn der Griechen auch das Schiff der Argonauten, die Argo, als Denkmal der ersten großen Unternehmung zur See geweiht, das fortwährend erhalten wurde. Auch hatten die Griechen nach ihrem großen Siege über die Perser, den ihre Flotte entschied, ein kolossales, sieben Ellen hohes Bild des Poseidon aus Erz in dessen Heiligthum hier geweiht. Man opferte dem Poseidon Pferde und Stiere, die in das Meer versenkt wurden; wer dagegen aus einem Schiffbruch gerettet war, hängte ein Andenken daran in dem Tempel des Poseidon auf.

Bei den Römern hieß diese Gottheit Neptunus, was Fürst der Gewässer bedeutet. Obgleich in frühester Zeit die Römer als Hirten und Landbauer mit dem Meer wenig in Berührung kamen, so feierten sie diesem Gott doch jährlich ein Fest bei dem Tempel auf dem Marsfelde, wobei man unter Hütten zum Schmausen, Trinken und Spielen lagerte.

In der spätern Zeit, wo die Römer durch ihre Kriege mit den Karthagern sich auch auf die See hinausgewagt hatten, brachte jeder Feldherr, ehe er mit einer Flotte in See stach, dem Neptun ein Schlachtopfer, das in das Meer versenkt wurde. Die Gemahlin des Neptun hieß bei den Römern Salacia, was die Göttin der Salzfluth bedeutet, und diese wurde von Neptunus Mutter des Triton, den die Griechen einen Sohn der Amphitrite nannten.

Betrachten Sie, meine Leser, die vorliegende Darstellung der Mythen von Neptun (Poseidon), so erscheint in dieser Gottheit die große Naturerscheinung des Elementes der Feuchtigkeit, wie es als weites Meer der Schifffahrt, als Wolke der Fruchtbarkeit der Erde zum Gedeihen des Getreides und des Weinstockes, als Quelle den Rossen, Vieh- und Lämmerheerden, und auch den Menschen zur Gesundheit dient. Durch Poseidon entstand daher nach der Mythe das durch seine Schnelligkeit so ausgezeichnete Roß, zum Landbau wie zum Kriegskampf geeignet, mit welchem man um der springenden und schnellen Bewegung willen die rollenden und schäumenden Wogen des Meeres verglich. In dem Kampfe des Gottes gegen den Briareus und die Titanen sehen Sie den Kampf der furchtbar erregten Elemente, wie sich dieselben in der Natur wirklich gegenseitig berühren und doch wieder zur Ruhe gelangen. Diese Bewegung der Naturkräfte im feuchten Elemente stellte sich der religiöse Glaube der Griechen in der Persönlichkeit der Gottheit Poseidon vor, indem sie in der Bewegung des tobenden Meeres wie des Erdbebens, und auch in der befruchtenden Feuchtigkeit, welche das Meer sendet, eine solche Kraft wirkend erkannten, daß dieselbe eben nur eine göttliche sein konnte. Sie sehen hieraus, wie tief und klar das Naturgefühl der Griechen sein mußte, um ahnend ihre Gottheiten sich so naturgetreu bilden zu können, wie dieselben sind.

IV

PLUTO und PROSERPINA.

CERES.

VESTA.

Amphitrite

wird für eine Tochter des Okeanos und der Tethys, nach einer andern Sage aber für die des Nereus und der Doris gehalten. Sie war die Gemahlin des Poseidon (Neptun), und gebar demselben den Triton und die Rhode, von welcher die Insel Rhodus den Namen führte. Poseidon soll sie im Tanz der Nereïden auf Naxos gesehen und von dort entführt haben. Nach anderen Sagen flüchtete sie vor ihm zum Atlas, wo sie aber doch der Delphin des Poseidon erspähte. Sie ist Meergöttin, erregt die großen Wogen, treibt sie gegen die Klippen und Felsen, und pflegt die Geschöpfe des Meeres. Sie wird gewöhnlich mit fliegenden Haaren, oder mit Krebsscheeren an den Schläfen, auch auf dem Rücken eines Tritonen oder eines anderen wunderbaren Meergeschöpfes, mit Seethieren und Meergewächsen allein, oder neben dem Poseidon abgebildet. Man kann sie mit den Meergöttinnen der Römer: Salacia, Neverita und Venilia vergleichen. — Der Name Amphitrite wird von Dichtern oft statt Meer überhaupt gebraucht.

Pluto oder Hades.

(Siehe Abbildung IV.)

Die Griechen in älteren Zeiten nannten ihn Aïdes (d. h. den Unsichtbaren), Aïdoneus, Hades, späterhin aber Pluton (d. h. den Reichen), die Römer Pluto, mit den Beinamen: stygischer Jupiter, Vejovis, Orkus, Februus, Dis und Summanus, das heißt: oberster Gebieter über die Manen, die Seelen der Abgeschiedenen.

Erinnern Sie sich, meine Leser, der aller Mythologie zum Grunde liegenden, Ihnen früher entwickelten Haupt-

5

idee, und Sie werden auch in der Mythe vom Hades leicht
eine Bedeutung finden, die der Natur entspricht. Himmel,
Erdoberfläche und Meer bildeten die Welt der Alten, und
Zeus nebst Here und Poseidon waren deren Herrscher,
als die persönlich versinnlichte Gewalt der Elemente. Aber
auch das Innere der von den Alten als hohl gedachten Erde
erschien den Alten als ein eigenes Reich, welches demgemäß
seinen Herrscher und Gott haben mußte, und da ja aus derselben alle Gewächse hervorsprießen und der Reichthum edler
Metalle aus dem dunkeln Erdinnern gewonnen wird, während
endlich wiederum Alles, selbst der Mensch nach dem Tode, in
dieselbe zurückkehrt, so bildete sich die doppelte Vorstellung
von dem Gotte der Unterwelt aus, die in seinen beiden Namen
angedeutet ist, und nach der er einerseits als der Besitzer und
Verleiher aller Schätze der Erde (Pluton), andererseits als
der im dunkeln Erdinnern waltende und wie sein Reich
unsichtbare Herrscher der Todten (Aïdes, Hades) erscheint.
Sein Reich umfaßt das ganze geheimnißvolle Innere der Erde,
daher er auch der Zeus katachthonios, d. h. der unterirdische Zeus oder Zeus der Erde genannt wird. Da
nun dieser Gott als Pluton der Urheber aller Fruchtbarkeit
der Erde, die vermöge der in ihrem Schooße befindlichen
Kraft Alles erzeugt, was auf ihrer Oberfläche wächst, also
auch Gedeihen dem Samen giebt, den man in die Acker-
furche streut, so gilt er als ein milder Gott, und heißt der
Wohlthätige.

Ein Gegensatz gegen die Fruchtbarkeit und Fülle scheint
es dagegen zu sein, daß die Erde auch wieder Alles ver-
schlingt, so daß keine Rückkehr des Hinabgegangenen möglich
ist. Auch diese Macht der Erde verehrte man in dem Gotte
der Unterwelt als Aïdes oder Hades, indem man ihn als den
Unversöhnlichen, Unerbittlichen auffaßte und benannte,
der alles Lebende früher oder später in seinen dunkeln Schooß

hinabzieht, und zu dem alle Menschen, wenn sie im Lichte der Oberwelt eine Reihe von Jahren gelebt haben, in die dunkeln Schatten, wo er herrscht, — in die Unterwelt (Orkus, Hades) — hinab müssen. Dieses große Geheimniß des Todes, das mit dem Wachsthum so unzertrennlich in der Natur verbunden ist, war der Gegenstand der Feier der eleusinischen Geheimnisse, welche dem Eingeweihten die Schrecken des Todes benahmen und beruhigende Hoffnungen über das Ende des Lebens, so wie über das ganze menschliche Dasein gewährten.

Diese Lehre aber gewann bestimmte mythologische Gestalt in der Erzählung von Aïdes' Vermählung mit Persephone (Proserpina). In diesem Götterpaar der Unterwelt vereinigen sich scheinbar einander so entgegengesetzte Vorstellungen, wie Wachsthum und Tod erscheinen. Wie der Tod gefürchtet wird, so sah der religiöse Glaube ein schreckliches Paar in diesen beiden Gottheiten, die als unversöhnliche Feinde alles frischen Lebens immer von neuem Tod und Verderben in dasselbe senden, und dennoch berichtete die Mythe, daß auch in dem Reich der Unterwelt die Liebe wirke. Nämlich Persephone, die Gemahlin des Gottes, wie nachher von derselben ausführlicher erzählt werden wird, konnte auf die Bitten ihrer Mutter Demeter (Ceres) nicht wieder auf die Oberwelt zurückkehren, weil sie eine halbe Granate, den sogenannten Liebesapfel, von ihrem Gemahl angenommen und schon verzehrt hatte. So war mit dem unterirdischen Reich des Todes Demeter durch ihre Tochter auf das Innigste verwandt; aber in diesem Reiche selbst gab es kein Leben, wie es die Mythe dadurch ausdrückt, daß dieses Götterpaar kinderlos blieb. In Rücksicht auf diese Mythe haben Persephone, so wie Hades in bildlichen Darstellungen als Symbol auch die Granate.

.

5*

Hades war ein Sohn der Rhea und des Kronos, dem die Herrschaft der Unterwelt zufiel, als er, nach Kronos' Entthronung, mit seinen Brüdern Zeus und Poseidon über die verschiedenen Reiche das Loos entscheiden ließ. So bezeichnet schon die einfache Sage diese drei Gottheiten als die hauptsächlichsten. Hades stand dem Zeus erst gegen die Titanen, dann gegen die Giganten bei, und erhielt für seine gegen die ersteren geleistete Hülfe von den Kyklopen einen, wie die Tarnkappe oder Nebelkappe unserer Siegfriedssage, unsichtbar machenden Helm zum Geschenk, welcher sich wiederum deutlich genug als Symbol des unsichtbar machenden Todes zu erkennen giebt.

Als Beherrscher der Unterwelt war seine Macht nicht geringer, als jene des Zeus über den Himmel, und des Poseidon über das Meer, wenngleich Ersterer über die ganze Welt die Oberherrschaft ausübte; denn in die Unterwelt mußten, nach der Vorstellung der Alten, die Seelen der Verstorbenen als Schatten eingehen. Bei den Griechen und Römern führte die Unterwelt verschiedene Benennungen: Aïdes (oder abgekürzt Aïs), Hades, Erebos, Orkus, Tartaros. Die Vorstellungen, welche man sich von dem Zustande nach dem Tode machte, waren schon damals sehr verschiedenartig, und zwar in dem Grade, daß wir nur die gewöhnlichsten herausheben können.

Schon über den Ort, wo Hades' Reich zu suchen sei, sind die alten Schriftsteller nicht einig, denn bald wird derselbe als Unterwelt im eigentlichen Sinne dargestellt, d. h. als unter der Decke des Erdbodens befindlich, bald wird er in dem fernsten Westen, im Okeanos, gesucht, wo die düstern Haine der Persephone sind. Gegen die Oberwelt öffnet sich das Reich des Hades mit einem weitoffenen Thor, durch welches Jeder eingehen kann, durch das aber auf die Oberwelt zurückzukehren in der Regel unmöglich ist, und nur einzelnen Helden gestattet wurde, welche, wie Herakles und Orpheus, lebendig in die Behausung der Todten hinabstiegen. Den Eingang bewachte der Hund des Hades, der furchtbare Kerberos, ein Ungeheuer mit drei Köpfen und einem Schlangenschwanze, der jeden Eintretenden freundlich anwedelte, Jeden aber, der wieder hinauswollte, mit seinen grausamen Zähnen zurückwies. Außer durch das genannte Thor wurde die Unterwelt von der Oberwelt durch Flüsse von reißender Strömung geschieden. Der berühmteste von diesen Flüssen ist die Styx, ein Fluß von einer solchen finsteren Furchtbarkeit, daß ihn die hohen Götter selbst zum Zeugen der Wahrheit ihrer Schwüre anriefen. Ueber diesen Fluß Styx fuhr ein alter von den Göttern eingesetzter Fährmann, Namens Charon, die Abgeschiedenen, jedoch nur dann, wenn ihre Körper auf der Oberwelt gehörig mit Todtenopfern und Liebesgaben zur Erde bestattet waren. War dies nicht der Fall gewesen, so mußte der Schatten des Abgeschiedenen, ohne übergefahren zu werden, an den Ufern der Styx umherirren, — eine bei den Alten sehr verhaßte Idee. Charon erhielt für sein Ueberfahren ein Fährgeld (griechisch: Naulon); man gab daher dem Verstorbenen beim Begräbniß ein Stück Geld (Danake) in den Mund, damit er es dem Charon für die Ueberfahrt über die Styx reichen könne.

Außer der Styx werden als Flüsse der Unterwelt noch genannt: der Acheron, d. h. der Fluß des ewigen Weh's, der Pyriphlegethon, d. h. der Feuerstrom, und der Kotytos, d. h. der Heulstrom oder der Strom der Wehklagen. Außer von diesen Flüssen erzählte eine spätere Mythe noch von einem Fluß Lethe, d. h. der Fluß der Vergessenheit, da man seinem Wasser die Eigenschaft zuschrieb, daß die Abgeschiedenen, wenn sie dasselbe getrunken hatten, ihren vorigen Zustand auf der Oberwelt gänzlich vergaßen.

Die Sage von diesem Flusse sollte es begründen und
erklären, daß der Mensch das Bewußtsein von allem Schmerz
und allen Sorgen des Erdenlebens nicht mit in das Reich des
ewigen Friedens hinübernehme. Aus dem Lethe trinkt man
eben ein seliges Vergessen von Leiden, Noth und Kummer.
Alle späteren Dichter haben die Idee von dem Vergessen früherer
Leiden durch einen Trunk aus dem Lethe vielfach benutzt.

Den Eingang in die Unterwelt aber verlegte man an
verschiedene Orte, welche durch einen besonders düstern und
furchtbaren landschaftlichen Charakter, namentlich durch finstere
Schluchten und dunkle Gewässer, das Gemüth mit Schauer
erfüllten und deshalb zu Eingängen in den Hades geeignet
schienen. Eins der berühmtesten Locale dieser Art war der
Avernische See bei Kumä in Unteritalien, von dem man
sich, wie vom todten Meere, erzählte, daß kein Vogel über
denselben zu fliegen vermöge, ohne todt in seine Wellen
zu stürzen.

Was aber nun den Zustand der Todten im Reiche des
Hades anlangt, so dachte man sich diesen als ein schattenhaftes
Scheinleben, in welchem die selbst zu Schatten ihrer eigenen
Persönlichkeit gewordenen Menschen, gleichsam wie im Traume,
jedenfalls ohne klares Bewußtsein die Hauptbeschäftigungen
ihres Lebens auf der Erde fortsetzten. Nur Einzelne, wie
der thebanische Seher Teiresias, von dem wir weiterhin
erzählen werden, bewahrten durch besondere Gunst der Unter-
weltsgötter das volle Bewußtsein. Es war also dieser Zustand
der Todten ein sehr trauriger, weshalb der Schatten des
Achill in der Odyssee dem Odysseus sagt: „Ich wollte lieber
auf Erden als Tagelöhner dienen, als hier in der Unterwelt
der Schaar der Todten als Fürst gebieten." Gelegentlich
konnten die Schatten der Verstorbenen auf der Oberwelt ihren
Freunden erscheinen, auch konnte man sie durch ein Todtenopfer heraufbeschwören, und sie erhielten, wenn sie von dem

Blute der Opferthiere getrunken hatten, auf einige Zeit Bewußtsein und Sprache wieder, so daß sie sich mit den Lebenden unterhalten konnten.

Von dieser Unterwelt, als dem Aufenthaltsorte der großen Masse aller Verstorbenen, sind nun zwei andere Oertlichkeiten, in welchen die Todten sich befanden, genau zu unterscheiden, einerseits das Elysion (die elysischen Gefilde) und die Inseln der Seligen und andererseits der Tartaros oder der Straf- ort der Frevler. Ueber das örtliche Verhältniß dieser Locale zum Hades im engeren Sinne weichen die Vorstellungen wiederum sehr von einander ab, nach der gewöhnlichsten aber sind die elysischen Gefilde und die Inseln der Seligen im fernsten Westen, der Tartaros dagegen so tief unter der Erde, wie der Himmel sich über derselben wölbt. Nach Elysion oder den Inseln der Seligen kamen nach dem ältesten Glauben nicht sowohl die Guten, als vielmehr besondere Günstlinge der Götter, die dort unter Kronos' Herrschaft gleichsam ein zweites goldenes Zeitalter von ewiger Dauer durchlebten; später aber bildete sich allerdings der Glaube an eine selige Unsterblichkeit aller Guten mehr und mehr aus, und namentlich diejenigen, welche in die eleusinischen Mysterien (s. unten) eingeweiht waren, hofften für sich einen Aufenthalt in Elysion. Der Tartaros dagegen ist, wie gesagt, der Strafort der Ver- dammten, derjenigen, die auf Erden als Frevler gelebt hatten. Wie man sich den qualvollen Zustand dieser Verdammten dachte, sehen wir am besten aus den Schicksalen einiger berühmter Verdammten, namentlich des Tantalos, Ixion, Sisyphos, Tityos und der Danaïden. Wir wollen sie kennen lernen.

Tantalos, ein König in Phrygien, hatte die Götter durch Uebermuth und Verrath, wie durch Grausamkeit, die er an seinem eigenen Sohne verübte, beleidigt. Dafür mußte er im Tartaros, durch die stete Gefahr geängstigt, von einem

über seinem Haupt schwebenden Felsenblocke zerschmettert zu
werden, bis zum Halse im Wasser stehend, einen beständigen
Durst, den er nicht löschen durfte, und einen quälenden
Hunger erleiden, den er sich vergebens bemühete durch labende
Früchte, die über ihm hingen, zu stillen, weil diese bei jeder
Annäherung von ihm zurückwichen.

Ixion, ein König in Thessalien, der auf ähnliche Weise,
wie Tantalos, gegen die Götter gefrevelt hatte, wurde auf
ihren Strafbesehl im Tartaros mit Schlangen an ein Rad
befestigt, welches ein heftiger Wind im beständigen Kreise
herumdrehte.

Sisyphos, ein König von Korinth, hatte durch Betrug
und Widersetzlichkeit den Zorn der Götter in so hohem Grade
gereizt, daß er zur Strafe im Tartaros ein schweres Felsen=
stück mit größter Anstrengung auf eine Anhöhe wälzen mußte,
das immer wieder herunterrollte.

Die Danaïden, Töchter des Danaos, eines Königs
von Argos (s. unten), mußten, zur Strafe für die Ermordung
ihrer Gatten, im Tartaros unaufhörlich in ein durchlöchertes
Gefäß Wasser schöpfen, welches sie natürlich niemals zu füllen
vermochten, so daß sie in Ewigkeit fruchtlos arbeiteten.

Tityos endlich, ein Riese auf Euböa, der seine Kraft
gemißbraucht hatte, um die Leto (die Mutter des Apollon
und der Artemis) zu verletzen, wurde von dem erzürnten
Zeus in den Tartaros verbannt, wo zwei große Geier ihm die
Leber aushacken mußten, die immer wieder wuchs.

Ein Dichter hat diese grausamen Strafen, welche sinn=
bildliche Darstellungen der strengen Gerechtigkeit der Götter
gegen Frevler, selbst von hohem Ansehen und Range, sein
sollen, in nachstehende Verse gebracht, die sich leicht dem
Gedächtniß einprägen:

„Sisyphos wälzt bergan den Stein, der immer bergab rollt;
„Täglich zernagt ein Geier des Tityos wachsende Leber;
„Ewig dreht sich das Rad, worauf Ixion gespannt ward;
„Tantalos dürstet ewig im Wasser; des Danaos Töchter
„Schöpfen ewig den Strom in bodenlose Gefäße."

Aber nicht allein Herrscher der abgeschiedenen Seelen
waren Hades und Persephone, sondern sie galten auch als die
großen Richter über die Menschen nach dem Tode; Hades
trägt in sein Schuldbuch allen Fehl der Menschen ein, und
nach diesem Schuldbuche werden sie dann entweder nach Elysion
oder in den Tartaros gesendet. Neben dem Gotte der Unterwelt gelten als Richter der Todten drei Helden, welche sich
auf Erden dereinst durch große Weisheit und Gerechtigkeit
ausgezeichnet hatten: Minos, Rhadamanthys und Aeakos,
welcher letztere, nach einer späteren Vorstellung, noch ganz
besonders als der Pförtner der Unterwelt gedacht wurde.

Die Verehrung und der Dienst des Pluton-Hades waren
unter den Griechen und auch unter den Römern weit verbreitet. In Griechenland hatte er Tempel und Cultus
besonders in Elis, bei Pylos, in Athen und in Olympia.
Heilig waren ihm die Cypressen, Narcissen und der Buchs-
baum; es wurden ihm in Rom, besonders im Monat Februar,
große Opfer (Februationen) von schwarzen Stieren und Ziegen
während zwölf Nächten dargebracht, bei welcher Handlung seine
Priester mit Cypressenzweigen bekränzt waren; und alle hundert
Jahre widmete man ihm und der Proserpina die säkula-
rischen Spiele, als Todtenfeier für die Verstorbenen.

Abgebildet wird Pluton in düsterer Majestät, die
Stirn vom Haupthaar beschattet, und mit einem Barte.
Auf dem Haupte trägt er, als Symbol seines Besitzes aller
Schätze und Früchte der Erde, ein Getreide- oder Frucht-
maß, oder auch ein Füllhorn, oder eine zackige Krone; in
der Hand hält er einen Stab, als Symbol der Herrschaft,

oder einen zweizackigen Scepter, oder einen Schlüssel, zum
Zeichen, daß er den Aufenthalt der Abgeschiedenen ver=
schlossen halte, aus dem Niemand zurück durfte. Neben
ihm befindet sich der dreiköpfige Kerberos. Oefters erscheint
Pluton auch mit verschleiertem Haupte, oder mit dem
unsichtbar machenden Helm bedeckt; öfters auch Proserpina
neben ihm auf einem Throne oder auf einem Wagen, ge=
zogen von schwarzen Rossen, die er mit goldenen Zügeln
lenkt. Auf dem ausgewählten Bilde sitzt Proserpina neben
ihm auf dem Thron. Merkur, als Seelenführer, geleitet
in das Reich des Pluton den Schatten eines von der Welt
geschiedenen Mädchens, welchem die Göttin des Todes folgt.
Dieses Bild erinnert an unsers Schillers Wort:

> „In sein unglückliches Boot
> Rafiet der Tod
> Auch der Jugend blühendes Leben!"

Persephone oder Proserpina,

(siehe Abbildung IV.)

oder Persephoneia, auch Kora (griechisch), bei den Rö=
mern dagegen auch Libera genannt, war eine Tochter des
Zeus und der Demeter. Sie war die Gemahlin des Aïdes,
dem sie aber keine Kinder gebar. Aïdes hatte sich ihrer, mit
Zeus' Einwilligung, gewaltsam bemächtigt. Einst als
Persephone, die mit hohen Reizen geschmückte Jungfrau —
so erzählt die Mythe — unweit des Aetna, in Sicilien, auf
einer blumenreichen Aue spazieren ging, und eben Narcissen
pflückte, kam Hades plötzlich aus einem finstern Schlunde der
Erde herauf, bemächtigte sich der schönen Blumensammlerin,
und entführte sie in die Unterwelt auf einem mit vier Rossen
bespannten Wagen, den Hermes geleitete. Persephone
sträubte sich, bat, flehete Götter und Menschen um Beistand

an; aber Zeus billigte den Raub, und ließ ihn geſchehen. Demeter, die ihre Tochter überall vergeblich ſuchte, oder nach anderen Mythen ſogar den davoneilenden Hades mit ihrem Zweigeſpann geflügelter Drachen verfolgte, durchzog alle Län= der, bis ſie von dem Alles ſehenden und Alles hörenden Gott der Sonne das Schickſal der Geraubten erfuhr. Flehend bat ſie die Götter um Zurückgabe ihrer Tochter, die ihr dieſelbe auch unter der Bedingung verſprachen: wenn Perſephone in der Unterwelt noch Nichts genoſſen haben würde. Als aber Hermes, vom Zeus geſandt, in die Unterwelt kam, hatte Perſephone bereits die Hälfte eines Granatapfels gegeſſen, den ihr Hades unter der Betheuerung ſeiner Liebe dargeboten hatte. Dadurch war die dauernde Rückkehr Perſephones in die Oberwelt unmöglich, und ſie blieb Hades' Gemahlin, allein es wurde ihr nach einem Vertrage zwiſchen der Ober= und der Unterwelt geſtattet, die eine Hälfte des Jahres auf der Erde bei ihrer Mutter, und im Olymp bei den andern Göttern zu verleben, während ſie die andere Hälfte in der Un= terwelt bei ihrem Gemahl zu verweilen hatte.

In dieſem Mythus ſtellt ſich Perſephone=Kora, die Toch= ter des Himmelsgottes Zeus, der in Wärme und Regen Fruchtbarkeit bewirkt, und der mütterlich fruchtbaren Göttin des Erdbodens, Demeter, deutlich genug als ein Symbol oder als die Göttin der Vegetation dar, welche nur im Sommer an der lichten Oberwelt und bei der Mutter erſcheint, während ſie im Herbſte abſtirbt und im Winter als Samenkorn im dunkeln Erdinnern, alſo gleichſam bei dem Gotte der Unterwelt ver= weilt. Nur muß man wohl feſthalten, daß der Mythus ſelbſt es nicht mit Symbolen, ſondern mit wirklichen oder als menſch= lich gedachten Götterperſonen zu thun hat, und daß demgemäß auch nicht alle einzelnen Züge derſelben ſymboliſch erklärt wer= den dürfen.

Das Abſterben der Natur im Herbſte und ihr verhülltes

Ruhen im Winter aber enthält eine auch von uns empfundene und von unſern Dichtern vielfach ausgeſprochene Mahnung an die Vergänglichkeit aller irdiſchen Blüthe, und um dieſes Umſtands willen gilt bei den Alten Perſephone's Raub durch Pluton-Hades als ein Bild des Todes ſchlechthin. Da aber Perſephone trotzdem an die Oberwelt zurückkehrt ſo gut wie auf jeden Winter ein Frühling mit erneutem Grün und junger Blüthenpracht folgt, ſo enthielt ihr Mythus zugleich auch die Hoffnung und die Verkündigung des Glaubens, daß aus dem Tode neues Leben hervorgehe, daß auch der zur Unterwelt hinabfahrende, vom Todesgotte geraubte Menſch nicht ewig im weſenloſen Reiche der Schatten bleiben werde. In dieſem Sinne bildete der Mythus von Perſephone und ihrer Mutter, erzählt und dargeſtellt, den Inhalt der eleuſiniſchen My=ſterien, welche, wie wir ſchon früher bemerkt haben, beru=higende Hoffnungen für die Unvergänglichkeit des menſchlichen Daſeins und für ein ewiges Leben nach dem irdiſchen Tode darboten.

Perſephone theilte die Verehrung, die man ihrem Ge=mahl widmete, beſonders auf der Inſel Sicilien, in Unter-Italien und Griechenland, in deſſen Landſchaft Lokris ihr, ſo wie zu Kyzikos an der Propontis, prächtige Tempel er=baut waren. Man brachte ihr ſchwarze Kühe zum Opfer dar.

Als Tochter des Zeus und der Demeter iſt Perſephone, oder wie ſie in dieſer Beziehung vorwiegend genannt wurde: Kora (d. h. die Tochter oder das Mädchen ſchlechthin, nämlich das herrlichſte, das es je gegeben hat) eine liebliche Jungfrau, ausgeſtattet mit allen Reizen blühender Jugend, ein Bild der jugendlich blühenden Natur im Lenze. Als Gemahlin des Herrſchers der Unterwelt aber ging auf Perſephone (und ſo hieß ſie wiederum überwiegend in dieſer Beziehung) der fin=ſtere Charakter des Hades über und ſie gilt als die Königin der Schattenwelt, und als ſolche hat ſie Gewalt über die

in der Unterwelt hauſenden furchtbaren Dämonen, die Straf-
und Rachegeiſter, die ſie, argen Frevel, namentlich den Meineid zu ſtrafen auch auf die Oberwelt ſenden kann. So wie-
derholt ſich in ihr und ihren beiden Namen die Doppelheit
des Weſens, auf die wir bei Hades-Pluton (und ſeinen beiden
Namen) bereits früher aufmerkſam gemacht haben. Dieſe
Doppelheit ihres Weſens findet ſich nun auch in ihren Dar-
ſtellungen in der bildenden Kunſt wieder:

Man bildete ſie ab als eine reizende Jungfrau, mit
einem Schleier tief verhüllt als Zeichen ihres geheimniß-
vollen Weſens, oder mit einer Krone geſchmückt, neben dem
Hades auf dem Throne, oder in einem Wagen ſitzend, eine
Narciſſe, die ihr geheiligt war, oder auch einen Granatapfel
in der Hand haltend.

Ihre Hauptfeſte fielen in Griechenland in den Herbſt und
in den Frühling. Im Herbſte beging man zum Andenken an
ihr Geraubtwerden Trauer-, im Frühling dagegen zum Andenken an ihre Wiederkehr Freudenfeſte.

Man ſchrieb ihr die Abſchneidung einer Locke vom Haupte
der Sterbenden zu, wodurch dieſe für die Unterwelt geweiht
wurden. Später ſchnitten ſich die Freunde und Diener ver-
ſtorbener Perſonen einiges Haar ab, warfen es als ein Sühnopfer für die Proſerpina in das Feuer des Scheiterhaufens,
mittels deſſen man die Körper der Entſeelten verbrannte, und
ſchlugen ſich als Zeichen der Verehrung der Königin der Unterwelt, bei dem Leichenbegängniſſe vielmals an die Bruſt. —
Wenn auch römiſche Dichter die Proſerpina nennen, dem
religiöſen Glauben des römiſchen Volks war ſie eine unbekannte Gottheit. Dies verehrte als die einheimiſche Königin
des Schattenreiches die Libitina oder Lubentina, deren
Verehrung ſich aber nur auf den Tod und die Beſtattung der
Verſtorbenen beſchränkt.

Als eine Göttin, die wie Perſephone in geheimnißvoller

Weise auf der Ober= und in der Unterwelt waltet, lassen wir,
obgleich sie nicht eigentlich zu den oberen Gottheiten gehört,

Hekate

folgen, eine Göttin titanischer Abkunft, Tochter des Tartaros
und der Nacht, nach andern Angaben des Perses und der
Asterie (Sternennacht), der Schwester der Leto. Sie war eine
Göttin, von der die Alten verschiedene Erzählungen hatten,
und die sie mit anderen Göttinnen, besonders mit nächtlichen,
wie die Mondgöttin Selene oder Luna, verschmolzen, während
sie zu Persephone in das Verhältniß der Dienerin und Beglei=
terin trat. Sie gehört zu den fackeltragenden Gottheiten, wie
Artemis, das heißt: man stellte sich dieselbe eine brennende
Fackel tragend vor, indem sie als nächtliche Mondgöttin und
Jägerin verehrt wurde, die auch das Reich der Geister kannte.
Ihr sollen alle geheimen Kräfte der Natur zu Befehl gestan=
den; sie soll über Geburt, Leben und Tod geboten, und große
Ehre bei den Göttern im Olymp, wie in der Unterwelt ge=
nossen haben. Um ihre Macht in allen drei Reichen der Na=
tur, im Himmel, auf Erden und in der Unterwelt zu versinn=
bildlichen, wurde Hekate dreigestaltig gebildet und hieß die
dreigestaltige (triformis). Ihr waren die Hunde heilig. Weil
aber ihr Wesen von Anfang an ein geheimnißvolles war, so
bildete sich besonders die finstere und schauerliche Seite ihrer
Vorstellung aus und sie galt vorzugsweise als Unterwelts=
göttin, als Göttin der Nacht und des Dunkels und als Vor=
steherin aller dunkeln Zaubereien und Hexenkünste, an welche
man im Alterthum kaum minder glaubte als in unserem Mit=
telalter. Man beging daher auch ihre Feste und ihren Dienst
zur Nachtzeit bei brennenden Fackeln, und opferte ihr unter
mancherlei seltsamen Ceremonien schwarze Lämmer. Auf ein=

sam abgelegenen Scheidewegen dachte man sie sich besonders
gegenwärtig, und nannte sie daher Trivia.

Auf der Insel Aegina, im saronischen Meerbusen, wur=
den ihr zu Ehren jährlich geheimnißvolle Feste gefeiert, und
in Unteritalien, am See Avernus, war ihr ein finsterer
Hain geheiligt.

Demeter oder Ceres,
(siehe Abbildung IV.)

bei den Griechen auch Deo genannt, war eine Tochter des
Kronos und der Rhea, also eine Schwester des Zeus und
Pluton, und gebar dem Zeus die Persephone. Demeter war
nach der Vorstellung der Alten die Erdgöttin im Sinne
der zahllose Früchte hervorbringenden Erde, die allernäh=
rende Mutter, deren Tochter Kora=Persephone (Proser=
pina) wir im Vorhergehenden schon als die Göttin der aus
der Erde hervorsprießenden Vegetation kennen gelernt haben.

Das für den Menschen wichtigste Product der Vegetation
aber ist das Getreide, die Halmfrucht, und da man auch diese
und zwar diese ganz besonders als eine Gabe der Demeter be=
trachtete, so wurde die Göttin zur Erfinderin des Ackerbaues
und durch diesen wiederum zur Gründerin der bürgerlichen
Gesellschaft, welche durch ihre Künste und ihre Wohlthaten die
bis dahin wild umherschweifenden, meistens nur von Eicheln
und Wurzeln sich nährenden Menschen an das Land, wo sie
geboren waren, zu fesseln wußte, sie für mildere Sitten em=
pfänglich machte, ihnen Interesse für Eigenthum und Besitz
von Grund und Boden einflößte, ihnen ein Vaterland und in
demselben den Schutz der Gesetze gab. Denn der Beginn aller
Civilisation wird mit Recht an den Ackerbau und die durch den
Ackerbau bedingte Behauptung fester Wohnsitze angeknüpft.
Daher auch der Beiname Thesmophoros, das heißt Ur=

heberin von Satzungen, den die Griechen der Demeter beileg=
ten. Auf diese Eigenschaft der Göttin bezieht sich auch die
Feier des ihr heiligen Festes der Thesmophorien, von
dem in dem Folgenden noch mehr gesagt ist.

Als Hades der Demeter die jugendliche, liebliche Per=
sephone entführt hatte, zündete die bekümmerte Mutter eine
Fackel an, bestieg einen mit geflügelten Drachen bespannten
Wagen, und durchzog alle Länder, ihre Tochter suchend. Auf
diesem Zuge ließ sie überall, wo sie von den Menschen gast=
freundlich aufgenommen worden war, Spuren des Segens
zurück, indem sie überall die Menschen den so wichtigen Acker=
bau lehrte. Die Landschaft Attika in Griechenland wurde be=
sonders von ihren Wohlthaten überschüttet, weil Keleos, der
in Eleusis, einem Flecken unweit Athen, wohnte, sie auf
ihrem Zuge sehr freundlich und gastfrei aufgenommen hatte.
Demeter lehrte hier den Gebrauch des Pfluges, und schenkte
ihrem Pfleglinge, dem Sohne des Keleos, Triptolemos,
bei ihrem Weggange die edle Frucht der Gerste und ihren
Drachenwagen, damit er auf demselben alle Länder durchfahren
und die Menschen belehren sollte, wie diese Getreideart aus=
gesäet und benutzt werden könnte, ein Auftrag, den Tripte=
lemos getreu ausführte, und so den Ackerbau bis in die ent=
ferntesten Länder ausbreitete.

Poseidon mißbrauchte einst seine Kraft gegen die Demeter,
die aus Furcht vor ihm die Gestalt eines Pferdes annahm,
und entfloh; aber der Gott verwandelte sich ebenfalls in ein
Pferd, und verfolgte sie, bis sie ihm das Pferd Arion gebar,
ein wunderbares Thier, mit schwarzen Haaren bedeckt, von un=
glaublicher Schnelligkeit, mit Verstand und Sprache wie ein
Mensch begabt. Schmerz und Beschämung über eines solchen
Wesens Geburt vermochten die Demeter, sich eine geraume
Zeit hindurch in einer Höhle verborgen zu halten, bis sie durch

ein Bad im Fluffe Ladon gleichfam entfühnt und wieder gerei=
nigt fich mit den andern Göttern aufs Neue vereinigte.

Wenn die Alten durch diese Mythe einen einmal einge=
tretenen Mißwachs bildlich andeuten wollten, so drückten sie
andererseits die Idee: daß durch den eifrigen und glücklichen
Betrieb des Ackerbaues Reichthum erworben werde, durch die
Erzählung aus: daß Demeter sich mit dem Jasion, einem
Einwohner der Insel Kreta, der sehr eifrig den Ackerbau be=
trieb, vermählt, und mit ihm den Plutos (Reichthum) er=
zeugt habe. Auf dieser fruchtbaren, und einst durch ihre hohe
Cultur blühenden Insel wurde seit uralter Zeit diese Göttin des
Landbaues verehrt, außerdem überall von den Griechen, wo
der Ackerbau blühte. So in Arkadien, Messenien, Sikyon,
Korinth, Argos, Megara, Böotien, Lokris, in Sicilien und
andern Gegenden, besonders aber zu Eleusis. Die Verbin=
dung der Demeter mit dem Zeus, deren Frucht Persephone
war, soll nichts Anderes andeuten, als daß die Fruchtbarkeit der
Erde durch die Einwirkungen des Himmels auf dieselbe in mil=
der Wärme und im Regen bewirkt wird. Demeter wird nach der
Farbe des reifen Getreides die blonde Göttin genannt, und
als Verleiherin des Erntesegens in den alten Liedern der
Griechen auch als die Mutter des Reichthums gepriesen. Da=
her wurden ihr jährlich ländliche Erntefeste, Haloen oder
Thalysien, im Herbst mit großer Lust, Opfern und Schmäu=
sen gefeiert. Außerdem feierte man ihr in verschiedenen Ge=
genden Griechenlands, in Athen z. B. im October die Thes=
mophorien, deren fünftägige nächtliche Feier besonders in
dem nahen Dorfe Halimus berühmt war und in ernster, stren=
ger Enthaltsamkeit nur von verheiratheten Frauen begangen
wurde. Das Fest galt der Demeter als der Mutter des über=
herrlichen Kindes Kora=Persephone, als welche sie von den
menschlichen Müttern um ähnlichen Kindersegen angefleht
wurde; mit der Sage von Persephone's Raube aber und De=

meters Schmerz um ihr Kind hat dies Fest nicht das Mindeste
zu thun.

Diese Sage bildet dagegen den Hauptinhalt der Eleusi=
nien (eleusinischen Mysterien oder Geheimnisse), über deren
Sinn und Bedeutung wir schon früher (S. 76) geredet haben,
so daß wir hier nur noch Einiges über die Gebräuche dieses
Festes nachtragen wollen.   Demeter selbst soll, als sie sich,
ihre Tochter suchend, zu Eleusis aufhielt, das Fest gestiftet und
dessen Gebräuche dem Eumolpos gelehrt haben, von dem
das Oberpriestergeschlecht von Eleusis, die Eumolpiden,
ihren Ursprung ableiteten.

Unterschieden werden zweierlei Eleusinien, die kleinen,
welche man im Frühling feierte, wenn die ersten Blumen blüh=
ten, und die großen, welche in den September fielen und
neun Tage dieses Monats ausfüllten.   Die Feier begann am
20. mit einem nächtlichen Auszuge mit Fackeln; an den Haupt=
tagen des Festes aber wurden die Schicksale und Leiden der
Demeter von den Festtheilnehmern dargestellt, und wurden
die Orte besucht, an welchen sich die Hauptmomente ihrer Ge=
schichte zugetragen haben sollten.   So der sogenannte „Stein
des Nichtlachens", auf dem Demeter in stummen Schmerz
versunken geruht hatte, der Ort, wo sie nach langem Fasten
die erste Nahrung zu sich genommen hatte, derjenige, wo sie
endlich mit der Tochter wieder vereinigt wurde, und einige
andere mehr.   Indem so die Festtheilnehmer die Schmerzen
der Göttin und ihre endliche Freude gleichsam mit durchlebten,
gewährte ihnen das Fest ein Bild des schmerzvollen irdischen
Daseins mit der Aussicht auf einen endlichen Uebergang in
ewige Seligkeit.   Zum Schlusse des Festes aber, welcher ein
heiteres Bild des frischen und kräftigen Lebens den Bildern der
Trauer und des Todes hinzufügen sollte, wurden gymnastische
Wettkämpfe angestellt.

Die Weihen aber oder die Einweihung in die Mysterien,

welche nach vielen Vorbereitungen und Prüfungen und zwar ausschließlich an freigeborene Griechen, nie an Fremde oder Sclaven ertheilt wurden, sollten zu einer würdigen Begehung und zu einer geistigen Auffassung der Festgebräuche führen, und bestand in der Einführung in den tieferen Sinn der Sage von Kora-Persephone und ihrer Mutter, den wir früher ange= deutet haben. Aus dem Gesagten ergiebt sich schon, daß auch die Festgebräuche geheim gehalten wurden, während es sich leicht begreifen läßt, daß das ganze Fest einen tiefen Eindruck auf das Gemüth hervorbringen, und daß die eleusinische Weihe und die Theilnahme an den tiefsinnigen Festgebräuchen, richtig aufgefaßt, dem Eingeweihten Trost im Leben und eine freudige Zuversicht für die Fortdauer des Daseins nach dem Tode ge= währen mußte.

Die Römer verehrten die Ceres ebenfalls; aber sie hatten die Verehrung dieser Göttin schon in sehr früher Zeit von den gebildeteren Griechen angenommen. Die Feier fand im Frühjahr statt mit festlichen Aufzügen in weißer Kleidung, Schmäusen und Opfern von Schweinen. Dieses Fest schloß sich unmittelbar an das gleichartige und ursprüngliche Fest der Göttin Tellus, das heißt: der Erde, als Fruchtgebende, an, deren Bedeutung der Ceres beinahe völlig gleich war.

Demeter wurde als eine stattliche Frau von mildem Ansehen abgebildet, bekleidet mit einem langen Gewande, entweder das Haupt mit Mohn oder Weizenähren bekränzt, oder die Mohnkapsel mit den Aehren in der Hand haltend, eine Sichel oder eine Fackel tragend. Sehr häufig wird sie dargestellt wie sie auf einem mit Drachen bespannten Wa= gen fahrend, den Räuber ihres Kindes verfolgt. Ihrem mütterlichen Charakter gemäß ist Würde mit Milde gepaart in ihren Darstellungen überwiegend, wogegen ihr die Hoheit und Majestät der Here, der sie im Uebrigen nahe steht, ab= geht. Nicht selten dagegen gesellt sich zu ihrem Ausdruck

6*

ein Zug von Schwermuth und Trauer, welcher sich aus dem tiefen Schmerz wegen des Verlustes ihres Kindes leicht erklärt, einem Schmerz, der sich ja jährlich im Herbst erneuert, wenn die Tochter von ihr scheiden muß, um in die Behausung ihres finstern Gatten einzugehen.

Von Thieren wurden ihr Kühe und namentlich Schweine geopfert, von Pflanzen waren ihr außer dem Getreide die Obstbäume und die Frühlingsblumen, namentlich Narcissen und Hyacinthen heilig. An diesen Attributen, so wie an den brennenden Fackeln, oder auch an einem Getreidekorbe erkennt man diese mütterliche Göttin.

Heſtia oder Veſta,
(ſiehe Abbildung IV.)

die Schwester der Demeter, eine Tochter des Kronos und der Rhea, wurde als die Göttin des ihr gleichnamigen häuslichen Heerdes und des Heerdfeuers bei den Griechen wie bei den Römern verehrt. Daher ist sie die eigentliche Schutzgöttin der Familie, waren ihr überall Altäre errichtet, und war in jedem Hause der Heerd ihr Heiligthum, um den sich die ganze Familie zur Verehrung der Göttin täglich versammelte. Jede Mahlzeit, die mittels des Feuers auf dem häuslichen Heerde bereitet wurde, erweckte in allen Familiengliedern das Gefühl der Gemeinsamkeit. Ein solches Heiligthum mit dem Feuer befand sich auch in jedem Gemeinhause, und wenn bei den Griechen Kolonisten in die ferne Fremde zogen, versäumten sie nicht, von diesem heiligen Feuer mitzunehmen, um dadurch auch die Gunst der Göttin in der neuen Heimath sich zu sichern. Denn der Staat wurde in Griechenland als eine große Familie aufgefaßt, deren sichtbaren Mittelpunkt der Altar Heſtia's als der Staatsheerd bildete; indem man also von dem Feuer dieses Staatsheerdes in die Fremde mitnahm, blieb man sinnbildlich der Staatsfamiliengemeinschaft theilhaftig. Auf diesem Altar opferte man mit Gebet bei jedem Beginnen der Göttin eine Spende. Wenn einmal das Feuer auf einem der Göttin heiligen Altarheerde verlosch, so durfte dasselbe nicht wieder an unreiner Gluth, sondern uur von dem Feuer eines andern Heiligthums wieder entzündet werden.

Hestia, als Göttin eines reinen Elementes betrachtet, wie es das Feuer in seiner ursprünglichen Art ist, verschmähte alle Liebe, obschon Poseidon und Apollon sich um ihre Zuneigung bewarben, und erhielt auf ihre Bitte von Zeus die Erlaubniß, immer im jungfräulichen Stande bleiben zu dürfen. Wegen ihrer eignen unbefleckten Reinheit betrachtete man sie daher auch als Beschützerin der Keuschheit.

Man bildete sie ab als eine schlanke Jungfrau von edler Miene, stehend oder sitzend, züchtig in ein Gewand gehüllt mit einem Schleier um das Haupt, eine Lampe oder eine Opferschale in der einen Hand, und mit der andern einen Stab, als Symbol der Herrschaft, haltend.

In Griechenland wurde diese Göttin zwar eifrig verehrt; es waren ihr aber keine besonderen Tempel geweiht, da sie ja in jedem Gemeinhause ihr Heiligthum fand und an den Opfern aller Götter in deren Tempeln ihren Antheil hatte, indem man bei jedem Brandopfer ihrer, als der Göttin der heiligen Heerd- und Opferflamme mit Weiheguß von Wasser, Wein und Del und mit Gebet gedachte. Jedoch erhielt Hestia auch ihre eigenen Opfer, man brachte ihr junge Saat und die Erstlinge der neu geernteten Früchte dar und als Brandopfer junge Kühe. Ihre Priesterinnen mußten Jungfrauen bleiben. In Rom dagegen hatte Vesta einen vom König Numa Pompilius erbauten runden Tempel, in dessen Mitte ihr Symbol, das Feuer, auf einem Altare brannte, welches nie auslöschen durfte. Am Tage stand dieser Tempel offen, in der Nacht aber wurde er verschlossen. Das Palladium,

ein kleines hölzernes Bild der Minerva (Pallas), welches, nach
der Mythe, vom Himmel herab in die Königsburg von Troja
gefallen, und von dort nach Griechenland, späterhin aber nach
Rom gebracht war, und von dessen sicherer Aufbewahrung,
nach dem Volksglauben, die Erhaltung der Stadt Rom ab-
hängen sollte, und andere alte Götterbilder wurden in dem
Tempel der Vesta aufbewahrt. In Rom hatte die Göttin sechs
Priesterinnen, die nach ihr Vestalinnen oder vestalische
Jungfrauen hießen, deren Beruf es war, das heilige Feuer
im Tempel der Vesta zu unterhalten, und dort Opfer und Gebete für das Wohl des Staates zu verrichten. Sie wurden
zu ihrem heiligen Dienst von dem Oberpriester, Pontifex
maximus genannt, erwählt. Ihre Kleidung war ein weißes
Gewand, die priesterliche Stirnbinde und ein Schleier; später
wurde die Hinzufügung weiteren Schmuckes gestattet.

Sie wurden zwischen dem sechsten und zehnten Jahre
ihres Alters dem Dienste der Göttin gewidmet; mußten das Gelübbe strenger Keuschheit ablegen und dreißig Jahre im Tempel
dienen. Dann aber durften sie ihn verlassen, und sich sogar
verheirathen. Das Volk sah dies jedoch nicht gern, weil man
es als eine Veranlassung zum Unwillen der Göttin, der sie sich
gewidmet hatten, betrachtete. Die vestalischen Jungfrauen genossen, so lange sie den Tempeldienst verrichteten, großes Ansehen und bedeutende Vorrechte. Ihre Person war unverletz-
lich; sie standen unter keiner väterlichen Gewalt, und konnten
frei über ihr Vermögen schalten. Wenn sie bei feierlichen Aufzügen durch die Straßen von Rom gingen, so trugen Lic-
toren (Gerichtsdiener) ein Bündel von kleinen Stäben
(fasces), aus dem ein Beil, das Sinnbild der Herrschaft, der
höchsten Gewalt, hervorragte, vor ihnen her, eine Auszeichnung, die außer ihnen nur den Consuln (obersten Magistratspersonen) in Rom gebührte; und wenn sich ihnen dann
Verbrecher, die zum Tode verurtheilt waren, auf ihrem

Wege zum Richtplatze naheten, so konnten sie dieselben be-
gnadigen.

So groß aber ihr Ansehen war, so streng wurde auch mit
ihnen verfahren. Ließ eine Vestalin durch Unachtsamkeit das
heilige Feuer auf dem Altare der Vesta erlöschen, welches man
nur durch einen Brennspiegel an den reinen Strahlen der
Sonne wieder anzünden durfte, so wurde sie von dem Oberpriester der Göttin in einem dunklen Gemache mit Ruthen ge-
züchtigt; und verletzte sie ihre Keuschheit, so wurde sie an
einem Orte, welcher das „Frevelfeld" (campus sceleratus)
hieß, lebendig begraben. Man brachte sie dann in ein unterirdisches Gewölbe, gab ihr ein Ruhebett, eine angezündete
Lampe, ein wenig Brot und Wasser, verschloß dann das Gewölbe, bedeckte es mit Erde, die man dem Boden gleich machte,
und überließ die Unglückliche dem qualvollen Tode. Der Verführer der Getödteten wurde dagegen öffentlich zu Tode ge-
geißelt. Die ganze Stadt war in Trauer, und lange Gebete
und Opfer wurden angestellt, um die beleidigte Göttin zu versöhnen. Der Aufzug, mit dem die Verstoßene in einer Sänfte
festgebunden und so tief verhüllt, daß man auch ihre Stimme
nicht hören konnte, zu ihrer Gruft geführt wurde, war Entsetzen erregend, und dieser Tag ein Tag der Trauer und Buße
für die ganze Stadt, wie kein anderer.

Der König Numa Pompilius, der überhaupt der
Sage nach die Verehrung der Götter bei den Römern einrich-
tete, setzte die ersten Vestalinnen ein, deren Zahl zuerst zwei,
dann vier war, und die König Servius auf sechs vermehrte,
und zu denen man immer nur Jungfrauen aus den edelsten
Familien Roms erwählte. — Nach der Gründungssage Roms
waren selbst Romulus und Remus, die Gründer der Stadt
Rom, Söhne einer vestalischen Priesterin, Namens Rea
Silvia, und des Mars.

Am ersten März wurden alljährlich auf dem Heerde der

Göttin das heilige Feuer nebst dem Lorbeer, welcher den Heerd beschattete, erneuert, und außerdem am 15. Juni der Tempel ausgeputzt und gereinigt. Vorher aber feierte man am 9. Juni der Göttin Vesta zu Ehren das Vestalien genannte Fest. Nur Frauen wallfahrteten zu dem Tempel, und zwar barfuß. Dazu brachte man die Speisen in geweihten Schüsseln, und die Brote trugen bekränzte Esel, denen man dieselben um den Hals hängte.

Ares oder Mars

(siehe Abbildung V. und XI.)

war nach dem Glauben der Griechen ein Sohn des Zeus und der Here. Ursprünglich scheint Ares der Gott des rauhen Unwetters und besonders des tosenden Sturmwindes gewesen zu sein, allein diese seine natürliche Bedeutung wurde bei ihm früher und vollständiger als bei den meisten anderen Göttern vergessen, und er tritt uns fast ausschließlich als der Gott des Sturmes und Aufruhrs in den menschlichen Verhältnissen entgegen, d. h. als der furchtbare Gott des Krieges, oder richtiger noch des Kampfes und Schlachtengetümmels, der wildeste unter den oberen Göttern, der an Mord und Schlachten Wohlgefallen fand.

In dieser Beziehung bildet er einen Gegensatz gegen die Göttin des geordneten und ritterlichen Kampfes, Pallas-Athene, die wir auch in manchen mythischen Erzählungen als Feindin dem Ares gegenüberfinden. Er soll schon in dem Kriege wider die Giganten für den Zeus gefochten haben, und von jenen Riesen selbst eine Zeit lang gefangen gehalten worden sein. Im trojanischen Kriege stand er den Trojanern bei und beschützte besonders deren Anführer Hektor, wurde aber dabei von dem Helden Diomedes unter dem Schutze und Beistande seiner Feindin Athene verwundet. Er fiel bei dieser Gelegen-

heit nach der Schilderung Homers in der Jliade mit einem
solchen Gebrüll zu Boden, als wenn neuntausend oder zehn-
tausend Kämpfer in der Schlacht lärmten, und bedeckte mit seinem Fall sieben Morgen Landes; eine nicht undeutliche Hin-
weisung auf das tosende Brüllen des Sturmes. Ares war,
nach der Vorstellung der Griechen, nicht rechtmäßig verheirathet, hatte aber dennoch aus seinem Umgange mit Göttinnen
und Töchtern der Erde eine zahlreiche Nachkommenschaft an
Söhnen, unter denen von Heroen die bekanntesten und berühmtesten sind: Meleagros, der Fürst von Kalydon und
Besieger des kalydonischen Ebers (s. unten), Kyknos, den
Herakles erschlug und den Ares an seinem Mörder rächen
wollte, als Zeus mit einem Blitzstrahl den Kampf seiner beiden gewaltigen Söhne trennte; ferner Parthenopäos, einer
der Führer in dem Zuge der sieben Helden gegen Theben (s.
unten), Oenomaos u. A. Der nicht selten auch von anderen
Helden gebrauchte Ausdruck: „Sohn, oder Sprößling des
Ares" ist nicht wörtlich, sondern nur dahin zu verstehen, daß
die große Kraft und Mannhaftigkeit ausgedrückt werden soll,
welche den Helden gleich als einen Abkommen des Kriegsgottes
selbst erscheinen lasse.

Die Mythologie der Römer erzählte, daß Mars mit der
Bellona vermählt gewesen sei. Als seine Schwester aber gilt
Eris (die Zwietracht), eine Frau von furchtbarem Wesen, die
seinem Wagen voraneilte, wenn er in den Krieg zog, wie ja
auf Zwietracht Krieg folgt. Als er mit der Aphrodite (Venus),
Gemahlin des Hephästos (Vulcan), mit der er die Harmonia (Eintracht) und den Phobos (Furcht) erzeugte, Umgang
hatte, entdeckte Helios dies dem Hephästos, der sie, als er sie
einst beisammensitzend traf, mit einem künstlichen Netz umstrickte, so den Göttern des Olympos zeigte, und bei Zeus vor
Gericht stellte. Diese Verbindung des Ares und der Aphrodite,
die zu Theben sogar als vermählt verehrt wurden, und

welche die Abbildung XI. darstellt, deutet wohl die trau=
liche Ruhe gegenüber dem Kriegssturm an, wenn dieser
schweigt.   Darum ist der kräftige und gerüstete Gott ohne
Waffen, den Speer ausgenommen, den er nicht ablegen
kann, und trägt nur das lange, weite Friedenskleid, der
Göttin zugewendet; darum entstand auch aus dieser Ver=
bindung die Harmonia, denn ihre Mutter war die Aphro=
dite Urania, nämlich die himmlische Aphrodite.

In Griechenland verehrte man den Ares zwar, aber nicht
als einen Haupt= oder Schutzgott, wie er es in Rom war. In
Athen hatte von ihm der Areopagus, ein Gericht, das über
Leben und Tod entschied, und vor das einst Ares selbst, in
einem Streite mit dem Poseidon gefordert worden sein soll,
seinen Namen; dann verehrten ihn die kriegerischen Tegeaten,
die Spartaner in einem alterthümlichen Tempel, die Athener,
denen Alkamenes, ein Schüler des Phidias, seine Statue ver=
fertigte, und die Eleer.   Die Heimath seiner Verehrung war
Thracien, das von wilden und kriegerischen Völkerschaften be=
wohnt wurde; ganz besonders aber auch bei den kriegerischen
Römern, denen er neben Jupiter Schutzgott ihres Staates
war.   Letztere betrachteten sich nämlich als die ächten Söhne
des Mars, den sie Marspiter, d. h. Mars pater, Vater
Mars nannten, weil er der Vater des Romulus und Remus
gewesen sein soll.   Bei den Römern hatte er sogar zu Reate
eine Orakelstätte.   Sie hielten auf einem ihm geweihten Felde,
welches nach ihm das Marsfeld hieß, kriegerische Uebungen
nebst Wettkämpfen, die martialischen Spiele, sowie öffent=
liche Berathungen in wichtigen Angelegenheiten des Staats.
An diesem Felde standen auch die Rennbahnen, nebst den Tem=
peln des Gottes.   Auf demselben geschah auch alle vier Jahre
die Schatzung und Musterung der Bürgerschaft in den Waffen,
sowie jeder in's Feld ziehen mußte, wenn es Krieg gab.   Da=
bei wurden dem Gott zur Sühne ein Stier, ein Widder und

ein Bock geopfert, nachdem dieselben dreimal um die aufge=
stellte Volksmasse herumgeführt waren. Es wurde hierbei in
einem Gebet die Bitte ausgesprochen, daß die unsterblichen
Götter den römischen Staat immer größer und herrlicher
machen möchten, oder wie diese Bitte später hieß, daß sie dem
römischen Staat Bestand und Dauer geben möchten. Zweimal
auch wurden jährlich auf dem Marsfelde Wettfahrten gehalten,
Anfang März und im October. Bei dem letzten Wettspiel
wurde das sogenannte Octoberpferd geopfert, das nämlich das
Handpferd des siegenden Zweigespannes war. — Dem Mars
weihte man auch die im Felde gemachte Beute, auch zog kein
römischer Feldherr in den Krieg, ohne zuvor in den Tempel
des Mars zu gehen, und den geweihten Schild, so wie den
Spieß desselben mit den Worten zu bewegen: M a r s , w a c h e
ü b e r u n s! Dieser Schild (Ancile), welcher, nach einer Sage,
unter der Regierung des Königs N u m a P o m p i l i u s vom
Himmel herabgefallen war, und nun, wie das Palladium im
Tempel der Vesta, verehrt wurde, befand sich im Tempel des
Mars zu Rom, so wie auch ein ihm geheiligter Spieß unter
dem Gewahrsam der Priester desselben, welche S a l i e r hie=
ßen, und alljährlich ein Dankfest für dieses schutzreiche Geschenk
der Götter feierten. In frühesten Zeiten brachte man dem
Mars Menschenopfer, besonders gefangene Feinde; späterhin
aber wurde dieser grausame Gebrauch abgeschafft, und man
opferte dem Gott, außer einem Theil der dem Feinde abgenom=
menen Beute, Pferde, Widder und Hunde. Diese Thiere, der
Wolf, der Hahn und der Specht, waren dem Mars geheiligt.

In den Abbildungen der ausgebildeten Kunst, — und als
ein solches Bild ist die gewählte Abbildung zu betrachten,
erscheint Mars als ein kräftiger, junger Mann, ohne Bart,
im Harnisch, mit dem breiten Kriegsschurz, dem Helm,
Spieß und einem Schilde bewaffnet, mit deutend erhobenem
rechten Arm. Andere Abbildungen zeigen denselben in leb=

hafter Bewegung schreitend, sei es, daß er mit dem Speer
auf der Schulter in den Kampf eilend gedacht wird, oder
mit vom Feinde erbeuteten Waffen aus demselben zurück-
kehrend.

In den Bildern der älteren Zeit erscheint er bärtig, wie
auch in den Heiligthümern mancher Orte. Die Dichter schildern ihn auf einem Streitwagen stehend, dem Bellona voraneilt, ihm zur Seite Deimos und Phobos (Furcht und
Schrecken), so wie die Keren, die Göttinnen des blutigen
Todes in der Schlacht.

Hephästos oder Vulcan
(Siehe Abbildung V.)

war im Glauben der Griechen, die ihn Hephästos nannten,
ein Sohn des Zeus und der Here; bei den Römern hatte er
den Beinamen Mulciber (das heißt Erweicher, Schmelzer,
des Eisens nämlich). In Hephästos stellt sich das irdische,
namentlich auch das vulcanische Feuer dar, welches aus
dem Erdinnern hervorbricht, und an dem der Himmel mit
seinem Sonnen- oder Blitzfeuer keinen directen Antheil hat.
Deßhalb konnte sich die Mythe bilden, Hephästos sei alleiniger
Sohn der Here, von ihr ohne Mitwirkung des Zeus oder
eines anderen männlichen Gottes geboren. Obgleich hie und
da einige Züge von Uneinigkeit zwischen Mutter und Sohn
vorkommen, ist Hephästos der Here dennoch, dem angedeuteten
Verhältnisse gemäß, sehr freundlich gesinnt, Zeus dagegen,
dem Hephästos im Interesse seiner Mutter entgegenzutreten
wagt, empfindet für ihn keine Neigung, und soll ihn einmal,
als er sich der Here thätlich annehmen wollte, am Fuß ergriffen
und vom Olymp geworfen haben. Da fiel Hephästos den
ganzen Tag, und erst spät mit der sinkenden Sonne stürzte
er auf der Insel Lemnos nieder, kaum noch athmend; aber

V

VULCAN.

MARS.

VENUS.

das Volk der Sintier nahm den Gefallenen freundlich auf und pflegte ihn.

Nach einer andern Sage soll Here selbst, weil Hephästos klein und kümmerlich zur Welt kam, klein wie der Funke, aus dem das Feuer erwächst, sich seiner geschämt und ihn gleich nach der Geburt vom Olymp gestoßen haben, wo er dann in's Meer fiel und von Thetis und Eurynome freundlich aufgenommen in den Wohnungen der Meergötter lange geweilt und künstliche Arbeit verrichtet haben soll. Unter seinen hier gefertigten Werken war auch ein kunstreicher goldener Thron mit unsichtbaren Banden, den er, um für seine Verstoßung Rache zu nehmen, der Here sandte. Als diese sich arglos auf denselben setzte, war sie gefesselt und keine Gewalt vermochte sie aus den Banden zu lösen. So ist die Erde in unsichtbaren Eisesbanden gefesselt und erstarrt, wenn sie Hephästos verstoßen hat, wenn die Wärme gewichen ist. Endlich macht Dionysos (Bacchus), der Frühlingsgott, den Vermittler, führt Hephästos mit milder Ueberredung auf den Olymp zurück, versöhnt ihn mit seiner Mutter, die nun augenblicklich aus ihren Fesseln erlöst wird. Von dem einen oder dem anderen Sturze des Hephästos aber wird seine Lahmheit, sein schwankender und wackelnder Gang abgeleitet, der einst die Götterversammlung in unendliche Heiterkeit versetzte, als er in derselben das Mundschenkenamt versah und von einem Stuhl zum andern hinkte. Diese Lahmheit aber und dieser unsichere Gang des Feuergottes versinnbildlicht das unstete Flackern der Flamme.

Als Gott des Feuers wurde Hephästos in natürlichster Fortbildung Gott derjenigen Künste, welche wir mit Hilfe des Feuers ausüben, also ganz besonders der Metallarbeit und, namentlich in Athen, der Töpferei. Aber nicht allein die Metalle bearbeiten wir mit Hilfe des Feuers, der größte Theil unserer Cultur hängt von dem Besitze und von dem Gebrauche

dieses Elementes ab, und deßhalb wurde Hephästos zum Gotte
der menschlichen Cultur und Civilisation überhaupt, in welcher
Eigenschaft er als ein wahrhaft würdiger Gegenstand religiöser
Verehrung erscheint. In ganz besonderem Grade ausgebildet
aber wurde seine Darstellung als Gott der Künste, besonders
der Metallarbeit; er selbst ist der Künstler unter den Göttern,
der in rußiger Schmiedewerkstatt, die man nicht selten in die
feuerspeienden Berge verlegt dachte, glänzende und kunstvolle
Werke schafft, die er den Göttern und besonders begünstigten
Menschen schenkt. So verfertigte er dem Zeus seinen furcht=
baren Schild, Aegis genannt, und einen kunstreichen Scepter,
dem Achilles eine Rüstung, dem Herkules die Waffen, sich
selbst aber zwei wunderbare Sclavinnen aus Gold, die wie
lebendige Wesen einhergehen konnten und ihn beim Gehen
unterstützten, und endlich auch ein kunstvolles Netz, mit dem
er seine Gemahlin Aphrodite und den Ares umstrickte, als er
Beide einst unerwartet vertraulich beisammen fand.

Als Gott der Erdwärme aber und als derjenige der
Vulcanität wurde Hephästos, nach der Erfahrung von großer
Fruchtbarkeit des vulcanischen Bodens, auch als ein dem Ge=
deihen der Vegetation günstiger Gott aufgefaßt, dessen Segen
sich aber ganz besonders im Gedeihen des Weinstockes offenbart,
da dieser ja auf vulcanischem Boden seine herrlichsten Früchte
trägt. Aus dieser Erfahrung stammt die Sage von Hephästos'
naher Freundschaft mit dem Gotte des Weines, Dionysos
(Bacchus), welche sich theils in der schon erzählten Geschichte
zeigt, wie Dionysos den Hephästos auf den Olymp zurückführt
und mit den anderen Göttern versöhnt, theils in gemeinsamer
Verehrung der beiden genannten Gottheiten hervortritt.

Als Wohnsitze des Hephästos gelten besonders vulcanische
Gegenden, in Griechenland vor allen die Insel Lemnos,
daher er auch den Beinamen Lemnius führte, sodann
Lipara und Sicilien. Hier galt der Berg Aetna als seine

Werkstatt, in der er dem Zeus während des Krieges mit den Giganten durch Hülfe seiner Gesellen, der Kyklopen, seine Donnerkeile schmiedete, auch dem Neptun seinen Dreizack, dem Pluton aber den unsichtbar machenden Helm verfertigte.

Auch zur Geburt der Athene half Hephästos, indem er, gerufen, dem Zeus das Haupt mit seinem Beile spaltete, worauf die junge kräftige Göttin heraussprang.

Bei den Griechen und Römern fand die Verehrung des Vulcan schon seit den ältesten Zeiten Statt. Besonders heilig war sie auf Lemnos. Hier stand gleich am Fuße des feuerspeienden Berges Moshchlos, der aber jetzt erloschen ist, der uralte Tempel des Gottes, und zwar an der Stelle, wo einst Prometheus das himmlische Feuer sich geraubt haben sollte, wofür dann Hephästos denselben zur Strafe an einen Felsen des Caucasus schmiedete, worauf demselben ein Adler die immer wieder wachsende Leber aushackte. Alljährlich wurde die Insel unter schwermüthigen Gebräuchen gesühnt. Neun Tage durfte dann kein Feuer leuchten, bis das nach der heiligen Insel Delos gesendete Schiff zurückkehrte, und von dort neues Feuer mitbrachte, das dann in alle Häuser und Werkstätten vertheilt wurde. — Am Berge Aetna auf der Insel Sicilien hatte der Gott ebenfalls einen Tempel, von Hunden bewacht, welchen die Gabe verliehen war, die Andächtigen und Frommen von den Frevlern zu unterscheiden, welche letztere sie grimmig anfielen.

Eben so verbreitet war seine Verehrung in Unteritalien in dem alten Campanien. — Dagegen wurde Hephästos in Athen mit der Athene (Minerva) verbunden verehrt als Gott des Feuerheerdes und Stifters des Familienlebens, wofür er auch in den Künsten der Handwerker galt, indem er ja darin der göttliche Meister war. In dieser Beziehung feierten ihm und der Athene die Männer alljährlich im October das Fest

der Apaturien, worin ihm im festlichen Anzug auf dem
Heerde bei brennenden Fackeln geopfert wurde und er in
religiösen Gesängen als der Feuerspender gepriesen wurde.
In demselben Monat feierte man auch beiden Göttern, deren
Kraft nach dem religiösen Glauben so tief in das Leben und
die Zustände der Menschen eingriff, das Fest der Chal-
keen, — und zwar besonders die Schmiede, Erzarbeiter und
Töpfer. Bei diesen Festen, so wie bei den Hephäfteen und
Panathenäen, fand ein Preisfackellauf unter den Jünglingen
zu Athen Statt.

In Rom war dem Vulcan schon von Romulus ein Tempel
erbaut und Feste angeordnet worden, welche Vulcanalien
hießen. Dieses Fest wurde am 23. August mit einem Opfer
von Fischen begangen, um alles Unglück abzuwenden, das bei
dem Gebrauch des Lichtes und des Feuers an den nun schon
merklich kürzer werdenden Tagen entstehen könnte. Deshalb
zündete man an diesem heiligen Tage auch Licht Abends an,
um Etwas dabei zu arbeiten.

Im trojanischen Kriege stand Hephästos den Griechen bei.
Seine Gemahlin war Aphrodite, die ihm aber keine Kinder
gebar; dagegen hatte er von seinen Nebenweibern einige Söhne.
Nach attischer Sage bewarb er sich auch um die Liebe der
Athene (Minerva), aber vergebens; jedoch nahm die Göttin
den Erichthonios, den Hephästos mit der Ge (Erdgöttin)
erzeugt hatte, in ihren ganz besonderen Schutz.

Hephästos wird, wie in dem gewählten Bilde, als
bärtiger, bejahrter Mann, mit ernstem, gefurchtem Gesicht,
unbekleidet und nur mit einer leichten Binde versehen,
vor seiner Werkstätte auf dem Ambos schmiedend mit seinen
Gehülfen dargestellt, und ist an der Mütze kenntlich,
welche in Griechenland die Handwerker zu tragen pflegten.
Uebrigens verräth seine Stellung, daß er lahm ist, wie die
Mythe erzählt.

Auf alten Münzen der Insel Lemnos ist der Gott ohne
Bart dargestellt. Auf Vasengemälden findet sich am häufig=
sten die Scene, wie er auf einem Esel reitend, bekleidet
und bekränzt, seinen Hammer und seine Zange in der Hand,
von Dionysos (Bacchus), der an der Weinrebe in der Hand
kenntlich ist, aus seinem Meeresverstecke wieder auf den Olymp
zurückgeführt wird.

Aphrodite oder Venus

(siehe Abbildung V. und XI.)

war bei den Griechen und Römern die Göttin der Liebe.
Schon die frühesten Mythen der Völkerschaften im Morgen=
lande stellten die hervorbringende Kraft der Natur sinnbildlich
dar, und von den Syrern und Phöniziern verpflanzte·sich
die Vorstellung von einer Gottheit der Liebe, Astarte genannt,
in den regen Verkehr nach Griechenland und über die Inseln
im mittelländischen Meere, sowie von hier nach Italien. In
der Ausbildung dieser Mythe hatte die Phantasie ein weites
Feld. Aber auch die· frühesten Fabeldichter wichen in ihren
Erzählungen von der Aphrodite von einander ab, legten ihr
einen verschiedenen Ursprung, verschiedene Verrichtungen, ver=
schiedene Zunamen bei; immer aber ist die Hauptidee von
ihr dieselbe, nämlich die der göttlichen, hervorbringenden
Naturkraft in wunderbar mannichfaltiger Art und Weise.
Am merklichsten unterscheidet sich in der Fabellehre eine ältere
und eine jüngere Aphrodite. Die ältere war eine Tochter
des Uranos, daher ihr Beiname Urania, die Himmlische.

Diese Aphrodite soll aus dem Schaum, den die Wellen
des Meeres hervorbringen, entstanden sein. Deswegen nannte
man sie Anadyomene (die aus dem Meer Auftauchende),
bildete sie bisweilen mit einem meergrünen Schleier ab und
schrieb ihr eine große Macht über das Meer zu, weshalb

7

auch die Seeleute sie um eine glückliche Fahrt anriefen.
Der Myrtenbaum, hinter welchen sie sich verborgen haben
soll, als sie unbekleidet aus den Meeresfluthen auf der Insel
Cythera zur Frühlingszeit ans Land stieg, war ihr geheiligt.
Auf dieser Insel des landischen Meeres (jetzt Cerigo) wurde
sie besonders verehrt, führte daher den Namen Cythere oder
Cytherea, und gleicher Weise, von andern Inseln und
Orten ihrer Verehrung, die Beinamen Amathusia (von
Amathus oder Amathunt auf Cypern), Kypris, Knidia,
Paphia, Idalia u. a. m. Durch diese wird eben jene
reine Naturkraft, die reinste, auf nichts Körperliches abzie-
lende Liebe sinnbildlich dargestellt. Die jüngere, als
Symbol der irdischen Liebe, soll, nach einigen Sagen, eine
Tochter des Zeus und der Dione, daher auch Dionea
genannt, gewesen sein.

Aphrodite wird als höchstes Ideal weiblicher Schönheit
abgebildet, gar nicht oder doch nur leicht bekleidet, auf einem
Wagen, von Schwänen, Tauben oder Sperlingen gezogen.
Ihr Sohn Eros (Amor oder Cupido) und die Chariten
(Grazien), Horen, ferner Himeros (der Gott der Liebessehnsucht) und Pothos (derjenige des Liebesverlangens), so
wie Peitho (Suadela, die sanfte Ueberredung) sind in ihrem
Gefolge. Sie hatte aber auch einen Liebling, den schönen,
blühenden Hirtenjüngling Adonis, der ihr auf der Jagd
von einem wilden Eber getödtet wurde, worüber sie untröstlich
in Trauer versank, und den Todten nicht aus ihren Armen
lassen wollte, bis ihr zum Trost von den Göttern gestattet
wurde, daß ihr Geliebter die eine Hälfte des Jahres, im
Frühling und Sommer, auf der Oberwelt bei der geliebten
Aphrodite, die andere Hälfte des Jahres aber, im Herbst und
Winter, in der Unterwelt bei der Persephone (Proserpina)
weilen solle. So erscheint in Adonis, verbunden mit der
Aphrodite (Venus), das Wachsthum und die Blüthe, gegenüber

bem Wechsel mit der Reife und Ernte. Dieser Naturwechsel
wurde auch durch ein besonderes Adonisfest gefeiert, durch
Aufstellung seines Bildes, durch Gebräuche eines Leichen-
begängnisses mit düsteren Klaggesängen, die mit dem
feierlichen Ruf: Adonis lebt und ist aufgefahren, also mit
dem Trost seiner Wiederkehr, endigten. Von ihrer Liebe
zum Adonis aber erhielt Aphrodite die Beinamen Adonäa
und Adonias.

Diese Göttin war, wie wir aus dem Vorhergehenden
wissen, mit dem Vulcan vermählt, hatte aber keine Kinder
mit demselben; jedoch hielt sie auch Umgang mit schönen
Sterblichen, — unter welchen die Mythe außer dem Adonis
(oder bei den alten Syrern Abobas, Flötenbläser) mit
besonderer Auszeichnung noch den Anchises nennt. Letzterem
gebar sie den Aeneas, dessen Sohn Askanios oder, nach
römischer Sage, Julus der Stammvater des Julischen Geschlechtes in Rom wurde, zu welchem Julius Cäsar gehörte.
Aphrodite galt demnach als dieses höchsterlauchten Geschlechtes
ursprüngliche Stammmutter. Im Umgange mit Göttern
wurde sie Mutter mehrerer Kinder, z. B. des Amor oder
Eros und Anteros (Liebe und Gegenliebe), des Hymen
und des Hermaphrodit.

Aphrodite war, bei aller Freundlichkeit und Güte, doch
so wenig, als die andern Göttinnen, von Empfindlichkeit und
Rachsucht frei, wenn ihre Gottheit beleidigt wurde. Dies
empfand Hippolytos, den sie tödtete, die Polyphonte,
die sie in eine Nachteule, die Arsinoë, welche sie in einen
Stein, und die Myrrha, die sie in einen Myrtenbaum
verwandelte. Von ihrem Streite mit Here und Athene
wegen des Vorzugs größerer Schönheit, einem Streite, welchen
der troische Königssohn Paris zu Aphrodite's Gunsten entschied, erzählen wir weiterhin im Zusammenhange des Berichtes
über den troischen Krieg.

7*

Insofern Aphrodite alle Wesen im Himmel und auf Erden, selbst im finstern Tartaros durch Liebe vereinigte, so wurde sie auch als Göttin der Hochzeiten und der Ehen betrachtet. In Griechenland hatte sie auf der Insel Cypern mehrere, in der Stadt Paphos aber einen überaus reich verzierten Tempel. Hierher strömten viele Tausende und feierten in frohem Jubel die der Göttin zu Ehren jährlich angeordneten Feste. Hier ertheilte Aphrodite auch Orakelsprüche. Sie wurde hier auch als Urania an der Seite des Ares (Mars) ver- ehrt, so daß also ihre Vereinigung mit diesem Gott, wie sie das Bild XI. darstellt, in dem religiösen Volksglauben selbst begründet war, und war auch bewaffnet, namentlich in ihrem uralten Heiligthum auf der Insel Cythere, auch in Sparta, Argos, Korinth, auf der hohen Burg. In Knidos, einer Stadt in Carien, befand sich in dem schönen Tempel der Aphrodite eine überaus reizende Bildsäule dieser Göttin, von dem berühmten Künstler Praxiteles verfertigt.

Selbst aus dem Meer geboren, wurde sie an den Küsten auch als die Göttin des heiteren Meeres und glücklicher Schiff- fahrt von den Schiffern und Fischern verehrt. So wurde auf der Insel Aegina erst dem Poseidon geopfert und ihm zu Ehren ein Schmaus gehalten, darauf aber der Aphrodite in ausgelassener Fröhlichkeit ein Fest gefeiert. Auch wurde sie zu Knidos in Carien als Göttin des beruhigten Meeres verehrt. Auf ihre Herrschaft über das Meer bezieht sich der Delphin, welchen wir ihr nicht selten als Attribut bei- gegeben finden.

Bei den Römern wurde die Verehrung der Venus erst später allgemein. Hier wurden ihr auch jährliche Feste, Veneralien, gewidmet. Auch auf dem Capitol zu Rom war ihr ein Tempel und einer vor dem Collinischen Thore geweiht. In Italien war ihr der Monat April geheiligt, in dem die Gewächse und Blumen frisch treiben, oder, wie

die Mythe es ausdrückt, Adonis aus der Unterwelt wieder
zurückkehrt.

Die Tauben, der Widder, Hase, Delphin und Schwan,
so wie die Blumen, Myrthen und Rosen, sammt andern
schönen Pflanzen, Aepfeln und andern Früchten, waren dieser
Göttin geheiligt. In Elis war die Schildkröte ihr Symbol,
in Rücksicht auf den Himmel, dessen Wölbung man in der
Schildkrötenschale nachgebildet sah, oder auch als Sinnbild
der weiblichen Scheu und Sitte, weil die Schildkröte stets in
ihrem Hause bleibt, wie man es von der Frau von häuslichem
Sinne verlangte. Die Vorstellung dieser Göttin begann mit
einem formlosen Stein; allmählig bildete sie die Kunst als
eine mächtig waltende, mit den überwältigenden Reizen der
Schönheit ausgestattete Göttin, und bekleidet; nur erst die
spätere Kunst stellte sie ganz nackt in verschiedenen Stellungen
dar. In den hier ausgewählten Abbildungen (V. und XI.)
erscheint sie theils ganz, theils halb bekleidet. In beiden
zeichnet sie das schön geordnete Haupthaar aus, was ein
besonderes Merkmal dieser Göttin ist. In dem ersten
Bilde ist das Gewand nur auf der linken Schulter befestigt,
während es die Göttin mit der rechten Hand von der linken
Seite her in zierlicher Haltung herumzieht, so daß es
abwärts schöne Falten wirft. In der linken Hand hält sie
den Apfel, als Symbol der ihr durch Paris zuerkannten
größten Schönheit.

Die Kunst hat von dieser Gottheit unzählige Bildwerke,
von denen allerdings nur die wenigsten, dennoch aber viele
Hunderte auf unsere Zeit gekommen sind. Das höchste Ideal
der Göttin in nackter und von spätern Künstlern nicht
wieder erreichter Schönheit war das untergegangene Bild
zu Knidos.

Pallas-Athene oder Minerva,

(siehe Abbildung VI.)

auch Tritogeneia oder Tritonia und Athenäa genannt.
Gewöhnlich wird in den Mythen von ihrer Geburt erzählt,
sie sei völlig geharnischt aus dem schwarzlockigen Kopfe des
Zeus, welcher die Metis (Einsicht) verschlungen hatte,
hervorgesprungen, während Himmel und Erde bebten, das
Meer hoch anschwoll und der Tag sich verdunkelte. Zeus ließ
sich von Hephästos (Vulcan) oder, nach andern Mythen, von
Prometheus das Haupt spalten, damit Pallas herausspringen
könnte. Andere Mythen leiten indeß ihre Geburt von der
Verbindung des Neptun mit einer Nymphe Tritonis ab, und
fügen hinzu, daß Zeus sie nur an Kindesstatt angenommen
hätte. Jedoch scheinen diese nur zur Erklärung des uralten
und später nicht mehr verstandenen Namens Tritogeneia oder
Tritonia ersonnen zu sein und haben mit dem Volksglauben
Nichts zu thun.

Dem volksthümlichen Mythus aber von Athene's Geburt
aus dem Haupte des Zeus liegt ein ähnlicher Gedanke zum
Grunde wie demjenigen, welcher Hephästos zum alleinigen
Sohne der Here machte (s. oben). Denn gleichwie an der
Erzeugung des Hephästos als des Gottes irdischen Feuers der
Himmel keinen Theil hat, so drückt der Mythus von Athene's
Geburt umgekehrt aus, daß an dieser Göttin nichts Irdisches
sei. Sie ist durchaus nur ein Ausfluß ihres Vaters, des
Himmelsgottes, der sie (denn dies malt deutlich genug die
Erzählung von ihrer Geburt) aus schwarzen Wetterwolken
unter dem Tosen und Krachen des Gewitters zur Welt bringt,
eine Göttin, furchtbar und gewaltig wie der Gewittersturm
und doch auch wiederum mild und klar wie die Heitere

VI

MINERVA.

APOLLO.   HELIOS.

des Himmels, wenn das Wetter sich ausgetobt hat und
ein neulebendiger Hauch über die erquickten Fluren dahin-
weht.

Die beiden hier angedeuteten Seiten ihres Wesens, das
Furchtbare und Gewaltige und das Klare, Milde und Reine,
liegen aber in ihren beiden griechischen Namen ausgedrückt;
als Pallas ist sie die Gewittergöttin, welche die Aegis, den
Wolkenschild ihres Vaters, besitzt und von allen Göttern allein
„den Schlüssel weiß zu dem Gemach, wo ihres Vaters Blitze
ruhn", wie der Dichter Aeschylos sagt. Als Pallas wird sie
demgemäß zur Göttin des Krieges, zur Tapferen, zur Männer-
bezwingerin, die mit ihrer Aegis die Schaaren der Helden
scheucht, welchen sie zürnt, und mit der Blitzlanze unwiderstehlich Alles vor sich niederwirft. Vermöge der himmlisch
milden Seite ihres Wesens aber tritt sie auch als Kampfgöttin
in den schon früher angegebenen Gegensatz zu Ares, dem es
nur um Kampf und Schlachtgewühl zu thun ist, während
Pallas den Kampf beschützt, der zum Siege und durch den
Sieg zum Frieden mit seinen Segnungen führt.

Ist dieser Sieg aber erkämpft und der Frieden errungen,
der ja hier auf Erden im politischen Leben des Staates wie
im Gemüthsleben jedes Einzelnen ewig nur eine Frucht des
Kampfes ist, so waltet die Göttin als Athene in klarer Milde
und Reinheit, und lehrt die Menschen den Frieden nützen, und
unterweiset sie in allem Thun, welches das Menschenleben
ziert, in aller Weisheit und Kunst. Wollen Sie nun wohl
festhalten, daß die beiden hier entwickelten Seiten im Wesen
der Göttin als untrennbar verbunden gedacht werden, als
einander tragend und bedingend, so werden Sie ohne Zweifel
empfinden und erkennen, daß Pallas-Athene eine der tiefsinnigsten Schöpfungen eines tiefreligiosen Sinnes ist, eine
Göttin, der sich der gläubige Grieche mit wahrer Andacht
hingeben konnte.

Diese beiden Seiten ihres Wesens aber werden Sie in ihrer wechselsweisen Beziehung zu einander unschwer in den einzelnen Mythen der Göttin verfolgen können, von denen wir Ihnen die hauptsächlichsten jetzt mittheilen werden. Zunächst aber müssen wir Sie auf den Sinn des Mythus aufmerksam machen, daß Athene ewig jungfräulich blieb und alle Liebes= huldigungen verwarf, die ihr nach verschiedenen Sagen dargebracht wurden. Wir haben gesagt, daß an Pallas=Athene nichts Irdisches sei; wie könnte also irdische Schwäche und Leidenschaft an ihr haften! Ferner aber ist die Unbeschränkt= heit der Macht des Geistes in seiner thätigen Wirksamkeit, so wie der Ursprung des Geistes aus dem höchsten göttlichen Wesen, — und daß der Geist weder etwas Männliches noch etwas Weibliches, sondern die einzige göttliche Kraft ist, die selbstständig wirkt und zwar durch die ganze Natur, — auf die sinnigste Weise sinnbildlich in der Mythe dargestellt.

Im Kriege des Zeus gegen die Titanen und Giganten leistete sie als Kriegsgöttin Pallas demselben mächtigen Bei= stand durch Rath und That, und wurde die Veranlassung, daß Zeus sich des Herakles, zur Bezwingung der Empörer, mit bestem Erfolge bediente. Sie selbst aber bezwang den furchtbaren Giganten Enkelados. Nachdem aber Zeus' Herr= schaft befestigt war, wirkte sie auf Erden als Beschützerin derjenigen Helden, welche finstere Mächte und Ungeheuer bekämpften. So war sie die beständige Begleiterin des Hera= kles bei allen seinen mühevollen Abenteuern (s. unten), so half sie dem Perseus in der Tödtung der Gorgone Medusa, deren Haupt sie auf ihrer Aegis anbrachte, weßhalb sie selber den Beinamen Gorgophone (Gorgotödterin) erhielt. Auch die Argonauten beschützte sie mit Here gemeinsam, und Theseus vollbrachte seine Thaten gegen allerlei Unholde (s. unten) eben= falls unter ihrem Beistande, den sie endlich auch den griechischen Helden im Kampfe gegen Troja leistete, welches, wie weiterhin

erzählt werden soll, nach zehnjährigem Kampfe endlich durch
Athene's Rathschläge eingenommen wurde..

Im Frieden aber waltet sie, wie gesagt, überall segens=
reich als Göttin aller Kunstfertigkeit, der himmlischen Klarheit
und des sinnenden Geistes; ihr wird die Kunst des Spinnens
und Webens verdankt, sie lehrt die Pflege der neugeborenen
Kinder, auch die Heilkunst wird unter anderen Göttern auf
sie zurückgeführt, und ebenso soll Athene das Flötenspiel
erfunden haben. Wie es der Kriegsgöttin geziemt, lehrt sie
die Menschen das wilde Roß zähmen, zügeln und vor den
Kriegswagen spannen, was namentlich von Bellerophon erzählt
wird, dem Athene das Flügelroß Pegasos zügelte, und in Athen
von Erichthonios, der von ihr zuerst vor allen Menschen die
Anschirrung der Rosse an den Wagen lernte. Kurz, unter
ihrem Schutze standen Alle, die sich mit Uebung der Künste
und nützlicher Fertigkeiten beschäftigten, diejenigen, welche auf
Erden die Bildung und Gesittung und durch sie die wahre
Wohlfahrt der Menschen förderten.

Ganz besonders aber waltet sie in Attika, dem Lande,
das sie, dem früher erzählten Mythus gemäß, im Streite
mit dem Gotte des Meeres als ihr Eigenthum erhielt, wo
ihre Verehrung die aller anderen Götter übertraf und wo die
Hauptstadt Athen von ihr den Namen erhielt. Das vornehmste
Zeichen ihres göttlichen Schutzes des attischen Landes war
jener Oelbaum auf der Burg, den sie im Streite mit Poseidon
erschuf und von dem, dem Glauben der Athener nach, alle
Oelbäume Attika's, der Hauptreichthum des Landes, abstamm=
ten. Ueber den heiligen Oelbaum auf der Burg erzählen die
Alten die folgende rührend schöne Sage, in der sich ihr ganzer
inniger Glaube an ihre Göttin ausspricht: Als die Perser
gegen Griechenland heranzogen mit ungeheurer Uebermacht,
da trat Athene zum Throne ihres Vaters Zeus und flehte
um die Erhaltung ihrer Stadt. Das Schicksal aber hatte

anders beschlossen, Athen sollte untergehen, um herrlicher aus
seinen Trümmern zu erstehen; Zeus also mußte seiner lieben
Tochter ihre Bitte abschlagen, die Athener wichen aus ihrem
Lande auf ihre Flotte, und die Perser verheerten die Stadt
von Grunde aus mit Feuer und Schwert. Auch der heilige
Oelbaum der Athene verbrannte mit; aber siehe da, zum
Zeichen, daß Athene ihre Stadt auch im Untergange nicht
verlassen habe, trieb mit wunderbarer Schnelligkeit aus der
alten Wurzel ein drei Ellen langer neuer Schoß, ein Symbol
der Wiedergeburt der Stadt aus ihren Ruinen. Und unter
dem Beistande der Athene kämpften die Athener an der Spitze
der übrigen Griechen die berühmte Seeschlacht bei Salamis,
in der sie die vielfach überlegene Flotte der Perser vernichteten
und diese zwangen, mit Schimpf und Schande und unter
ungeheurem Verluste das griechische Land zu verlassen.

So wie diese Göttin nach ihren verschiedenen Kennzeichen,
Eigenschaften, Verrichtungen, und nach den verschiedenen
Orten, wo man sie besonders verehrte, mehrere Beinamen
führte, z. B. in Elis Mutter, als Pflegerin der Kinder,
ferner an mehrern Orten, namentlich in Athen, Polias,
Beschützerin der Städte, Soteira, die Retterin, Caesia
oder Glaukopis, die Göttin mit blauen Augen, Parthenos,
die Jungfräuliche, Hippia, die Roßgöttin oder Bezähmerin
des Rosses, Ergane, die Werkmeisterin, Nike, die Siegerin,
Mechanitis, die Kunstfertige, u. a. m., so wird sie auch
verschieden abgebildet. In der Eigenschaft der Kriegsgöttin
erscheint sie als ein Mädchen von hohem Wuchse mit ernster
Miene, mit einem Schilde am linken Arm und den Speer in
der rechten Hand, das Haupt mit einem goldenen Helm bedeckt,
der mit Mähnenbüscheln, oder einer Eule, oder auch mit einer
Sphinx verziert ist, angethan mit einem Brustharnisch (Aegis),
der mit Schlangen umrandet und mit dem Kopfe der Medusa
geziert ist. Ihr Gewand ist eine Tunika ohne Aermel. — Als

Göttin der weiblichen Künste, in welcher Eigenschaft sie auch Ergane heißt, ist sie auch abgebildet mit einem weiten, faltigen Gewande (Peplos), behelmt, aber ohne Waffen, und mit einem Rocken rc.; — als Erfinderin und Beschützerin der Arzneikunde (Hygiea) führt sie eine Schlange als Sinnbild der Gesundheit, und als Göttin der Musik hält sie eine Flöte in der Hand. Auch findet man sie mit einem Oelzweige abgebildet. Der Hahn, Symbol der Wachsamkeit, den man oft neben ihr abgebildet sieht, war ihr geheiligt, nächstdem die Schlange, ganz besonders aber die Eule, sei es wegen des glänzenden Auges, dergleichen man der Göttin selbst zuschrieb, sei es als Sinnbild nächtlichen Wachens, um den Studien der Weisheit obzuliegen.

Diese Göttin ist zwar eine Jungfrau, wie es auch die Hestia (Vesta) und Artemis (Diana) war, aber wie das ausgewählte, beigegebene Bild zeigt, ganz ihrem Wesen der Wirksamkeit entsprechend, fehlt ihr die jungfräuliche Fülle und Weichheit, und ihr Körper ist an Brust, Armen und Hüften männlich schmal. Auch das längliche Gesicht hat zwar eine freie Stirn, große, offene Augen, strengen Mund, ein festes Kinn, aber ihre Züge sind anmuthlos, und das Haar lose zurückgeschlagen.

Das älteste, aus Holz geschnitzte Bild der Göttin, welches vom Himmel gefallen sein soll, nannte man Palladium (Bild der Pallas). Dasselbe war zuerst im Besitze der Königsfamilie von Troja, und man glaubte, daß der Bestand der Stadt von dem Besitze dieses Bildes abhänge. Im Kriege der Griechen gegen Troja wurde dasselbe entweder von Diomedes oder Odysseus heimlich entwendet, worauf die Einnahme der Stadt durch das hölzerne Roß gelang, oder Aeneas nahm dasselbe bei seiner Flucht mit sich. Nach der Verschiedenheit dieser Sagen machten später mehre Staaten Anspruch auf den Besitz des ächten Palladium, so Argos, Athen und Rom, und sein Besitz galt überall als Bedingung und Bürgschaft des Bestandes der Staaten. Daher hat man später den Ausdruck Palladium in weiterem Sinne auf andere Gegenstände angewendet, denen man ähnliche Bedeutung beilegte, und wenn z. B. gesagt wird: das Palladium der Freiheit ist entwendet, so wird damit bezeichnet, daß die oberste Bedingung und Bürgschaft der Freiheit verloren gegangen sei.

Die schönsten und bedeutendsten Statuen der Athene besaß die Stadt Athen und sie waren von der Hand des Phidias, der auch den Zeus in Olympia gemacht hat; namentlich war die Goldelfenbeinstatue im Parthenon berühmt, und neben ihr eine im Freien auf der Burg Athens aufgestellte kolossale Erzstatue, welche das Dach des ebengenannten Tempels überragte, so daß man ihren Helmbusch und ihre Lanzenspitze vom Meere aus schon sah, wenn man sich auf der Höhe von Sunion, der südlichen Landspitze Attika's befand.

Alljährlich feierte man zu Athen der Pallas-Athene zu Ehren das mehrtägige Doppelfest der Panathenäen, nämlich alljährlich die kleinen, und alle vier Jahre, immer im dritten Jahre der laufenden Olympiade, die großen. Es war uralt und soll durch Theseus seine große Bedeutung erhalten haben. Es wurde durch feierliche Aufzüge, Kampfspiele, überreiche Opfer und Schmäuse gefeiert, wobei alle Kolonien Athens Theil nahmen. Der Siegespreis war ein Gefäß des lautersten Olivenöls, als das Product des heiligen Baumes der Athene. Auf diesen panathenäischen Preisgefäßen, deren viele auf uns gekommen sind, ist einerseits die Göttin in kämpfender Stellung und andererseits die Kampfart abgebildet, in welcher der Besitzer den Preis errungen hatte. Die feierlichste Handlung war die Darbringung des von den Mädchen und Frauen Athens reich gestickten, weiten Gewandes, mit dem das Götterbild bekleidet wurde, und welches man in einem prachtvollen Aufzuge zur Burg hinauf begleitete, einem Aufzuge, an

welchem sich fast die ganze Bevölkerung Athens, die vornehmen
Jünglinge zu Roß und in Wagen mit vier Pferden, die bewaffnete Mannschaft gerüstet, die Bürger nebst ihren Frauen und
Töchtern in Feiertagsgewändern betheiligten. Im Beginn des
Frühlings opferten in Athen die Magistratspersonen der Göttin, und zwei Mädchen besorgten den Dienst im Heiligthum
ein Jahr lang.

Fast mit gleichem Eifer als die Griechen verehrten die
Römer diese Göttin, deren Eigenschaften dem Volkscharakter
sehr zusagten, und deren römischer Name Minerva sie als
Göttin der Weisheit oder des Nachdenkens bezeichnet. Sie
war ihnen ebenfalls die Beschützerin der Künste und Gewerbe
und der häuslichen Thätigkeit im Spinnen, Weben, Sticken,
so wie bei den Griechen. In Rom waren ihr daher auch
mehrere schön verzierte Tempel geheiligt. Einer der ältesten
stand auf dem Capitol (Burg). Ihrem Bilde, dem schon be-
schriebenen Palladium, wurde die höchste Verehrung gewidmet,
und das ihr geweihete Fest alljährlich fünf Tage hindurch, vom
19. bis zum 23. März gefeiert.

Phöbos-Apollon und Helios oder Sol.
(Siehe Abbildung VI.)

Apollon's Hauptbeinamen sind Delios, von der ihm
heiligen Insel Delos, wo er geboren war, und Kynthios,
nach dem auf dieser Insel befindlichen Berge Kynthos; Le-
toides, nach seiner Mutter, der Leto oder römisch Latona;
Nomios, in Bezug auf Gesang und Spiel; Päan, das
heißt Arzt; Pythios, nach seinem Orakel zu Delphi oder
Pytho. Er war der Zwillingsbruder der Artemis (Diana),
und Sohn des Zeus (Jupiter), den ihm Leto (Latona) auf der
Insel Delos, einer der cycladischen Inseln im ägeischen
Meere, gebar, wo sie nach langem Umherirren vor den Verfol-

gungen der eiferſüchtigen Here endlich eine Zufluchtsſtätte
fand. Ja, nach der Sage ſoll dieſe Inſel bis dahin als ein
öder Felſen im Meere umhergetrieben ſein. Nach der Geburt
des Gottes ſtrahlte die Inſel von goldenem Glanz, heilige
Schwäne zogen auf dem Meer herbei und umkreiſten ſiebenmal
die Inſel, die von dieſem Zeitpunkt an feſtſtand. Darum
feierte man auf der Inſel Delos den Geburtstag dieſes Gottes
im Anfange des Wonnemonates.

Spätere griechiſche Dichter machen keinen Unterſchied
zwiſchen Apollon und dem Sonnengott, Helios oder
Titan genannt, und ebenſo wenig die Römer zwiſchen Apollo
und dem Sol, wie denn auch beide Götter eine und dieſelbe
Grundbedeutung, als Sonnengötter nämlich, hatten. Apollon
aber, deſſen Beiname Phöbos ihn als den Gott des reinen,
ſtrahlenden Lichtes, und insbeſondere des Sonnenlichtes bezeichnet, während ſeine Mutter Leto, wörtlich die Verborgene,
eigentlich die Göttin der dunkeln Nacht iſt, hat eine weite Entwickelung durchgemacht und iſt ein ſo geiſtiges Weſen geworden, daß man ſeine Grundbedeutung beinahe vergaß. Helios
dagegen oder Hyperion iſt eigentlich nur das Geſtirn der
Sonne, das am Himmel erſcheint und verſchwindet im täglichen und jährlichen Lauf und der kaum irgend eine andere
Bedeutung angenommen hat. Auch dieſem war die Zahl
ſieben heilig. Auf der Inſel Trinakria, die man für Sicilien
erklärte, weideten ihm ſieben Heerden Kühe und ſieben Heerden
Lämmer, die ſich aber weder vermehren noch vermindern, und
an denen ſich Helios bei ſeinem Auf- und Niederſteigen erfreute.
Beide Götter ſind deshalb in ihren Mythen ganz verſchieden
und müſſen, können aber auch gar wohl, unterſchieden werden.
Ihr Zuſammenwerfen bei ſpäteren Dichtern zeugt nicht von
Einſicht, ſondern von Verkennung der ſehr verſchiedenen religiöſen Entwickelung.

Man glaubte, Helios (die Sonne) ſteige früh am Mor-

gen, wie die ihn verkündend voraneilende Eos (Aurora), die
Göttin der Morgenröthe, mit einem Viergespann aus dem
Ocean auf, indem er sich während der Nacht in einem golde-
nen Palaste bei Tethys aufgehalten hatte, und fahre an dem
Himmelsgewölbe hinauf, bis wieder zum Niedergange. Darum
ist ihm, wie dem Poseidon (Neptun), das Roß heilig, und der
Kopf des Rosses sein Symbol.

Helios wurde an verschiedenen Orten Griechenlands,
ganz besonders aber auf der Insel Rhodos verehrt, welche ihm
bei der Vertheilung der Welt unter die Götter als erster und
alleiniger Besitz zugesprochen worden sein soll. Hier stand
auch seine größte Statue, welche unter dem Namen „der Koloß
von Rhodos" allgemein bekannt ist und unter die sieben Wunder der Welt (s. oben S. 50, Anmerkung) gerechnet wurde.
Hier wie an anderen Orten wurden ihm Rosse als Opfer in
das Meer gestürzt. In dem Lande, wo er aufstieg zum Himmel, glaubte man ewige Reise und ewige Ernte. Auf Rhodos
wurde ihm ein Fest im August gefeiert.

Betrachten wir nun Phöbos-Apollon dem Helios gegenüber etwas genauer. Wir haben schon gesagt, daß beide Gottheiten ursprünglich das Licht und die Sonne vertreten, daß
sie sich aber in ihrer religiösen Ausbildung sehr wesentlich von
einander unterscheiden. Wir wollen dies nachzuweisen versuchen. Von der Sonne kommt ja das physische Licht, aber
das Licht vergegenwärtigt uns auch alle geistige Helle: Wissen,
Wahrheit und Recht, und alle sittliche Reinheit, und so kann
man das Lichtwesen in geistiger Hinsicht, und das Licht als
Lichtkörper unterscheiden. In dieser Weise müssen denn
auch Phöbos-Apollon und Helios unterschieden werden. Phöbos-Apollon ist das Erstere, und darum waltet er in den Orakeln, die dunkle Zukunft erhellend; darum vernichtet er Python, das Ungeheuer der Finsterniß, welches das Orakel unzu-
gänglich machte; darum ist er Gott der Musik und des Ge-

fanges, die eben nur da gedeihen, wo Licht und Sicherheit
walten und der Besitz der Heerden ungestört bleibt. Helios
dagegen ist das Andere, nämlich der Lichtkörper, der in dem
Gestirn der Sonne am Himmel auf- und niedergeht und
Sommer und Winter macht. Wie er das Verborgene an den
Tag bringt, das haben Sie schon aus dem Seite 89 erzählten
Verhältniß zu Vulcan und der Venus kennen gelernt.

Die Mythe vom Apollon ist, wie die von Aphrodite, eine
der ältesten, aber nicht wie diese wenigstens zum Theil, aus
dem Morgenlande nach Griechenland übertragen, sondern Ur=
eigenthum der Griechen. Nur Das muß man zugeben, daß
orientalische Völker gewisse Sonnen= und Lichtgottheiten ver=
ehrten, die sich in einigen Punkten mit Apollon vergleichen
lassen, was aber sehr einfach daher kommt, daß ihnen eine ähnliche Anschauung von Licht und Sonne zum Grunde liegt.
Luft, Erde, Meer und Unterwelt sahen wir im Vorhergehenden
durch hohe Götterbilder personificirt, und auf ähnliche Weise
auch andere Naturkräfte bildlich dargestellt; in der Mythe von
dem Apollon aber vereinigt sich, worauf ich meine Leser schon
früher aufmerksam machte, sogar das Widersprechende,
das sich aber zur vollkommensten Uebereinstimmung auflöst,
sobald man es näher betrachtet, als die Wirkung des ewigen
Lichtes und der Sonne.

Durch die Wirkung der Sonnenstrahlen, (das sind die
Pfeile des Apollon, werden die Körper, wie jedes Saatfeld,
jeder Garten uns lehrt, entwickelt und ihre Reife befördert;
durch sie wird Alles neu belebt, und in ihrem milden Lichte,
in ihrer wohlthuenden Wärme erheben sich Jubeltöne der Na=
tur, die in dem Gefühl des Menschen wiederklingen; aber
durch ihre Gewalt werden auch Pflanzen und thierische Körper
zerstört, ja der Mensch sogar erliegt, namentlich in einem süd=
lichen Klima, wie dasjenige Griechenlands ist, ihrer Macht;
tief in jedes Dunkel bringt die Kraft ihres Lichtes ein, fähig

auch das Verborgenste aufzuhellen. Alle diese Ideen stellt die Mythe in dem Bild des Apollon verkörpert dar, und dieser erscheint entsprechend dem heiteren Glanze der Sonne und allen ihren wohlthätigen Wirkungen, als das Urbild der Jugend und Schönheit und als segensreicher Gott: als Gott der Hirten, welche die Fluren, die er erwärmt, bewohnen, wie er denn selbst, in der Einsamkeit die Hirtenflöte blasend, daß die wilden Thiere aus ihren Schlupfwinkeln hervorkamen, die Heerden des Laomedon weidete, die unter seiner Obhut trefflich gediehen; — als Gott der Arzneikunde, indem er das Wachsthum der Pflanzen beförderte, die dem Menschen heilsam sind; — als Gott der Musik, weil überall sich frohe, jubelnde Stimmen erheben, wenn freundliche Sonnenstrahlen Licht und Wärme in der Natur verbreiten; und als Gott der Orakelsprüche, welche die Geheimnisse der Zukunft enthüllen, da das Himmelslicht alle Dunkelheit auflöset, in alle verborgenen Gründe eindringt, alles schauerlich Nächtliche verscheucht. Aerzte, Dichter, Künstler standen demgemäß unter seinem unmittelbaren Schutz.

Als Gott der Aerzte hieß er Päan oder Pääon, als Gott der Tonkünstler und Dichter Citharoedus, und als Anführer des Musenchors Musagetes. Alle berühmten Aerzte, Dichter und Tonkünstler wurden für Söhne des Apollon gehalten, so z. B. Aeskulapius und Orpheus. — Wie die Sonne ewig jung und kräftig am Himmel erscheint, so hatte auch Apollon ewige Jugend, Kraft und Ausdauer. Daher war er Schützer der männlichen Jugend in Wettkämpfen, wie im Kriegskampfe. Wie aber andererseits die Hitze des Sommers Seuchen erzeugt, so ist Apollon Urheber derselben und deshalb auch Todesgott, der mit seinen Pfeilen unentfliehbares Verderben sendet.

Nach den verschiedenen Benennungen und Bedeutungen erscheint Apollon auch abgebildet stehend oder sitzend, in leb-

haft bewegter oder in ruhiger Stellung, aber stets als ein blü=
hend schöner, junger und kräftiger, aber unbärtiger Mann mit
lockigem Haupthaar, um welches zuweilen ein Lorbeerkranz
oder ein Stirnband geschlungen ist; seine schönen Glieder
nackt, oder nur leicht durch einen von der Schulter herabhan=
genden Mantel bedeckt; in der Hand einen Bogen oder einen
krumm gebogenen Hirtenstab; auf dem Rücken einen Köcher
mit Pfeilen oder eine Lyra im Arm, die Füße entweder nackt
oder mit zierlichen Sohlen (Sandalen) bekleidet.

Als Musagetes oder Citharoebus wird er im län=
gern Gewande, mit einem auf die Füße herabwallenden Unter=
kleide, worüber noch ein Mantel geworfen ist, neben einem Al=
tar oder einem Dreifuß, als Symbol seiner Kraft, weissagen
zu können, abgebildet. Helios aber, der Sonnengott, wurde
dargestellt auf einem Wagen von vier muthigen Rossen ge=
zogen, das Haupt mit Strahlen umgeben. Als den hoch über
die Erde Dahinschreitenden oder Dahinfahrenden nennt die
Mythologie den Helios einen Sohn des Titanen Hyperion,
d. h. der Ueberhinwandelnde, welcher Beiname auch auf ihn
selbst überging.

Wir haben hier zur Anschauung nicht die Darstellung des
Gottes Phöbos=Apollon gewählt, in abgelegter Kleidung, in
sitzender Stellung mit der auf den rechten Fuß gestützten Lyra
in der Hand und dem Hirtenstab, — oder stehend in ruhiger
Stellung und ganz nackt, die rechte Hand über das Haupt ge=
schlagen, und den Köcher an den nebenstehenden Baumstamm
gehängt, sondern die Abbildung, welche der berühmte Kunst=
kenner Winkelmann für die schönste erkannte und erklärte. Be=
trachten Sie dies Bild und Sie erkennen

ein männlich kräftiges Gesicht, und das Haupthaar, dem sei=
nes Vaters Zeus ähnlich, kräftig gelockt. Der Mantel (Chla=
mys) hangt lose über die Schultern und den linken Arm.
Winkelmann erkannte darin den Gott in der Stellung,

welche die Gewißheit des Sieges über den Drachen Python ausdrückt, welcher ihm den Zutritt zu seiner Orakelstätte in Delphi verwehren wollte.

Daneben steht das Bild des Helios. Derselbe erscheint in ein loses, weites Gewand gekleidet, leicht geschürzt, zum Zeichen seiner Eile. Als die Gottheit des strahlenden Licht= gestirns der Sonne hat er um das Haupt einen sieben= zackigen Kranz — übersehen Sie die heilige Zahl sieben nicht — in der einen Hand die Kugel, als Bild des Sonnen= körpers, und in der andern das Füllhorn der Früchte, welche die Sonne zeitigt; neben sich die Köpfe von Rossen, als Sinnbild seiner Fahrt.

So sehen Sie auch in den Götterbildern die Wirkung des Lichtes in dem Geistigen und dem Körperlichen von den Künst= lern treu dem Wesen des Lichtes versinnlicht.

Wenden wir uns jetzt zu einigen der wichtigsten Mythen der beiden genannten Götter, und zwar zuerst zu denen des Apollon. Schon seine Jugendgeschichte ist mit manchen wun= derbaren Erzählungen angefüllt. Er wurde nicht von seiner Mutter Latona, welche die Juno fortgesetzt verfolgte, sondern von der Themis (der Gerechtigkeit, daher in seiner Erscheinung unwandelbar das Recht waltet), und zwar mit Nektar und Ambrosia genährt, wodurch er so schnell und so kräftig heran= wuchs, daß er schon wenige Stunden nach seiner Geburt als glänzender Jüngling den ihn pflegenden Göttinnen enteilte, indem er ihnen seinen Lebensberuf verkündete: Bogenschütze zu sein und Kitharspieler, und den Menschen unfehlbare Orakel zu verkündigen.

Um dies zu können, ging er sodann auf die Wanderschaft, sich eine geeignete Orakelstätte zu suchen, die weder zu geräusch= voll, noch zu abgelegen wäre. Nachdem er viele griechische Landschaften durchforscht hatte, gelangte er in das stille Felsen= thal von Delphi oder Pytho, in dem er seiner ruhigen Lage im

Herzen Griechenlands wegen den gesuchten Platz erkannte.
Auch bestand hier schon seit uralter Zeit ein Orakel der The=
mis, welche jedoch dasselbe dem jüngeren Gotte bereitwillig ab=
trat. Allein ein furchtbarer Drache, Python genannt, stellte
sich diesem entgegen, wehrte ihm den Zugang und suchte ihn
zu vertreiben. Vergebens; der jugendliche Gott, der Unfehl=
barkeit seiner Geschosse gewiß, hielt dem Ungeheuer Stand und
erlegte dasselbe nach kurzem Kampfe. So gewann er seine
weltberühmte Orakelstätte, und erhielt von der Ueberwindung
des Drachen Python den ehrenden Beinamen Pythios. Die
Gabe der Weissagung aber verlieh ihm sein Vater Zeus, und
Apollon gilt in seinen Orakeln als der Verkündiger von Zeus'
Willen und Einsicht.

Fortan blieb Apollon unangefochten im Besitze von Del=
phi, nur einmal noch mußte er zu dessen Vertheidigung ein=
treten, als einst Herakles mit seiner ungestümen Gewalt der
weissagenden Priesterin Gewalt anthat, als dieselbe nicht, so
wie er es wollte, einen Orakelspruch gab, sie verjagte und den
Dreifuß wegtrug. Apollon eilte zum Beistand seiner Prie=
sterin herbei, Zeus aber schlichtete den Zwist seiner beiden
Söhne, die fortan in der innigsten Freundschaft lebten.

Dem Zeus wurde er im Kampfe gegen die Titanen und
Giganten durch seine Geschicklichkeit und Schnelligkeit im Ab=
schießen der Pfeile sehr nützlich; dennoch aber erregte er einst,
als er einige Kyklopen mit seinen Pfeilen (zur Strafe, daß
Zeus seinen Sohn Aeskulap durch einen Blitz erschlug) ge=
tödtet hatte, dessen Zorn in so hohem Grade, daß er auf einige
Zeit aus dem Olymp verwiesen wurde. Hierauf diente Apol=
lon, wie ein Sterblicher der Erde, seinem Freunde, dem König
Admetos von Pherä in Thessalien, als Hüter der Rinder=
heerden, wie er auch die des Laomedon in der Landschaft
Troas in Kleinasien weidete. Aus Verdruß über seine Ver=
bannung aus dem Olymp verband sich Apollon mit dem Po=

seiten, um den Zeus zu stürzen. Ihr Plan mißlang, und beide mußten zur Strafe die Mauern von Troja erbauen hel= fen. Als aber Laomedon dem Apollon den versprochenen Lohn verweigerte, ließ dieser eine furchtbare Pest hereinbrechen, welche die Stadt und das Gebiet von Troja entvölkerte. Wäh= rend dieser Zeit seiner Dienstbarkeit hatte er Streit mit dem Pan, welcher behauptete, daß die Flöte ein besseres Instru= ment als die Leier sei. Midas, ein König in Lydien, dem es übertragen wurde, den Streit zu schlichten, entschied für die Meinung des Pan, wofür Apollon den Midas dadurch be= strafte, daß er ihm Eselsohren beilegte. Auch den Marsyas, der sich rühmte in der Kunst des Flötenspiels den Apollon zu übertreffen, ließ er grausam umbringen.

Niobe, die Gemahlin des Amphion (eines Sohnes des Zeus und der Antiope — eines berühmten Saitenspielers), Mutter einer blühenden Kinderzahl, erhob sich im Gefühle ihres Mutterwerthes über die Latona, worüber aber Apollon in Zorn gerieth, und, in Verbindung mit Artemis, die Niobe zu bestrafen beschloß. Dies geschah, indem er derselben alle ihre Söhne, und Artemis alle ihre Töchter durch Pfeile tödtete.

Nach den mythologischen Erzählungen trat Apollon mit Göttinnen und schönen Erdentöchtern*) in Verbindung, die

---

*) Die Mythe erzählt, daß Apollon der Deiphobe, Tochter des Glaukos, die Kunst des Wahrsagens und eine mehr als 1000jährige Lebensdauer zur Ausübung derselben verliehen habe. In einer Höhle bei der Stadt Cumae, in der Landschaft Campanien, in Italien, lebte diese Seherin, bekannt unter dem Namen der cumäischen Si= bylle. Von ihr rührten die drei sibyllinischen Bücher her, welche der letzte König von Rom, Tarquinius der Uebermüthige, ihr abkaufte, und die, da sie wichtige Weissagungen über das Schicksal des römischen Staates enthielten, bei den Römern im größten Ansehen standen, und auf dem Capitol sorgfältig aufbewahrt wurden, bis sie

ihm zahlreiche Kinder gebaren, z. B. die Koronis den Äs=
klepios oder Aeskulap, die Kreusa den Jon *), die Kal=
liope den Orpheus und Hymen, die Thalia die Priester
der Cybele, Korybanten genannt.

Wenden wir uns zu Helios, so finden wir auch bei ihm
eine zahlreiche Nachkommenschaft, von seinen Kindern aber ist
weitaus der berühmteste Phaëton, den ihm Klymene ge=
boren hatte. Dieser gerieth einst mit dem Epaphos, dem
Sohne des Zeus und der Jo, in Streit über seine Herkunft,
und bat in Folge dessen den Helios, ihm, wenn er wirklich sein
Vater wäre, eine Bitte zu erfüllen. Helios schwur bei der Styx,
die Gewährung derselben nicht zu versagen. Hierauf bat
Phaëton, ihm auf einen Tag die Lenkung des Sonnenwagens
zu überlassen. Helios erschrak über die Kühnheit der Bitte,
und über die Gefahr, die den Sohn bei dieser Unternehmung
bedrohete. Er suchte ihn zu bewegen, von seiner Bitte abzu=
stehen, als aber Phaëton dabei beharrte, ja noch inständiger
bat, und Helios durch seinen Schwur gebunden war: so gab
er dem Sohne eine Anweisung zur richtigen Führung des
Sonnenwagens, und überließ sie demselben auf einen Tag.
Der Jüngling jedoch, durch das Ungewohnte dieses Geschäfts
überrascht und unkundig des rechten Weges, verlor bald Kraft
und Besinnung. Die muthigen Rosse schweiften von der rech=

---

zur Zeit des Sulla bei einer großen Feuersbrunst in Flammen auf=
gingen. Ein anderer in Griechenland berühmter Seher (Prophet,
Wahrsager) und Liebling des Apollon, des Gottes der Seher, war
Epimenides, von dem die Mythe erzählte: daß er als Hirt in einer
Höhle eingeschlafen, und erst nach 56 Jahren wieder erwacht, dann
aber — da an ihm ein Wunder geschehen — mit der Gabe eines Se=
hers in hohem Grade ausgerüstet worden sei.

*) Von dem Jon haben die Jonier, von seinem Halbbruder
Achäos die Achäer, von Doros die Dorier, und von Aeolos
die Aeoler, bekannte griechische Völkerschaften, ihren Namen.

ten Bahn ab, und brachten den Sonnenwagen der Erde so
nahe, daß sie an einigen Stellen aufborst, die Quellen zu vertrocknen, die Ströme zu sieden anfingen, und ein Theil der
Menschen schwarz gefärbt wurde. Zeus sah mit Staunen
Himmel und Erde in eine ganz neue Gefahr versetzt, erschlug
den Phaëton durch einen Blitz, und warf ihn von dem Sonnenwagen in den Fluß Eridanus hinab. Diesen sinnbildlichen Hergang von Naturerscheinungen erzählen nicht blos
Schriftsteller, sondern auch Künstler haben ihn dargestellt.

Die drei Schwestern des Erschlagenen, die Heliaden
oder Sonnentöchter, Töchter des Helios: Paëthusa, Aegle
und Lampetia, weinten lange um ihn, und wurden in Lär-
chenbäume verwandelt, die das Flußufer beschatteten, und aus
denen fortwährend die Thränen herabrannen, welche die Sonne
in das Elektron (Bernstein) verwandelte, das bei den Griechen in sehr hohem Werthe stand. — Phaëtons Freund, Kyknos
(Schwan), der sich um den Getödteten sehr grämte, wurde
dagegen in einen Schwan verwandelt. Helios, voll Schmerz
über seines Sohnes Tod, konnte nur durch vieles Bitten der
übrigen Götter vermocht werden, die Führung des Sonnenwagens wieder zu übernehmen.

Kehren wir nach dieser Abschweifung nochmals zum Apollon zurück. Die Griechen waren in seiner Verehrung sehr eifrig, wie es nicht anders sein konnte, da diese Gottheit in so
mannigfachen Beziehungen zu dem Leben stand. Die Verehrung war jedoch nach den verschiedenen Gegenden und Orten
verschieden, weshalb auch der Gott so vielerlei Beinamen hat.
So wurde der lykische Apollo in der Landschaft Lykien in
Kleinasien, in Attika und hier besonders in Athen, in Argos,
Sikyon, Trözen, am Parnaß und in Theben verehrt. In diesem Dienst war sein Symbol der Wolf (griechisch: Lykos). —
Die Verehrung des Apollon-Hyakinthios war besonders im
Peloponnes, dem heutigen Morea, heimisch, namentlich auf

der ganzen Südküste, in Sikyon, Messenien, Amyklä und
Sparta verbreitet. Bei dem Dienst wurden klagende Lieder
von Ort zu Ort gesungen und poetische Wettkämpfe gehalten.
Dieser Dienst galt besonders der Vergänglichkeit, aber auch
dem Wiedererstehen der Natur. So feierte man in Sparta im
Juli neun Tage lang das Fest der Hyakinthien, und zwar
an dem ersten Tage und in der Nacht mit Trauer, aber in
den letzten heiter und frohlockend.

Der Mythus, auf welchen dieses Fest sich bezieht, erzählt,
daß Apollon den schönen Hyakinthos, jüngsten Sohn des Amy-
klas geliebt, aber unvorsätzlich mit dem Wurfe einer Wurfscheibe getödtet habe, oder daß der ebenfalls den Knaben lie-
bende Windgott Zephyros die Scheibe aus Eifersucht gegen
Apollon nach Hyakinthos' Haupt getrieben habe. Dem Tode
des Hyakinthos, der in die gleichnamige Blume verwandelt
worden sein soll, galt die Trauer am Anfang der Hyakinthien,
seiner Wiederbelebung aber die Freude des zweiten und dritten
Tages. Augenscheinlich deutet der Mythus, ähnlich wie derjenige der Persephone, auf das Absterben und Wiederaufleben
der Natur, die hier unter dem Bilde eines Jünglings gefaßt
wird, und eben so augenscheinlich ist die Wurfscheibe Apollons
ein Bild der Sonne, unter deren Gluth die Vegetation ver-
dorrt. Auf dieses Fest folgte im August das Fest der Karneen, das besonders in Sparta ein kriegerisches Ansehen hatte,
indem die ganze Bevölkerung aus der Stadt auszog und mehrere
Tage lang in deren Nähe wie in einem Kriegslager unter Zelten
lagerte. Das Fest bezieht sich ebenfalls auf den verderblichen Hitze-
und Pestgott Apollon unter dem Beinamen Karnetos, und durch
das Lagern unter Zelten entzog man sich den schädlichen Wirkungen der Hundstagsgluth. Seine religiöse Bedeutung aber erhielt
das Fest, indem man zugleich den furchtbaren Gott zu sühnen
suchte; das Fest wurde in Sparta sehr heilig gehalten und hat
sich von dort nach Kyrene, einer griechischen Kolonie auf der

Nordküste von Afrika, und außerdem auf die Inseln Rhodos
und Sicilien, so wie in die griechischen Städte in Unteritalien,
nämlich Tarent und Sybaris, verbreitet. Der schönste Tempel
dieses Apollon befand sich zu Amyklä.

Der delphinische Apollon wurde in Beziehung auf
das stürmische und wieder beruhigte Meer auf Kreta, zu
Krissa in der Landschaft Phocis, in Delphi, auf der Insel
Aegina, Milet und an anderen Orten verehrt. Zu Athen
war das Heiligthum dieses Gottes, das Delphinion, die
älteste Blutgerichts- und Sühnungsstätte. Hier feierte man
auch im April das Fest der Delphinien, in Beziehung auf
die ehemalige jährliche Sendung von sieben Knaben und sieben
Mädchen als Opfer nach Kreta, bis Theseus die Stadt von
diesem Tribut befreite. Das Symbol dieses Apollon ist der
Delphin. — Auf dieses Fest folgte im Mai das apollinische
Hauptfest der Thargelien, als Fest der unter der Wärme
der Sonne reifenden Feldfrucht und zugleich als Fest der
Sühne, im Andenken an die ehemaligen Menschenopfer. —
Um diese Zeit wurde auch das Fest der Delien, als ein
Hauptfest des ionischen Volksstammes der Griechen gefeiert.
In dem Fest der Metageitnien, das im August gefeiert
wurde, bewirthete Apollon als Gott der Ernte und der Fülle
die übrigen Götter. Im October brachte man ihm die Erstlinge von den Feldfrüchten und Bohnen dar; aber im September feierte man ihm die Feste als dem in Schlachten hülf-
reichen Gott. — Natürlich waren dem Gott viele Tempel gewidmet. Der prächtigste stand zu Delphi in der Landschaft
Phokis, am Gebirge Parnassos, wo sich auch, wie oben erwähnt,
sein berühmtes Orakel befand, in welchem die Priesterin
Pythia, auf dem heiligen Dreifuß sitzend, weissagte. Der
Dreifuß war von beträchtlicher Höhe und aus Gold. Er stand
gerade über der Oeffnung eines tiefen Schlundes im Felsen,
aus dem fortwährend kalte Dünste ausströmten, wodurch die

darüber sitzende Priesterin in den Zustand der Verzückung ver=
setzt wurde. Ihre Weissagung bestand in einzelnen, im Tau-
mel ihrer Verzückung ausgestoßenen Worten, welche die Prie=
ster des Apollon in Verse einkleideten, die aber auch ihrerseits
kluger Weise so eingerichtet waren, daß sie nicht einen einzigen
und unzweifelhaften Sinn darboten, sondern doppeldeutig und
leicht mißzuverstehen waren.

So, um nur ein Beispiel anzuführen, rieth das Orakel
den Athenern, als die Perserübermacht sich auf Griechenland
heranwälzte, sich der „hölzernen Burg" zu vertrauen. Dies
mißverstanden die athenischen Greise, indem sie sich auf der
Burg mit Palissaden und hölzernen Bollwerken verschanzten,
die natürlich keinen Augenblick dem Feinde zu widerstehen ver=
mochten; Themistokles aber und die jüngeren Männer erklär=
ten die „hölzerne Burg" für die Flotte, und indem sie sich die=
ser vertrauten, erkämpften sie den glorreichen Seesieg von Sa=
lamis. Hätten nun alle Athener den Spruch so verstanden
wie die Greise, so blieb dem Orakel der Rücken gedeckt, indem
es erklärte, es habe die Flotte gemeint. Nur auf diesem Wege
konnte sich das Orakel von Delphi, so klug und einsichtig auch die
Priester waren, im Rufe der Unfehlbarkeit und auf der
Höhe seines Einflusses halten.

Unweit dieses Ortes, auf der krissäischen Ebene, wurden
dem Apollon zu Ehren und zur Erinnerung an den von ihm
schon in seiner Kindheit errungenen Sieg über den Drachen
Python alle sieben, hierauf alle neun, und späterhin alle fünf
Jahre die berühmten pythischen Spiele gefeiert, in denen
man die Sieger mit Lorbeerkränzen schmückte.

In Rom fand die Verehrung Apollons erst 320 v. Chr.
Aufnahme, indem man ihm bei einer Pest einen Tempel ge=
lobte, zu dem dann ein zweiter auf dem palatinischen Berge
gegründet wurde. Die apollinarischen Spiele wurden
während des zweiten punischen Krieges gestiftet.

DIANA.

BACHUS.

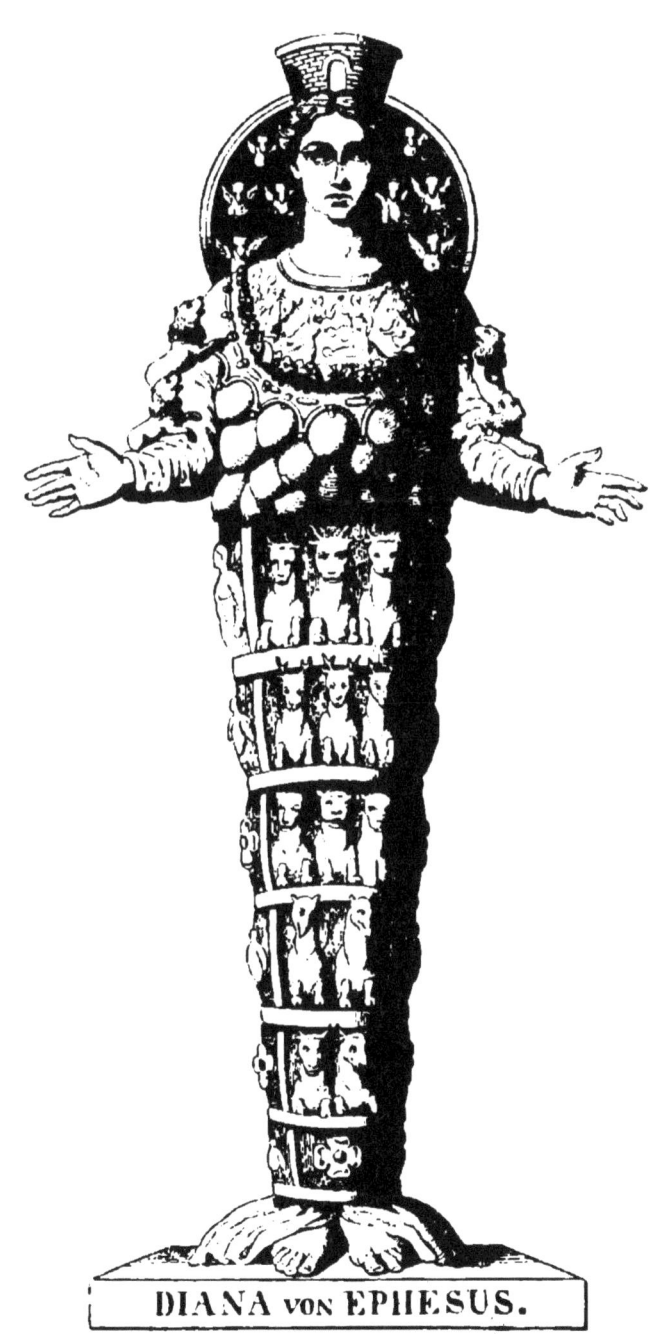

DIANA von EPHESUS.

Der Lorbeerbaum, und aus dem Thierreich der Hirsch, Wolf, Schwan, Delphin und Rabe waren ihm geheiligt. Unter den vielen Kunstwerken des Alterthums, die auf unsere Zeiten gekommen sind, ist eines der berühmtesten die in unserer Abbildung mitgetheilte Bildsäule des Apollon — bei den neuern Künstlern als Apollon von Belvedere bekannt — welchen Namen man ihr von dem Saale gegeben hat, in welchem sie im Vatican (einem berühmten Palaste in Rom) steht.

Artemis oder Diana und Selene oder Luna.
(Siehe Abbildung VII. VIII. X.)

Artemis oder Diana, welche in ähnlicher Weise, wie Apollon mit Helios, mit der Mondgöttin Luna, Selene verwechselt oder verschmolzen wurde, hatte nach der verschiedenen Art ihrer Verehrung mehrere Beinamen, wie z. B. Munychia, d. h. Göttin der Mondnacht, Lykeia, Göttin des Lichtes, Delphinia, Daphnia, Opis oder Upis (helles Nachtauge, von dem Monde benannt, der in der Nacht leuchtet), Kalliste (die Schönste), Despoina (Herrin), Agrotera (die Jagdliebende), Laphria (die Beutemachende), Brauronia (aus Brauron), Limnaia (die in feuchten, quellreichen und bebuschten Gründen verehrt wurde), Orthia oder Orthosia, Britomartis oder Diktynna, Kynthia, Delia und Phöbe. Sie war die zuerst geborene Zwillingsschwester des Apollon, eine Tochter des Zeus und der Leto. Auf der Mutter Arm stellt sie nebst ihrem Bruder, verfolgt von dem, nach einem anderen als dem früher erzählten Mythus, von Here gesandten Drachen Python, die Abbildung X. dar. So wie Apollon bei den Alten ursprünglich das Symbol der Sonne und des Lichts war, so war Artemis ursprünglich das Sinnbild des Mondes und der Nacht. Da sich nun der Mond so gut wie die Sonne entweder als bloßes leuchtendes Gestirn der Nacht oder ande-

rerseits in seiner zum Theil wirklichen, zum Theil scheinbaren
und geglaubten Einwirkung auf das Pflanzen-, Thier- und
Menschenleben auffassen läßt, so lassen sich auch zweierlei
Mondgöttinnen (wie zweierlei Sonnengötter) unterscheiden:
Selene oder Luna, welche nur den Mond als Nachtgestirn bedeutet wie Helios die Sonne als Tagesgestirn und Artemis
oder Diana, welche alle anderen Einwirkungen des Mondes
auf das Erdenleben in sich zusammenfaßt, und der wie dem
Apollon eine weite religiöse Ausbildung zu Theil geworden
ist, während die Mythen von Selene, ähnlich denen von Helios, nur wenig und sparsam ausgebildet wurden. Aus demselben Grunde aber, aus dem man Apollon mit Helios verband, vermischte man in späteren Zeiten auch Artemis und Selene.

Da nun aber die wirklichen und geglaubten Einwirkungen
des Mondes auf das Erdenleben sehr mannigfaltig sind, so
war die Mythe von Artemis auch sehr mannigfaltig, je nach
der Gegend, wo, und den Gesichtspunkten, unter denen die
Verehrung Statt fand. Um in dieser Beziehung eine richtige
Ansicht zu bekommen, dürfen wir nicht vergessen, daß die Gottheiten der Alten Naturkräfte waren, deren Verehrung daher
auch ganz der Beschaffenheit des Landes, wo sie verehrt wurden, angemessen war. Deshalb dürfen Sie auch in den mythologischen Erzählungen der Alten nicht eine genaue Uebereinstimmung mit unseren Naturanschauungen erwarten. Dies
ist natürlich auch bei der Artemis der Fall, und es darf Sie
daher auch so Manches, was Ihnen bei dem ersten Blick in der
Mythe von der Artemis vielleicht sonderbar erscheint, nicht be-
fremden, weil die Verehrung dieser Göttin, nach ihren verschiedenen Eigenschaften, eine sehr ausgebreitete war. Und
dazu muß weiter bemerkt werden, daß mancher Zug in den
Mythen der Artemis daher stammt, daß sie als die Zwillingsschwester Apollons galt, mit dem man ihr eine auch innere
und geistige Verwandtschaft beilegte.

Da Pflanzen und Früchte in den heißen Südländern in
der Frische der Nacht, erquickt vom reichlichen Thaufall, der
den oft Monate lang fehlenden Regen ersetzen muß, am besten
wachsen und gedeihen, und da die Erfahrung feststeht, daß der
Thaufall am mächtigsten ist, wenn der Himmel klar ist und der
Mond in reinem Lichte von ihm herniederglänzt, so schrieb
man der Artemis diese Art der Fruchtbarkeit zu.   Deshalb
glaubte man, daß sie Wald, Hain, Berg und Thal zur Nachtzeit, von den Nymphen der Quellen begleitet, durchstreife, und
verehrte sie an Quellen, Flüssen und feuchten Wiesen.   In
Arkadien wieder wurde sie als Göttin des fröhlichen Saiten-
spieles und Tanzes verehrt, weshalb auch die Musen, Charit-
ten, die Nymphen, Aphrodite (Venus) und Athene sich zu ihr
gesellten.   Und wenn wir die Vorstellung von der in der Thau-
feuchte Fruchtbarkeit wirkenden Artemis direct aus den Wirkungen des Mondes ableiten können, müssen wir die Auffassung dieser musikliebenden Artemis (Hymnia genannt) ihrer
Verwandtschaft mit Apollon zuschreiben.

Dazu fügen wir drittens eine Vorstellung, die auf symbo-
lischer Uebertragung beruht.   Da nämlich der Mensch durch
seine Geburt gleichsam aus der Nacht in die Tageshelle kommt,
so dachte man sich die Artemis auch als Vorsteherin der
Geburten und Helferin derer, die Mutter werden, und
nannte sie daher Elleithyia, Jlithyia*) oder Eleutho.
So erscheint sie überhaupt als Göttin des leiblichen Ge-
deihens im Natur- und Menschenleben.   Daher ward ihr
auch die Kinderpflege und die Heilung beigelegt, und
deshalb wurde ihr auch als Göttin der Jugend in
Messenien, Lakonien, Elis und anderen Gegenden Griechenlands von den Mädchen ein Fest mit Tänzen gefeiert.

---

*) Beide Nebennamen findet man auch der Here beigelegt, und
Jlithya wird selbst eine Tochter der Here und des Zeus genannt.

— Eben so war sie aber auch, da der Mensch mit dem Tode
wieder in die Nacht zurücksinkt, eine **Göttin des Todes**,
und zwar desjenigen Todes, dessen Ursache man nicht kannte oder
nicht erkannte. Von Menschen, welche plötzlich, ohne daß man
den Grund, z. B. eine Verwundung u. dgl. wußte, starben,
sagte man, es habe sie Apollon oder Artemis mit sanftem Ge-
schoß erlegt, und zwar dachte man beim Tode von Männern
besonders an Apollon, bei demjenigen von Mädchen und Frauen
besonders an Artemis.

Da der Mond in seinem reinen und mäßigen Lichte, und
zwar auch bei uns, die Vorstellung keuscher und reiner Jungfräulichkeit hervorruft, so dachte man sich Artemis (deren Name
die Keusche, Unbefleckte bedeutet) als reine, frische Jungfrau,
und als solche nahm sie auch alle keuschen Jünglinge und
Jungfrauen unter ihren Schutz, die ihr daher auch Blumenkränze, besonders im Frühlinge, wanden. Daher wurde sie
auch als Göttin strenger Zucht, des guten Rufes, gerechten
Sinnes, so wie der Besonnenheit im bürgerlichen Leben und
Verhältnissen, zu Athen, Korinth und Theben verehrt. Wildes
und zuchtloses Wesen und Treiben verfolgte sie mit ihren
Pfeilen.

In der Landschaft Attika wurde sie in dem Fest der **Munychien** als Mondgöttin verehrt, wobei ihr runde Kuchen mit
Lichtern besteckt, in der Gestalt des Vollmondes, geopfert wurden. Ebenso feierte man ihr in dieser Landschaft als Mondgöttin in Beziehung auf das stürmische Meer das Fest der
Brauronien, wobei junge Mädchen den Dienst verrichteten.
Daß sie als Mondgöttin Einfluß auf das Meer übte, hatten
die Alten in der mit dem Mondlauf zusammenhängenden Fluth
und Ebbe wahrgenommen, und daher stammt der Artemis Verehrung besonders in Hafenstädten.

So verschieden indessen die Mythen von dieser Göttin
und deren Verehrungsweise erscheinen: darin stimmt Alles

überein, daß Artemis die Göttin der Nacht, der nächtlichen Fruchtbarkeit und der Jagd gewesen ist.

Zur Göttin der Jagd ist sie aber dadurch geworden, daß man sie als die Beförderin aller Fruchtbarkeit auch als Schützerin und Herrin alles Wildes in Wald und Flur verehrte. Darum strafte sie den Agamemnon, weil er ihr die Hirschkuh getödtet hat, und darum sendet sie den Aetolern den kalydonischen Eber. Rohen Völkern, namentlich in Gebirgsländern, ist die Jagd ein wichtiger Gegenstand; man glaubte aber, daß die wilden Thiere des Waldes und der Flur des göttlichen Schutzes bedürften. Diesen Schutz nun übte Artemis. Deshalb erscheint sie auch auf alten Bildwerken wie eine Bergmutter, junge Panther und Löwen tragend, oder mit einem Fell derselben bekleidet. — Als Göttin des wilden Gethiers waren ihr auch heilig die Fische. Da sie nun auch wasserreiche Niederungen liebte, so wird sie auch mit Schilf in den Haaren und von Fischen umgeben abgebildet.

Schon als zartes Mädchen bestimmte sie sich, mit Zeus' Genehmigung, für immer dem unverheiratheten Stande, und blieb, wie Athene, der strengsten Sitte stets treu, und bestrafte mit großer Härte jeden Verstoß dagegen, dessen sich die zu ihrer Begleitung bestimmten Nymphen schuldig machten, wie das Beispiel der Daphne lehrt, die sie in einen Lorbeerbaum, und der Kallisto, die sie in eine Bärin verwandelte. Mit Strenge verfuhr sie auch gegen Jeden, der ihre Gottheit beleidigte, wie sie z. B. die Griechen auf ihrer trojanischen Kriegsfahrt, indem sie deren Flotte durch Stürme im Hafen von Aulis zurückhielt, dafür strafte, daß der Anführer Agamemnon ihre heilige Hirschkuh getödtet hatte. Auch die Aetoler strafte sie dadurch, daß sie den ungeheuren, wilden kalydonischen Eber in ihr Land sendete, der ihre Saatfelder verwüstete, bis Meleager denselben erlegte. Selbst zur Grausamkeit wurde sie gegen diejenigen fortgerissen, welche ihr Gefühl für Schaam und Keuschheit beleidigten. Dies erfuhren die beiden berühmten Jäger Orion, der die Diana mit sträflicher Liebe verfolgte, und Aktäon. Der Letztere, von der Göttin in einen Hirsch verwandelt, wurde von seinem 'eigenen Hunde zerrissen. — Als rächende Todes= göttin der Verletzung der Götter erscheint sie, indem sie die Töchter der Niobe tödtet, gleichwie Apollon deren Söhne.

Artemis' Lieblingsgeschäft war die Jagd, durch deren Uebung sie muthig und kriegerisch ward. Sie traf mit ihren Pfeilen sehr genau, und wurde dadurch sowohl ihrem Vater Zeus in seinem Kriege gegen die Titanen und Giganten, als auch den Trojanern in ihrem Kampfe mit den Griechen, sehr nützlich.

Es ist nicht zu verwundern, daß Artemis, nach den mannichfaltigen Kräften und Wirkungen, die man ihr beilegt, auch auf verschiedene Art abgebildet erscheint. Sie wurde als Ideal weiblicher Schönheit dargestellt, und zwar gewöhnlich als Göttin der Jagd, wie sie auch in der Abbildung VII. erscheint als die hohe, kräftige, stattliche und, bis auf die Arme, ganz bekleidete züchtige Jungfrau, hoch geschürzt zum flüchtigen Lauf; an den Füßen Sandalen, mit dem Köcher voll Pfeile auf dem Rücken, und zur Seite die springende Hirschkuh, mit der sie gleich schnell eilt, indem sie dieselbe am Gehörn hält, zum Zeichen, daß die Waldthiere ihr Eigenthum seien.

In anderen Abbildungen hat sie einen Bogen oder einen Wurfspieß in der Hand, oder einen Jagdhund an ihrer Seite, oder sie fährt auf einem mit Hirschen bespannten Wagen.

Luna oder Selene steht als Mondgöttin zu der Artemis, wie gesagt, in demselben Verhältniß, wie Helios zu Phöbos=Apollon, indem sie das Mondgestirn bedeutet, während Artemis die Kraft und Naturwirkung der Nacht,

beren Symbol gleichsam der Mond, wie das des Tages die
Sonne ist. Darum erscheint ihr gegenüber auch Helios als
das aufsteigende Gestirn des Tages, während Selene der
Abend und die Nacht ist; darum trägt sie auch eine Fackel,
und ist mit einem langen aufgebauschten Gewand nebst
herabhängendem Schleier bekleidet. Ein halber Mond (seltener
Hörner) ziert dann ihre Stirn, und sie steht in schwebender
Stellung auf einem mit zwei Rossen bespannten Wagen.
Ihr bekanntester Mythus ist derjenige von ihrer Liebe zu dem
schönen Jüngling Endymion, den sie im Waldgebirge schlafend
erblickte, und zu dem sie, von seiner Schönheit angezogen,
hernieder stieg. Dieser Mythus darf als ein Sinnbild des
milden Waltens der Göttin der Nacht betrachtet werden,
welche über die im Schlummer bewußtlos liegende Creatur
wacht. — Bei den Römern hatte Luna einen ansehnlichen
Tempel auf dem Aventinischen Berge, den schon der alte
König Servius Tullius gegründet hatte. Außerdem gab es
noch einen Tempel auf dem Capitol und einen dritten auf dem
Palatinischen Berge.

Gegenüber der bisher von uns betrachteten Artemis
erscheint die sogenannte Diana von Ephesus, die Abbildung VIII. zeigt, als eine sehr verschiedene und befremdliche
Gestaltung, und man begreift auf den ersten Blick durchaus
nicht, wie dieser Göttin ebenfalls der Name der jungfräulichen
Artemis hat beigelegt werden können. Sie erscheint nämlich
ganz abweichend von der einfachen menschlich naturgetreuen
Gestalt, in welcher die griechischen Götter dargestellt werden,
und vor Allem mit den ausgeprägtesten Zeichen der Mütter-
lichkeit. Die Verbindung dieser Gottheit, welche ursprünglich
von den Völkern in Asien verehrt wurde, und von den Griechen,
die sich an der kleinasiatischen Küste in Kolonien angesiedelt
hatten, aufgenommen war, mit der griechischen Artemis ist
dadurch möglich und thatsächlich geworden, daß Artemis trotz

9

ihrer Jungfräulichkeit Göttin der Fruchtbarkeit, der Geburten,
des Wildes und daß sie Mondgöttin war, was Alles bei der
asiatischen Göttin zutraf.

Bei so vieler Uebereinstimmung stieß man sich nun nicht
an den großen Unterschied, daß die orientalische Göttin, welche
besonders zu Ephesus, der Hauptstadt von Jonien in Klein=
asien, eifrig verehrt und nach diesem Orte benannt wurde,
durchaus mütterlich gestaltet war und in einigen Zügen Ver=
wandtschaft mit Rhea-Kybele hatte. Darum hat sie in der
Abbildung

wie die Rhea (vgl. S. 40) die Mauer auf dem Haupt, und
dahinter eine runde Scheibe, als Bild des Vollmondes;
auf der Brust einen Blumenkranz als Symbol des Früh=
lings, und daran Mädchengestalten; auf den Armen Löwen;
als Mutter des Wildes viele Brüste; an der untern eng
einschließenden Einfassung durch Ringe wilde Thiergestalten
(Hirsche, Greife ꝛc.), gesondert, unter denen man auch den
Stier erkennt, dessen Hörner die Mondhörner bedeuten;
außerdem sind an den Seiten Blumen und Bienen abge=
bildet. Am Fußende sind nur die Füße sichtbar, da
der untere Theil des Bildes wie ein umgekehrter Kegel
gestaltet ist.

In andern alten Bildern, ebenfalls mit vielen Brüsten,
hat sie in jeder Hand einen Stab oder eine Kette, die bis auf
den Boden herabreicht, und der untere Theil ihres Körpers
endigt sich spitz zugehend in einem behauenen Block von Stein.
Die Sinnbilder sind die Symbole der Fruchtbarkeit.

Die Verehrung dieser Diana von Ephesus war, wie schon
bemerkt, durch ganz Kleinasien und weiter verbreitet. Zu
Ephesus hatte sie einen so prächtigen Tempel, daß derselbe im
Alterthum als eins der sieben Wunderwerke betrachtet wurde.
Herostratus aus Ephesus zündete denselben an, um berühmt
zu werden. Dies geschah gerade in der Nacht, wo Alexander

ber Große in Macebonien geboren wurbe, was man später als
ein Vorzeichen ber späteren Größe Alexanbers betrachtete, —
freilich erst, nachbem Alexanber schon burch seine außerorbent=
lichen Eroberungen in Europa unb Asien groß geworben war
unb biesen Tempel schöner wieber hatte aufbauen lassen. Dieser
Dienst blühte noch zu ber Zeit, als ber Apostel Paulus nach
Ephesus kam, um bas Christenthum zu prebigen, weshalb
bie Zunft ber Golbschmiebe, welche burch Anfertigung kleiner
silberner Tempel ber Diana einen sehr guten Verbienst hatten,
unb burch bie neue Lehre vom Christenthum in ihrem Erwerb
sich bebroht glaubten, einen so furchtbaren Aufstanb gegen
Paulus unb seine Begleiter erregte, baß bieselben bie Stabt
verlassen mußten. Trotzbem hatte bie neue Lehre Anhänger
gefunben, bie seitbem eine christliche Gemeinbe bilbeten. —
Einen ebenso prächtigen Tempel hatte bie Artemis Leuko=
phryne, bie ebenfalls in Kleinasien verehrt wurbe, zu
Magnesia.

Die Verehrung ber taurischen Artemis stammte aus
ben Länbern am Schwarzen Meer, unb besonbers aus ber
Krimm, von woher Orestes ihr Bilb unb ihren Dienst nach
Griechenlanb gebracht haben soll (s. unten), wo biese Göttin
unter bem Namen Orthia ober Orthosia unter Anberem
in Sparta sich einbürgerte. Sie war bie jungfräuliche Monb=
göttin, ber Menschenopfer gebracht wurben, unb wurbe von
einem Stier getragen, bessen Hörner bie Monbhörner bebeu=
teten. In Sparta wurben bie ihr bargebrachten Menschenopfer
in bie bekannte Geißelung ber Jünglinge an ihrem Altar
umgewanbelt, welche man auf Lykurgs Gesetzgebung zurück=
führt.

Auf ber Insel Kreta, wie auf ber Insel Aegina unb ber
lakonischen Küste (bem heutigen Morea in Griechenlanb) unb
in vielen anberen Orten wurbe auch eine Artemis Brito=
martis ober Diktynna verehrt.

Ueberall, wo Apollo verehrt ward, widmete man auch der Diana Opferdienst und Tempel. Auch bei den Römern war Diana eine heimische Gottheit. — In Rom erbauete der König Servius Tullius der Diana auf dem aventinischen Hügel einen Tempel. Man opferte ihr Rinder und Hirsche. — Die Opfer an Thieren und Früchten, welche der jungfräulichen Göttin gebracht wurden, mußten völlig tadellos und rein sein. Hirsche, Hunde und die Erstlinge aller Früchte des Feldes waren ihr geheiligt.

Dionysos-Bakchos oder Bacchus
(siehe Abbildung VII.)

hatte die meisten Beinamen von allen Göttern, weshalb er „der Vielnamige" genannt wird. Die bekanntesten dieser Beinamen sind: Bromios, Lyäos, Liber, Evan, Evius und Dithyrambus. Dionysos und Bakchos heißt er bei den Griechen, Bacchus bei den Römern. Die Mythe von dieser Gottheit und deren Verehrung stammt aus dem Morgenlande, ist von dort zu den Griechen, die sie weiter ausbildeten, und dann zu den Römern übergegangen. In frühester Zeit galt Dionysos (Bacchus) als Symbol der alles durchdringenden Triebkraft der Natur, die sich durch die Säfte in den Gewächsen verbreitet. Daher der Frühling die Zeit der Freude und des Jubels, und der Winter die Zeit der Leiden auch des Dionysos, ist. Späterhin übertrug man auf ihn die Vorstellung von einem Geber der Freuden und Erheiterungen, die der Mensch aus dem Genusse der edlen Frucht des Weinstocks empfängt; und da die ihm geheiligten Frühlings- und Sommerfeste, bei deren Feier lauter Frohsinn herrschte, die erste Veranlassung zur Aufführung dramatischer Spiele wurden, so dachte man sich den Dionysos nicht blos als Gott des Weines, sondern auch als den Beschützer der Theater.

In Griechenland hielt man gewöhnlich Theben für die Heimath dieses Gottes. Griechische Dichter erzählten von seiner Geburt: Semele, die Tochter des Kadmos (des Erbauers der Stadt Theben, eines Sohnes Agenors und Enkels des Poseidon), wurde vom Zeus geliebt. Die eifersüchtige Here beschloß daher deren Untergang. Sie näherte sich unter einer angenommenen Gestalt der Semele, und als sie sich ihr Vertrauen erworben hatte, verleitete sie dieselbe, den Zeus zu bitten, einmal in seiner vollen himmlischen Majestät als Donnerer zu ihr zu kommen. Zeus, der, ehe Semele ihr Gesuch ausgesprochen, übereilt bei der Styx geschworen hatte, dasselbe zu erfüllen, war sehr betreten, als er die thörichte Bitte seiner Geliebten vernahm; allein der große Schwur band ihn, er mußte Wort halten. So erschien er denn eines Tages mit Donner und Blitz bei der unglücklichen Semele, die in der Nähe des allgewaltigen Gottes sogleich den Tod erlitt. Das Rachegefühl der Here war nun gesättigt; Zeus rettete indeß ihrem Kinde, dem Bakchos, noch glücklicher Weise das Leben, und ließ es, aus Furcht vor den feindlichen Nachstellungen der Here, durch den Götterboten Mercur heimlich zu den Nymphen in Nysa bringen, die ihn unter Aufsicht des Silenus auferzogen. Bakchos, da er vom Zeus gleichsam zum zweiten Mal sein Leben erhalten hatte, führte daher, nach einer Ableitung, die hier nicht nachgewiesen werden kann, den Beinamen Dithyrambus, ein Name, der den gleichsam zweimal Geborenen bezeichnet und der späterhin auf einen Gesang zur Ehre des Gottes übertragen wurde, als dessen Erfinder Arion von Methymna gilt. Seine Kindheit aber verlebte Dionysos harmlos und fröhlich unter wilden Thieren, Nymphen, Satyrn, Silenen, Hirten und Weinbauern.

Als er erwachsen war, durchzog er dagegen alle Länder bis in das fernste Indien, lehrte die Völker den Weinbau, und nebenher viele friedliche Künste, und die wichtige Uebung des

Rechts und der Gerechtigkeit, so daß er von allen Völkern als ihr größter Wohlthäter gepriesen wurde, nicht ohne jedoch hie und da, wie namentlich bei dem thrakischen Könige Lykurgos, auf den heftigsten und erbittertsten Widerstand zu stoßen, welcher durch die berauschenden Eigenschaften des Weines hervorgerufen wurde, den aber Dionysos mit den strengsten, sogar furchtbaren Strafen ahndete. So stürzte er den Lykurgos in Wahnsinn, in welchem er seinen Sohn für eine Weinrebe ansah, die er fällen wollte, so daß er sein Kind tödtete und dann in Verzweiflung sich selbst entleibte.

Nach einigen Erzählungen war Dionysos auch für seinen Vater im Gigantenkriege, entweder in seiner eigenen oder unter der angenommenen Gestalt eines reißenden Löwen, thätig. In seinem Gefolge befanden sich auf seinen Umherzügen die Satyrn, Faunen, Mänaden*) und Silen. Einst fand Bakchos auf einem solchen Zuge die Ariadne, Tochter des Minos, auf der Insel Naxos allein, verlassen vom Theseus, der sie aus ihrem väterlichen Hause dorthin entführt hatte, und erwählte, getroffen von der hohen Schönheit dieser Fürsten= tochter, dieselbe zu seiner Gemahlin. Früher waren ihm schon von andern Nymphen und Göttinnen einige Söhne geboren, z. B. von Aphrodite der Hymen und Priapus.

So verschieden die Vorstellungen von der Gottheit des Bakchos waren, unter so verschiedenen Ceremonien beging man auch dessen weit verbreitete Verehrung in Griechenland, besonders auf dem Berge Kithäron und in Italien. In dem

---

*) Mänaden, auch Bacchä oder Bacchantinnen, wie auch Thyaden, Bassariden und Mimallonen genannt, waren vom Dionysos begeisterte Weiber, welche den Gott auf seinen Zügen begleiteten und, mit Epheu bekränzt und Thyrsusstäbe haltend, seinem Gefolge unter dem Freudengeschrei: Evoë Bacchus und unter dem Schall der Cymbeln voranzogen.

lehtern Lande, wo man seine Feste Bacchanalien nannte,
wurden dieselben mit eben der Wildheit und Ausgelassenheit,
als in früherer Zeit in Griechenland, gefeiert, und deshalb
später zuerst durch Gesetze eingeschränkt, dann aber ganz aufgehoben.

Der Weinstock, Epheu und Granatbaum waren diesem
Gott geheiligt, und Böcke und Schweine wurden ihm geopfert.

Die Abbildung des Dionyfos war außerordentlich mannichfaltig und verschieden. Besonders aber sind zwei Vorstellungen
zu unterscheiden, deren erstere man fälschlich aus orientalischer
Quelle ableitet und mit dem Namen des „Indischen Bakchos"
belegt hat, obgleich sie rein griechisch ist. Ihr gemäß erscheint
er als ein bejahrter Mann, von ehrwürdigem Ansehen, mit
langem Barte, einer Stirnbinde und im weiten, bis auf
die Füße herabwallenden Gewande; in dieser Vorstellung ist
Dionyfos aufgefaßt als der Vater aller vegetativen Triebkraft.
In der anderen Vorstellung erscheint er als reizender Jüngling von fast weiblichem Ansehen, bartlos, mit lockigem Haar,
welches Epheu und Weinranken zieren, auch wohl mit einem
Rehfelle bekleidet, und an der Stirn kleine Hörner, manchmal
auch auf einem von Panthern oder Löwen gezogenen Wagen,
oder auf einem dieser ihm geheiligten Thiere reitend. In
dieser jugendlichen Gestalt ist Bakchos wesentlich Gott des
Weines. Niemals aber und nirgend wird er, außer in der
Darstellung seiner Geburt und Erziehung, in der antiken Kunst
als Kind, namentlich niemals so auf einer Tonne reitend dargestellt, wie sich dies in die moderne Kunst eingeschlichen hat.
Das älteste Bild von diesem Gott war ein bloßes Stück
Holz, oder auch nur eine Maske, oder nur ein Kopf auf der
umgekehrten Spitzsäule. Wir haben das schöne Bild gewählt,
in welchem das Göttliche am bestimmtesten hervortritt.

Der Gott erscheint in ruhiger Haltung, in jugendlicher
voller Kraft und Hoheit, seiner Bedeutung als Naturkraft des

Lebens und der Freude entsprechend; ohne Bart, und nackt; das Haupthaar in vollen Locken herabrollend, und bekränzt mit der edelsten feurigen Frucht, den Weintrauben, in der Hand den Thyrsus. Reben und Trauben mit Blättern ranken sich auch an dem Baumstamm auf, an welchen sich der Gott lehnt.

Der Thyrsus ist ein langer Stab, oft mit Reben umwunden, auf der Spitze eine Pinienfrucht (Zapfen). Dieser Stab und die Trinkschale sind die Attribute dieses Gottes.

Hermes oder Mercur

(siehe Abbildung IX.)

war ein Sohn des Zeus und der Maia (d. h. nährende Mutter), einer Tochter des Atlas. Die Verehrung dieser Gottheit war bei den Römern nicht so groß, wie bei den Griechen; denn er galt ihnen nur als Gott des Handels und Gewinnes, und sie gaben ihm auch statt seines Stabes das heilige Laub als Friedenszeichen. — Bei den Griechen dagegen wurde er seit uralter Zeit als die besonders in der animalischen Welt Frucht und Segen spendende Gottheit verehrt.

Da aber die Heerden, deren Fruchtbarkeit Hermes förderte, in ältester Zeit einen wesentlichen Theil des Reichthums der Menschen ausmachten, so verehrte man Hermes später auch als Geber sonstigen Reichthums, er mochte kommen, woher er wollte. Nun wird aber durch Nichts so schnell und so leicht Reichthum gewonnen, wie durch den Handel; deshalb wird Hermes zum Gotte des Handels und zum Schutzgotte der Kaufleute. Der Handel wiederum ist bedingt durch friedlichen und ungestörten Verkehr zu Lande und zu Wasser, weshalb Hermes zum Schutzgotte des Verkehrs werden mußte. Der Handel aber setzt voraus, daß man seinen

IX

MERCUR.

JANUS.

Vortheil wohl zu wahren wisse, daß man klug und vorsichtig
verfahre; deshalb ist Hermes auch der Gott, welcher Vorsicht
und Klugheit, selbst Schlauheit liebt und schützt; und da
es bei gewissen Seiten des Handels, wenn auch nicht gerade
bei den edelsten, auch darauf ankommt, den Käufer zu überreden und zu beschwatzen, betrachtete man Hermes als
den Gott der Beredtsamkeit. Von diesem Allen endlich ist
es nicht gar weit bis zu jener Schlauheit und List, die es mit
der Ehrlichkeit und Wahrheit nicht eben allzugenau nimmt,
und so dürfen wir uns nicht wundern, Hermes schließlich auch
noch als Schutzherrn der Spitzbuben und Diebe zu
finden, wenngleich ihm diese Eigenschaft doch nur mehr im
Scherze beigelegt wird.

Sein Amt als Bote und Herold der Götter, besonders
aber des Zeus, hangt zum Theil mit seiner Eigenschaft als
Gott des friedlichen Verkehrs unter den Menschen, wie er
durch Boten und Herolde geübt wird, zusammen, zum Theil
stammt dasselbe aus einer anderen Quelle, die hier nachzuweisen zu weit führen würde. Als Götterbote und Herold des
Zeus vermittelt Hermes den Verkehr zwischen Himmel und
Erde, indem er den Menschen den Willen der Götter verkündet
(er wurde deshalb auch zum Orakelgott), ja bis in die Unterwelt erstreckt sich sein Wirkungskreis, und er ist es, der als
Seelenführer (Psychopompos) die Seelen der Verstorbenen
bis zu Charons Nachen und vor den Thron der Unterwelts-
götter geleitet (siehe die Abbildung IV.).

So ist also sein Wirkungskreis sehr vielartig, und auch
die Mythe von demselben in hohem Grade mannichfach. Er
wurde in dunkler Nacht in einer verborgenen, einsamen Grotte
des Gebirges Cyllene in Arkadien, im heutigen Morea, geboren, und hatte deshalb auch den Beinamen Kyllenios.

Die Klugheit und List, als deren Schutzherr er späterhin
erscheinen sollte, übte er sogleich nach seiner Geburt, — so

dachte man sich in einem Bilde die göttliche Kraft sogleich
schon bei ihrem Ursprung in Thätigkeit tretend, wie es auch
natürlich nicht anders sein kann, — indem er heimlich und
verhüllt aus der Grotte schlich und seinem Bruder Apollon
bei Nacht und Nebel einen Theil seiner Rinderheerde stahl.
Lange suchte Apollon vergebens nach seinen vermißten Thieren,
denn der junge Gott der List hatte sie auf gar schlaue Weise
zu verbergen gewußt, indem er ihnen Reisigbündel an die Füße
band, welche ihre Fußspuren verwischten, und endlich die
Thiere rückwärts in eine Berghöhle zog, so daß die Tritte
aus dieser heraus anstatt in dieselbe hinein zu führen schienen.
Endlich aber wurde Hermes von einem Landmann, der ihn
belauscht hatte, dem Apollon verrathen, der nun das freche
Büblein gar erzürnt vor Zeus Thron schleppte, um dasselbe
exemplarisch bestrafen zu lassen. Hermes aber ließ sich nicht
verblüffen; zunächst versetzte er Zeus und den erzürnten Bruder
selbst durch gute Witze in heitere Laune, und endlich versöhnte
er Apollon ganz, indem er ihm eine Lyra schenkte, die er aus
der Schale einer Schildkröte, die er mit Saiten bespannte,
verfertigt hatte. Für sich erfand er sodann die Hirtenflöte.
Nachdem nun Beide wieder ausgesöhnt waren, blieben die beiden
Brüder im besten Einverständniß. In dieser Zuneigung verlieh Apollo dem Hermes als Gegengeschenk die dreiblätterige
goldene Ruthe des Glücks (Wünschelruthe). Außerdem erhielt
Hermes durch Apollon die Gabe der Weissagung, jedoch verkündigte er seine Orakel nicht wie Apollon in Worten, sondern
durch das zufällige Zusammentreffen. Das ist so zu verstehen,
daß man in einem zufälligen Begegniß, während man Etwas
vorhatte, ein günstiges oder ungünstiges Vorzeichen erkannte,
wie Aehnliches in unserem Aberglauben sich findet, wenn uns
z. B. ein Hase über den Weg läuft, wenn wir verreisen wollen,
oder ein altes Weib begegnet und was dergleichen mehr ist.
Diese Zeichen betrachtete man als Sendungen des Hermes,

deſſen Rath man außerdem durch das Würfelorakel zu erkunden
ſuchte, indem man, in Ungewißheit ob Etwas zu thun oder zu
laſſen ſei, würfelte, und glaubte, Hermes gebe einen guten
Wurf, wenn die Sache zu thun, einen ſchlechten, wenn ſie zu
unterlaſſen ſei.

Dieſelbe Liſt und Gewandtheit und dieſelbe gute Laune
und anmuthige Beredtſamkeit, welche er als eben geborenes
Knäbchen bereits ſo glänzend bewährt hatte, erprobte Hermes
ſpäterhin auch oftmals mit demſelben Erfolge, indem er dem
Zeus den Scepter, der Aphrodite ihren Leibgürtel, dem Poſeidon
den Dreizack, dem Ares ſein Schwert, dem Hephäſtos ſeine
Zange und dem Apollon Bogen und Pfeile entwandte und
immer die zürnenden Beſtohlenen wieder zu begütigen wußte.
Am rühmlichſten aber zeigte er alle ſeine glänzenden Gaben
im Auftrage des Zeus an dem hundertäugigen Argos, welcher
die Jo (eine Geliebte des Zeus) bewachte, die Zeus, um ſie
der Rache der eiferſüchtigen Juno zu ·entziehen, in eine Kuh
verwandelt hatte, die aber Juno, welche den Betrug merkte,
dem Argos zur Bewahrung übergeben hatte.

Hermes nun erhielt von Zeus den Befehl, Jo aus der
Obhut des Argos zu befreien, was durch Gewalt nicht geſchehen
ſollte oder konnte. Dieſer Auftrag war einem hundert=
äugigen Wächter gegenüber, der ſelbſt im tiefſten Schlafe nur
fünfzig ſeiner Augen ſchloß, keine Kleinigkeit; Hermes aber
löſte ihn dennoch. Er ging zum Argos, den er zuerſt durch
allerlei Geſchichtchen zutraulich machte, und den er dann, indem
er ihm verſchiedene Liedchen auf ſeiner Hirtenflöte vorblies,
in ſo tiefen Schlaf verſenkte, daß, eins nach dem anderen, alle
ſeine hundert Augen zufielen. Kaum war das letzte geſchloſſen,
als Hermes den ſchlafenden Wächter tödtete und die Jo ent=
führte. Die Augen des Argos ſoll dann Here in den Schweif
ihres Pfau's verſetzt haben. Dieſe That rechnete Zeus dem

Hermes sehr hoch an, und „der Argostödter" wurde fortan sein ihn sehr ehrender Beiname.

Wie mannichfaltig aber auch diese Züge von List und Verschlagenheit bei Hermes sein mögen, so bezeichnen sie doch keineswegs sein ganzes Wesen. Seine Klugheit zeigt sich auch als Erfindsamkeit; nicht nur dem Apollon, auch dem thebanischen Sänger Amphion verfertigte er die Laute, und dem Palamedes soll er die Buchstabenschrift gelehrt haben. Besonders aber tritt er überall, wo es gefahrvolle, Klugheit eben so sehr wie Muth in Anspruch nehmende Abenteuer auszuführen giebt, als Geleiter der Helden auf, nicht selten, wie bei Herakles, als Genoß der Athene. Auch verirrte Reisende geleitete er, und Verbannten war er ein stets bereiter Helfer im fremden Lande und unter feindlichen Menschen.

Seinem Vater Zeus leistete Hermes im Gigantenkriege gute Dienste, rettete denselben sogar aus der Gewalt des Typhon, erzeigte sich überhaupt gern den Göttern gefällig, strafte aber auch, wie sie, diejenigen mit unbeugsamer Strenge, wie sie den Göttern eigen ist, die ihm zu nahe traten, wie das Beispiel des Battos beweist, den er dafür, daß er dem Apollon den Räuber seiner Rinder verrieth, in einen Stein verwandelte.

Unter den ihm von verschiedenen Müttern geborenen Kindern sind die Laren, Töchter der Lara, welche als römische Schutzgottheiten der Familien in den Häusern ihren Sitz und Altar hatten und große Verehrung genossen, die berühmtesten geworden.

Eine wunderliche Mythe erzählt, daß er mit der Aphrodite den Hermaphroditus gezeugt habe, der halb Mann, halb Weib gewesen sei, — vielleicht die bildliche Darstellung der Idee, daß in einem Jünglinge die jugendliche frische Anmuth (Venus) mit der Gewandtheit (Mercur) vereinigt sei.

Als Beschützer der Landstraßen, als der Verkehrswege, wurden dem Gott Hermes Statuen auf denselben errichtet, die aus einer nach unten hin spitz zulaufenden Säule bestanden, auf welcher oben nur der Kopf des Hermes stand. Wer vor einer solchen Herme oder Wegsäule vorüberging, mußte dem Gott zu Ehren einen Stein daneben legen, ein Gebrauch, durch welchen nicht nur die Aecker von Steinen wohlthätig gereinigt, sondern auch die ersten Veranlassungen zur Verbesserung der Wege und dadurch zur Erleichterung des Verkehrs der Menschen unter einander gegeben wurden.

Auch war er der Anrichter der Opfer; denn er opferte ja einige Kühe der Heerde, welche er dem Apollon entführt hatte. Doch erscheint er auch als Schützer der Viehheerden, wie in den Hermen als Gott des Segens der Aecker, Gärten und überhaupt des Verkehrs.

In den älteren Abbildungen wird Hermes als kräftiger Mann dargestellt, mit starkem, spitzem Bart, langen Haar=flechten, einer zurückgeschlagenen Chlamys (Mantel), einem Reisehut, Fußflügeln und in der Hand den Stab. Wir haben eine Darstellung der vollendeteren Kunst gewählt.

Darin erscheint er als kräftiger Jüngling, ohne Bart, mit kurzem Haupthaar, das Haupt mit dem Petasus (Flügelhut) bedeckt, in der einen Hand den beflügelten, mit zwei Schlangen — den Sinnbildern der Klugheit — umwundenen Stab (den Heroldsstab, Kerykeion oder Caduceus), in der andern Hand den Beutel, und an den Füßen Flügel, als Zeichen der flüchtigen Eile.

Auch findet man neben ihm einen Hund oder Hahn, als Sinnbilder seiner Verrichtungen, dargestellt.

In Griechenland und Rom*) waren ihm mehrere Tempel

---

*) Auch den Circus in Rom, den großen Schauplatz festlicher Kampfspiele, die daher circensische hießen und bei den Römern sehr beliebt waren, hatte man dem Mercur gewidmet.

und Feste gewidmet, bei welchen man ihm besonders die
Zungen verschiedener Thiere als einen Tribut opferte, den
man ihm, als dem Gott der Beredtsamkeit, darbrachte. In
Rom feierten die Kaufleute ihm den 25. Mai.

Themis

(siehe Abbildung X.)

war die Tochter des Uranos und der Gäa, das Sinnbild
des in allen irdischen Verhältnissen waltenden göttlichen Rechtes,
das ist des edelsten und höchsten, durch kein irdisches Gelüste
beeinträchtigten, und darum auch des Gastrechtes. Den
göttlichen Rath, wie er in der Welt gelten soll, stellt sie dar.
Darum besaß sie auch das delphische Orakel, ehe dasselbe
Apollon bekam, dem sie die Kunst zu weissagen lehrte. Sie
sträubte sich lange, ehe sie in ihre Vermählung mit dem Zeus
willigte, dessen erste Gemahlin, oder nach einer andern Mythe
die zweite, nämlich nach der Metis, sie war, und dem sie die
Horen, die Mören oder Parzen, und die Asträa, jene Göttin
der Gerechtigkeit, gebar, von der wir erzählt haben, daß sie
im ehernen Zeitalter die Erde verließ. Sie war heimisch im
Olymp, und wird daher auch Urania genannt; sie begab sich
aber während des Titanenkrieges auf die Erde, wo sie im
goldenen Zeitalter (s. S. 38) die Menschen Recht und
Billigkeit üben lehrte, verließ jedoch nach eingetretener
Verschlimmerung der Menschen die Erde wieder und kehrte in
den Himmel zurück.

Weil der Themis vermöge ihres Wesens hohe Weisheit und
unbedingte Wahrheit innewohnte, so nahmen selbst die hohen
Götter ihre Rathschläge an, und Zeus vermählte sich nicht
mit der Thetis, weil Themis ihm prophezeit hatte, daß aus
dieser Ehe ein Sohn entspringen werde, der selbst seinen Vater

X

THEMIS.

LATONA.

·

an Macht übertreffen würde. Wie Thetis, damit ihr Sohn keinem der Götter furchtbar werden könne, einem Sterblichen, dem Peleus, vermählt wurde, soll später erzählt werden. Die Verehrung der Themis fand an vielen Orten Griechenlands, besonders zu Athen und Trözen, auf der Insel Aegina, in Theben und zu Olympia Statt, wo ihr Tempel, Altäre und Bildsäulen errichtet waren. Die Römer hatten ihr auf dem Capitol einen Tempel geheiligt.

Die antiken Bildner stellen die Themis als eine gereifte Frau mit großen Augen dar; die modernen, aber, wie ausdrücklich bemerkt werden muß, auch nur diese, haben sie, wie sie in der gewählten Abbildung erscheint,

in hoher und mit einem langen, faltenreichen Gewande bekleideter Gestalt, stehend, mit einer Binde um die Augen gebildet, um die Idee auszudrücken: daß Gerechtigkeit ohne Ansehn der Person ausgeübt werden soll.

Außerdem giebt man ihr ein Schwert nebst Fesseln in die eine, und eine Waage in die andere Hand, um die Strenge und Genauigkeit anzudeuten, mit der die Gerechtigkeit gehandhabt werden soll.

II. Die unteren Gottheiten.

Die bisher dargestellten Gottheiten der Griechen und Römer waren die sogenannten oberen Götter, nämlich diejenigen, welche keinem anderen Gott, außer dem Zeus, untergeordnet waren. Diese sind auch die olympischen Götter, wie sie schon genannt sind (S. 27). Außerdem gehören zu den oberen Göttern noch Hades und Persephone, welche im Reich der Unterwelt herrschen. — Die im Folgenden dargestellten sogenannten unteren Götter haben dagegen eine untergeordnete Stellung im Reich der Götter, sind aber den noch Gottheiten, die verehrt wurden, wenn auch nicht so allgemein wie jene.

Wir beginnen die Reihe mit den

Horen.

(Siehe Abbildung XXI.)

Töchter des Zeus und der Themis, sind die Horen die Göttinnen der Jahreszeiten und werden in verschiedener Zahl angenommen, je nachdem man mehr oder weniger Abschnitte im Leben des Jahres unterschied, wobei aber der Winter als die Zeit des Schlafes oder Todes der Natur in der Regel nicht mitgerechnet wurde. Demgemäß verehrte man in Athen nur zwei Horen, Thallo, die Göttin der Blüthezeit, und Karpo, diejenige der Ernte- oder Fruchtzeit; gewöhnlich aber nahm man drei Horen an, welche auf Kunstwerken mit den Attributen der Jahreszeiten: Frühling (Blumen), Sommer (Getreide) und Herbst (Obst und Wein) vorkommen. Hie und da ist in Kunstwerken eine vierte Hore, des Winters, mit Jagdbeute als Attribut hinzugefügt, die aber nirgend wie ihre drei Schwestern mit eigenem Namen benannt wird.

Als Göttinnen der guten Jahreszeiten, welche das Blühen und Gedeihen der Natur bewirken, sind sie im Dienste der himmlischen Götter, besonders des Zeus und der Here, aber auch im Gefolge der Aphrodite erscheinen sie, und zwar den Chariten gesellt, und ebenso in demjenigen des Apollon mit den Musen, weil in der guten Jahreszeit die fröhlichen Gesänge der Natur sich erheben. Mit ihrer Bedeutung als Segensgöttinnen der Fluren hangt es ferner auch zusammen, daß sie als Göttinnen des Witterungswechsels erscheinen, welche, die Thore des Himmels bald schließend, bald öffnend, abwechselnd Regen und Sonnenschein auf die Erde gelangen lassen, wie es zum Gedeihen der Vegetation am förderlichsten ist. Ein zartes, fröhliches, mit goldenem Geschmeide oder mit Blumen bekränztes, in zierlichem Tanz dahinschwebendes Geschlecht, sind sie den Sterblichen hold und mild gesinnt; den Ungeduldigen oft zu langsam erscheinend, bringen sie doch immer etwas Liebes und Schönes mit, und sind stets ohne Falsch und Tücke.

In dieser Weise etwa walten sie in der Natur. Da aber in dem Wechsel der Jahreszeiten die größte und segensvollste Ordnung und Regelmäßigkeit, ein unwandelbares Gesetz erkannt wurde, so erhob man die Horen, die man eben aus diesem Grunde auch zu Themis' Töchtern machte, zu den Vorsteherinnen aller segensreichen Ordnung und Gesetzmäßigkeit im menschlichen Leben und in der sittlichen Welt. Nach diesem übertragenen Begriffe sind ihre Namen, wo sie ,in der Dreizahl auftreten, ersonnen und gar sinnig als Eunomia (Wohlgesetzlichkeit, Ordnung), Dike (Recht) und Eirene (Frieden) festgesetzt. Eunomia waltet besonders im Staatsleben, und glücklich gepriesen wird von den Dichtern der Staat, der nie von der Verehrung der Eunomia läßt; Dike findet ihren Wirkungskreis mehr im Leben des Einzelnen, und man sagte von ihr, daß sie ihrem Vater Zeus alles Unrecht hinterbringt, das auf Erden geschieht. Eirene endlich ist die heiterste der drei Schwestern, und sie machte man zur Mutter des Plutos, d. h. des Reichthums, zur fröhlichen Genossin des Dionysos und zur Schutzgöttin heiterer Gesänge und Feste.

Die Frühlingshore verehrte man auch insbesondere als die Hore schlechthin und gab ihr den Namen Chloris, welcher dem römischen Flora entspricht. Das ist die Blüthen- und Blumengöttin, um welche sich einst Boreas (der Nord- oder Winterwind) und Zephyros (der West- oder Frühlingswind) bewarben. Sie wählte den Letzteren, dessen treuverbundene Gemahlin sie wurde.

Pomona

war die Göttin der Gartenfrüchte, mit denen sie bekränzt, oder ein Füllhorn voll derselben in der Hand haltend, und einen Hund zur Seite, als eine Jungfrau im ländlichen Gewande, abgebildet erscheint. Sie soll früher eine Hamadryade ge= wesen sein, und hatte ihre Gunst dem Vertumnus geschenkt. Ihre Verehrung fand nur bei den Römern Statt, und zu ihrem Dienst gab es einen besondern Priester (Flamen pomonalis).

Vertumnus

war der Gemahl der Pomona, welcher bei den Römern als eine Untergottheit, die eben sowohl den Jahreszeiten als den Gartenfrüchten vorstand, verehrt, und mit gleichen Attributen, wie die Pomona, abgebildet wurde. Jährlich im October wurde ihm zu Ehren eine Art Ernte=Dankfest: Vertumna= lien benannt, gefeiert. Man brachte ihm die Erstlinge der Früchte, so wie Blumenkränze aller Art zum Opfer. Er hatte, wie Pomona, seine eigenen Priester. Abgebildet wurde er auch, gleich dem Saturn, mit einem Gartenmesser in der Hand und einem Aehrenkranz auf dem Haupt. Sein Bild war ur= sprünglich nur ein roher Holzpflock, später aber ein von einem römischen Künstler gearbeitetes schönes Erzbild.

Janus

(siehe Abbildung IX.)

war eine den Griechen unbekannte, aber von den Römern, be= sonders in frühesten Zeiten, desto höher geachtete Gottheit. Man stellte ihn dem Jupiter fast gleich, nannte ihn jedoch in den Gebeten vor demselben, beide aber wurden bei jedem Un=

ternehmen zuerst angerufen. Man schrieb ihm den Ursprung
aller Dinge, die Herbeiführung der Jahre, den Wechsel der
Jahreszeiten und der menschlichen Schicksale, und die Cultur
des Menschengeschlechts durch Ackerbau, Künste und Religion
zu. Nach der Volksage war Janus ein alter König, der in
frühester Zeit aus Griechenland nach Latium gekommen sei,
die Götterdienste nebst den Tempeln gegründet habe, und dem
deshalb große Verehrung, wie einem Gott, gebühre, weil er
den Menschen durch Belehrung in vielen wichtigen Dingen die
größten Wohlthaten erzeigt habe. Einige verwechseln ihn mit
dem Saturn, Andere erzählen, daß Saturn, aus Griechenland vertrieben, zum alten Könige Janus nach Latium gekommen sei, und mit ihm gemeinschaftlich regiert habe.

Die große Verehrung des Janus bei den Römern erklärt
sich leicht. Sie hatten überhaupt die Eigenheit, auf Vorbe-
deutungen bei Allem, was sie thaten, zu achten; darum war
ihnen auch der Beginn jedes Unternehmens etwas Wichtiges,
und Janus war der Gott des glücklichen Beginnens. Der
römische Dichter Ovid läßt daher auch den Gott Janus sagen:
„Alles liegt im Anfange." Wenn daher auch Jupiter seine
Zustimmung zu einem Unternehmen gegeben hatte, so hing
doch der gedeihliche Fortgang von dem Beistande des Gottes
des Beginns (Janus) ab. Darum legten die Römer so großen Werth auf den Anfang; war dieser gut, so war man eines
zukünftigen guten Ausganges gewiß. Janus öffnet und schließt
Alles, und sitzt nicht blos an den irdischen Eingängen, sondern
auch an den Pforten des Himmels. Aether, Meer und Land
werden von seiner Hand aufgeschlossen, und er bewegt die An-
geln des Weltalls.

Nach diesem Glauben ist auch die Abbildung des Gottes
gestaltet. Er erscheint sitzend
mit einem Doppelgesicht, Jüngling (Beginn) und Greis
(Ausgang), daher Bifrons (Zweigesicht) oder Geminus

10*

(Zwilling) genannt; den Schlüssel in der Linken, als Deff-
ner im Beginn und als Schließer im Ausgang; und als
Leiter des Fortganges hat er den Herrscherstab in der
Rechten.

Man feierte ihm zu Ehren den ersten Tag des nach ihm
benannten Januar, als ersten Tag des beginnenden Jahres;
als dem Beginner der Monate opferten ihm die Priester auf
zwölf Altären; und als dem Eröffner des Tages riefen sie ihn
jeden Morgen an. Selbst bei den Opfern, die andern Gottheiten gebracht wurden, bedachte man ihn mit Gaben von
Wein, Kuchen, Weihrauch ꝛc. Bei dem Beginn der Aussaat
rief ihn auch der Landmann an, und angerufen wurde er auch,
wenn ein Krieg sollte begonnen werden.

Schon der König Numa Pompilius von Rom führte
eine öffentliche Verehrung der Gottheit des Janus ein, zu
welcher bereits unter der Regierung des Romulus der Grund
gelegt war. Denn als einst die Sabiner in die neu erbaute
Stadt eindrangen, und sich plötzlich ein Quell mit siedendem
Wasser bildete, in welchem diese Feinde ihren Tod fanden,
wurde dem Janus zu Ehren über dieser Stelle ein Tempel er-
bauet, dessen Thüren so lange offen blieben, als Rom im
Kriege begriffen war, und erst dann unter großen Feierlichkeiten geschlossen wurden, wenn ein allgemeiner Friede
herrschte. Rom war indessen so fortwährend in Kriege verwickelt, daß während der ersten siebenhundert Jahre nach Erbauung dieser Stadt der Janustempel nur drei Mal geschlossen wurde, nämlich unter Numa Pompilius, nach dem
ersten punischen Kriege, und während der Regierung des
Augustus. Daher ist der geschlossene Janustempel
ein Sinnbild des Friedens.

Terminus

war der Gott der Grenzen, und hatte, wenn man ihn abbil=
dete, die Gestalt eines Grenzsteins oder einer Säule (f. den
Art. Mercur), auf welcher ein Kopf aufgestellt war (Her=
mensäule). Man nannte dergleichen Terminus=Bilder auch
Hermen, und wenn man das Brustbild eines anderen Got=
tes, z. B. des Apollon, der Athene oder Minerva, darauf setzte,
Hermapollon, Hermathene. Die ländlichen Gottheiten
Pan und Priapos wurden oft als solche Halbfiguren abge=
bildet.

Bei den Römern ließ der öfters erwähnte König Numa
diesem Grenzgotte Terminus den ersten Altar erbauen, und
die erste Verehrung erweisen. Um sein Volk daran zu ge=
wöhnen, die Grenzen des Eigenthums der Nachbarn zu ehren,
ließ er auf demselben die Bildsäule des Terminus errichten,
und dem Gotte im Februar ein Fest, die Terminalien,
feiern, bei welchem man opferte, die Grenzsteine mit Blumen
schmückte, auch wohl bei einem gemeinschaftlichen Opfer frohe
Lieder sang.

Priapos,

bei den Römern auch Mutinus genannt, ein Sohn des
Dionysos und der Aphrodite, der Gott der Fruchtbarkeit in der
Natur, daher auch der Hüter der Weinberge, Gärten und
Feldfrüchte. Schon in der frühesten Zeit suchte man die Idee
der hervorbringenden Kraft der Natur sinnbildlich darzustellen,
und nur spätere Rohheit der Sitten mißbrauchte das von dem
Gott Priapos vorhandene Bild, um durch dasselbe zugleich
manche niedrige Vorstellung von Sinnlichkeit und Wollust
auszudrücken. Daher verschiedene Abbildungen von ihm, deren
richtigste jedoch die ist, in der er als ein bejahrter Mann

mit einem Gartenmesser, und Früchte in seinem Gewande tra=
gend, erscheint. Von Lampsakos, einer Stadt in Klein=
mysien am Hellespont, breitete sich seine Verehrung über Grie=
chenland aus.   Hier waren seine Symbole auch ein Trink=
geschirr, der Thyrsos oder eine Lanze, worin er mit dem Dio=
nysos (Bacchus) Aehnlichkeit hat.   Bei den ihm gewidmeten
Festen opferte man ihm Milch, Honig und Esel.

Pan.

(Siehe Abbildung XIV.)

Dieses griechische Wort bedeutet auf deutsch den Hirten,
nicht aber nach einer durchaus verkehrten Ableitung „das All".
Er wurde demgemäß als Hirtengott oder als der Gott „Hirt"
auch von den Hirtenvölkern in Griechenland, besonders in Ar=
kadien, als Beschützer der Hirten und des Hirtenlebens, der
Fluren, die zur Viehweide dienten, und der Heerden verehrt.
Wald und Feld, Jagd und Fischerei standen unter des Pan
Obhut und Schutz, der in dieser Beziehung bald als Zeus',
bald als Hermes' und einer Nymphe Sohn erscheint. Als
Gott der grünenden Flur ist er auch in der Gesellschaft des
Dionysos (Bacchus), wie er auch als Berggott mit der Ky=
bele zusammen verehrt wurde.   Darum liebt er aber auch
Tanz und Spiel, und bläst auf der Rohrflöte der Hirten, die
deshalb auch die Pans=Flöte heißt.   Diese Flöte ist seine
Erfindung.   Die Mythe erzählt darüber Folgendes.   Eine
von ihm verfolgte spröde Geliebte, die Nymphe Syrinx, war
in Schilfrohr verwandelt worden, welches Pan abschnitt, und
daraus eine lieblich tönende Hirtenflöte, Syrinx, zusammen=
setzte, auch dieselbe so geschickt blies, daß er einst den Apollon
sogar zu einem musikalischen Wettstreit aufforderte, und als
Midas seinem Spiele vor dem dieses Gottes den Vorzug gab,

die Veranlassung wurde, daß Apollon denselben mit Eselsohren bestrafte (s. S. 117).

Als Gott der Hirten und Landleute streifte er auch in
Wäldern und Feldern umher, führte, wie früher die Nomaden
(Hirtenvölker), ein umherziehendes, unstätes Leben, ruhete in
schattigen Höhlen, an kühlen Ufern, und blies sein Lied.
Darum waren ihm auch die Berge, Höhlen, Eichen und Schild-
kröten heilig.

Als Geist des Gebirges (eine Art Rübezahl) gab er seine
Nähe in dem beängstigenden Gefühle der Einsamkeit und des
Verlassenseins zu erkennen, welches den Wanderer im wilden
Gebirge, wenn die Wetter ihn umtosen und kein Laut einer
menschlichen Stimme zu ihm dringt, wohl ergreifen kann.
Diese Beängstigung oder dieses Schrecken ohne bestimmte
greifbare Ursache nannte man daher „panisches Schrecken",
d. h. dasjenige, welches Pan durch seine hier unheimliche Nähe
bewirkt.

In Athen heiligte man ihm an dem Burgfelsen die nach
ihm benannte Pans-Grotte, die mit großem Eifer durch
jährliche Opfer und Fackelbrennen verehrt wurde, zur dank-
baren Erinnerung an das panische Schrecken, in welchem das
Heer der Perser bei Marathon und bei Salamis davon lief.

Gewöhnlich umgaben den Pan Nymphen und Oreaden,
tanzten zu seinen Flötentönen, und wurden oft von ihm verfolgt und überwältigt. Er soll schon im Titanenkriege den
Göttern dadurch gute Dienste geleistet haben, daß er aus einer
Seemuschel eine Art von Trompete verfertigte, und mit derselben solchen Lärm machte, daß die Titanen, erschrocken und
in der Meinung: ein großes Ungeheuer nahe sich, den Rücken
wandten und entflohen. Diese Sage, oder die Erzählung:
daß er durch ein plötzlich erhobenes, furchtbares Geschrei eine
große Zahl von Feinden des Dionysos, die denselben einst auf
seiner Reise nach Indien zu überfallen droheten, so erschreckt

habe, daß sie schnell die Flucht ergriffen, dichtete man zur my=
thologischen Begründung des oben erklärten Ausdruckes: pa =
nisches Schrecken.

Pan — auch Hyläos, d. h. Waldgott, genannt — wurde
gewöhnlich als ein bärtiger Mann mit einer großen, merklich
gekrümmten Nase, mit Ziegenhörnern und Ohren, Ziegenfüßen
und einem behaarten Körper, eine siebenröhrige Hirtenflöte
(Syrinx) oder einen gekrümmten Hirtenstab in der Hand, ab=
gebildet. Von den Griechen ging die Vorstellung von ihm zu
den Römern über, die ihn unter der Benennung Inuus ver=
ehrten, weil er sie ihre Viehheerden vereveln, und Lupercus,
weil er sie lehrte, dieselben durch Hunde gegen die Wölfe be=
schützen. Die übrigen Waldgötter, welche, wie Pan, mit
Ziegenfüßen abgebildet wurden, hießen nach ihm Aegipanen
oder auch Panisken.

Faunus oder Fatuus.

Diese Gottheit der Römer ist in ihrem Ursprunge dem
griechischen Pan gleich, wie auch ihr Name nur eine Neben=
form von Pan ist; allein sie wurde nicht als gleich gefaßt, und
hat in Italien ihre eigene, von der des Pan vielfach verschie=
bene Entwickelung durchgemacht, um erst später, als griechische
Religion und Sage in Italien eingewandert war, mit dem
arkadischen Pan auf's Neue verglichen und ihm gleichgestellt
zu werden, weßhalb mehrere römische Dichter den griechischen
Pan mit dem römischen Namen Faunus nennen. Es hatte
dieser aber, wie gesagt, seine eigenen Mythen. Nach diesen
soll er der Sohn des Picus, Enkel des Saturnus, oder nach
einer anderen Sage Sohn des Mars gewesen sein, ursprüng=
lich ein alter König Latiums, der seinem Volke Ackerbau und
Gesittung beibrachte, und nach seinem Tode unter dem zweiten

Namen Fatuus zum weissagerischen Wald= und Feld=
gott wurde. Die Orakelstätten des Faunus befanden sich in
Hainen; das Orakel wurde den Rathfragenden durch ihre
Träume verkündet, die sie an der heiligen Stätte, auf den
Fellen der Opferthiere schlafend, hatten. — Auch Fauna er=
theilte Orakel, aber nur dem weiblichen Geschlecht (s. Art.
Fauna).

Diesem Gott des Landmannes bei den Römern wurde als
Beschützer des Landbaues und der Viehzucht (Feldgott) das
Fest der Lupercalien oder auch Faunalien unter man=
cherlei seltsamen Gebräuchen jährlich am 5. December mit
Opfern von Ziegen nebst Milch= und Weinspenden, bei
Schmaus und Tanz im Freien auf Wiesen und Kreuzwegen,
gefeiert, aber außerdem noch in der Mitte des Februar ein
Opfer gebracht. In Rom hatte er zwei Tempel. Bildliche
Darstellungen des Faunus sind nicht häufig, und schwer von
denen des Pan zu unterscheiden. Faune in der Mehrzahl
stehen nur als römischer Ausdruck dessen, was wir mit dem
griechischen Namen als Panisken oder Pane bezeichnen.

Picus, Picumnus und Pilumnus.

Auch Picus war nur eine Gottheit der Römer, und zwar Sohn
und Nachfolger des Saturnus, Vater des Faunus, und Gemahl
der Canens, ein alter Seher und Waldgott. Nach einer anderen
Mythe liebte er die Pomona, und ehelichte sie. Die Zauberin
Circe liebte ihn wegen seiner Schönheit; er erwiderte jedoch
diese Neigung nicht, und wurde deshalb von ihr aus Rache in
einen Specht verwandelt. Die Augurn, römische Priester,
welche nach verschiedenen Erscheinungen, namentlich aus dem
Fluge der Vögel, künftige Geschicke weissagten, verehrten ihn
als Symbol der Kunde von der Zukunft. In früher Zeit war
sein Bild eine Holzsäule mit einem Specht, später ein Jüng=

ling mit einem Specht auf dem Haupt; der Specht galt näm=
lich den Römern als ein prophetischer Vogel. Picus wurde
nicht blos als Seher und Gott verehrt, sondern galt auch für
den ersten König Italiens. Nicht mit ihm zu verwechseln ist,
trotz aller Namensähnlichkeit, Picumnus, der mit seinem
Bruder Pilumnus ein Paar italischer Ehegötter darstellt,
dem man im Saale des Hauses, wo ein Kind geboren war, ein
Lager zu bereiten pflegte. Pilumnus sollte mit seiner Keule
(pilum), mit der er das Korn zermalmen lehrte (denn das Zer=
stoßen des Getreides ist älter als das Mahlen desselben), die
Uebel von der Kindheit des Neugeborenen abwehren, Picum=
nus aber, der die Aecker zu düngen erfunden hatte, dem Kinde
Gedeihen geben. Von beiden Brüdern erzählte man auch
allerlei rühmliche Thaten im Krieg und im Frieden, und ver=
glich sie mit den Dioskuren (Kastor und Pollux, s. unten).

Fauna oder Fatua

war die Gemahlin, oder nach anderen Mythen die Tochter des
Faunus, eine Göttin der Römer, deren Herkunft und Bedeu=
tung durch mancherlei Sagen sehr dunkel erscheint. Sie wird
auch mit der Göttin Ops, mit Kybele, oder auch mit der
Mutter des Bacchus, Semele, oder mit derjenigen des
Hermes, Maia, oder mit der Gäa oder Hekate und ande=
ren Göttinnen für gleich gehalten. Fauna hieß in der frühe=
sten Zeit die gute Göttin, deren eigentlicher Name aber, so
wie ihre Herkunft, für ein Geheimniß ausgegeben ward, und
deren Fest den ersten Mai in der Nacht, bei Wein, Musik und
lustigen Spielen, von Frauen und Jungfrauen mit den son=
derbarsten Gebräuchen gefeiert wurde, wobei aber kein Mann
gegenwärtig sein durfte. Den Namen der guten Göttin er=
hielt Fauna, weil sie von Einigen für die Wohlthäterin aller
Geschöpfe gehalten, und in so fern mit anderen Gottheiten

SATYR.

PAN.

verwechselt wurde. Man nannte sie auch Fatua, und bildete
sie bald der Juno, bald der Kybele ähnlich ab, gewöhnlich aber
als eine ältliche Frau mit zugespitzten Ohren, eine Schlange
in der Hand haltend.

Von der Fatua und dem Fatuus stammen die Fatuen, die
als weiſſagende Feldgötter, oder auch böse Dämonen, welche
das Albdrücken ꝛc. verurſachten, betrachtet werden. Ihr Name
und die dunklen Vorſtellungen von dieſer Göttin ſollen zu der
Erdichtung neuerer Zeit: von dem Daſein gewiſſer Zauberinnen
und Wahrſagerinnen, die man Feen nennt, und denen man
bald gute, bald böſe Eigenſchaften, bald nützliche, bald ſchädliche
Einwirkungen auf die Menſchen beilegt, die Veranlaſſung
gegeben haben.

Zu der Klaſſe der Waldgötter gehören auch die griechiſchen
Satyrn und der römiſche Silvanus.

Die Satyrn,

(ſiehe Abbildung XIV.)

welche oft mit den Panen oder Faunen verwechſelt werden,
von dieſen aber wohl unterſchieden werden müſſen, ſind die
Repräſentanten des unter dem Schutze des Dionyſos (Bacchus)
heiter und üppig gedeihenden Lebens der Natur in Feld und
Wald und Wieſe, daher Dämonen aus der Geſolgſchaft dieſes
Gottes und zwar die ohne Frage edelſten Geſtalten dieſes
Kreiſes. Zu dieſen wurden ſie wenigſtens aus alterthümlicher
Derbheit durch die vollendete Kunſt erhoben. Demgemäß
werden ſie auch niemals halbthieriſch gebildet wie die Pane,
Panisken und Faune, ſondern zeigen, um ihre minder edle
Natur von der göttlichen, d. h. der rein menſchlichen, zu unter-
ſcheiden, höchſtens einzelne thieriſche Abzeichen, kleine Ziegen-
hörner und einen ebenfalls kleinen Ziegenſchwanz.

Uebrigens kann man unter der großen Familie der Satyrn
mehrere Klassen unterscheiden, denen die am höchsten stehende
sich der Gestalt ihres Gottes (des Dionysos) selbst nähert, und
die entweder als Flötenspieler oder als die Mundschenken des
Dionysos auftreten. Daneben finden sich ältere Satyrn, die
man durch den Namen Silene unterscheidet, und andererseits
sehr jugendliche, welche man als Satyrisken bezeichnet. Wir
haben für unsere Abbildung einen Satyrn der edleren Art
gewählt, welcher sich uns als

ein schlanker Jüngling darstellt, der, nachlässig an einen
Baumstamm gelehnt, vom Flötenspielen ausruht. Sein
Haar ist struppig, seine Stirn trägt ganz kleine Ziegen-
hörnchen und seine Physiognomie hat einen Anflug von
thierischem Ausdruck. Seine Bekleidung beschränkt sich auf
ein umgehängtes Rehfell (Nebris).

Ihr Leben und Treiben ist im Wald und auf Bergen, wo sie
sich selbst überlassen allerlei Kurzweil treiben durch Jagen,
Tanzen, Musiciren, Trinken, Weinlesen, Weinkeltern oder
Weintrinken, oder im Gefolge des Gottes, in welchem sie mit
den Mänaden wildbegeisterte Tänze ausführen. Ihre Musik-
instrumente sind die Syrinx, die Flöte und die Cymbel.

Beiläufig wollen wir zur Aufklärung unserer Leser hinzufügen, daß die Benennung „Satire" für ein Spottgedicht in
der Welt nicht das Mindeste mit den Satyrn zu thun hat und
deswegen auch nicht „Satyre" zu schreiben ist, so häufig man
auch von „humoristisch-satyrischen Wochenblättern" zu lesen be-
kommt. Das Wort Satire (satüra) ist altrömisch und bezeichnet
ursprünglich ein poetisches Potpourri oder ein poetisches Geplauder, welches denn eben leicht satirisch in dem späteren
Sinne des Sprauchgebrauchs medisant und spöttisch wird,
wie das prosaische Geplauder unserer Gesellschaft im Kaffee-
kränzchen und im Salon ebenfalls.

Komos

ward als Vorsteher festlicher Schmausereien, frohen Lebensgenusses, munterer Laune, heiterer Scherze und geselliger
Freuden verehrt, und mit mancherlei Attributen der Freude,
öfters aber auch als Vertreter der Folgen nächtlicher Schwel-
gereien mit gesenkter Fackel, schlaftrunken oder sich an etwas
anlehnend, abgebildet.

Silvanus

war ein, wie Faunus, nur den Römern bekannter Gott der
Hirten, der, wie jener, Wälder, Felder, Grenzen und Ufer
der Flüsse bewohnte und bewachte, und den ersten Grenzstein
errichtet haben soll, der die Fluren verschiedener Besitzer von
einander abmarkte, so daß er als Begründer der landwirth-
schaftlichen Ordnung erscheint. Da er im Hause, im Felde
und im Walde Gedeihen gab, unterschied man auch drei
Silvane. In der bildenden Kunst erscheint Silvan durchaus
rein menschlich, als ein munterer alter Mann, der als musika-
lischer Gott, wie alle Feld- und Waldgötter, die Hirtenflöte
hält, als Waldgott aber noch besonders mit einem jungen
Baumstamme ausgerüstet ist. Diesen Baumstamm, der
zuweilen als eine Cypresse erscheint, bezieht man auf Silvanus'
Liebe zu dem schönen Jüngling Cyparissus, den Silvanus in
eine Cypresse verwandelt haben soll. Ein Bild von ihm stand
in Rom bei dem Tempel des Saturn, außerdem waren ihm
zwei Heiligthümer geweiht. Das Frauengeschlecht war von
seinem Dienst ausgeschlossen.

Ueber die Abkunft des Gottes herrscht Dunkelheit in
den Mythen, deren einige ihn für den Sohn des Saturn
ausgeben.

Pales,

eine ursprünglich auf Sicilien, später von den Römern ver=
ehrte Gottheit der Viehzucht, nach Einigen eine weibliche, nach
Andern eine männliche, der man alljährlich am 21. April, an
dem Tage, an welchem der Grund zur Stadt Rom gelegt
worden sein soll, unter Darbringung von Opfern an Milch
und Most, unter Pfeifen= und Cymbelschall bei dem lodernden
Feuer von brennenden Heu= und Strohschobern ein frohes
Fest, die Palilien, mit Sühnungen feierte, welche symbolisch
dadurch ausgedrückt wurden, daß man das Vieh durch die
lodernden Strohfeuer trieb, durch welche die Hirten nach=
sprangen. Da, wie erwähnt, die Sage den Gründungstag
Roms auf den 21. April verlegte, so wurde das Palilienfest
zugleich zum Gründungsfeste der Stadt Rom.

Auch diese uralte Gottheit, die als eine bejahrte Frau,
an einen entblätterten Baumast gelehnt, oder mit einem
Hirtenstabe in der Hand, abgebildet erscheint, wurde öfter
mit der Fauna, auch mit der Cybele, und selbst mit der Vesta
verwechselt.

Silen und die Silene.

Silen erscheint in einigen Mythen als ein Sohn des
Hermes (Mercur), in anderen als derjenige des Pan und
einer Nymphe, und wird als solcher mit einem Ziegenschwanze
und Ziegenohren, im Uebrigen aber rein menschlich abgebildet.
Gewöhnlich gilt Silen als der älteste unter den Satyrn, und
die älteren Satyrn nannte man, wie schon früher bemerkt,
Silene. Silen wird auch als väterlicher Hüter der leicht=
fertigen Schaar der Satyrn dargestellt. Jedoch ist Silen in
seiner mythologischen Bedeutung von den Satyrn verschieden.

Silen stammte nach einer Mythe, wie der Dienst des Dionysos (Bacchus), aus Kleinasien, und besonders aus Lydien und Phrygien, wo auch der Dienst der Kybele (Rhea) heimisch war. Hier erscheint er als Naturgeist (Dämon) der befruchtenden Quellen, Flüsse, so wie der feuchten Gründe und üppigen Gärten, aber außerdem als Erfinder der Musik mit der Syrinx (Rohrpfeife), gleichwie der im Dienst der Rhea und des Bacchus (Dionysos) gebräuchlichen Doppelflöte.)

Nach anderen Sagen soll Silen in Nysa, ungewiß an welchem der vielen Orte dieses Namens, geboren, oder erster König hier gewesen sein. Da nun Silen der Pfleger und Erzieher des Bacchus war, wobei er von den Nymphen unterstützt wurde, wie es Bildwerke zeigen, und dies in Thracien geschehen sein soll, wie Mythen berichten, so war auch wohl jenes Nysa in Thracien.

Bei den Griechen erscheint Silen vorzugsweise in der Begleitung des Bacchus. Er verstand sich auf das Keltern des Weins, den er so sehr liebte, daß er leicht des Guten zu viel that, und deshalb bei dem Ritt auf dem Esel von den Satyrn gehalten wurde, um nicht herunter zu fallen. Deshalb wird er auch abgebildet mit Weintrauben, einer Trinkschale oder einem Schlauch in der Hand, oder auch als ein Berauschter, von zwei Satyrn getragen. Er selbst wird als ein kurzer, dickwanstiger, behaarter Alter mit einem Glatzkopf dargestellt.

Der Esel, auf welchem Silen reitet, wird als ein sehr kluges Thier geschildert, das auch im Gigantenkampfe, an dem sein Heer als Genoß und Schildknappe, gleichsam als ein Sancho Pansa des Dionysos theilnahm, seine Stimme erhob, und so dazu beitrug, das Heer der Giganten zu erschrecken und in die Flucht zu treiben.

Okeanos, Tethys, Proteus.

Okeanos, ein Sohn des Uranos und der Gäa, ein alter Meergott, wird, wie Nereus, für den Stammvater einer großen Familie von Meergottheiten angesehen, welche den allgemeinen Namen: Okeaniden (s. im Folgenden: Nymphen 5.) führen. Man bildete ihn wie den Nereus ab, jedoch mit einem Stierhorn oder mit zwei kurzen Hörnern und einem Scepter als Zeichen der Herrschaft in der Hand, auf einem Seethiere reitend oder in einem von Seethieren gezogenen Wagen sitzend, neben ihm seine Gemahlin Tethys. Er soll unter den Titanen, seinen Brüdern, der gerechteste gewesen sein und an der Ver=schwörung gegen den Uranos keinen Antheil genommen haben; deßhalb verblieb er auch in seinem Amte, als die anderen Titanen in den Tartaros verbannt wurden. Bei ihm und seiner Gattin wuchs Here auf und flüchtete zu ihm während des Titanenkampfes gegen den Himmel. Sein Geschlecht hat sich in Flüssen, Bächen und Quellen in so großer Zahl über die Erde verbreitet, daß man allein an dreitausend Söhne zählte. — Okeanos war auch der große Strom, welcher die Erde, wie ein Kreis, rings umfloß, und aus dem alle Flüsse und alle Flüssigkeiten der Erde entsprangen.

Die Okeaniden werden, wie alle Meergottheiten, mit Kränzen von Meergras, mit Korallenschnüren, Muscheln hal=tend und auf Delphinen sitzend, abgebildet. Die Maler gaben ihnen halb menschliche, halb Fischgestalt; die Dichter aber stellten sie nur als menschlich gestaltete Götterwesen dar.

Proteus, ein Sohn des Okeanos und der Tethys, wohnte eigentlich in der Tiefe des Meeres, entsteigt aber der Fluth, um die Seekälber Poseidon's auf den Küsten und einigen größern Inseln des Mittelmeeres zu weiden. Er besaß als Greis die Gabe der Wahrsagung und die Kräfte geheimer Zauberei, konnte aber zur Kundgebung der erstern nur durch List und Gewalt gezwungen werden. Auch dann sogar that er noch Alles, um dem Fragenden zu entgehen, verwandelte sich abwechselnd in die verschiedensten Gestalten, und soll nicht nur als Land= oder Seethier (Löwe, Panther, Schwein, Schlange) erschienen sein, sondern selbst in Feuer und Wasser sich haben verwandeln können. Den Sinn dieser Gabe der Verwandlung bei Proteus wie auch bei Thetis haben wir in der sehr großen Wandelbar= keit des Meeres und seines Anblickes zu suchen.

Nereus und die Nereiden,

auch Doriden genannt, werden in der Mythologie oft mit Okeaniden, Töchter des Okeanos, und Untergottheiten des Meeres, verwechselt.

Nereus wurde für eine alte Gottheit des Meeres, einen Sohn des Pontos und der Gäa gehalten, der erst als Poseidon die Oberherrschaft über das Meer erhielt, demselben unter= geordnet wurde, aber zugleich die Gabe der Weissagung erhielt. Mit seiner Gemahlin Doris, einer Tochter des Okeanos, erzeugte er funfzig, nach Andern sogar hundert Töchter, die Nereiden oder Doriden, von denen Amphitrite und Thetis, außerdem noch Panope und Galatea die berühmtesten sind. Die Erstere wurde Poseidon's Gemahlin, und mit der Letztern wünschte selbst Zeus sich zu vermählen. Als ihm aber die Parzen einen Sohn aus dieser Ehe verkündigt hatten, der mächtiger als der Vater selbst werden würde, gab Zeus seinen Wunsch auf, und verheirathete die Thetis mit dem Könige Peleus, dem sie den Achilles gebar, worauf sie wieder zu den Meergöttinnen, ihren Geschwistern, zurückkehrte. Thetis darf übrigens nicht mit Tethys, der Tochter des Uranos und der Gäa, und Ge= mahlin des Okeanos, verwechselt werden.

Nereus wird abgebildet als ein ehrwürdiger Greis und seine Töchter als schöne zarte Jungfrauen. Die Dichter

erzählten von den Nereiden, daß sie als keusche Nymphen in
der Tiefe des Meeres eine schimmernde Höhle bewohnten
und auf Delphinen oder andern Meergeschöpfen sitzend oder
schwimmend, spielend, plätschernd auf dem Meer umher-
schwärmten, und auch die aus dem Meer geborene Aphrodite
begleiteten, oder an den Küsten und an den Meerbuchten bei
sonnigem, heiterem Wetter die Flußmündungen besuchten, um
sich hier die nassen Haare zu trocknen. Daher wurden sie an
den Küsten und Flußmündungen viel verehrt. Sie sehen
daraus, wie dem religiösen Sinn der Griechen Alles in der
Natur göttlich war und deßhalb mit heiliger Verehrung
betrachtet wurde. So waren ihnen alle Erscheinungen des
Meeres eine göttliche Erscheinung, Nereide genannt; so der
in der Windstille schimmernde Glanz der leise bewegten See
die Galene und Glauke; das Wellenspiel in reizender Bewegung der Thoë und Halie; das anmuthige Geflüster der
Wellen am Strande der Inseln die Nesaie und Aktaie; das
reizvoll Lockende und zur Freude Stimmende der Fluth die
Pasithea, Erato und Euneike; das mächtige Andrängen der
gehobenen Wogen die Pherusa und Dynamene. — Die Nymphen gehörten zum Gefolge der Amphitrite.

Vielleicht gab die Mythe von den Nereiden Anlaß zu
der Sage von dem Aufenthalte sogenannter Seejungfern
im Meer.

Triton und die Tritonen.

(Siehe Abbildung XVI.)

Triton soll ein Sohn des Neptun und der Amphitrite,
oder des Okeanos und der Tethys gewesen sein, und ist eine
Untergottheit des Meeres und Neptuns Herold, der auf einer
gewundenen Seemuschel bald stürmische, bald sanfte Weisen
blies, je nachdem er die Fluthen durch Sturm erregen oder die

braufenden wieder befänftigen wollte. Er zog den Wagen des Neptun, wenn diefer auf den Meereswogen einherfuhr, verkündete deffen Ankunft und rief die übrigen Meergötter zufammen. Gleiche Verrichtungen hatten die Tritonen, die wie Triton geftaltet waren. Nach einigen Sagen erfcheint Triton zuweilen an der Küfte als ein durch Lüfternheit und Gefräßigkeit gefährliches Ungeheuer, mit welchem Dionyfos und Herakles kämpften.

Im Gigantenkriege wurde diefer dem Zeus dadurch nützlich, daß er in feine Mufcheltrompete ftieß und dadurch einen fo furchtbaren Ton erregte, daß die Riefen zurückbebten, als ob irgend ein neues Schreckniß oder ein gewaltiges Unge= heuer im Anzuge wäre.

Triton, und die Tritonen mit ihm, werden abgebildet als Wefen von menfchlicher Geftalt bis zur Hüfte, mit kleinen bläulichen Schuppen bedeckt, unterhalb aber als ein Delphin, eine Seemufchel in der Hand haltend. Nach andern Darftel= lungen fuhr er mit einem Roffegefpann durch die Fluth.

Das ausgewählte Bild zeigt eine Tritonenfamilie, hinter welcher ein Delphin fichtbar wird.

In den älteren Mythen ift er das Bild des raufchenden Meeres, der wie Neptun und Amphitrite im goldenen Palaft in der Tiefe des Meeres wohnt.

Leukothea

war eine von den Seefahrern befonders verehrte Göttin und leiftete als folche dem Odyffeus auf feiner gefahrvollen See= reife Hülfe. Sie foll eine Tochter des Kadmos, Urenkelin Pofeidons, und Gemahlin des Athamas gewefen fein (f. Art. Kadmos), als folche den Namen Ino geführt, und fich, von der Rache der Here (weil fie den Bakchos, einen Sohn Zeus' und ihrer Schwefter Semele, gefäugt hatte) und von ihrem

wahnsinnigen Gemahl verfolgt, mit ihrem jüngsten Sohn
Melikertes in's Meer gestürzt haben, aus dem sie wie ihr Kind
ein Delphin oder die Nereiden retteten. Darauf wurde sie
unter die Meergottheiten versetzt, und unter der Benennung
Leukothea als eine Beschützerin der Seefahrer, ihr Sohn aber
als Gott der Seehäfen unter dem Namen Palämon verehrt.
Besonders zu Korinth, der uralten griechischen Seehandels-
stadt im Alterthum, so wie auf den Inseln Rhodos, Tenedos,
Kreta und in den Küstenstädten war die Verehrung dieser
Meergottheit sehr alt.

Sirenen.

(Siehe Abbildung XVL)

Die Mythe erzählt von ihnen, daß sie Töchter des Fluß-
gottes Acheloos (daher auch ihr Name Acheloiden) und einer
Muse, oder auch Töchter des Phorkys, aber Nymphen und
Gespielinnen der Persephone gewesen, als sie dieser aber beim
Raube des Pluto nicht zu Hülfe gekommen, von der Ceres
erst in Halbweiber mit Vogelleibern, dann aber zur Hälfte
des Körpers in Fische verwandelt und in dieser Gestalt den
Meerbewohnern oder Tritonen ähnlich geworden wären.

So werden sie abgebildet halb Fische oder halb Vögel und
halb Jungfrauen mit Mädchengesichtern, eine Flöte oder Tuba
in den Händen, wie sie in der gewählten Abbildung erscheint.

In den homerischen Gedichten wird keine bestimmte Zahl der
Sirenen angegeben, später aber werden gewöhnlich drei Sirenen
namhaft gemacht, nämlich: Parthenope, Ligea und Leukosia.
Es wird von ihnen erzählt, daß sie einst, da sie in Vogelgestalt
lebten, mit den Musen einen Wettkampf im Gesange unter-
nommen, denselben aber verloren hätten, in Folge dessen die
Musen ihnen zur Strafe die hauptsächlichsten Federn aus ihren
Flügeln gerupft und sich damit geschmückt haben sollen.

SIRENE.

TRITONEN.

Die Sirenen wohnten, nach der gewöhnlichen Sage, auf den klippenreichen Inseln zwischen Sicilien und Italien, lockten die Vorübersegelnden durch ihren bezaubernden Gesang, und wenn sich diese bethören ließen, zu ihnen an das Land zu kommen, tödteten sie dieselben. Um ihre Wohnung her soll eine Menge von menschlichen Gebeinen gelegen haben. Es war den Sirenen vergönnt, diese den Menschen so gefährliche Gewalt so lange zu üben, bis einmal Schiffer von ihrem Gesange ungerührt vorüberfahren würden. Dies war zuerst der Fall mit den Argonauten, von welchen wir späterhin mehr hören werden, die, nur auf den unübertrefflichen Gesang des sie begleitenden Orpheus horchend, ruhig vorüberfuhren, dann später auch mit dem Odysseus, der ebenfalls glücklich vorüberschiffte, indem er die Vorsicht gebraucht hatte, den Seinigen die Ohren zu verstopfen, damit sie nicht von dem verführerischen Gesange der Sirenen angelockt würden, sich selbst aber an den Mastbaum anbinden zu lassen, so daß er wohl den Gesang hören, nicht aber dessen Lockung folgen konnte. Da nun auf diese Weise ihre Macht das Ende erreicht hatte, so stürzten sie sich verzweiflungsvoll in das Meer und wurden in Klippen verwandelt.

Diese Verwandlung giebt uns einen Wink zur Erklärung des Mythus von den Sirenen. Sie sind wahrscheinlich die Personificationen verborgener Untiefen, über welchen das Meer glatt und daher dem Schiffer lockend erscheint, während sie doch dem strandenden Schiffe den Untergang bringen. Daß die Sirenen verlockend s i n g e n, kann sich entweder auf das sanfte, melodische Rauschen der Wellen beziehen, oder es ist nur ein bildlicher Ausdruck, um das Verlockende an sich darzustellen.

Die Flußgötter

wurden überhaupt für Söhne des Oteanos gehalten, als Gebieter über einzelne Flüsse gedacht, und als bärtige, mit Schilf
bekränzte, oft auch mit Hörnern versehene Männer abgebildet,
die in der einen Hand eine Urne, aus welcher Wasser fließt,
als Sinnbild des ununterbrochen strömenden Flusses, und in
der andern ein Steuerruder halten.

Die alte Mythe nennt deren viele, und darunter als
die vornehmsten den Alpheios, Acheloos, Peneios, Asopos,
Kephissos u. a. m., und erzählt namentlich von dem Alpheios:
er habe die Arethusa, eine Nymphe, die sich im Gefolge der
Artemis befand, mit seiner Liebe, die diese nicht erwidern
wollte, so lange verfolgt, bis Artemis sich derselben angenommen, und sie, um sie dadurch der Verfolgung zu entrücken, in
eine Quelle verwandelt habe, mit deren Gewässer aber Alpheios
die seinigen nun doch vereinigt habe.

Nymphen.
(Siehe Abbildung XVII.)

Schon in der Einleitung erzählte ich Ihnen, meine Leser,
daß die immer geschäftige, fruchtbare Phantasie der Alten sich
alle Gefilde, Berge, Thäler, Gebüsche, Gesträuche, Bäume,
Wälder, Quellen, Bäche, Flüsse und Seen mit Wesen höherer
Art bevölkert und von diesen gleichsam beherrscht dachte.
Dieser Glaube fand bei den Römern wie bei den Griechen Statt,
und von jenen wie von diesen wurden solche Untergottheiten
Nymphen genannt. Sie gleichen den Wasserjungfern
und Waldfrauen in unseren Volkssagen.

Nymphen waren überhaupt weibliche Mittelwesen zwischen
Göttern und Menschen, mit Beiden im Umgange, von Beiden
geliebt oder verehrt, Wesen, welche auch die Gabe besaßen,

XVII

Pegasus und die Nymphen.

FLORA.

FORTUNA.

sich sichtbar und unsichtbar zu machen, und Manches ausführen
konnten, was nur Götter zu thun vermochten, die Ambrosia
genossen, wie jene, welche ein heiteres glückliches Leben führten,
und zwar in Kraft und Jugend ein hohes Alter erreichten,
aber nicht unsterblich waren, wie die oberen Götter. Nach
dem alten Glauben wurden sie in außerordentlichen Fällen
auch zur Versammlung der olympischen Götter entboten, aber
ihr gewöhnlicher Aufenthalt war das Gebiet ihrer Thätigkeit
in den einsamen Grotten und stillen Thälern, wo sie spinnen
und weben, oder baden, liebliche Lieder singen, tanzen und
spielen, oder mit den ihr Gebiet durchstreifenden oberen
Göttern ziehen, als: mit der Artemis (Diana) jagen, mit
dem Dionysos (Bacchus) schwärmen, mit Apollo und Hermes
(Mercur) scherzen, aber mit den neckischen und ausgelassenen
Satyrn in stetem Kampf leben.

Schon die frühesten Sagen des Alterthums sind mit
Erzählungen von den Thaten verschiedenartiger Nymphen
angefüllt, und die Dichter trieben mit diesen Götterwesen ein
lebhaftes Spiel der Phantasie. Besonders bei den Griechen
waren viele Nymphen bekannt, an welche der große Haufe der
Menschen glaubte, und sie oft sogar durch Errichtung reich
ausgeschmückter Altäre verehrte. Ihre Verehrung fand überall
da Statt, wo man sie sich anwesend und waltend dachte, an
Quellen und an feuchten Wiesengründen, in Wald und Gebirge. Geheiligt waren ihnen Grotten und Höhlen, wo es
floß oder herabtropfte, und wo die Bienen summend aus- und
einflogen. Auch eigene Heiligthümer, Nymphäen genannt,
wurden ihnen in reich bewässerten Thälern und Höhlen,
so wie selbst in Städten gestiftet. In den Städten waren
die Nymphäen prächtige Gebäude, in welchen man die
Hochzeiten zu feiern pflegte. Die Opfer, welche man ihnen
darbrachte, waren Ziegen, Lämmer, Milch, Oel; Wein war
davon ausgeschlossen.

Ueber die Herkunft der Nymphen herrschen so viele und verschiedene Sagen, daß sie hier nicht alle angeführt werden können. Vom Zeus und der Themis soll eine große Zahl derselben entsprossen sein. Man kann dieselben am füglichsten nach ihren Wohnörtern oder ihrer Abstammung in nachstehende Classen eintheilen:

1. Dryaden oder Hamadryaden, auch Alseïden genannt, Wald= oder Baumnymphen, deren Aufenthalt Haine, Schluchten und Waldthäler sind. Sie scherzen besonders mit Apollo, Hermes (Mercur), Pan, und werden von den Satyrn verfolgt; sie erscheinen aber auch als rüstige Jägerinnen oder Hirtinnen von Schafheerden.

2. Oreaden, Bergnymphen. Sie wurden auch nach den Gebirgen, wo sie sich aufhielten, benannt; so die Peliaden (vom Pelion), die Idäischen (von Ida), die Kithäronischen (von Kithäron) u. s. w.

3. Limoniaden oder Leimoniaden, die Nymphen der Wiesen und Blumen.

4. Napäen oder Auloniaden, Thalnymphen, d. h. die Nympen der Bergthäler, in denen Heerden weideten, welche letztere drei Geschlechter gewöhnlich im Gefolge des Pan, fröhlich und scherzend, Berge und Thäler, Wälder und Wiesen durchschwärmten. Eine schöne Thalnymphe war Eurydike, die von einer Schlange gestochen starb, und von allen Nymphen betrauert und von dem Liedersänger Orpheus mit den ergreifendsten Klageliedern besungen wurde.

5. Okeaniden, die Töchter des Okeanos, und die Nymphen der Quellen und Bäche. Sie werden danach benannt, wie die Bäche fließen. So war Prymno, die (als Wasserfall) von steiler Höhe sich Herabstürzende; Hippo, die schnell dahin Fließende; Plexaure, die

Plätschernde; Galaxaure, die erfrischende Kühle der Luft Gewährende; Kalypso, die verborgen dahin Fließende; Rhodeia, die durch Rosengebüsch Fließende; Kallirrhoe, die Schönfließende; Melolosis, welche die Weide tränkt; Telesto, die Nymphe der frischen, aus der Erde hervorsprudelnden Quellen, deren Wasser die Griechen zu religiösen Waschungen und Reinigungen gebrauchten.

6. Die **Nereiden** waren die Töchter des Nereus, und werden nach ihrer Mutter auch Doriden genannt (f. Nereus, S. 161).

7. **Naiaden**, überhaupt die Wassernymphen oder die Nymphen des flüssigen Elementes, und Töchter des Zeus. Sie heißen die **Nährenden**, weil sie die Fruchtbarkeit geben. Daher befinden sie sich gewöhnlich in der Umgebung des Zeus, Poseidon und Dionysos, so wie der Demeter, Persephone (Proserpina) und der Aphrodite, und wurden auch als Gottheiten der Ehe und der Weihe verehrt.

8. **Potamiden**, Flußnymphen;

9. **Limnaden**, die Nymphen der Seen, Teiche und Sümpfe; die gefährlichsten von allen, die als Wassernixen diejenigen, die sich auf ihren Gesang oder ihren verstellten Hülferuf annäherten, zu sich hinablockten oder hinabzogen; und

10. **Plejaden**, die sieben Töchter des Atlas mit der Plejone, deren Schwestern die Hyaden sind.

11. **Atlantiden**, die von Atlas stammten und zu demselben gehörten.

12. **Hyaden**, nach der Mythe Töchter des Atlas mit der Aethra, und Schwestern oder, nach Anderer Darstellung, Töchter des Hyas, auch Schwestern der Plejaden. Sie wurden unter die Sterne versetzt, als sie aus Gram über

ben Tod ihres Bruders Hyas starben, den ein wildes
Thier getödtet hatte; und sind die sieben Sterne, welche
das Haupt des Stier=Gestirns bilden. Ihr Aufgang in
der Frühe vom 7. bis 21. Mai deutete gewöhnlich Regen
an; deshalb nannte man sie gewöhnlich das Regen=Gestirn.
Sie wurden auch Dodoniden, als die Erzieher des
Zeus von Dodona genannt (s. S. 42). Eine derselben
hieß Thyene.

Jede ausgezeichnete Nymphe hatte wieder ihren besondern Namen.

Man bildete sie als schlanke, junge Mädchen von großer
Schönheit ab, und gab ihnen nach ihrer Bestimmung verschiedene Attribute.

Auf der gewählten Abbildung pflegen sie den Pegasus an
der Quelle. In das Haupthaar haben sie alle Drei Schilf ein-
geflochten, doch nur Zwei von denselben haben Schöpfgefäße.

Echo; Narkiffos.

Echo war eine der Bergnymphen, nach einigen Sagen,
eine der Dienerinnen der Here, welche aber von dieser wegen
großer Schwatzhaftigkeit aus ihrer Nähe verwiesen wurde,
nach andern Mythen aber eine reizende Nymphe, welche der
Waldgott Pan liebte. Sie lernte den schönen Narkissos,
einen Sohn des Flußgottes Kephissos, kennen, und faßte für
ihn eine sehr innige Zuneigung, die aber Narkissos nicht erwiderte. Darüber grämte sich Echo so sehr, daß sie mager
und immer magerer wurde, bis nur noch die Stimme von ihr
übrig blieb, welche nachher in den Gebirgen und Wäldern, in
welchen Pan umherzog, wohnte, und jeden einzelnen Ruf der
Stimme Anderer nachahmend zurückgab.

Narkissos, der von der Schönheit seines Körpers so eingenommen, und so eitel war, daß er sich in sein eigenes Bild

vergaffte, wie es ihm der Spiegel der klaren Quelle zeigte, und aus Liebe zu diesem verschmachtete, ist ein Bild, in welchem die verderblichen Folgen zu großer Selbstgefälligkeit versinnlicht werden. Nach einer andern Sage wurde er von den Göttern zur Strafe in eine Blume (Narcisse) verwandelt, die seinen Namen führt.

Hesperiden.

Die Hesperiden waren Töchter des Atlas (eines Riesen, der, nach der Sage der Alten, im äußersten Westen den Himmel trug) und der Hesperis (der Westgegend), oder nach einer anderen Sage der Nacht, wohl deshalb, weil im frühesten Alterthum die äußerste Westgegend von Europa nur durch dunkle Sage bekannt war, durch die man aber auch wußte, daß dort die lieblichsten Früchte, die Apfelsinen, die sogenannten goldenen Aepfel in Fülle gediehen. Natürlich war die Sage von diesen Wesen einer unbekannten und sagenhaften Gegend dunkel; aber die schönen goldenen Aepfel, die aus jener Gegend kamen, konnten nach der Darstellung der Griechen nur von Götterwesen, nur aus den Gärten der Götter kommen. Sie sollten sich auf einer Insel im Ocean befinden; auch werden die Inseln der Hesperiden an die Nordküste oder die Westküste Afrikas versetzt. Dies waren nun die Gärten, die von den Hesperiden gepflegt wurden, und diese im Alterthum so berühmten Gärten der Hesperiden mit den goldenen Aepfeln, wo die ambrosischen Quellen am Lager des Zeus flossen, wo die Erde die herrlichsten Gaben der Götter spendete, sind also das Eden. Diese Gegend wurde immer weiter in den weitern unbekannten Ocean hinausgerückt, je mehr man die äußerste Westspitze Europas kennen lernte; daher versetzte man sie auf Inseln des Ocean.

Ueber den göttlichen Ursprung der kostbaren, goldenen

Aepfel erzählt die Mythe: Bei der feierlichen Vermählung des
Zeus (Jupiter) und der Here (Juno) brachten die Götter verschiedene Hochzeitgeschenke dar, und unter andern ließ Titäa
(die Erde) einen goldene Aepfel tragenden Baum emporwach-
sen. Das neuvermählte Götterpaar übertrug die Pflege dieser
ihnen angenehmen Früchte den Hesperiden, aber als diese sich
hinreißen ließen, von den Früchten zu naschen, ließen die Götter
die Gärten durch den Drachen Ladon, den jedoch Herakles
erlegte, bewachen, worauf die Hesperiden durch die Gunst der
Athene, die von dem Herakles geraubten goldenen Früchte
wieder erhielten.

Die gewöhnliche Mythe nannte nur die drei Hesperiden
Aegle, Erytheïs und Hespere; später wurde Arethusa,
ja es wurden noch drei hinzugefügt, so daß es deren sieben gab.

Die Musen,

auch Pierinnen oder Pieriden und Camönen genannt,
wurden als Nymphen der an den Bergen Helikon und Parnassus rieselnden Quellen Kastalia, Aganippe und Pimpla (Pimplea) betrachtet, deren Wasser man die Gabe beimaß,
die Trinker zu begeistern. Die älteste Mythologie nennt nur
drei Musen als Töchter des Uranos: die Melete, Mneme
und Aöde, als Göttinnen des Nachdenkens, des Gedächtnisses
und des Gesanges. Späterhin stieg ihre Zahl auf neun, die
man für Töchter des Zeus und der Titanide Mnemosyne
hielt, auch von Pierien, dem Lande ihrer Geburt am Olymp,
Pierinnen benannte. Daher wurden sie auch vorzugsweise
in der Landschaft Pierien am Olymp verehrt, von wo sich ihr
Cultus besonders an den Berg Helikon in Böotien, so wie
nach Athen, Sparta, Trözen und an andere Orte verbreitete.
Man legte die Ausbreitung des Musendienstes besonders einem
Thraker Pieros bei, von dem man auch erzählte, daß er seine

neun Töchter mit den Namen der Musen belegte und sie mit jenen einen Wettgesang anstimmen ließ, in welchem sie besiegt und zur Strafe ihres Erkühnens in Singvögel verwandelt wurden. Die Verehrung am Helikon dauerte bis in die späteste Zeit in einem Hain mit den heiligen Quellen: Aganippe, Hippokrene. Außerdem gab es hier viele den Musen geweihte Werke. Die Feier der Verehrung war mit Wettkämpfen verbunden, Museien genannt.

Die neun Musen der gewöhnlichen Mythologie der Griechen und Römer galten als Göttinnen des Gesanges, der Musik, der Dichtkunst und überhaupt der schönen Künste, welche die Bildung der Menschen beförderten. Sie bewohnten die Gipfel der Berge Helikon, Parnassos und Pindos, liebten die heiligen Quellen dieser Berge, beschäftigten sich mit den schönen Künsten, welche sie überhaupt beschützten, und zu deren Uebung sie die Menschen anfeuerten und begeisterten. Sie stiegen oft in den Olymp, und verherrlichten durch Uebung ihrer Künste das selige Leben der oberen Götter. Bald erscheinen sie in der Mythologie alle als Jungfrauen, bald aber auch vermählt, und werden als Mütter verschiedener Söhne genannt (welches indeß wohl nur die Idee: daß sich einige Künstler ganz ihrem Dienste widmeten, ausdrücken soll); jedoch mit Ausnahme der Urania. — Sie straften diejenigen, welche sich vermaßen, es mit ihnen in den Künsten des Gesanges und der Musik aufnehmen zu wollen, z. B., wie oben erzählt worden, die Töchter des Pieros, ferner die Sirenen und den Thamyris. Apollon selbst war Anführer der Musen, und hieß daher Musagetes. Die Dichter der ältern Zeit riefen beim Anfange ihrer Werke jederzeit die Musen um Schutz und Gunst an, was von neuern Dichtern nachgeahmt worden ist. In den bildlichen Darstellungen der älteren Zeit erscheinen sie stets vereint, alle in derselben Kleidung und mit denselben Attributen und musikalischen Instrumenten, nämlich Cithern,

Harfen und Flöten, dann auch mit Schriftrollen. Diese Schriftrollen haben die ursprüngliche Veranlassung gegeben zur Sammlung von Schriftwerken im Dienste der Musen, woraus die Bibliotheken, wie die Museen entstanden sind, wie sie in der heutigen Zeit so gewöhnlich sind. So weist die Bedeutung des Namens Museum zurück auf den uralten Dienst der Musen — also auf die Bildung, die ein Werk der Musen ist.

Die neun Musen wurden nach der Verschiedenheit ihrer Bestimmung auf folgende Art dargestellt und abgebildet:

1. Klio (f. Abbildung XVIII.), die Muse der Geschichte, sitzend, hält, mit einem Lorbeerkranz bekränzt, eine halbgeöffnete Pergamentrolle und hat neben sich ein Gefäß mit Schriftrollen. — Außerdem wird sie auch stehend abgebildet, und hat außer der Schriftrolle in der einen Hand, einen Schreibgriffel in der andern Hand.

2. Kalliope (f. Abbildung XIX.), die Muse des heroischen Gesanges (Heldengedichte, Epopöen), gilt als die vornehmste der Musen, erscheint daher auch zuweilen allein als die Vertreterin derselben. Sie wird sitzend mit einer Schreibtafel und einem Griffel — aber auch stehend und bekränzt, mit einer Schriftrolle in den Händen — oder auch mit einer Tuba (einem posaunenartigen Instrument), die mit einem Lorbeerzweige umwunden ist, dargestellt.

3. Melpomene (f. Abbildung XVIII.), die Muse des Trauerspiels (der Tragödie), erscheint in hoher und ernster Gestalt, bekleidet mit dem weiten, tragischen Gewande (Tunica, Syrma), und dem kurzen Mantel (Chlamys), den linken Fuß auf einen Felsen gestützt, und in der rechten Hand eine tragische Maske; in andern Bildern hat sie ein Diadem, oder einen Chpressenkranz um

CLIO.

MELPOMENE.   THALIA.

MNEMOSYNE, DIE MUTTER DER MUSEN.

CALLIOPE.

URANIA.

EUTERPE.

POLYHYMNIA.

das Haupt, und hält einen Dolch oder eine Keule in der Hand.

4. **Thalia** (s. Abbildung XVIII.), die Muse der Komödie (des Lustspiels) und der scherzhaften Gedichte, erscheint stehend, bekleidet mit einer Tunica und einem mit Franzen besetzten Mantel, in der einen Hand den Hirtenstab (Pedum) oder Jocusstab, der oben gekrümmt und knotig ist, und in der andern Hand eine lachende Maske.

5. **Polyhymnia** oder **Polymnia** (s. Abbildung XX.), die Muse des Gesanges und der Beredtsamkeit. — Ihr Name bedeutet: die Liederreiche, Gesangreiche. Sie wird die Erfinderin der Mythen genannt; darum erscheint sie auch in sinnender Stellung, mit einem Finger am Munde, und mit einem Lorbeerkranz auf dem Haupt; — aber sie wird auch in ruhiger, aufmerksam anschauender Stellung, an eine Säule vorwärts gelehnt, die Arme verhüllt, oder auch verschleiert, dargestellt. Der Schleier bedeutet die sinnbildlich verhüllte Wahrheit der Mythe, die sinnende Stellung deren Deutung. Darum ist sie auch die Göttin der ernsten und religiösen Gesänge.

6. **Urania** (s. Abbildung XX.), die Himmlische, ist die Muse der Sternkunde, und hat sitzend eine zum Theil verhüllte Himmelskugel (Sternglobus) neben sich, einen Zirkel in der einen Hand, während sie mit der anderen nach dem Himmel hinauf deutet. In anderen Abbildungen trägt sie eine Sternenkrone und eine Leier, richtet den Blick zum Himmel, oder zeichnet mit einem Stabe etwas auf eine vor ihr befindliche Himmelskugel.

7. **Euterpe** (s. Abbildung XX.), d. h. die Ergötzende, ist die Muse der Tonkunst, bläst stehend auf einer Doppelflöte; aber spielt auch andere Musik-Instrumente.

8. **Erato** (s. Abbildung XXI.), d. h. die Liebliche, ist die

Muse der Liebeslieder (erotischen Gedichte) und hochzeit=
lichen Gesänge; sie ist bekränzt und spielt die große und viel=
saitige Leier — oder hält auch in andern Abbildungen eine
Leier neben sich und in der andern Hand einen Pfeil
oder auch einen Kranz von Myrten und Rosen.

9. Terpsichore (s. Abbildung XXI.) ist die Muse der
Tanzkunst, in langem Gewande und bekränzt, und spielt
die kleinere Leier; — oder hat in andern Abbildungen
eine Handpauke mit Schellen, und erscheint leicht ge=
schürzt, in tanzender Stellung.

Die Mutter der Musen hieß, wie Sie schon gelesen,
Mnemosyne, d. h. das Gedächtniß. Dies Gedächtniß
bezieht sich insbesondere auf die Erinnerung an die großen Er=
eignisse im Weltursprunge und in den Titanenkämpfen, welche
die Weltbildung bezeichnen, bis daraus die Schönheit der Har=
monie der Welt hervorging. Später hat man sie einfach nur
als die Göttin der Erinnerung und des Gedächtnisses betrach=
tet, und mit den übrigen Musen verehrt. Sie wurde, beide
Hände in das Gewand verhüllt, in nachdenkender, ruhiger
Stellung dargestellt (s. Abbildung XIX.), um dadurch das Ge=
dächtniß so wie es ist, still und in sich verschlossen, bildlich zu
bezeichnen.

Die Musen nebst Apollon pflegten bei Göttermahlen und
Hochzeiten der Heroen zu musiciren, und die Horen, Chariten,
Aphrodite und andere Göttinnen der Lust und Freude zu tan=
zen. So dachte man sich sinnbildlich Freude, Musik, Poesie,
Tanz und Heiterkeit in ihrem Ursprung göttlich und vereint.

Wollen Sie, meine Leser, die Bestimmung der Musen
leicht übersehen, so merken Sie sich nachstehende Verse eines
deutschen Dichters:

Klio lehrt die Geschichte der Völker; tragische Spiele
Sind der Melpomene heilig, die komischen liebet Thalia;
Heldengesänge tönt der Kalliope stolze Drommete;

ERATO.

TERPSICHORE.

HOREN.

IRIS.

HYMEN.

HEBE.

Tänzer beschützt Terpsichore, Flötenspieler Euterpe;
Erato singet der Liebenden Glück; Urania wandelt
Unter den Sternen; Polymnia herrscht im Reiche der Rede.

Iris,

(siehe Abbildung XII.)

die Göttin des Regenbogens, war eine Tochter des Thaumas
und der Elektra, Enkelin des Okeanos und der Erde; eine
Schwester der Harpyien. Sie wohnte als Botin der Here
(Juno) und des Zeus, so wie anderer Götter, im Olymp, und
war auch Führerin und Beratherin der Menschen, denen sie
von den Göttern Botschaft brachte. Stets windesschnell eilt
sie von einem Ende der Welt zum andern, und bringt selbst in
die Tiefe des Meeres wie bis zur Styx, so daß sie als das
weibliche Gegenbild des Götterboten Hermes erscheint,[1] nur
daß sie zu der Königin der Götter, Here, in einem ähnlichen,
besonders nahen Dienstverhältnisse steht, wie Hermes zum
Götterkönige, Zeus.

Die Alten glaubten, daß Iris die Wolken mit dem Wasser aus den Seen und Flüssen speise, damit diese es im Regen
wieder auf die Erde, dieselbe befruchtend, herabträufeln lassen.
Daher war ihre Erscheinung dem Landmann, als Zeichen eines
erquickenden Regens, willkommen, und er verehrte die Göttin
gern, die sich ihm im schönfarbigen Bogen am Himmel kenntlich machte.

Sie wurde als ein schönes Mädchen mit buntfarbenen
Flügeln, im bunten Gewande, auf einem Regenbogen daher-
fahrend, oder einen Nimbus über dem Kopfe, der alle Farben des Regenbogens spiegelt, abgebildet. In dem gewählten Bilde

erscheint sie beflügelt und bis auf die Füße mit einem weiten
Gewande bekleidet, in der einen Hand den Botenstab, wie

ihn Hermes (Mercur) auch trägt, und in der anderen Hand
einen glänzenden Helm, um die glänzende Erscheinung des
Regenbogens dadurch anzudeuten.

Eos oder Aurora; Lucifer.

(Siehe Abbildung XIII.)

Eos (Aurora), d. h. die Morgenröthe, auch Hemera,
d. h. die Tagesgöttin genannt, war eine Tochter des Titanen
Hyperion — der den hoch über die Erde dahinschreitenden
Gott der Sonne bedeutet — und einer Titanin Theia, und
wurde für eine Schwester des Helios und der Selene, d. h.
der Sonne und des Mondes gehalten. Sie ist das rosige
Frühlicht des noch beim Sternenschein anbrechenden Tages,
mit dem die Dämmerung schwindet. Bei ihrem Erscheinen erbleichen die Gestirne und Selene (der Mond), aber ihr folgt
auch eilend Helios (das Gestirn der Sonne; s. S. 109). Einige Dichter erzählen, daß sie mit rosenfarbenen Fingern den
Schleier der Nacht aufhebe, und auf einem mit weißen Rossen
bespannten Wagen aus dem Ocean im Osten emporsteige, um
auf ihrer Fahrt die Erde zu erleuchten; Andere sagen: sie be-
diene sich dazu des Pegasus (s. die Abbildung Tafel XVII.),
eines geflügelten Rosses, welches, nachdem es den Bellerophon — einen kühnen Helden, der sich im Uebermuth des
Glückes auf demselben in den Olymp erheben wollte — abge-
worfen habe, ihr von dem Zeus zu diesem Behufe geschenkt
worden sei.

Die rosenfarbenen Finger der Göttin bedeuten die rosigen
Lichtstrahlen des Frühlichtes. Sie liebt das Frische und
Schöne, wie es dem frühen Morgen eigen ist.

Mit dem Asträos, dem Gotte des Sternenlichts, vermählt, gebar Eos die vier Winde: Zephyros, Boreas, Notos,
Euros, so wie den Morgenstern. Der Grund dieser Sage

AURORA.

liegt in der Erfahrung, daß sich in der Regel, wenn das Mor=
genroth anbricht und ehe noch die Sterne erbleichen, also wenn
sich Eos und Asträos verbinden, ein frischer und kräftiger Wind
erhebt, der die schwebenden Nebel vor sich herjagt und als
Thau auf die Erde legt. Sie traf oft schon frühe am Tage
Jäger im Walde, gewann einige davon lieb, und entführte,
nach der mythischen Erzählung, vier derselben, den Orion,
Kleitos, Tithonos (dem sie von den Göttern Unsterblichkeit er=
bat) und den Kephalos. Der Letztere liebte seine Gemahlin
Prokris zärtlich, und verschmähete, wie hier beiläufig erzählt
werden möge, die Zuneigung der Aura, d. h. der Göttin des
frischen Windes, die sich dadurch an ihm rächte, daß sie Miß=
trauen und Zwietracht zwischen beiden Gatten erregte — nach
andern Erzählungen — daß Kephalos die Prokris aus Versehn
auf der Jagd tödtete. Prokris nämlich hatte sich, eifersüchtig
auf Aura, um deren Zusammenkunft mit Kephalos zu belau=
schen, im Gebüsch verborgen; als sie sich dort zufällig bewegte,
vermuthete Kephalos ein verborgenes Wild, warf unbesehens
seinen Jagdspieß und traf sein Weib.

Als Eos ihren und des Tithonos Sohn, Memnon, frühe
verlor, errichtete sie demselben, nach der Sage der Alten, bei
Theben in Egypten die wunderbare Bildsäule, welche die Ei=
genschaft hatte, sobald die ersten Strahlen der Morgenröthe
sie berührten, einen Klang von sich zu geben, gleich einer
Saite, die auf einer Laute zerspringt. Als der persische König
Kambyses Egypten unterjochte, ließ er diese berühmte Bild=
säule umwerfen, die noch jetzt als Memnonsäule in ihren
Bruchstücken Gegenstand der Bewunderung aller Reisenden
der gebildeten Völker ist, indem man noch immer jene wunder=
bare Eigenschaft an ihr wahrzunehmen meint.

Eos wurde als eine anmuthige Jungfrau, gewöhnlich mit
großen Schulterflügeln, im weiß und feurig roth strahlenden
Gewande, einen Stern, oder eine Haube auf dem Haupte, und

eine Fackel in der Hand, auf einem goldenen, zweibespannten
Wagen, oder auf dem Pegasus sitzend, oder auch geflügelt
dahinschwebend, abgebildet, nicht selten im Begriff, den Mor-
genthau aus einem Gefäß auf die Erde auszugießen.

In dem gewählten schönen Bilde erscheint sie
mit einem flüchtigen Viergespann von Rossen. Die Flügel
und das flatternde Gewand deuten ihre außerordentliche
Eile an. An den Stierköpfen erkennt man es, daß bei ihrer
Ankunft noch die Sterne am Himmel sichtbar sind. Aber
der hellleuchtende Lucifer eilt ihr mit seinen Fackeln voraus. Auf ihrem Wege erheben sich, vom Thau erquickt,
die Blumen und Pflanzen, wie es ja in der Natur auch
geschieht.

Lucifer, der Morgenstern, wird auch als Liebling der
Aphrodite oder der Here dargestellt, und stets als Vorläufer
der Eos mit Fackeln von den Künstlern abgebildet. In anderen Bildern eilt ihr auch Hermes (Mercur) voran.

Aeolos

war der Gott der Winde.

Durch Höhlen und Bergklüfte strömt gewöhnlich ein
starker Luftzug, der von den alten Völkern, die sich ihrer
häufig als Wohnungen bedienten — wie überhaupt alle Naturkräfte und Wirkungen, die sie wahrnahmen — personificirt
wurde. So entstand der Mythus von einem Gott der Winde,
Aeolos, der, nach der Meinung der Alten, auf der Insel Lipara in einer weiten Höhle des Berges seinen Wohnsitz hatte,
und von dort aus die Erde und das Meer auf eine den Menschen oft gefährliche Art heimsuchte, während er auch wieder
als gastfreier Freund der Seefahrer auftritt und ihnen seine
Gunst erweiset, die nur durch eigenen Vorwitz eingebüßt wird,
wie dies nach der Erzählung der Odyssee besonders Odysseus

(Ulisses) durch die Schuld seiner Gefährten auf seiner Fahrt empfunden haben soll.

Als er nämlich auf seiner später im Zusammenhange zu erzählenden Irrfahrt auch zu der Insel des Aeolos kam, bewir-thete ihn dieser freundlich und gab ihm, als er heimfahren wollte, alle widrigen Winde in einem großen ledernen Schlauche mit in sein Schiff, während er nur den seiner Heim-fahrt nach Ithaka günstigen Wind wehen ließ. Achtsam stand Odysseus am Steuer, nach mehrtägiger Fahrt aber ließ er sich, schon nahe seiner Heimath, vom Schlafe übermannen, und seine neugierigen Gefährten, welche meinten, Aeolos habe ihrem Herrn in dem Schlauche kostbare Geschenke mitgegeben, öffneten diesen, um die Schätze zu sehen, worauf sofort die ent-fesselten Winde mit Ungestüm hervorbrachen und das Schiff aufs Neue verschlugen.

Aeolos, ein Sohn des Königs Hippotes, lebte auf einer steilen liparischen Felseninsel bei Sicilien, mit seinen sechs Söhnen und sechs Töchtern, die er mit einander vermählte, bei stets rauschender Musik in Freuden. In den Felsen-höhlen aber ist die Wohnung oder der Kerker der Winde, welche Aeolos bändigt oder beherrscht, und von denen er bald diesen, bald jenen nach dem Willen der oberen Götter entfesselt und wehen läßt. Neben dieser Vorstellung der von Aeolos beherrschten Winde besteht aber auch eine andere, nach welcher die Winde durchaus selbständige göttliche Personen sind, die in getrennten Wohnungen hausen und nur den Ge-boten des Zeus und Poseidon folgen.

Ueber die vorzüglichsten der Winde: Boreas, der Nord-wind, Euros, der Ostwind, Notos, der Südwind, und Zephyros, der Westwind, siehe das Nähere mit Abbildungen in dem Folgenden.

Die Winde.

(Siehe Abbildung XXIII.)

Die Winde waren, wie so eben bemerkt, nach einer Vorstellung die Untergebenen des Aeolos (s. S. 181), nach einer
anderen, ebenfalls schon berührten Mythe, waren die guten
und sanften Winde Söhne des Aſträos und der Eos (s. S.
178), die böfen und verderblichen Ausgeburten des Typhon;
nach einer dritten Vorstellung waren sie selbständige Götter,
deren Ursprung unbekannt iſt.   Ihre Zahl wird verschieden
angegeben, jenachdem man nur die Winde aus den Hauptrich-
tungen der Windrose: Nord, Süd, Oſt und Weſt, oder auch
diejenigen aus den Mittelrichtungen: Nordoſt, Südweſt u. f. w.
berücksichtigte.   Besonders wurden bei der Personification der
Winde ihre Wirkungen in's Auge gefaßt, z. B. die rauhe Kraft
des Nordwindes, die warme Milde des Südweſt u. f. w. Demgemäß fand sich in Athen ein achteckiger Thurm der Winde, an
dem auf jeder Seite einer der hier genannten Winde dargeſtellt war.   Wir lernen auch an diesen die Gabe der alten
Griechen kennen, sich alle Naturerscheinungen faßlich und
naturtreu zu versinnlichen.

Zur Versinnlichung, wie sich die Alten die Winde als
Bild in geflügelten Wesen dachten und darstellten, sind hier
vier von den Bildern am Thurm der Winde ausgewählt.
Euros, der Oſtwind, war warm und brachte Regen. Letzteres bezeichnet das umgekehrte Gießgefäß. — Lips iſt der
Südweſt, und war in Athen den in den Hafen Piräus ein-
laufenden Schiffen günstig; dies wird durch das Hintertheil
eines Schiffes bezeichnet. — Zephyros, der warme und
milde Weſtwind, iſt mit bloßen Füßen, leicht bekleidet, und
Blumen im Gewande dargeſtellt. — Von diesem unterscheidet sich Apeliotes, der Südoſtwind dadurch, daß er be-

LIPS.

ZEPHYR.

EUBUS.

APELIOTES.

Amor mit dem bezähmten Löwen. Amor und Psyche.

GANYMED.

MARS und VENUS.

schutt ist, und statt der Blumen die Fülle der reifen Früchte
aller Art bringt.

Obgleich alle Winde personificirt waren und man ihnen
als Göttern, von deren Gunst der Mensch in vielen Verhältnissen abhangt, Opfer brachte, namentlich den schädlichen Winden Sühnopfer, um sie zu beschwichtigen, so haben doch nur
Zephyros und Boreas eigene Mythen. Von beiden Winden
haben wir schon berichtet, daß sie um Chloris (Flora) warben,
die sich mit Zephyros vermählte; von Boreas wird berichtet,
daß er die schöne Tochter des attischen Königs Kekrops Dreithyia geraubt und zu seinem Weibe gemacht habe. Dessen gedachten die Athener, als die Perser zum ersten Male gegen
Griechenland heranschifften, sie riefen den Boreas, der ja
gleichsam ein Verwandter der Athener geworden, zu ihrer
Hülfe an, und Boreas erhörte sie. Bei dem Vorgebirg Athos
fuhr ein furchtbarer Nordsturm in die persische Flotte, welcher
sie zerstreute und zum Theil vernichtete. Seit der Zeit hatten
die Athener einen Altar des Boreas, dem sie Dankopfer für
ihre einstige Rettung brachten.

Eros oder Amor; Psyche.
(Siehe Abbildung XI.)

Eros (die Liebe, der Liebesgott) ist eine nur bei den
Griechen verehrte Gottheit, welche die Römer nur durch die
Dichter von den Griechen in der späteren Zeit kennen lern-
ten, und deren Namen sie mit Amor (Liebe) übersetzten, wo-
neben häufig Cupido (mit langem i, ja nicht Cúpido zu
sprechen) gebraucht wird, obgleich dieser Name eigentlich mehr
dem griechischen Pothos (Liebesverlangen oder Begierde)
entspricht. Es spricht sich auch in diesem Umstande eine
wesentliche Verschiedenheit des Charakters beider Völker aus,
die einen tiefen Blick in ihr Seelenleben thun läßt.

Erinnern Sie sich, meine Leser, aus der vorhergehenden
Darstellung, wie die Alten sich die Entstehung der Welt dach=
ten (S. 25); nämlich das Chaos — die verworrene Masse
der in ihrer Vermischung mit einander streitenden Elemente
der Natur — sei durch eine dazu getretene Kraft gesondert
und in harmonische Ordnung gebracht. Diese Kraft ist Eros,
die Liebe, welche das Gleichartige mit einander verbindet und
von dem Ungleichartigen sondert, auf diese Weise Ordnung
und Harmonie im Weltall begründend. Nach dieser Idee war
Eros oder die Liebe die in der Natur allwirkende und schaf=
fende Kraft; eine Vorstellung, die sich später weiter entwickelte,
indem aus derselben die Mythe von einem Gott der Liebe
hervorging, der an mehren Orten lebhaft verehrt wurde. Jener
ursprüngliche Eros, welchen man als den kosmogonischen (d. h.
den Weltzeuger) bezeichnet, war selbst früher als alle übrigen
Götter vorhanden, und durch die Vorstellung von ihm wurde
die Schöpfung und Gestaltung der Erde erklärt, doch dürfen
wir nicht zu erwähnen vergessen, daß dieser kosmogonische
Eros keine eigentlich mythologische Gestalt ist, sondern nur der
mythologische Ausdruck einer philosophischen Idee, weshalb er
auch nirgend eigentlichen Cultus hatte.

Dies ist dagegen der Fall mit dem späteren Eros oder
Amor, der nach der gewöhnlichen Auffassung als ein Sohn der
Aphrodite und des Zeus (Jupiter), oder des Ares (Mars),
oder auch des Uranos betrachtet wurde, und dem man große
Gewalt über die Herzen der Götter und Menschen beilegte.
Der große griechische Bildhauer Phidias dagegen stellte das
Verhältniß des Eros zu der Aphrodite wieder anders dar.
Nämlich als die junge, bei ihrer Geburt aus dem Meer auf=
tauchende Göttin Aphrodite an das Land stieg, empfing sie
hier Eros, und Peitho (die Wohlredenheit) bekränzte sie, und
alle Götter des Himmels, der Erde und des Meeres um=
gaben sie.

In der frühesten Vorstellung wurde dieser Gott als der schönste der unsterblichen Götter betrachtet, — und er ist es auch, insofern man darunter die Naturkraft sich vorstellt, welche die Schöpfung mit ihrer Allgewalt vollbringt, indem sie den Kampf und das Gewirr in der ordnungs- und formlosen Naturmasse aussöhnend und mildernd stillt, und dadurch in der ordnungslosen Masse das Gleichgewicht einer ruhigen und ebenmäßigen Thätigkeit herstellt. Der Gott der späteren Zeit galt für den jüngsten von allen Göttern, dessen siegender Allgewalt aber weder die Götter, noch die Menschen entgehen. Betrachten Sie diesen Umstand in der religiösen Vorstellung dieser Gottheit der frühesten und der späteren Zeit etwas genauer, und es wird Ihnen nicht entgehen, daß in der Vorstellung von dem Eros mit der Zeit eine große Umwandlung Statt gefunden hat. Aus der schöpferischen Liebe der schaffenden Weltkraft ist die jugendlich frische Kraft der Liebe des Menschen geworden; — allerdings im Grundbegriff immer dasselbe, als Liebe — die große, Alles besiegende Naturgewalt der Anmuth und Milde —, durch welche der Kampf aufhört, und alles sich in einem ebenmäßigen Gang fügt, — dort in Beziehung auf die Weltschöpfung und Weltgestaltung, hier in Beziehung auf den Menschen. Später trat die letztere Vorstellung in dem Glauben, so wie damit in der Kunst, mehr hervor, obgleich man diese Gottheit fortwährend noch als die schöpferische Naturkraft verehrte, z. B. in Thespiä, wo das älteste Götterbild ein roher Stein war, aber auch als die siegende Macht, z. B. bei den Spartanern, Thebanern, zu Athen und auf den Inseln Samos und Kreta. Die Spartaner wie die Kreter opferten dem Eros vor der Schlacht als demjenigen Gotte, der die Heere in der Liebe zum Vaterlande zusammenhielt, und zu Athen gab es einen Altar des Eros und einen solchen des Anteros (der Gegenliebe). Zu Thespiä wurden dem Eros die Erotibien, eines der

beliebtesten Spiele in Böotien bis in die späteste Zeit
gefeiert.

In der Zeit der schönsten Kunst hat der berühmte grie=
chische Bildhauer Praxiteles den Eros als einen zum Jüng=
linge heranreifenden Knaben in der höchsten Anmuth, mit ver=
goldeten Flügeln, dargestellt. Dieses Bild, das zu den schön=
sten Götterbildern der Griechen gehörte, entführten später die
Römer, nachdem sie Griechenland besiegt hatten, nach Rom.
Auch andere Meister der Bildnerkunst haben von diesem Gotte
Bilder gemacht.

So war dieser Gott, obschon er nicht zu den olympischen
hohen Göttern gehört, von den Griechen im Leben, in der
Kunst und Poesie ein mit Vorliebe gepflegtes Bild, je mehr
man die siegende Liebe mit ihrer frischen und frohen Allgewalt
erkannte. Darum erscheint er als Knabe mit der höchsten An=
muth ausgestattet, beflügelt, der wie seine Mutter alles
Schöne liebt, die Blumen, schöne Mädchen wie schöne Knaben,
und auch die jungen Männer beseelt, die in den Kampf gehen.
Er hat den Bogen und den Köcher mit Pfeilen, oder eine bren=
nende Fackel in den Händen, um die Gewalt der feurigen
Kraft zu bezeichnen, oder er wird die Leier spielend, auf einem
Adler, Löwen oder Delphin reitend, oder mit Rehen oder
Ebern fahrend dargestellt, auszudrücken, daß die Liebe auch die
wildesten und scheuesten Thiere zähmt und bändigt. Aus dem
griechischen Alterthum sind uns viele liebliche Lieder von Ana=
kreon erhalten, in denen er den schalkhaften Eros (Amor) be=
singt. Deshalb nennt man auch heute noch erotische Lieder,
deren Gegenstand die Liebe ist. Wir haben
das Bild hier gewählt, das ihn auf dem ruhig dahinschrei=
tenden Löwen reitend darstellt, die Leier spielend, zum
Zeichen, daß die Liebe durch ihre sanfte Gewalt, die hier
durch Saitenspiel bezeichnet wird, auch das Wildeste zu be=
siegen vermag.

Er erscheint auch häufig in der Begleitung seiner Mutter; die Grazien und Musen waren seine Gespielinnen; Alles Bilder der Anmuth der Liebe, und eine Andeutung, daß sie nur mit dem Schönen sich einigt. — Pothos bei den Griechen ist, wie Cupido bei den Römern, wie schon oben erwähnt, nicht völlig gleich mit Eros und Amor, sondern bezeichnet das Liebesverlangen, d. h. die sich durch Verlangen nach Einigung äußernde Seelenkraft der Liebe, während eine dritte Gestalt dieses Kreises, Himeros, die milde Liebessehnsucht ausdrückt. Deshalb erscheint auch Eros oft mit Pothos und Himeros vereinigt.

Zu den lieblichsten Darstellungen der Griechen gehört die Mythe von der Verbindung des Eros (Amor) mit der Psyche, wie sie die Poesie und Kunst mannigfach, wenn auch erst in später Zeit, dargestellt hat. — Psyche ist die empfindende Seele, und wird von den Künstlern der Griechen als Schmetterling oder als zartes Mädchen mit Schmetterlingsflügeln dargestellt. Daher setzt auch in Bildern des Alterthums den von Prometheus geformten Menschen, um dieselben zu beleben, entweder Athene einen Schmetterling auf das Haupt, oder Hermes als Seelenführer führt die mit Schmetterlingsflügeln begabte Psyche für die Menschenbilder dem Prometheus zu, zugleich mit den Schicksalsgöttinnen des Menschen, den Parzen: Atropos, Lachesis und Klotho, die Sie im Folgenden noch genauer werden kennen lernen. Die bildliche Darstellung der Psyche als ein liebliches Mädchen mit Schmetterlingsflügeln gehört der griechischen Kunst der späteren Zeit an. Zu den schönsten und sinnigsten Kunstwerken des Alterthums gehört die Gruppe des mit der Psyche vereinigten Amor, welche wir ausgewählt haben. Darin erscheinen beide in zartester und innigster Einigung sich umarmend. Eros hat Köcher und Bogen abgelegt, und der Köcher mit seinen verwundenden Pfeilen ist geschlossen. Vor

ihm liegen auf dem Boden Rosen und ein grünender Rosen-
zweig steht neben ihm, um durch die schönste der Blumen
anzudeuten, wie Eros der Gott der Anmuth in der Liebe
sei. Psyche trägt die Fessel am Fuß und Arm, und verhüllt
sich mit leichtem Gewande. Hinter ihr steht der Spiegel.
So wußten die Griechen die Vereinigung der frischesten
Seelenkraft mit der höchsten Anmuth sinnbildlich darzustellen.

In einer besondern, ausführlicheren, mythologischen oder,
genauer gesprochen, allegorischen Erzählung wird die Verbindung des Amor mit der Psyche, in Beziehung auf den
Wandel im Leben dargestellt. Dieselbe gehört zu dem An-
muthigsten, darum möge sie hier einen Platz finden.

Psyche war die jüngste Tochter eines Fürsten auf der
Insel Kreta, nach andern Erzählungen aber des Sonnengottes,
und mit so hoher Schönheit begabt, daß sie für die zweite
Aphrodite (Venus) galt, und daher die Eifersucht dieser Göt-
tin weckte. Mehr jedoch beneideten ihre minder schönen
Schwestern sie um ihrer seltenen Reize willen. Aphrodite
(Venus) sandte den Eros (Amor) ab, um die Psyche für den
Frevel, so schön wie sie zu sein, dadurch zu bestrafen, daß er
ihr Liebe zu einem verächtlichen Menschen einflößen solle.
Eros (Amor) kam, sah die Psyche, und gewann sie überaus
lieb. Der Vater derselben hatte sich indeß an das Orakel des
Apollon gewendet, und dort die Weisung erhalten, seine Tochter im Trauergepränge auf einen Felsen zu führen, weil sie
zur Braut eines geflügelten Drachen bestimmt sei. Unter
Schmerz und Klage wurde der Befehl des Orakels, dem man
gehorchen mußte, vollzogen. Als Psyche sich auf dem Felsen
allein befand, umschwebte eine Wolke sie, leise Zephyrlüfte
hoben sie auf, und trugen sie sanft in ein schönes Schloß.
Hier traf Eros (Amor) mit ihr zusammen, jedoch nur in dunkler Nacht und von Psyche unerkannt, und warnte jedes Mal

die Geliebte, einen Versuch zu machen, ihn näher kennen zu lernen. Als aber Psyche ihre Schwestern hatte zu sich kommen lassen, um ihnen ihre Herrlichkeiten zu zeigen, drangen diese in sie, die erste Gelegenheit, die sich ihr darböte, zu benutzen, um ihren Geliebten persönlich kennen zu lernen. Die gereizte Neugier ließ die Psyche alle Warnungen desselben vergessen; sie schlich sich, während der Nacht, mit einer Lampe zu ihm, ritzte sich aber zufällig an den Pfeilen des Gottes der Liebe, und ließ — darüber erschrocken — indem sie sich über den Schlafenden hinneigte, und in ihm den Sohn der Aphrodite (Venus), Eros (Amor), erkannte, einen Tropfen heißen Oeles auf dessen entblößte Schulter fallen, worauf dieser erwachte, und, unter Vorwürfen über die Neugier seiner Geliebten, diese sogleich verließ und entfloh. Trostlos raffte sich Psyche auf, verließ ihr Schloß, und durchstrich, ihren Geliebten suchend, alle Länder. Einst kam sie auf ihrer Reise zum Palaste der Aphrodite (Venus); diese behielt sie bei sich, behandelte sie hart, legte ihr selbst Sclavinnenarbeiten auf, und stellte ihren Muth unter andern auch auf die schwere Probe, daß sie ihr befahl, ins Schattenreich hinabzusteigen, und von der Persephone eine Büchse mit Schönheitssalbe zu holen. Psyche würde den harten Prüfungen haben unterliegen müssen, wenn nicht Eros (Amor) sie im Geheim unterstützt hätte. Jetzt aber, als sie die Büchse geholt hatte, und indem sie solche öffnete, von einem ihr aus derselben entgegensteigenden Dampfe angeweht, ohnmächtig niedersank, jetzt vermochte Eros (Amor) nicht, sich länger zu halten; er eilte hinzu, hielt die sinkende Psyche, und rief sie liebend ins Leben zurück. Nun war auch der Zorn der Aphrodite (Venus) versöhnt. Psyche wurde unter großen Festlichkeiten, im Beisein der oberen Götter, mit dem Eros (Amor) vermählt, und erhielt im Olymp Unsterblichkeit.

Es ist nicht schwer, die Wahrheit, welche unter dieser

lieblichen Hülle verborgen liegt, zu erkennen. Die Geschichte von Eros und Psyche ist nichts Anderes, als ein Bild des menschlichen Lebens, in welchem dargestellt wird, wie die Seele, nachdem sie einmal das göttliche Gebot übertreten hat, durch Leiden und Unglück geläutert und zum Genuß reiner und ächter Freude vorbereitet und für denselben empfänglich gemacht wird.

Dichter und Bildkünstler haben noch viele kleine Liebes= götter oder Genien in lieblicher Kindergestalt und beflügelt, in der Umgebung der Aphrodite (Venus), nicht selten auch in der des Dionysos (Bacchus) dargestellt, und diese werden, nach Eros (Amor), Eroten oder Amoretten genannt.

Hymen oder Hymenäus,
(siehe Abbildung XII.)

der Gott der Ehen, war, sowohl bei den Griechen, als bei den Römern verehrt. Seine Abkunft wird verschieden angegeben, bald von Apollon und Kalliope, bald von Dionysos und Aphro= dite u. A. Er ist eigentlich die Personification des Brautliedes und gilt in einigen Sagen als sterblich geboren und erst später vergöttert. Ueber diese Vergötterung bestehen verschiedene Erzählungen.

Ein Mythus erzählt von ihm Folgendes: Hymen war ein armer, aber so schöner und zarter Jüngling, daß er für eine Jungfrau hätte gehalten werden können. Er liebte eine reizende Athenienserin, ohne jedoch Hoffnung zu haben, sich mit ihr vermählen zu dürfen. Um indeß ihr nahe zu sein, mischte er sich unter die Schaar der Mädchen, als diese einst das Fest der Demeter zu Eleusis feierten. Da brach plötzlich eine Schaar Seeräuber aus einem Hinterhalte hervor und schleppte die Jungfrauen in ihr Schiff, um sie zu entführen

und an fernen Küsten als Sclavinnen zu verkaufen. Die
Räuber landeten mit ihrer Beute an einer wüsten Insel und
berauschten sich dort so, daß sie in einen tiefen Schlaf ver-
sanken. Hymen benutzte diesen Umstand, ermunterte seine
Gefährtinnen, den schlafenden Seeräubern die Waffen zu
nehmen und sie Alle damit zu tödten. Dies geschah. Hymen
eilte darauf zu Schiffe nach Athen zurück, wo er Alles über
den geschehenen Raub in tiefer Trauer fand, und erbot sich,
den Eltern die geraubten Töchter unversehrt wieder zuzuführen,
wenn man ihm die Jungfrau, die er liebe, zur Gattin geben
wolle. Dies ward ihm feierlich versprochen. Er segelte
darauf mit einiger Mannschaft ab, holte die Jungfrauen von
der wüsten Insel nach Athen zurück, weshalb er als glücklicher
Seeheld den ehrenden Beinamen Thalassios bekam, erhielt
seine Geliebte zur Ehe, und lebte in dieser so glücklich, daß
sein Name berühmt, bei Stiftungen neuer Ehen angerufen,
besungen und er überhaupt zuletzt als Stifter und Beschützer
der Ehen vergöttert wurde. Bei hochzeitlichen Festen und Gebräuchen opferte man ihm, unter Absingung feierlicher Lieder,
Hymenäen, Blumen und Kränze.

Als Gottheit versetzte man ihn unter Amors Gespielen
in das Gefolge der Venus. Seinen Sitz soll er auf dem
Helikon, einem Berge in Böotien, unter den dort wohnenden
Musen gehabt haben. Nach einer anderen Sage verlor er
bei dem Hochzeitsgesange des Bakchos (Dionysos) und der
Ariadne oder der Althäa Stimme und Leben. Immer
aber erscheint er als Sinnbild des jugendlichen Reizes, der
Lust und des Gesanges. Hymen wurde als ein schöner
Jüngling mit einem goldfarbigen Gewande bekleidet, oder auch
unbekleidet, eine Fackel oder einen Schleier in den Händen,
abgebildet.

Chariten oder Gratien

(siehe Abbildung XXII.)

wurden bei den Griechen als Göttinnen der Anmuth (Huld=
göttinnen), der Reize der Schönheit und des heitern Spieles
in der Natur wie im Menschenleben schon seit uralter Zeit
verehrt zu Orchomenos in Böotien, in Sparta und Athen, wie
auf der Insel Kreta (wo ihnen schon seit dem Könige der Sagen=
zeit, Minos, Spiele gefeiert wurden). Ihr Heiligthum in
Orchomenos galt für das älteste dieser Gottheiten, und ihre
Bilder darin waren rohe Steine, die man vom Himmel gefallen
glaubte.

Die Schönheit, welche die Natur besonders im Frühling
auf so mannichfaltige Art in ihren Werken entwickelt, brachte
wahrscheinlich schon in den frühesten Zeiten den Mythus von
Göttinnen hervor, die man sich als Vorsteherinnen und Pfle=
gerinnen zunächst eben dieser Lenzesanmuth der Natur, dann
aber weiter alles Anmuthigen und Schönen dachte. Griechische
Dichter bildeten diese Idee weiter aus und — namentlich hat
Pindar sie in einem seiner schönsten Siegeslieder besungen —
verbanden mit der Vorstellung von den Chariten auch die des
Anstandes, der sittlichen Schönheit und Heiterkeit, des Wohl=
wollens, Wohlthuns und der Dankbarkeit mit heiterm und
schuldlosem Frohsinn gepaart. Wie Pindar singt, kommt dem
Menschen alles Erfreuliche von den Chariten, wenn er weise,
schön und guter Dinge sei; selbst die Götter würden ihre
Tänze und Mahlzeiten nicht ohne die Chariten zu Stande
bringen.

Die Gratien wurden als schöne, junge, keusche Mädchen
gedacht und dargestellt, deren ganzes Wesen Anmuth und Reiz
war, indem sie immer tanzten, sangen und sprangen, in
den Quellen badeten, mit Frühlingsblumen sich bekränzten,

GRACIEN.

Centauren gegen Hercules.

besonders mit Rosen, die ihnen wie der Aphrodite (Venus) geheiligt waren. Sie lebten, nach der Mythe, im Gefolge der Aphrodite (Venus), der sie manche Dienste leisteten, wohnten neben den Musen in der Nähe des Olymp, wo sie öfter, als Begleiterinnen der Aphrodite, tanzend vor den übrigen Göttern erschienen.

Ihre Abkunft wird verschieden angegeben; bald heißen sie Töchter des Zeus (Jupiter) und der Eurynome, einer Okeanide, bald Töchter des Dionysos (Bacchus) und der Aphrodite (Venus). Auch ihre Zahl wie ihre Namen werden verschieben angegeben. Aus Orchomenos stammen wahrscheinlich die Namen Aglaia, Euphrosyne und Thalia. In Sparta wurden nur zwei: Kleta (Klang) und Phaënna (Schimmer), in einem Heiligthum, auch in Athen nur zwei: Auxo und Hegemone, verehrt. In dem homerischen Gesange der Iliade wird ein ganzes Geschlecht Chariten, ältere und jüngere, erwähnt, von denen Pasithea (die Wunderschöne) die jüngste war. Nach einer anderen Mythe war Aglaia die jüngste und die Gemahlin des Hephästos. Man wollte wahrscheinlich durch diese Verbindung andeuten, daß die Kunstwerke des Vulcan vollkommen schön gewesen seien. Auch die Poesie verdankte den Chariten den besten Schmuck, nämlich die Schönheit und Anmuth; selbst der Athene (Minerva) helfen sie in den ernsten Studien, weil diese ohne Anmuth nichtig sein würden, nach dem Glauben der Griechen. Ebenso dienen sie dem Hermes (Mercur) in seiner Wohlreden= heit. Wir sehen hieraus, wie hoch die Griechen die Anmuth achteten und überall im Leben zur Bedingung machten. — Eurynome, die Mutter der Chariten, trat in späterer Zeit ganz zurück.

In Griechenland waren ihnen mehrere Tempel mit schönen Bildsäulen errichtet, theils allein, theils auch mit andern Gott= heiten gemeinschaftlich, z. B. mit der Aphrodite, mit dem Apollon und den Musen. Man feierte ihnen zu Ehren jährliche Feste

13

mit Wettspielen in Musik und Tanz, die man Charitesien
nannte. Man schwur auch bei den Chariten, und weihete ihnen
bei Gastmählern den ersten Becher Wein.

Unter dem Worte Charis stellten sich die Griechen Alles
vor, was zur Dankbarkeit, zum Wohlthun, zum Wohlgefallen,
zur Kunst und zur Anmuth gehört. — Der Ausdruck: Grazie
haben, ist noch bei uns gebräuchlich, und bedeutet: Reize
mit Anmuth verbunden besitzen. Goethe läßt die drei
Gratien ihre eigene Bedeutung aussprechen, nämlich:

Aglaia.	Anmuth bringen wir in's Leben; Leget Anmuth in das Geben.
Hegemone.	Leget Anmuth in's Empfangen, Lieblich ist's den Wunsch erlangen.
Euphrosyne.	Und in stiller Tage Schranken Höchst anmuthig sei das Danken.

In der frühesten Zeit wurden sie ganz bekleidet dargestellt,
später aber leicht bekleidet, oder nackt, sich im Tanze umschlin-
gend. Ihre Attribute sind Rosen, Myrten und Würfel (das
Symbol des heiteren Spieles), oder sie haben auch Aepfel und
Salbefläschchen, oder Aehren und Mohnbüschel, oder auch
musikalische Instrumente, nämlich Leier, Flöte und Syrinx.

Peitho oder Suada,

oder Suabela, die Göttin der Ueberredungskunst, gehörte
nebst den Gratien zu den Begleiterinnen der Aphrodite (Venus),
für deren Tochter sie einige Mythen erklären.

Theseus führte ihre Verehrung und ihren Dienst, neben
der Aphrodite, in Athen ein, als er die aus verschiedenen
Völkerstämmen bestehenden Einwohner von Attika überredet
hatte, Ein Volk auszumachen, dessen Hauptstadt Athen war.
Nächstdem hatte sie auch an andern Orten eigene Tempel

und wurde als eine in ihren Wirkungen ausgezeichnete Göttin verehrt.

Hebe,

(siehe Abbildung XII.)

bei den Römern Juventas, in einigen griechischen Land-schaften auch Ganymeda oder Dia genannt, war eine Tochter des Zeus (Jupiter) und der Here (Juno), und wurde als Göttin der Jugend, so wie der damit verbundenen edlen Genüsse verehrt. Sie blieb deshalb ewig jung, weil sie auch, wie die oberen Götter, nur Nektar und Ambrosia genoß, wobei man nie alt wurde. Hebe war Dienerin der olympischen Götter, und gehört als solche zu den sogenannten unteren Gottheiten. Sie verwaltete im Olymp das Amt der Mund-schenkin, welches ihr aber abgenommen und dem Ganymedes übertragen wurde, als sie sich einst bei Verwaltung desselben unvorsichtig benahm. Außerdem half sie der Here den Wagen anschirren, oder sie tanzt mit andern Göttinnen zum Spiel des Apollon und der Musen, oder befindet sich im Gefolge der Aphrodite. Jedoch am meisten bekannt und verehrt war sie als die olympische Braut und Gattin des Herakles, neben dem sie daher auch abgebildet wurde. Durch diese Mythe wird die Idee versinnlicht, daß die Genüsse bei den olympischen Göttern nur durch schwere Kämpfe errungen werden können.

Sie wird als ein junges, reizendes Mädchen im leichten Gewande, mit Rosen bekränzt, eine Opferschale und ein Gießgefäß in den Händen, oder den Adler des Zeus lieb-kosend und ihm in einer Schale den Göttertrank Nektar reichend, abgebildet.

In der griechischen Landschaft Argolis befand sich bei der Stadt Phlius, in einem reizenden Hain, ein Tempel der Hebe, der als ein Zufluchtsort (Asyl) für Verfolgte be-rühmt war.

In Rom hatte die Juventas zwei Kapellen, die eine auf dem Capitol, die andere bei der großen Rennbahn.

Ganymedes

(siehe Abbildung XI.)

war ein Sohn des trojanischen Königs Tros und der Kalir=rhoe, und Urenkel des Darbanos, des ersten Stifters von Troja, den Zeus wegen seiner schönen Gestalt vom Berge Ida in den Olymp entführte, wo er nach der Hebe das Amt eines Mundschenken der Götter verwaltete. Er wird in ewiger Jugend mit außerordentlicher Schönheit dargestellt. In den Abbildungen zeigt seinen Ursprung aus Asien die phrygische Mütze. Sein Amt als Mundschenk zeigt die Schale in der Hand, und daß er als Diener zum Olymp gehört, das erkennt man an dem Adler des Zeus, der neben ihm steht.

Asklepios oder Aesculap

(siehe Abbildung XV.)

war, nach der am weitesten verbreiteten Mythe, ein Sohn des Apollon (Päan) und der Koronis (daher auch sein Beiname Koronides), der Tochter eines thessalischen Fürsten. Die Mutter starb vor seiner Geburt durch die Pfeile der Artemis, aber der Vater rettete das Kind, brachte es auf den hohen Berg Pelion, und übergab es dem berühmten Arzte Chiron, der es erzog, und seinen Pflegling schon von frühester Jugend an sehr eifrig in der Jagd, so wie in der Heilkunde unter=richtete. In der Heilkunde brachte es Aesculap bald so weit, daß er seinen Lehrer übertraf, die gefährlichsten Kranken vom Tode rettete, und mit seiner Kunst wahre Wunder bewirkte. Pluton, dessen Schattenreich nun nicht mehr so bevölkert ward, als bisher, verklagte den Aesculap beim Zeus, und dieser, aufgebracht über die Keckheit, mit der ein Sterblicher dem Willen des Schicksals widerstrebe, erschlug den berühmten Arzt mit seinem Blitze, worüber Apollo, wie schon erwähnt, sich so mit dem Zeus entzweite, daß er auf einige Zeit aus dem Olymp verwiesen ward. Asklepios aber wurde nach seinem Tode in Griechenland göttlich verehrt. Man feierte ihm zu Ehren Feste, die Asklepieen, und errichtete ihm Tempel, deren berühmtester zu Epidauros im Peloponnes war. Hierher schickten sogar die Römer, als die Pest in Rom wüthete, nach dem Willen des Orakels, zehn Abgeordnete. Kaum betraten diese den Tempel, als unter der aus Gold und Elfenbein schön gearbeiteten Statue des Gottes eine Schlange, das symbolische Thier des Asklepios, hervorkroch, die ihren Weg durch die Straßen von Epidauros nach dem Hafen und in das Schiff der römischen Abgeordneten verfolgte. Freudig nahmen diese das bedeutungsvolle Thier in die Cajüte auf und fuhren nach Italien zurück. Dort angelangt, kroch die Schlange aus dem Schiffe in den Tempel des Aesculap, der sich in der Stadt Antium befand, kehrte darauf aber nochmals in das Schiff zurück, und verließ dasselbe erst, als man die Tiber aufwärts fuhr, wo sie auf einer Insel dieses Flusses liegen blieb. Die Pest hörte auf, und man erbaute auf dieser Stelle dem Aesculap noch einen Tempel. Dorthin brachte man die Kranken und heilte sie, schrieb aber eine kurze Angabe der Krankheit und die zu ihrer Entfernung nützlich angewandten Heilmittel auf kleine Täfelchen, welche in den beiden Tempeln des Aesculap aufgehängt wurden und für die spätern Aerzte sehr lehrreich waren.

Die bildende Kunst stellte diesen Gott der Arzneikunde und der Aerzte entweder thronend oder stehend dar. In der gewählten Abbildung

ist er stehend dargestellt als ein bejahrter, bärtiger und

ernstfreundlicher, mit einem weißen Gewande bekleideter Mann, mit einem Stab in der Hand, um den sich eine Schlange windet.

Oft hat er außer der Schlange noch einen Hahn, diese ihm geheiligten Thiere neben sich. Die Schlange bedeutet die Verjüngung, indem sich dieses Thier alljährlich häutet; der Stab bezeichnet den Gott als den stets wandernden Helfer, so wie die Schale, die er zuweilen hat, das Sinnbild des heilenden Trankes ist. Geopfert wurde ihm von den Genesenden ein Hahn, wie es auch Sokrates, nachdem er den Giftbecher getrunken hatte, zum Zeichen that, daß er den Tod nicht fürchte, sondern darin sein Heil und seine Genesung erkenne.

Unter den Kindern des Aesculap (Asklepios bei den Griechen) wird besonders Hygiea genannt. Seine Gattin war Epione, die Lindernde. Er wurde, wie dies mit vielen unteren Göttern und Heroen geschah, von der Mythe an den Sternenhimmel versetzt.

Hygiea,
(siehe Abbildung XV.)

oder Hygieia, auch Hygea genannt, wird, wie eben erwähnt, die Tochter, von Andern aber die Gattin des Aesculap genannt und galt für die Göttin der Gesundheit. Die Mythe von dieser Göttin ist als eine Fortsetzung der Mythe vom Apollon zu betrachten, denn die Heilkunst führt dem Erkrankten die entbehrte Gesundheit zurück. Dargestellt wurde sie als jugendfrische, sanftlächelnde Göttin, die besonders bei Apollon in hohen Ehren stand. Sie erscheint, wie sie die Abbildung hier zeigt, ganz bekleidet, und mit der Schlange, die hier dasselbe Symbol ist, wie bei Aesculap, nämlich die Gesundheit, die sie auch aus einer Schale nährend dargestellt wird.

Oefters hat sie einen Kranz von Lorbeeren oder Heilkräutern um das Haupt, eine Schale in der Hand, oder auch eine Schlange um ihren Arm und Leib geschlungen.

Meditrina

galt bei den Römern für eine Schwester der Hygiea, und auch für eine Göttin der Gesundheit, der zu Ehren man Anfang October in Rom das Fest der Meditrinalien feierte. Dieses Fest bestand darin, daß man alten und neuen Wein zugleich kostete, indem man dabei feierlich die Worte sprach: „Neualten Wein trink' ich, mit neualtem Wein heil' ich Krankheit."

Man unterschied beide Göttinnen, indem man sagte: Hygiea erhält die Gesundheit, Meditrina stellt die verlorene wieder her.

Die griechische Göttin Jaso scheint mit der Meditrina der Römer gleichbedeutend gewesen zu sein.

Telesphoros

(siehe Abbildung XV.)

wurde als Genius der verborgenen oder geheimen Lebenskraft, oder als eine Gottheit gedacht, welche die Genesenden gegen Rückfälle in ihre vorige Krankheit beschützt, oft neben dem Aesculap, oder zwischen ihm und der Hygiea befindlich abgebildet, und zwar, wie die Abbildung neben Aesculap zeigt,

als ein kleiner barfüßiger Knabe in einen Mantel vermummt und den Kopf mit der Kappe desselben bedeckt. Derselbe bedeutet die verborgene und geheimnißvolle, gleichsam verhüllte Kraft, welche der Knabe vertritt.

Auf der Küste von Kleinasien wurde Telesphoros vor-
nämlich verehrt. Verwandt ist ihm Euamerion, der
Dämon des „guten Tages“, d. h. der glücklichen Krise der
Krankheit.

Tyche oder Fortuna.
(Siehe Abbildung XVII.)

Die Idee, daß der Zufall einen günstigen oder schädlichen
Einfluß auf das Wohlsein und die Schicksale der Menschen
habe, wurde schon in den ältesten Zeiten sinnbildlich dargestellt, und dadurch personificirt, daß man sich eine Göttin des
Glückes dachte. Zuerst erschien Hekate in dieser Eigenschaft;
späterhin dachte man sich eine eigene Glücksgöttin, welche die
Griechen Tyche, die Römer Fortuna, eine Tochter des
Zeus und eine Schwester der Parzen nannten. Man glaubte,
daß sie die menschlichen Schicksale, die glücklichen, wie die
unglücklichen, leite, und bildete sie in dieser Hinsicht mit
einem doppelten Steuerruder in den Händen ab, weil man
sich dachte, daß sie mit dem einen den Nachen des glücklichen,
mit dem andern aber den des unglücklichen Geschickes der
Menschen lenke. Späterhin erscheint sie geflügelt, oder auch
mit verbundenen Augen auf einer Kugel oder auf einem Rade
stehend, abgebildet, wodurch man den Gedanken ausdrücken
will, daß das Glück sich so schnell wendet wie eine Kugel, und
ohne Auswahl bald Diesen mit Ungemach, bald einen Andern
mit Besitzthümern und Genüssen überschüttet. Auch findet man
sie mit der Kugel auf dem Haupt abgebildet. Die Römer
bildeten sie nicht mit Kugel und Flügeln, sondern nur mit dem
Füllhorn, um nur des Segens theilhaftig zu werden, nicht aber
durch Wandelbarkeit zu leiden, ab.

Wir haben die Abbildung gewählt, in welcher sie bekleidet, aber mit bloßen Armen erscheint, das Füllhorn in der

VICTORIA.

HERCULES.

einen Hand, aber das Steuerruder in der andern sicher hält, obschon die Kugel am Steuer den leichten Wandel des Ge= schickes symbolisch anzeigt.

In Griechenland verehrte man die Tyche an vielen Orten, und besonders die Athenienser hatten die Idee, daß die gute Glücksgöttin sich beständig bei ihnen als eine Schutz = und Hausgöttin aufhalte.

In Italien, wo zu dieser Zeit sich unter den Römern ihre Verehrung sehr ausgebreitet hatte, wurde diese Göttin besonders von den neuvermählten Frauen verehrt, aber ihr auch von dem ganzen Volk ein Fest am 24. Juni gefeiert. In den Städtchen Antium und Präneste in Italien bestanden sehr besuchte Orakel der Fortuna.

Nike ober Victoria,

(siehe Abbildung XXIV.)

die Göttin des Sieges,

wird auf einer Kugel stehend, geflügelt, im faltigen Gewande, einen Palmzweig und einen Kranz haltend, abgebildet; sie erhielt aber auch noch andere als diese Attribute, je nachdem man einen zu Lande oder zur See erfochtenen Sieg durch ihre Abbildung darstellen wollte.

Auch die Griechen verehrten eine Göttin des Sieges: Nike. Sie wird eine Tochter des Giganten Pallas und der Okeanide Styx genannt. Sie ist von Zeus und der Athene unzertrennlich. In älterer Zeit wurde sie ungeflügelt, später aber beflügelt dargestellt. Ihre Attribute sind Palme, Kranz und Waffen, oder eine ganze Waffenrüstung. Auch führt sie nicht selten den Stab des Hermes, als Zeichen der Herrschaft, schwebt entweder mit ausgebreiteten Flügeln durch die Luft, oder läßt sich mit flatterndem Gewande herab. Bald winkt sie dem Sieger, bald schwebt sie über ihm, um ihn zu kränzen,

ober führt die Zügel seines Wagens, ober sie schreitet zur
Siegesfeier.

Der Friede,

bei den Griechen Eirene, bei den Römern Pax, wurde ebenfalls als eine Göttin mit einem Palmzweig dargestellt, welche
entweder eine Waffenrüstung oder einen Bündel Waffen mit
dem Fuße tritt, oder welche den Janustempel zuschließt. —
Eirene war bei den Griechen auch eine der Horen, und zwar
die heiterste der drei Schwestern. Bei den Römern wurde der
Friedensgöttin am 30. Januar ein Fest gefeiert; auch hatte
sie in Rom einen Tempel.

Das Fatum,

bei den Griechen Ananke, war die personificirt dargestellte
Idee, daß es eine unabänderliche Nothwendigkeit gäbe, durch
welche die Schicksale der Menschen und die Begebenheiten in
der Welt bestimmt würden. Götter und Menschen waren
dieser unwandelbaren Bestimmung der Nothwendigkeit unterworfen (s. S. 4. 44). Der Mythus nannte das Fatum
das Kind der Nacht und des Erebus. Die Parcen waren
Vollstreckerinnen seines Willens, und wurden diese auch als
eigene Schicksalsgöttinnen betrachtet, so blieb doch das Fatum
immer als ein allgewaltiges Götterwesen gefürchtet.

Man findet dasselbe auf einer Erdkugel stehend abgebildet, eine Urne in der Hand.

Möra und die Mören oder Parcen.

Die in der ältesten Zeit in der Einzahl gedachte Möra
war die Vertreterin der auf Vernunft und Recht gegründeten
sittlichen Weltordnung, der alle Götter wie die Menschen
untergeordnet waren, und gegen die selbst Zeus, der Herrscher

der Welt, Nichts vermag, weil er als höchster Gott nichts Unvernünftiges und Unsittliches wollen kann. Später dachte man die Mören (römisch Parcen) in der Dreizahl, und bezog sie insbesondere auf die menschlichen Schicksale und auf das menschliche Leben, welches aus Anfang (Geburt), Mitte (Verlauf) und Ende (Tod) zusammengesetzt ist. In dieser Gestalt sind die Mören nicht mehr die obersten, auch dem Zeus vorgeordneten Mächte der allgemeinen sittlichen Weltordnung, sondern sie sind wie alle anderen Götter Zeus unterworfen, in dem das göttliche Bewußtsein von Vernunft und Recht am klarsten lebt und der deshalb der „Führer der Mören" (Möragetes) hieß.

Sie wurden für Töchter der Nacht gehalten, — weil das Schicksal der Menschen dunkel und verborgen ist, — oder auch für Töchter des Zeus und der Themis, das heißt: des gerechten Himmels. Nach einer andern Mythe verbanden sie sogar die Themis mit dem Zeus, und nach einer andern noch selbst die Here mit ihm. Es war sehr natürlich, daß sie als Schicksalsgöttinnen auch bei Vermählungen und Geburten verehrt wurden, indem man sie sich dabei thätig dachte.

Die Parcen waren drei Schwestern: Klotho, Lachesis und Atropos genannt. Ihre Bestimmung über das Menschenleben von der Geburt bis zum Tode, sowie über das Geschick stellte man sich in dem Bilde eines Fadens vor, welchen sie jedem Menschenleben spannen, so lange dasselbe dauern sollte, bald, dichter, bald loser, von Gold, Silber oder Wolle, und den sie, wenn es enden sollte, abschnitten. Dieses Geschäft theilten sie unter sich dergestalt, daß Klotho, die jüngste, die Wolle zu dem Lebensfaden um die Spindel wickelte, Lachesis den Faden spann, und Atropos, die älteste, ihn abschnitt, wenn der Mensch sterben sollte. — (Eng verbunden war mit ihnen die Tyche der Griechen und die Fortuna der Römer, so daß man sogar diese als vierte der Parcen betrachtet. Dies war sie jedoch nicht,

sondern bedeutet nur den Wechsel des Schicksals, welcher mit
der Lebensbestimmung durch die Parcen verbunden ist. — Im
Kriege gegen die Giganten standen die Parcen dem Zeus, und
zwar besonders gegen das Ungeheuer Typhon, bei, — natürlich,
weil sie keinen Angriff auf göttliche Bestimmungen dulden
können, die sie ja selbst vertreten.

Bildlich dargestellt wurden die Mören als ernste Jung=
frauen, welche immer verbunden vorkommen, meistens in ihrer
angedeuteten Beschäftigung: Klotho den Lebensfaden von der
Spindel ziehend, Lachesis ihn fortspinnend (oder auch die
Lebensschicksale, das Horoskop, des Menschen von einem
Sternenglobus ablesend), Atropos die Scheere bereithaltend,
um ihn zu durchschneiden.   Man verehrte sie in Griechenland
und Italien mit stillem Ernst, opferte ihnen Honig und
Blumen, oder auch Mutterschafe, und in Sparta wie zu Rom
waren ihnen Tempel und Altäre errichtet.

Nemesis,

auch Abrastea und nach dem Hauptorte ihrer Verehrung,
Rhamnus in Attika, Rhamnusia genannt, die Rächerin,
die Unentfliehbare, die Vergelterin alles Unrechts, war
die Göttin der Strafgerechtigkeit, daher ihr Bild neben
den Richterstühlen aufgestellt wurde.   Man dachte sich eine
dunkle Macht, welche das Schickliche vertrat, daher auch
das Betragen der Menschen in ihrem Glücke richtete, den
Frevel bezähmte, das Glück der Unwürdigen herabsetzte, jedes
Unrecht an dem Urheber rächte, und so Alles im Gleich=
gewicht erhielt.   Indem man diese Idee personificirte, stellte
man die so gebildete Göttin der Strafgerechtigkeit, unter der
Benennung Nemesis, als eine gedankenvolle, sinnende und
schöne Frau von königlichem Ansehen, mit einer Stirnbinde
oder Krone geschmückt oder auch beflügelt, oder auf einem

Wagen von Greifen gezogen, dar, und gab ihr verschiedene Attribute, z. B. ein Rad, als Symbol der Schnelligkeit, mit der sie ihre Strafen vollzieht, oder eine Waage, eine Elle, einen Zaum oder ein Joch, ein Steuerruder, eine Geißel, ein Schwert. Alljährlich feierte man zu Athen und zu Smyrna besondere Feste, Nemeseen genannt, unter öffentlichen Sühnopfern an Nemesis, um sich deren Gunst zu versichern. Bei den Römern war sie als griechische Gottheit aufgenommen, und auf dem Capitol geweiht, um die Wirkungen des Neides zu vernichten.

Die Mythe nennt bald den Erebos, bald den Okeanos ihren Vater, bald den Zeus ihren Geliebten, und Helena wird ihre Tochter von Zeus genannt.

Sie soll drei Dienerinnen zum Vollstrecken ihres Willens gehabt haben, die Dike, Pöna und Erinys (die Gerechtigkeit, Strafe und Rache). Schrecklich wie Nemesis dem Schuldigen war, erkannte man in ihrem Wirken für die Erhaltung des Gleichgewichts der menschlichen Schicksale sinnig die waltende Liebe, weshalb sie auch mit den Chariten vereinigt wurde. In Smyrna verehrte man mehrere Wesen der Nemesis als beflügelte Dämonen.

Eris,

bei den Römern Discordia, die Göttin der Zwietracht, wurde von den Göttern gebraucht, schrecklichen Streit und blutigen Hader unter den Menschen zu erregen. Sie war die Urheberin des Streites der Here, Athene und Aphrodite um den Besitz des goldenen Apfels, indem sie denselben in den hochzeitlichen Saal des Peleus warf. (S. die Art. Aphrodite und Peleus).

Sie wurde als eine furchtbare Göttin, von der Gestalt und mit allen Attributen der Eumeniden abgebildet, und

wohnte auch bei diesen im Schattenreich. Als die Erregerin
des Streites wurde sie als die Schwester und Gefährtin
des Ares, und selbst als dessen Gemahlin betrachtet. Ihre
Tochter war

Enyo und Bellona.

Die Römer hatten nur eine weibliche Kriegsgöttin, und
diese hieß Bellona. Dieselbe wurde bald als Gattin, bald
als Schwester des Mars betrachtet. Ebenso machten es die
Griechen mit der Enyo, die in der Umgebung des Ares (Mars)
als mordende Kriegsgöttin und Städteverwüsterin dargestellt
wurde (in diesem Sinne hatte auch Ares den Beinamen
Enyalios). Sie lenkte entweder dessen Wagen oder eilte
demselben voran, wenn er in den Krieg zog. Von der
Minerva unterschied diese Göttin sich durch die ihr eigenthümliche Rohheit und Wildheit der Sitten, durch welche sie
im Kriege Schrecken und Jammer verbreitete. Sie wurde als
ein furchtbares Weib mit fliegendem Haar, wild einherlaufend,
geharnischt, und eine blutige Geißel in der Hand, auch Schild
und Speer führend, abgebildet. Ihr berühmtester Tempel
war zu Komana in Pontus (in Kleinasien). Bei den Römern
wurde ihr nach Beendigung des Krieges gegen die Samniter
vom Appius Claudius ein Tempel erbaut, in welchem sich
der Senat zu versammeln pflegte, wenn er mit feindlichen
Gesandten zu unterhandeln hatte, oder darüber berathschlagte,
ob einem Feldherrn die Ehre des Triumphes sollte zugestanden
werden, weil beide nicht in die Stadt kommen durften. Am
Eingange stand auch die Säule, bei welcher durch das Werfen
einer Lanze ein Krieg feierlich erklärt wurde. Die Lanze wurde
über diese Säule hinweggeworfen, weil dieselbe die Grenze
zwischen dem römischen und dem feindlichen Gebiet vorstellte,
und die Lanze in das feindliche Gebiet geworfen werden mußte.
Dort wurden auch dieser Göttin zu Ehren Feste, unter wildem

Geschrei, und mit wilden Geberden gefeiert. Die Priester der Göttin hießen bei den Römern Bellonarii.

Pheme oder Fama

dachte man sich als die Göttin der Sage und des Gerüchtes, sei dies gut oder übel. Sie galt für eine von der Erde in ihrem Zorn über den Sturz der Giganten geborne Tochter, die nimmer schlafend immer spähete, und schnellfüßig das, was sie bemerkt und erfahren hatte, erst leise und in kleinem Kreise, dann aber immer lauter und in größerm Kreise verkündete, und so Himmel und Erde durchzog. Sie wird als eine geflügelte Frau von zartester Gestalt, eine Posaune in der Hand haltend, dargestellt.

Ate,

die Göttin der Verblendung und des Unheils, so wie der Schuld, welche die Menschen nur zu solchen Thaten veranlaßte, die ihnen Verderben verursachten. Deshalb hatte sie ihr Vater Zeus im Zorn aus dem Olymp geschleudert, und seitdem irrte sie auf Erden umher und verleitete die Menschen gegen ihren wahren Vortheil und ihr eigenes Beste zu handeln. Sie wird kräftig und gut zu Fuß genannt; sie läuft daher immer voraus, um die Menschen zu täuschen. Ihre Schwestern waren die

Liten,

(d. h. reuige Bitten), gutmüthige Göttinnen, welche denjenigen Menschen Wohlthaten erzeigten, die durch die Ate hingerissen, in Schmerz und Verderben gerathen waren. Eine leicht erklärbare Allegorie der Alten: Bitten versöhnen und

machen wieder gut, was der Mensch in Unbesonnenheit und
Verblendung, ohne bösen Willen, und ohne Absicht, Andern
zu schaden, verdarb. In den homerischen Gesängen werden
sie als lahm, runzelig und schielend dargestellt, wegen der
Sorgen, die ihnen die Nachfolge nach der Ate bereitet. Daher
kommen sie auch erst hinter dieser her, um das wieder gut zu
machen, was jene verdorben hat. Ganz natürlich: reuige
Bitten sind immer nur schlechter Behelf, das wieder gut zu
machen, was durch die Verblendung oder Unbesonnenheit
Uebles geschehen ist. So versinnlichten sich die Griechen auch
die sittlichen Folgen einer That.

Auch die Liten wurden als Töchter des Segen gewähren-
den Zeus und solche bezeichnet, welche die Bitten derer, welche
Hülfe suchten, dem Götterkönige vortrugen.

Erinnen oder Furien,

auch Dirä, Eumeniden und Semnai (die Ehrwürdigen)
genannt, wurden für Töchter der Nacht, oder nach einer andern Mythe der Erde und der Finsterniß, oder auch des Kronos und der Eurynome gehalten, die als Plagegöttinnen, als
Dienerinnen des Hades und der Persephone, am Eingange der
Unterwelt wohnten und zunächst zur Strafe und Peinigung
derjenigen Abgeschiedenen gebraucht wurden, welche auf Erden
Böses gethan hatten, und, ohne mit den Göttern versöhnt zu
sein, ins Schattenreich kamen. Außerdem mußten die Furien
auch auf die Oberwelt emporsteigen, und auf Befehl der obern
Götter oder auch der Nemesis, dort die Missethäter verfolgen.

Ein grausiges Beispiel von dem Wirken der Erinnen
oder Eumeniden ist Orestes, der Sohn des Agamemnon,
Königs von Mykene, der seine Mutter Klytämnestra ermordet
hatte, um den Tod seines Vaters zu rächen. Für diese Rache-
that, obgleich Zeus und Apollon die verbrecherische That der

Klytämnestra nicht billigten, wurde er von den Furien lange und schrecklich verfolgt, bis er, nach einem Orakelspruch des Apollon, das Bild der Diana aus Tauris nach Argos gebracht hatte, worauf die Schrecklichen von ihm abließen (siehe das Nähere in den Heroensagen).

Die Zahl der Erinyen ist in älterer Zeit unbestimmt, erst spät werden ihrer drei namentlich genannt: Tisiphone (die Mord-rächerin), Alekto (die unermüdlich Verfolgende), Megära (die Grausenhafte), und man dachte sie in älterer Zeit als weibliche Gestalten von scheußlichem Ansehn und Blick und in schwarzen Gewändern, bald mit Flügeln, und Schlangen statt der Haare, auch Dolche, Schlangen, Geißeln oder Fackeln in den Händen; später als schöne, ernste Jungfrauen, in kurzer Jägerkleidung wie die Artemis. In dem religiösen Glauben war ihre Zahl unbestimmt, und man dachte sich theils nur Eine, theils die ganze Menge vereinigt thätig. Diese Plage-göttinnen, Sinnbilder des bösen Gewissens, waren im Alter-thum sehr gefürchtet. Unser Schiller besingt ihre Thätigkeit

„Um die Sünder flechten Schlangenwirbel
Scham und Reu das Eumeniden-Paar."

Indessen waren sie eigentlich göttliche Mächte, welche die Verletzung der Pflicht und Treue, also den Meineid, Ver-brechen gegen die Eltern zum Schutz der guten Sitte rächten; daher wurden sie auch als Eumeniden (Wohlgesinnte) ver-ehrt. Man opferte ihnen an finstern Orten, oder zur Nacht-zeit, unter ängstlich genauer Beobachtung der vorgeschriebenen Gebräuche, schwarze Thiere. In Griechenland waren ihnen einige Tempel und finstere Haine, besonders in Athen eine Stätte in dem Gau Kolonos, gewidmet, wo sie verehrt wurden.

Harpyien

waren ebenfalls weibliche Götterwesen, welche, nach dem Glauben der Griechen und Römer, von den hohen Göttern zur Bestrafung der Verbrecher gebraucht wurden; Unholdinnen, die man sich anfänglich als Göttinnen des Alles mit sich fortreißenden Sturmes dachte, in dem sie als geflügelte Wesen daherfahren, um Unheil und Schaden zu stiften. Es waren ihrer drei, Namens Aëllo, Okypete, Kelaeno oder Podarge, Töchter des Riesen Thaumas und der Okeanide Elektra, Enkelinnen des Okeanos. Man bildete sie ab als Jungfrauen mit bleichen Gesichtern und großen Flügeln, statt der Hände Adlersklauen, und einen mit Geierfedern zur Hälfte bedeckten Körper, der sich in einen Schlangenschweif endigte.

Sie plagten die Schuldigen, zu deren Peinigung sie abgeschickt wurden, besonders dadurch, daß sie ihnen mit großer Gefräßigkeit alle Speisen raubten, diese gierig verschlangen, oder, wenn sie dieselben nicht aufzehren konnten, mit Koth besudelten. Auf diese Weise bestraften sie unter Andern den Phineus, einen trakischen König, für seine an seinem eigenen Sohne verübte Grausamkeit, und für seine Verachtung der Götter. Er wird von ihnen dadurch befreit, daß er den Argonauten den Weg nach Kolchis zeigte, wofür zum Danke die unter den Argonauten befindlichen geflügelten Söhne des Boreas, Kalaïs und Zetes, die Harpyien tödteten.

Gorgonen

hießen drei Schwestern, Namens Stheino, Euryale und Medusa, Töchter des Phorkys und der Keto. In ältester Zeit nahm man nur eine Gorgo an, ein Schreckbild der Unterwelt, deren Haupt auf Zeus' Aegis angebracht war. Später stellte man sich drei Gorgonen, wie drei Mören vor, und glaubte, daß ihrer zwei unsterblich seien, die dritte aber, Medusa, die jüngste und schönste, sterblich. Diese liebte Poseidon, und scheute sich nicht, derselben sogar im Tempel der Athene seine Zuneigung zu gestehen. Die über diese frevelhafte Entweihung ihres Heiligthums erzürnte Göttin strafte die Medusa dadurch, daß sie ihr schönes Haar in Schlangen umwandelte, wodurch der Anblick dieser Gorgone gefährlicher und grausenhafter ward, als der der andern. Endlich wagte es Perseus, sich derselben einst, als sie eingeschlafen war, zu nähern, und ihr das gefürchtete Haupt mit seinem Schwerte abzuschlagen. Dieses schenkte er darauf der Athene, die es zum Schrecken ihrer Feinde vorn an ihren Schild befestigte, wo es das furchtbare Schreckbild war, dem Nichts widerstand, denn der bloße Anblick des Medusenhauptes verwandelte in Stein, was wahrscheinlich ursprünglich nur ein bildlicher Ausdruck für die erstarrende und lähmende Wirkung des Schreckens und der Angst war, später aber wörtlich verstanden wurde.

Die alten Dichter bezeichnen die Gorgonen überhaupt als häßliche, alte Weiber, und wiesen ihnen sogar öfters einen Platz neben den Furien an. Man findet auch nur eine Gorgone, im Gegensatz von dreien, erwähnt, und dann ist Medusa allein (Gorgo) gemeint. Mit dem Poseidon erzeugte Gorgo (Medusa) das geflügelte Pferd Pegasus.

Gräen

waren drei Töchter des Meergottes Phorkys und der Keto, nämlich Deino, Pephredo und Enyo (von Schrecken, Schauder und Entsetzen benannt), die Schwestern der Gorgonen und zugleich deren Wärterinnen, mißgestaltete, weibliche Unholdinnen — nach der Sage schon bei ihrer Geburt alters-

grau und häßlich — welche in einer finstern Höhle, unfern des
Einganges in den Tartaros, lebten, und nur ein Auge und
einen Zahn zum gemeinschaftlichen Gebrauche gehabt haben
sollen. Ursprünglich wahrscheinlich Personificationen der la=
gernden grauen Nebel (ihr Name bedeutet die Altersgrauen),
in denen man nicht sehen kann, in denen also auch die Schiffe
auf Klippen und Untiefen-geriethen, waren sie den Menschen
so feindselig und gefährlich, wie die Gorgonen. Als Perseus
gegen die Gorgo auszog, ging er zuerst zu den Gräen, denen
er das gemeinschaftliche Auge nahm und nicht eher zurückgab,
bis sie ihm den Weg zur Behausung der Gorgonen angegeben
hatten.

Nyx oder Nox

war, wie sich meine Leser aus der vorhergehenden Darstellung
(S. 25) erinnern werden, eine Tochter des Chaos, die dem
Erebos (die Finsterniß), mit dem sie sich vermählt hatte, zwei
Kinder: Aether (die helle Luft) und Hemera (den Tag) gebar.
In der frühesten Mythologie erscheint die Nyx als eine der
Grundursachen aller Dinge, deren sie sieben, Feuer, Wasser,
Erde, Himmel, Sonne, Nacht und Mond, annahm.

Die rege und lebhafte Phantasie der Alten bildete sich die
Idee von der dunkeln Nachtgöttin weiter aus, und so wurde
alles Unbekannte, Unerklärbare, Schreckliche, mithin auch Pla=
gen, Krankheiten, Träume, böse Schicksale, Zwietracht, Krieg,
Mord, Schlaf und Tod, der finstern Göttin Nyx zugeschrieben,
personificirt als ihre Nachkommenschaft betrachtet, und Kin=
der der Nacht genannt.

Nach dem Glauben der Alten bewohnte Nyx einen Palast
in der Unterwelt, fuhr, während der Tag in denselben einzog,
aus demselben auf einem mit zwei schwarzen Pferden bespann=
ten schwarzen Wagen, von Sternen ringsum begleitet, durch

ten Himmel, und kehrte erst bei einbrechendem Morgen wieder in ihren Palast, vom Tage abgelöset, zurück.

Man bildete sie als eine ernste, junge Frau ab, in einem langen, bis auf die Füße herabwallenden Gewande, das Haupt mit einem schwarzen, besternten Schleier verhüllt, mit schwarzen Flügeln, zwei Kindern im Arm, eins von weißer, das andere von schwarzer Farbe, den Schlaf und den Tod vorstellend, auf einem schwarzen Wagen, und eine umgekehrte, erlöschende Fackel haltend.

Hypnos oder Somnus.

Den erstern Namen führte der Gott des Schlafes bei den Griechen, den letztern bei den Römern. Er war ein Sohn der Nacht, und Zwillingsbruder des Thanatos (des Todes), beherrschte Götter und Menschen, und wohnte mit Mutter und Bruder in tiefem unterirdischen Dunkel, am Eingange zum Tartaros. Man dachte sich ihn als einen Wohlthäter der Menschen, weil er den Müden erquickende Ruhe, den Leidenden Erleichterung ihrer Schmerzen darbot. Er wurde sehr vielgestaltig abgebildet: bald nackt, bald einfach gekleidet, bald in dichtem Gewande; bald stehend, bald rasch einherschreitend, bald schwerfällig ruhend; entweder als kräftiger Jüngling mit dem Schlummerhorn oder einem Mohnstengel, womit er den Schlaf auf die Ruhenden träufelt; oder als Kind; oder auch als bärtiger Greis; am Kopf beflügelt, auch mit Adlerflügeln, oder mit Schmetterlingsflügeln, oder auch ohne Flügel, und neben ihm gewöhnlich eine Eidechse. Wegen der Träume, die der Schlaf den Menschen sendete, galt er als Liebling der Musen. In einem alten Bildwerk hält er den schlafenden Endymion in den Armen, und ist als bärtiger Greis sitzend, zum Theil bekleidet, in einem anderen Bildwerk wieder nackt mit beflügeltem Haupt dargestellt.

Oneiros und Morpheus.

Oneiros und Morpheus sind zwei verschiedene Gestaltungen des Traumgottes (Oneiros) und des Gottes, den man als Bildner der Träume (Morpheus) betrachtete. Oneiros ist der Traum selbst, und kommt deshalb auch in der Mehrzahl vor, indem man täuschende und in Erfüllung gehende Träume unterschied; die ersteren kommen aus einer elfenbeinernen, die letzteren aus einer hörnernen Pforte der Behausung, welche die Träume am westlichen Okeanos inne haben. Sie heißen Kinder der Nacht, aber auch Kinder des Schlafes, und stehen unter der Botmäßigkeit der oberen Götter, welche nach Gefallen den Menschen täuschende oder wahrhafte Träume senden. Nach anderen Vorstellungen machte man Morpheus zu einer Art von Wächter oder Herrscher der Träume, so wie Aeolos Wächter oder Herrscher der Winde ist; sein Name kommt aber auch als der eines Traumgottes selbst vor und bezeichnet den gestaltenschaffenden Traum, neben dem noch Ikelos als derjenige genannt wird, der die Traumbilder der Wirklichkeit ähnlich macht, Phobetor als schreckender Traum und Phantasos als derjenige, der mit unzähligen und mannigfaltigen Erscheinungen die Schlafenden umgaukelt.

Momus,

(siehe Abbildung XV.)

ein Sohn der Nacht, war der Gott der Tadelsucht, welcher mit bitterm Spotte die Handlungen der Götter und der Menschen bekrittelte und an Allem Etwas auszusetzen fand. So tadelte er z. B. an dem von Prometheus gebildeten Menschen, daß er nicht eine Thür in der Brust habe, durch die man seine

MOMUS.

HYGIEA. AESCULAP.

Gedanken sehen könne. Nur an Aphrodite fand er Nichts zu tadeln, worüber er sich zu Tode geärgert haben soll.

Antike bildliche Darstellungen des Momus sind nicht bekannt; moderne Künstler haben ihn wohl, wie ihn unsere Abbildung zeigt, als ältlichen Mann mit der Narrenkappe und dem Narrenscepter dargestellt.

Thanatos ober **Mors,**

der Gott des Todes, war, wie der Schlaf, ein Sohn der Nacht, und von unerbittlicher Strenge, daher den Göttern und Menschen ein Greuel. Indessen wird er auch ein Sohn der Erde und des Tartaros genannt, wohl deshalb, weil der Mensch durch den Tod mit der Erde und der Unterwelt in eine unlösliche Verbindung tritt.

So hart und grausam aber auch die Alten seinen Charakter schilderten, so stellten sie ihn doch äußerlich nicht unter dem furchtbaren Bilde eines Gerippes mit einer Sense dar, wie die Bildner neuerer Zeit, sondern seine Gestalt ist je nach verschiedener Auffassung und je nach dem Geiste verschiedener Zeiten eine verschiedene. Sehen wir davon ab, daß er, um sein kindliches Verhältniß zur Nachtgöttin auszubrücken, nebst seinem Bruder, dem Schlaf, auf deren Armen getragen vorkommt, und zwar er als schwarzes Kind, der Schlaf als weißes, so finden wir ihn erstens in der Gestalt eines gewaltig großen, rauhbärtigen Mannes mit finsterem und wildem Ausbruck und mit zwei großen Flügeln an den Schultern, sehr ähnlich den Darstellungen des Boreas, des rauhen, winterlich stürmenden Nordwindes. In dieser Gestalt ist Thanatos offenbar als der dahinraffende, gewaltsam das Leben endende Tod gemeint; ungleich freundlicher sind die beiden anderen, viel häufiger gebrauchten, und auch unter uns viel bekannteren Darstellungen des Todes. Entweder erscheint er nämlich in der Gestalt eines geflügelten Jünglings von stillem trüben Blicke, der mit über einander geschlagenen Beinen — oft neben einer mit Kränzen umwundenen Urne — dasteht, eine umge= kehrte Fackel auslöschend, oder man stellte ihn unter dem Bilde der ewigen Ruhe dar, d. h. als einen schönen Jüngling, der mit über den Kopf gelegten Armen in der Stellung, durch welche die alten Künstler die Ruhe und das Ausruhen dar= stellten, an einen Baumstamm gelehnt dasteht. Die sanfte Vorstellung der Alten von einem Uebergange ins Elysium mag wohl die Veranlassung gewesen sein, daß sie dem Gott des Todes in der spätern Zeit eine mehr anziehende als abstoßende Gestalt gaben.

Dämonen oder Genien.

Wenn man sich in der Vorzeit jeden Baum, jeden Strauch von einem höheren Wesen bewohnt und belebt dachte; wenn man alle Erscheinungen und Kräfte in der Natur — deren Ursachen und Wirkungen man nicht zu erklären ver= stand — personificirte, und so überall in jedem Gegenstande eine Gottheit ahnete: so konnte es auch wohl nicht fehlen, daß man sich auch jeden einzelnen Menschen als unter dem Schutze und der Regierung eines besondern Götterwesens dachte. Schon bei den frühesten Völkern im Morgenlande herrschte daher der Glaube an Schutzgötter oder Schutzgeister der Men= schen, ein Glaube, der sich bei den Griechen und Römern wie= derfindet, und nach Zeit und Umständen weiter ausgebildet wurde. Diese göttlichen Mächte waren unbekannt; aber na= türlich glaubte man eine unendlich große Menge derselben. Sie waren die geheimen Diener des Zeus (Jupiter). Bei den Griechen hießen jene Schutzgottheiten Dämonen, bei den Römern Genien. Die Griechen dachten sich dieselben als Seelen der Menschen, welche im goldenen Zeitalter gelebt hatten, und nun bestimmt waren, der Beistand derer zu sein, welche im eisernen Zeitalter unter Arbeit und Sorgen seufzten. Die Griechen, wie die Römer glaubten sich von ihren Schutzgeistern begleitet, behütet, gewarnt; und die Frauen und Mädchen nannten ihre Dämonen auch wohl Juno oder Here. So gehörten bei den Griechen die Dämonen zum Range der unteren Gottheiten, aber nicht so bei den Römern die Genien, welche nur für eine Art von Mittelwesen zwischen Menschen und Göttern angesehen wurden. Nach dem Glauben dieses Volks hatte jeder Mensch einen Genius, welcher mit dem Menschen geboren wurde, aber auch mit ihm starb, und welcher gleich bei der Geburt desselben mit ihm in Verbindung trat, und ihn namentlich zu einem weisen Genusse des Lebens anzuhalten suchte; deßhalb heißt, sein Leben durch Frohsinn erheitern und durch weisen Genuß verlängern: seinem Genius gemäß leben, durch Trübsinn sich das Leben verkümmern oder im wüsten Genusse dasselbe vergeuden: seinen Genius beleidigen. Die Griechen riefen besonders den „Guten Dämon" (Agathodämon) an. Abgebildet wurde er als Jüngling mit einem Füllhorn und einer Schale in der einen, und mit Mohn und Aehren in der andern Hand.

Gewiß beruht die Vorstellung von Genien als Schutzgeistern der Menschen auf nichts Anderem als auf dem Gefühle des Bedürfnisses einer Vermittelung zwischen dem Menschen und der Gottheit, einem Gefühle, das sich überall und zu allen Zeiten, wenn auch in verschiedener Form kundgiebt. Das Verworrene in der antiken Form kann bei der Unbestimmtheit und Dunkelheit, welche überhaupt in den Sagen und Darstellungen der Alten herrscht, Niemand wundern. Hat sich doch bis auf unsere Zeiten ein ähnlich dunkler Glaube an solche Wesen in manchen Köpfen erhalten, so daß Einige von Engeln, die den Menschen umgeben sollen, träumen. — Ist dies noch jetzt der Fall, um so viel eher kann

man dem frühen Alterthume einen Wahn der Art ver-
zeihen.

Einzelne Genien erscheinen als Schlangen, als geflügelte
Knaben oder als bekränzte Jünglinge, mit den verschiedensten
Attributen, auf den alten Denkmälern abgebildet. — An Ge-
burtstagen pflegte man seinem Genius Wein, Milch, Blumen
und Weihrauch als Opfer darzubringen.

Die Römer nahmen außer dem Geschlechte der Genien,
von denen jeder einzelne Mensch überall, und von der Geburt
bis zum Tode begleitet wurde, auch noch einen g r o ß e n Genius an, den sie zu den unteren Göttern zählten, und mit
großer Achtung verehrten. Unter ihm standen die anderen
Arten der Schutzgeister, nämlich die der einzelnen Personen,
der Häuser, Städte und Landschaften. Zu den Schutzgeistern
gehören auch die

Laren und Penaten,

welche aber nur in der römischen Religion vorkommen.

Gewöhnlich ist der L a r e n nur einer in jeder Familie, der
P e n a t e n sind aber mehrere, aber es waren Götter, die in
der Wohnung einer Familie verehrt wurden. Die Laren gehörten zu den Penaten. Darum betete ein Römer, wenn er
das elterliche Haus verließ: „Ihr Penaten meiner Väter und
du Lar, Vater der Familie, (Euch empfehle ich meiner Eltern
Glück, daß Ihr es schützet; andere Penaten muß ich mir suchen
und einen anderen Lar." — Es gab jedoch Familien- oder
Haus-Laren, und öffentliche Laren. Letztere sind Schutzgötter
ganzer Staaten, Völker und Städte, und man verehrte ihrer
in Rom ursprünglich zwei, denen später der Geist des Julius
Cäsar als dritter hinzugefügt wurde. Denn man betrachtete
die Laren, deren Namen „Herr" bedeutet, als die Geister der
Verstorbenen, die noch unsichtbar als Schutzgeister unter den

Lebenden fortwalten. Sie waren im Volksglauben auch Be=
schützer der Straßen, Reisenden und Felder.

Man hielt die zwei öffentlichen Laren für die Söhne des
Mercur und der Nymphe Lara, oder erkannte in ihnen die
guten Genien, welche schon das Leben der Voreltern be=
hütet hatten, und auch noch über die Wohlfahrt ihrer Nach=
kommen wachten. Ihr Dienst fand auf einem Herde oder Al=
tar Statt, der an einem abgesonderten geheiligten Orte in
jedem Hause, dem Lararium oder der Larencapelle stand. Der
Hausgötter gab es gewöhnlich zwei, welche man als Knaben
oder zarte Jünglinge abbildete, mit aufgeschürztem Kleide, mit
einem Hut und Reisestab, und neben sich einen Hund. In der
Hauscapelle, dem Lararium, verehrte man außer den Laren
auch die Penaten durch fortwährende passende Rauch= und
Trankopfer. Man bekränzte die Bildsäulen der Hausgötter
mit Veilchen und Rosmarin; und wenn Sclaven die Freiheit
von ihren Herren erhielten, so behängten sie das Bild der
Laren mit einer Kette.

Die öffentlichen Laren waren männliche Statuen von
Holz oder Stein, mit Spießen in den Händen. Ihre Tempel
standen zu jeder Zeit und zu Jedermanns Andacht offen. Ih=
nen wurden öffentliche Opfer gebracht, Gebete für die Sicher=
heit der Stadt an ihren Altären verrichtet, und diese letzteren
im Sommer und Frühling häufig mit Blumenkränzen ge=
schmückt. Diesen Laren wurde auf Kreuzwegen einige Tage nach
den Saturnalien das Fest der Compitalien mit Opfern von
Kuchen und Schmauserei gefeiert, wobei Sclaven den Dienst
verrichteten. — Die Hauslaren begrüßte man jeden Morgen
mit Gebet und Opfer, gab ihnen von jeder Mahlzeit und die
Erstlinge auf besonderen Schüsselchen, und opferte ihnen an
allen Festtagen und bekränzte sie. Den Feldlaren wurden bei
der Feldsühne Lämmer, Kälber und Schweine geschlachtet.
Man glaubte, die Genien der Frommen würden zu wohl=

thätigen Laren, die Genien der Bösen aber, nach deren Tode, zu Lemuren oder Larven, das heißt: zu Plagegespenstern, welche auf Erden umherzögen, und den Menschen Leiden zu- fügten durch besondere Krankheiten, wie Besessenheit, die durch keine Heilmittel, sondern nur durch Sühnung gehoben werden konnten. Die Larven ließen auch dem Todten keine Ruhe, wenn er nicht gesühnt war. Darum gleichen sie den Furien oder Erinnyen der Griechen.

Manen.

Manen hießen überhaupt: Seelen der Abgeschiedenen, die in das Schattenreich, d. h. in die Unterwelt oder Hölle (Orkus) eingegangen waren, ganz ohne Unterschied, in wel- chem Zustande sie sich befanden.

Da man aber von geliebten Verstorbenen gern glaubt, daß sie sich in einem besseren und erhöhten Zustande befinden, so wurden die Manen vergöttert, für Dii Manes gehalten, und zwar für gute Götter, was der Name bedeutet. Demgemäß opferte man ihnen, und glaubte, sie auf der Grabstätte aus der Unterwelt heraufbeschwören zu können.

Feldherren und einzelne Tapfere, von glühendem Patrio- tismus entflammt, widmeten sich manchmal den Manen und der Unterwelt, um durch dieses Opfer ihrer selbst den Ihrigen Sieg und Ruhm zu bereiten, oder auch die von ihnen etwa er- zürnt gedachten Götter wieder mit dem Volk zu versöhnen. Sie stürzten sich dann in die feindlichen Haufen, und fanden dort ihren gewissen Tod. Eine solche That wurde als der größte Heroismus gepriesen, und das Andenken des kühnen Helden, der sich selbst den Manen (unteren Göttern) geopfert hatte, blieb in höchsten Ehren.

III. Heroen oder Halbgötter.

Kein Volk hat von seiner Urgeschichte eine sichere Ueber=
lieferung, aber keines begnügt sich auch damit, seine eigene Ge=
schichte nur so weit hinauf zu verfolgen, wie die sichere Ueber=
lieferung reicht und alles Frühere, namentlich seine Anfänge
und seine Herkunft auf sich beruhen zu lassen. Hier tritt denn
abermals die allzeit geschäftige Phantasie in ihre Rechte, und
ergänzt aus eigener Machtvollkommenheit die Lücken der älte=
sten Ueberlieferung, auf diese Weise eine Ur= und Vorgeschichte
erschaffend, die in dem Glauben des Volkes selbst auf's In=
nigste mit der Ueberlieferung zusammenschmilzt, und selbst für
den nüchternen historischen Forscher nicht in allen Fällen von
der geschichtlichen Ueberlieferung zu sondern ist.

Je mehr nun ein Volk auf sich selbst hält, je würdiger
und höher es von sich denkt, desto natürlicher ist es, daß das=
selbe seinen Ursprung und die Anfänge seines nationalen Le=
bens nicht dem Zufall und dem blinden Ungefähr anheimgiebt,
sondern daß es eine möglichst erhabene und erlauchte Quelle
seines Daseins aufsucht und ersinnt, und auf diesem Wege
schließlich dahin gelangt, sich von dem Nationalgotte selbst ab=
zuleiten. Nun tritt freilich einer solchen Ableitung von der
anderen Seite wiederum das Gefühl der menschlichen Niedrig=
keit und Schwäche entgegen, welche es dem Volke nicht erlaubt,
seinen Ursprung in seiner Gesammtheit auf seinen Gott zurück=
zuführen, es gesellt sich diesem Gefühle das Bewußtsein und
die geschichtliche Ueberlieferung von dem Vorrange erlauchter
Fürsten= und Adelsgeschlechter des Landes, welche, an Kraft
und Muth die Masse des Volkes hoch überragend, seine Vor=
kämpfer im Kriege und seine Herrscher und Richter im Frie=
den, aus anderem und edlerem Stoffe geschaffen erscheinen.

Und so sind es denn diese erlauchten Fürsten= und Abels=
geschlechter, in denen das Volk seine Repräsentanten erkennt,
welche vermöge einer längeren oder kürzeren Reihe erhabener
Ahnen schließlich an die Landesgottheit angeknüpft werden, und
deren Urväter als die leiblichen Söhne dieser Landesgottheit
geglaubt werden, welche sich mit einem Sohne oder einer Toch=
ter des Landes vermählte.

Diese halb göttlichen und halb menschlichen Urahnen der
Fürstengeschlechter, diese thatsächlichen Vermittler zwischen
dem Volke und seiner Gottheit, sie und ihre früheren sagen=
haften Nachkommen sind nun die Heroen oder Halbgötter,
deren Leben und Wirken, theils aus dunkeln sagenhaften Er=
innerungen an frühe Kämpfe und Leiden, Wanderungen und
Neusiedelungen, theils aus rein mythischen und poetischen Ele=
menten componirt, die Vor= und Urgeschichte des Volkes abgab.

Je phantasiereicher ein Volk ist, um so reicher stattet es
seine Urgeschichte mit wunderbaren Erlebnissen aus, in deren
Glanze es sich selbst verklärt, desto mannigfaltiger werden die
Charaktere, die Thaten und Leiden seiner Heroen, desto über=
schwänglicher wuchert die Sage um den Stamm geschichtlicher
Tradition aus längst vergangenen Jahrhunderten, desto ge=
schäftiger ist endlich die nationale Poesie, sich dieses bunten,
mannigfaltigen und bedeutungsvollen Stoffes zu bemächtigen
und ihn nach allen Richtungen hin auszubilden und auszubeu=
ten. Bei keinem Volke aber, das wir kennen, hat alles Ge=
sagte in höherem oder nur gleich hohem Grade stattgefunden,
wie bei den Griechen, deren Heroensage und Urgeschichte,
welche wir Ihnen in Umrissen erzählen wollen, eine unerschöpf=
liche Fundgrube der merkwürdigsten, schönsten, rührendsten
und ergreifendsten und endlich bei allem Wunderbaren mensch=
lich wahrsten Geschichten ist.

Was nun das Wesen der Heroen anlangt, so waren sie,
ihrem göttlichen Ursprunge gemäß, mit Kraft und Schönheit,

Muth und Weisheit in unendlich höherem Grade ausgestattet
als der gewöhnliche Mensch; aber da sie mit Kindern der
Erde gezeugt waren, so konnte man sie nicht für unsterblich
halten wie die Götter, vielmehr sind sie dem Tode erlegen,
und die großen Kämpfe der Heldenzeit vor Theben und Troia
haben sie schaarenweise hinweggerafft. In der ältesten Zeit
glaubte man bei den Heroen nicht an einen wesentlich anderen
Zustand nach dem irdischen Tode als derjenige anderer Sterb=
lichen ist, sie sind im Hades ein Schatten, und nur Einzelne,
besondere Lieblinge der Götter befinden sich auf den Inseln
der Seligen oder im Elysion; in dieser Zeit konnte demnach
auch kein Heroencultus stattfinden. Später jedoch stellte man
sich vor, daß die Heroen nach dem Tode allesammt auf die
Inseln der Seligen gekommen seien, wo sie unter Kronos'
Herrschaft gleichsam in einem ewigen goldenen Zeitalter leben,
oder man nahm an, daß die Geister der Helden als unsicht=
bare Wächter der späteren Geschlechter auf Erden blieben, den
Sterblichen wieder erscheinen und in ihre Angelegenheiten
rettend und helfend eingreifen konnten. Von der Zeit an, wo
dieser Glaube aufkam, begann auch ein Cultus der Heroen,
deren Huld und Beistand man sich zu versichern suchte.

Man erwies freilich den Heroen keine solche Verehrung,
wie den eigentlichen Gottheiten, man setzte für ihren Dienst
keine besonderen Priester ein, und ordnete ihnen in der Regel
keine eigenen Feste an; aber man brachte ihnen doch zu gewissen
Zeiten Opfer an besondern Altären oder an ihren Grabstätten,
einigen der ausgezeichnetsten Heroen war auch wohl hier
und da ein besonderer Tempel geweiht, und von einigen glaubte
man geradezu, daß sie nach ihrem Tode zu wirklichen Göttern
erhoben worden seien, und diesen erwies man vollständige
göttliche Verehrung. Einige Geschlechter der Heroen dachte
man sich den Göttern verwandter, andere den Menschen näher,
und bildete so eine Art von Rangordnung unter ihnen. Einige

verehrte man als Familiengottheiten, andere wegen ihrer großen
Thaten und wichtigen Erfindungen. — Hinsichtlich der Zeit, in
die man das Leben und die Wirksamkeit der Heroen versetzte,
kann man dieselben am füglichsten in verschiedene Classen eintheilen, denn auch die sagenhafte Geschichte hat ihre Chronologie,
wenngleich diese nicht immer eben so klar und in sich überein-
stimmend ist, wie die geschichtliche. Natürlich kann es auch
hier, wo wir es mit durchaus sagenhaften Begebenheiten zu
thun haben, in keiner Weise auf eine strenge chronologische
Rechnung ankommen, und es genügt vollkommen, die drei
großen Hauptabschnitte zu unterscheiden, in welche die Sagengeschichte sich gleichsam von selbst zerlegt.

Den ersten Hauptabschnitt können wir als den der Urwelt,
der Menschenschöpfung und der frühesten Erlebnisse der
Menschheit oder einzelner Stämme bezeichnen. Es ist das
die Zeit, in der Prometheus die ersten Menschen aus Thon
formte, die Zeit, wo die früheste Menschheit von großen Natur-
katastrophen heimgesucht in der ogygischen und inachischen
Fluth bis auf wenige Repräsentanten zu Grunde ging, von
denen ein neues Zeitalter und Menschengeschlecht abstammte,
die Zeit endlich, in der die einzelnen Stämme sich unter ihren
eigenen Herrschern und Stammfürsten fest ansiedelten und ihr
selbstständiges nationales Leben begannen.

Der zweite Hauptabschnitt umfaßt die Zeit der älteren
eigentlichen Heroen, die Zeiten des Herakles und Theseus, des
Minos, Pelops, Perseus und Bellerophon, die Zeiten, in denen
die ersten großen Abenteuer und Kriegszüge von vielen mit
einander verbundenen Helden unternommen wurden, Abenteuer
wie die Jagd des kalydonischen Ebers und Kriegsfahrten wie
der Zug der Argonauten nach Kolchis.

Der dritte Hauptabschnitt endlich, dessen Thaten und
Begebenheiten bereits wirkliche geschichtliche Ueberlieferung
zum Grunde liegt, mag diese auch noch so sehr sagenhaft

eingekleidet und ausgeschmückt sein, umfaßt die Zeiten der
jüngeren Heroen, die meistens schon nicht mehr die directen
Abkommen von Göttern, sondern die Nachkommen der ursprünglichen Göttersöhne waren, die Zeiten der beiden großen Kriege
gegen Theben und Troia und der Begebenheiten, welche sich
an die Eroberung Troias unmittelbar anschlossen.

Wir wollen es versuchen, Ihnen die wichtigsten und
schönsten Heroengeschichten nach Maßgabe der drei eben bezeichneten Hauptabschnitte mitzutheilen.

A. Urwelt, Menschenschöpfung und das älteste Zeitalter.

Unter den Titanen, den Söhnen des Kronos (s. oben
S. 35), war einer mit Namen Japetos, welcher bestimmt
war, wenn auch auf indirecte Weise, der Stammvater des
Menschengeschlechts zu werden. Er vermählte sich mit der
Oceanide Klymene, welche ihm vier Söhne, Menötios,
Atlas, Prometheus und Epimetheus, gebar. Von diesen
wurde Atlas der Träger der Himmelssäulen, auf denen das
eherne Gewölbe des Himmels ruht, Prometheus aber und
Epimetheus, deren Namen Vorbedacht und Nachbedacht bedeuten, sind in die Urgeschichte der Menschheit auf's Innigste
verflochten.

Prometheus war es, der aus Thon die ersten Menschen
bildete, denen Athene die lebendige Seele einhauchte. Diese
ersten von Prometheus geschaffenen Menschen lebten im
Zustande der völligen Uncultur, ein rohes, geistig ungebildetes
Geschlecht, obwohl mit allen Anlagen des Geistes und allen
Gaben des Gemüthes ausgestattet. Um diese auszubilden und
zu höherer Cultur durchzubringen, fehlte ihnen namentlich
Eines, das Feuer nämlich, durch welches alle Künste allein
möglich werden und das auf dem festen häuslichen Heerde

brennend die Familie in der mit Kunst erbauten Wohnung zusammenhält. Dies wichtigste und fundamentale Cultur-element verweigerte Zeus den Menschen, denen er von allem Anfange an nicht gewogen war, weil er allen Uebermuth und allen Frevel voraussah, zu dem die Menschen gelangen würden, wenn sie, im Besitze der Cultur, sich von den Göttern und den unmittelbaren Gaben der Natur unabhängiger fühlen würden. Prometheus aber, das Herz voll Liebe zu seinen Geschöpfen, wollte nicht auf halbem Wege stehen bleiben, indem er die Menschen im rohen Naturzustande und von den Göttern durch-aus abhängig verbleiben ließ; er wollte sie selbstständig machen, wie er denn selbst als Wesen titanischen Ursprungs den alten titanischen Trotz besaß.

Demnach schlich er heimlich zum Heerde des Zeus und entwand ihm einen Funken des himmlischen Feuers, den er auf die Erde brachte und mit dem er auf den Heerden der Menschen das Feuer entfachte. So war der große Schritt für die Civilisation der Menschen gethan und Zeus konnte das Geschehene nicht ungeschehen machen. Den Prometheus aber ließ er seine kecke und trotzige That schwer büßen; er wurde an den Kaukasus angeschmiedet, und täglich kam ein Adler, der ihm die immer wieder nachwachsende Leber ausfraß, bis endlich nach Jahrhunderte langen Leiden des Titanen Trotz und Ueber-muth gebrochen war, er sich der Herrschaft des Zeus unterwarf, durch Herakles von dem Adler befreit und aus seinen Fesseln gelöst und von Zeus zum Schutzherrn der Civilisation ein-gesetzt ward, welche er mit der Gabe des Feuers auf die Erde gebracht hatte.

Die Menschen lebten mittlerweile im Besitze des prome-theïschen Geschenkes in wesentlich verbesserten Zuständen, aber auch sofort mit dem Eintritt dieser ungleich weniger der Götter eingedenk. Da beschloß Zeus, ihnen die Uebel und Leiden zu senden, in denen das Menschengeschlecht geläutert und zur

Gottheit zurückgeführt wird. Und wie die biblische Erzählung den Sündenfall, durch den alles Leid und alle Mühe auf die Erde kam, vom Weibe ableitet, so ist es auch nach griechischem Mythus ein Weib, durch welches den Menschen die Uebel zukamen. Die Erzählung hiervon aber ist diese.

Zeus ließ durch Hephästos ein Menschengebilde aus Thon formen, welches mit allen Anlagen und Schwächen der Menschen, aber mit göttlicher Schönheit ausgestattet wurde, und dem alle Götter einen Theil ihrer besonderen Gaben verliehen. Aphrodite umgab ihr Haupt mit Anmuth, Athene lehrte sie die weiblichen Kunstfertigkeiten, Hermes gab ihr List und Verschlagenheit und die süß einschmeichelnde Rede, die Horen aber und Chariten kleideten sie köstlich, daß es für Götter und Menschen eine Lust anzusehen war. Und die Götter nannten die Jungfrau Pandora, d. h. die von Allen Beschenkte, und sandten sie durch Hermes zu Prometheus Bruder Epimetheus, dem Nachbedacht. Wohl hatte Prometheus diesen gewarnt, kein Geschenk von Zeus anzunehmen, aber leidenschaftlich und vorschnell handelnd, wie er war, nahm er die wunderschöne Jungfrau in sein Haus auf und machte sie zu seinem Weibe.

Pandora hatte als Mitgift von den Göttern ein großes verschlossenes Faß mitgebracht und Prometheus abermals gewarnt, dasselbe nicht zu öffnen. Allein der Nachbedacht Epimetheus war neugierig, was es enthielte, und gestattete seiner Gemahlin, den Deckel abzuheben. Kaum aber war das geschehen, als aus dem Fasse alle Uebel und Leiden, Seuchen und Krankheiten hervorbrangen, an denen die armen Menschen seit der Zeit leiden; nur die Hoffnung blieb im Grunde des Fasses zurück, als Epimetheus, erschreckt über seine voreilige That, den Deckel wieder auf das Faß drückte.

Auf diese Weise kamen denn die Menschen in den Zustand, in dem sie jetzt leben, ausgerüstet mit dem himmlischen Funken

der Civilisation, aber unterworfen tausendfachen Leiden, ein
trotziges und übermüthiges und doch ein hinfälliges Geschlecht.
Und sie lebten Jahrhunderte lang in fortschreitender Cultur,
aber auch in wachsendem Uebermuth und zunehmender
Unfrömmigkeit, bis Zeus, erzürnt über die Frevler, das ganze
Menschengeschlecht zu vertilgen beschloß, gerade so wie in der
Bibel vom Jehovah erzählt wird. Er wählte aber dasselbe
Mittel, welches auch in der Bibel zur Vernichtung der Menschen
angewendet wird, eine ungeheure Wasserfluth, die alles Land
bedeckte und in der alles Leben zu Grunde ging. Nach den
verschiedenen Königen, die in den einzelnen Landschaften
herrschten, als die Sündfluth kam, wird diese in den verschiedenen landschaftlichen Sagen anders benannt, in Attika
und Böotien die ogygische Fluth nach dem Könige Ogyges,
in Argos die inachische Fluth nach dem König Inachos. Oder
aber man nannte sie nach dem einzigen überlebenden Manne
Deukalion die deukalionische Fluth. Wie dieser, Prometheus'
frommer Sohn, mit seiner Gattin Pyrrha, der Tochter des
Epimetheus, der Fluth entging und wie dieses Paar zu den
Stammeltern eines neuen Menschengeschlechts wurde, das
ist schon früher in der Mythologie des Zeus von uns
erzählt worden.

Herrscher aber dieses neuen Menschengeschlechts wurde
nach Deukalion sein Sohn Hellen, nach welchem sich die
Griechen Hellenen nannten. Hellen hatte drei Söhne,
Aeolos, Doros und Xuthos, dessen Söhne Jon und Achäos
hießen. Diese Söhne theilten sich in die Herrschaft der
Menschen, und nach Doros, Aeolos und ihren Neffen Jon
und Achäos nannten sich die vier größten und vornehmsten
Stämme der Griechen Dorier, Aeoler, Jonier und Achäer.
Diese Stämme nun besetzten die verschiedenen von einander durch viele Gebirge getrennten Landschaften Griechenlands und stifteten hier die verschiedenen Reiche, als deren

Herrscher wir zum Theil die Söhne und Enkel der vier genannten Stammkönige finden, zum Theil jüngere Götter= söhne, Heroen, welche aus der Fürstenfamilie entsprossen oder welche sich durch Einwanderung und Eroberung in den Besitz der Herrschaft brachten. Mit den Zeiten dieser land= schaftlichen Ansiedelung des neuen Menschengeschlechts und der Stiftung ihrer Königreiche schließt die erste große Periode der Sagengeschichte, und die nun folgenden Jahrhunderte bil= den die Zeiten der älteren Heroen.

B. Das Zeitalter der älteren Heroen.

Die meisten Heroensagen dieses Zeitalters gehören den einzelnen Landschaften und Völkerstämmen Griechenlands an, nur die Sagen von Herakles' Leben und Thaten kann man als allgemein nationalgriechisch bezeichnen, indem sie, wenn auch von einem bestimmten Local ausgegangen, durch die Poesie zum Gemeingut des griechischen Volkes in seiner Gesammtheit geworden sind. Neben den Sagen von ein= zelnen Heroen stehen sodann diejenigen von den ersten großen gemeinsamen Abenteuern mehrerer verbündeten Helden, die Jagd des kalydonischen Ebers und die Fahrt der Argonauten. Wir wollen mit den landschaftlichen Sagen beginnen, als deren Hauptcharakter wir meistens ein sehr inniges Zusammen= wirken des Heros mit der Landesgottheit wahrnehmen, in deren Dienst und Auftrag und demgemäß auch unter deren besonderem Schutz und Beistand der Held seine Thaten vollbringt.

1. Landschaftliche Heroensagen.

Argos.

An der Spitze des Heroengeschlechtes steht der Flußgott Inachos. Seine Tochter (nach anderen Sagen seine Urenkelin)

ist Jo, die schöne Jungfrau, von der wir schon in der Mythologie des Hermes berichtet haben, daß Zeus sie liebte und, um
sie vor der Eifersucht Here's zu schützen, sie in eine Kuh
verwandelte, daß ferner Here ihr den hundertäugigen Argos
zum Wächter setzte, den Hermes einschläferte und erschlug.
Hier müssen wir noch hinzufügen, daß nach Argos' Tode Here
eine gewaltig große Bremse sandte, vor der die verwandelte
Jo die Flucht ergriff und von der sie weithin durch alle Länder
gejagt wurde, bis sie endlich in Aegypten Ruhe fand, ihre
menschliche Gestalt wieder erhielt und Mutter des Epaphos
wurde. Von Epaphos stammte außer anderen Kindern die
Jungfrau Libya, von der Libyen seinen Namen haben soll,
und mit der sich der Gott des Meeres, Poseidon, in Liebe
verband. Diesem gebar sie den Agenor und den Belos, und
Belos wurde von der Anchirrhoë Vater des Aegyptos und
Danaos, Kepheus und Phineus, auf welche beiden letzteren
wir später zurückkommen. Von den beiden Brüdern Aegyptos
und Danaos herrschte jener in dem nach ihm Aegypten genannten
Lande, Danaos aber hatte von seinem Vater die Herrschaft
über Libyen erhalten. Er erhielt von verschiedenen Frauen
50 Töchter, die Danaïden, so wie sein Bruder 50 Söhne.
Da diese letzteren Unruhen anfingen und Danaos' Töchter ver-
folgten, baute dieser auf Athene's Geheiß das erste Schiff mit
50 Rudern und entfloh mit seinen Töchtern über das Meer
nach dem Lande Argos, von wo sein Geschlecht entsprossen war.

Hier herrschte zu der Zeit Gelanor, ein Abkömmling eines
jüngeren Sohnes des Inachos; von diesem forderte Danaos
die Herrschaft, und das Volk von Argos übergab ihm dieselbe, nachdem ein Wunderzeichen dies als der Götter Willen
bezeichnet hatte. So war nun Danaos König von Argos,
und wurde durch manche nützliche Erfindung, besonders durch
das Graben von Brunnen, welche auch im dürren Sommer
Wasser gaben, Wohlthäter des Landes.

Die Söhne seines Bruders aber, die 50 Aegyptiaden, folgten ihm über das Meer und erhuben auf's Neue Anspruch auf seine Töchter. Danaos aber mißtraute und zürnte ihnen wegen der Flucht, zu der sie ihn gezwungen hatten, und als er der Forderung der Jünglinge nicht mehr widerstehen konnte, vermählte er ihnen zum Schein seine Töchter, gab aber diesen jeder einen Dolch mit dem Befehl, ihre Männer heimlich zu ermorden. Dies vollzogen die Danaïden und mußten für diesen Frevel nach ihrem Tode im Tartaros büßen, wie wir früher berichtet haben. Nur eine der Töchter des Danaos, Hypermnestra, vollzog den grausamen Befehl ihres Vaters nicht, sondern rettete ihren Gemahl Lynkeus, den sie wirklich liebte. Von ihrem Vater vor Gericht gestellt, wurde sie vom Volke freigesprochen; sie blieb die Gattin des Lynkeus und wurde von ihm Mutter des Abas, des Vaters von Akrisios und Prötos, von denen wir sogleich weiter erzählen werden.

Zuvor aber müssen wir berichten, daß die übrigen Danaïden trotz ihrer schwarzen That zum zweiten Male verheirathet wurden. Danaos stellte einen großen Wettkampf um die Hände seiner Töchter an, zu dem viele der edelsten Helden Griechenlands kamen. Aus mehreren der so geschlossenen Ehen gingen berühmte Heldengeschlechter hervor, denen wir weiterhin gelegentlich wieder begegnen werden. Mit einer der Danaïden, Amymone, vermählte sich schon vor der Mordthat Poseidon, dem sie den Nauplios, den Vater des Palamedes, und den Oeax gebar, auf welche wir in den troischen Sagen zurückkommen.

Wenden wir uns jetzt wieder dem Lynkeus und der Hypermnestra zu, so hatten diese, wie gesagt, einen Sohn Abas. Dieser vermählte sich mit der arkadischen Nymphe Okaleia, wurde ein sehr streitbarer Held und Eroberer und Gründer der Stadt Abä in Phokis, von der die streitbaren Abanten

auf Euböa als Colonisten auszogen. ; Abas hatte zwei Söhne,
Akrisios und Prötos, feindlich gegen einander gesinnt von
den ersten Tagen der Kindheit an. Als Beide erwachsen waren,
vertrieb Akrisios seinen Bruder mit Gewalt aus dem Vaterlande. Prötos ging nach Lykien, heirathete die Tochter des
dortigen Königs, Sthenoböa, und wurde von seinem Schwiegervater mit großem Heergefolge in seine Heimath zurückgeführt,
wo er die Stadt Tiryuth erbaute und als König über Argos
und Korinth herrschte.

; Er hatte drei sehr schöne, aber übermäßig stolze Töchter,
welche sich in ihrem Uebermuthe selbst gegen die Götter vergingen. Dafür wurden sie von diesen mit einer schweren,
wahnsinnartigen und ansteckenden Krankheit ergriffen, in der
die eine sich durch einen Sprung von einem Felsen selbst das
Leben nahm. Die beiden anderen wurden durch den berühmten
Seher und Arzt Melampus aus Phlos. geheilt und, diesem
und seinem Bruder Bias vermählt, Mütter eines berühmten
Heldengeschlechtes, zu dem Abrastos und Amphiaraos, Kapaneus
und Eteoklos gehörten, von denen wir in der Geschichte des
Krieges gegen Theben zu erzählen haben werden.

Akrisios, Prötos' Bruder, dem dieser einen Theil des
Landes und die Hauptstadt Argos bei seiner Wiedereinsetzung
in die Herrschaft überlassen hatte, vermählte sich mit Eurydike,
der Tochter des Lakedämon, welche ihm eine Tochter, Danaë,
gebar. Von dieser Tochter war dem Akrisios geweissagt, sie
werde einen Sohn zur Welt bringen, der ihn ermorden werde.
Um dieser Weissagung zu entgehen, ließ Akrisios seine Tochter
nicht allein unvermählt, sondern er schloß sie in ein festes
unterirdisches Gewölbe ein, und glaubte durch diese Maß-
regel sicher zu sein. Aber Zeus selbst liebte die schöne und
unglückliche Jungfrau und drang, in einen goldenen Regen
verwandelt, in ihr Gefängniß ein. So wurde Danaë heimlich
Mutter des Perseus.

Als aber Akrisios ausfand, daß seine Tochter einen Sohn zur Welt gebracht hatte, beschloß er, Mutter und Kind zu tödten. Er sperrte sie daher Beide in einen großen hölzernen Kasten und ließ sie in's Meer werfen. Zeus aber ließ seinen Sohn nicht umkommen, der Kasten trieb auf den Wellen und wurde auf der Insel Seriphos von dem Fischer Diktys mit seinen Netzen an's Land gezogen, der Danaë und ihren Sohn zum Könige der Insel, Polydektes, brachte. Dieser ließ Perseus erziehen, stellte aber der Danaë mit seiner Liebe nach, welche jedoch unerwiedert blieb, worauf der König Danaë zu seiner Sclavin machte und sie schlecht behandeln ließ, um sie seinen Wünschen williger zu stimmen.

In der Absicht, sie gänzlich in seine Gewalt zu bekommen, entsandte er den mittlerweile herangewachsenen Perseus zu den Gorgonen, das Haupt der Medusa zu holen. Gerüstet mit einem unsichtbar machenden Helm, einem Geschenk des Hades, und geflügelten Sohlen, und geführt von Hermes und Athene, gelangt er zuerst zu den Gräen, den Vorhütern der Gorgonen, dann näherte er sich der schlafenden Medusa (s. Art. Gorgonen), hieb ihr den Kopf ab, eilte damit davon, von den Schwestern der Getödteten verfolgt. Als er in Sicherheit gelangt war, schenkte er denselben der Athene, die ihn darauf an ihren Schild befestigte. Bevor er aber der Athene das Medusenhaupt gegeben hatte, eilte er aus einem Lande in das andere, seinen Weg mit Thaten der Tapferkeit bezeichnend. Als der König Atlas ihm Gastfreundschaft — eine Haupttugend der damaligen Zeit — verweigerte, verwandelte er denselben durch Vorhalten des Medusenhauptes in einen Felsen.

Ein anderes Abenteuer führte Perseus an der Andromeda aus. Nämlich Kassiopea, die Gemahlin des phönicischen Fürsten Kepheus, hatte die Verwegenheit gehabt, sich an Schönheit mit den Nereïden zu vergleichen. Die hierüber erzürnten Götter des Meeres vermochten den Poseidon, ein

schreckliches Ungeheuer abzuschicken, um die Küstenländer des
Kepheus zu verheeren und den Bewohnern derselben großen
Schaden zuzufügen. Der bedrängte Fürst befragte das Orakel,
auf welche Art die beleidigte Göttin zu versöhnen sei, und
erhielt zur Antwort: daß seine einzige Tochter Andromeda dem
Ungeheuer geopfert werden müsse. Diese Unglückliche wurde
hierauf an einen öden Felsen im Meer festgeschlossen und dem
Ungeheuer zum Raube preisgegeben; aber Perseus erblickte
dieselbe bei seinem Fluge durch den Himmel, tödtete und ver-
steinerte das Ungeheuer, befreite die schöne Andromeda und
vermählte sich mit ihr. Von dort kehrte er in seine Heimath
Seriphos zurück, und befreite daselbst seine Mutter Danaë
von dem Polydektes, den er bei einem schwelgerischen Mahle
fand und den er mit allen seinen Gästen gleichfalls durch Vorhalten des Medusenhauptes in Stein verwandelte. Nachdem
er diese Thaten vollbracht hatte, gab er der Athene das
Medusenhaupt, er selbst aber kehrte mit seiner Mutter und
seiner Gemahlin Andromeda nach Argos in sein Stammland
zurück. Hier hatte Prötos, der Bruder des Akrisios, auf's
Neue versucht, die Herrschaft des ganzen Landes an sich zu
reißen; Perseus bestrafte ihn, und setzte seinen Großvater
Akrisios wieder auf den Thron, hatte aber das Unglück, diesen
kurz darauf, beim Werfen des Diskus, tödtlich zu verwunden,
wodurch die Weissagung des Orakels erfüllt ward. Perseus
folgte seinem Großvater in der Regierung von Tirynth, verlegte aber den Sitz derselben nach Mykene, während er dem
Sohne des Prötos, Megapenthes, die Herrschaft über Argos
überließ. Er wurde nach seinem Tode vergöttert. Unter den
Söhnen, welche ihm Andromeda geboren hatte, waren Elektryon
und Alkäos die berühmtesten. Ein Sohn des Letztern war
Amphitryon, dessen Gemahlin Alkmene, Tochter des Elektryon,
vom Zeus den Herakles gebar.

So wird die Heldensage von Argos mit der von Theben

verknüpft. — Ehe wir uns aber zu dieser und zu den Thaten des Herakles wenden, werfen wir einen Blick auf

Korinth,

welches, wie wir gesehen haben, zur Zeit des Prötos unter der Herrschaft von Argos gestanden hatte. Die erste merkwürdige Gestalt, die uns hier begegnet, ist Sisyphos, der Sohn jenes Aeolos, den wir als Sohn des Hellen und Stammvater der Aeoler im ersten Hauptabschnitt kennen gelernt haben. Sisyphos wird als ein arger Frevler und Lügner geschildert, der sich namentlich dadurch schwer verging, daß er Zeus verrieth, als dieser mit des Asopos schöner Tochter Aegina Umgang hatte. Darauf will Zeus ihn tödten; Sisyphos aber weiß, schlau und gewandt, den Gott des Todes, Thanatos (s. oben S. 215), statt ihm zu folgen, in einen tiefen Kerker zu werfen, wodurch das Reich des Pluton ohne neuen Zuwachs blieb, bis endlich Ares den Thanatos befreite und ihm Sisyphos übergab, der dann zur Strafe seiner Frevel in der Unterwelt einen schweren Stein immer vergeblich einen Hügel hinanwälzen mußte (s. Art. Pluton). Sisyphos' Sohn war Glaukos, welcher das Unglück hatte, bei einem Wettkampfe von seinen wild gewordenen Pferden aus dem Wagen gestürzt und geschleift zu werden. Er hinterließ den Bellerophon, welcher, als ein sehr schöner Jüngling, sich an den Hof des Prötos begab, der damals auch über Korinth herrschte. Hier verliebte sich die Gemahlin des Prötos, Sthenoböa (oder Anteia), sterblich in ihn, verläumdete ihn aber, als sie ihre Neigung unerwiedert sah, bei ihrem Gemahl, ganz ähnlich wie Pharaos Weib Potiphar Joseph, und reizte dessen Zorn dadurch in so hohem Grade, daß er ihn zu seinem Schwiegervater, dem König Jobates von Lykien, schickte, und diesem den geheimen Auftrag gab, den Jüngling zu tödten. Arglos ging Bellerophon dorthin, und erhielt vom Jobates so schwierige Aufträge, daß

er bei Ausführung derselben leicht hätte seinen Untergang
finden können. Allein die Götter standen ihm wegen seiner
Unschuld bei, sendeten ihm das geflügelte Roß, Pegasus, das
Athene ihn zügeln lehrte, und auf dem er allen Gefahren glück=
lich entging. Er tödtete das furchtbare Ungeheuer, die Chi=
mära, einen Drachen, der die Gegend verwüstete, bezwang die
Feinde, welche in des Jobates Reich einfielen — unter diesen
auch die Amazonen, eine Schaar kriegerischer Weiber — und
erwarb sich dessen Vertrauen und Liebe in so hohem Grade,
daß er ihm seine Tochter zur Gemahlin und die Hälfte seines
Reichs zur Herrschaft gab. Lange lebte er mit dieser im
Glücke, und als Vater blühender Kinder, unter denen Laoda=
mia von Zeus Mutter des Sarpedon ward,) wurde aber, weil
es ihm ungetrübt wohl erging, so übermüthig, daß er den Ge=
danken faßte, sich mittels des Pegasus in den Olymp hinauf=
zuschwingen; wo jedoch der erzürnte Zeus den Verwegenen
hinabstürzte, der als ein Mitleid erregendes Beispiel gefallener
Größe elendiglich umkam.

Theben.

Eine Stätte der allerreichsten und interessantesten He=
roengeschichten ist Theben, dessen Gründung auf Kadmos
zurückgeführt wird, und dessen Gründungssage folgendermaßen
lautet.

Kadmos war ein Sohn des Königs Agenor von Phöni=
zien (eines Sohnes des Poseidon und der Libya und Bruders
des Belos) und der Telephassa oder Antiope, und ein Bruder
des Phönix (bedeutet die Phönizier) und des Kilix (bedeutet
die Cilicier). Seine schöne Schwester Europa, von der unser
Erdtheil den Namen erhalten haben soll, gefiel dem Zeus.
Um sich dieselbe zu entführen, verwandelte er sich in einen
schönen weißen, blumenbuftbauchenden Stier, und näherte sich
in dieser Gestalt der Fürstentochter, als sie einst auf einer blu=

migen Wiese am Gestade des Meeres lustwandelte. Europa
freute sich des Thieres, streichelte es, und da es ruhig im Grase
lag, versuchte sie es scherzend, sich auf dasselbe zu setzen.

Kaum war dies geschehen, so sprang der Stier schnell
auf, rannte in's Meer, und schwamm mit seiner Beute nach
Gortys auf der Insel Kreta hinüber. Dort nahm Zeus
seine wahre Gestalt wieder an, und verweilte bei der Europa,
in deren elterlichem Hause indessen über die Entführung der
Tochter große Trauer herrschte. Agenor beauftragte den Kad=
mos, die Verlorene zu suchen, und der Sohn brach auf, um
dem Willen des Vaters zu genügen. Lange war sein Be=
mühen vergeblich; endlich fragte er das Orakel in Delphi, wo
er seine Schwester finden werde? erhielt aber zur Antwort:
er solle dieselbe nicht weiter suchen, sondern der ersten Kuh,
die ihm begegnen werde, folgen, und an dem Orte, wo sich
dieselbe niederlegen würde, eine Stadt gründen. Dies fand
in der nachmals Böotien (Rinderland) genannten Landschaft
Griechenlands Statt, und dort wurde dann später von Kad=
mos Theben erbaut.

Ehe es aber zur Gründung der neuen Stadt kam, hatte
Kadmos noch manche Gefahren zu bestehen. Dem Befehle des
Orakels gemäß, wollte er zuerst, um seinen Dank gegen die
Götter zu bethätigen, die Kuh, welche ihm den Weg gezeigt
hatte, opfern. Er sandte demnach seine Gefährten aus, um
an einer nahen, dem Ares geweihten Quelle das zum Opfer
nöthige Wasser zu holen, die Quelle aber war von einem
furchtbaren Drachen bewacht, welcher Kadmos' Gefährten töd=
tete. Unter dem Beistande der Athene bestand nun Kadmos
selbst, und zwar siegreich, den Kampf mit dem Drachen, brach
ihm, nach dem Rathe seiner Schutzgöttin, die Zähne aus, die
er in den Erdboden säete. Aus dieser wunderbaren Saat ent=
sprossen geharnischte Mannen, die sich zwar anfänglich gegen=
seitig befeindeten, und zum größten Theile gegenseitig auf=

rieben, von denen der Rest, ihrer fünf an der Zahl, dann aber
treu zu Kadmos hielten, und die Gründung Thebens vollende-
ten. Diese geharnischten Männer hießen Sparten, d. h.
die Gesäeten, und von ihnen, als den echten Sprößlingen des
thebanischen Bodes, leiteten sich die edelsten Geschlechter Thebens ab. Das befestigte Theben erhielt vom Kadmos den Namen: Kadmeische Burg.

Der Drache aber, den Kadmos erschlagen hatte, war ein
dem Ares geheiligtes Thier gewesen, weshalb Kadmos zur
Sühnung seiner That und zur Versöhnung des zürnenden
Gottes diesem ein sogenanntes großes Götterjahr, d. h. acht
volle Jahre lang dienen mußte. Darauf erst gab ihm Zeus
die Harmonia zur Gemahlin, die Tochter des Ares (Mars)
und der Aphrodite (Venus), deren Vereinigung einen be-
glückenden Frieden bedeutet, zu dem man durch Kampf gelangt, wie wir schon in dem Vorhergehenden kennen gelernt
haben. Alle Götter besuchten die Hochzeit des Kadmos und
der Harmonia, brachten dem neuen Paar Geschenke, und be-
thätigten so ihre Theilnahme an der Gründung der neuen
Stadt. Harmonia aber gebar dem Kadmos die Töchter Autonoë, Ino, Semele und Agaue und einen Sohn Polydoros.
Autonoë vermählte sich dem Aristäus, dessen Sohn Aktäon
war. Aktäon wurde von Artemis, die er einst zufällig auf
der Jagd im Bade überraschte, in einen Hirsch verwandelt,
und als solcher von seinen eigenen Hunden zerrissen. Ino heirathete den Athamas, von dem wir später noch Weiteres
berichten werden, und von dem hier nur erzählt werden muß,
daß er, in Raserei verfallen, seine Gemahlin verfolgte, die sich
durch einen Sprung ins Meer rettete, und unter dem Namen
Leukothea zur Meergöttin wurde (s. oben S. 164). Semele,
die Mutter des Dionysos, fand ihren Tod, als sich — auf ihr
thörichtes Bitten — Zeus ihr einst in seiner ganzen Herrlichkeit als Donnerer nahete. Die vierte Tochter Agaue wurde

von Echion, einem der fünf Sparten, Mutter des Pentheus, auf den nach dem Tode des Polydoros die Herrschaft Thebens überging.

Als Semele durch Zeus' himmlische Erscheinung getödtet war, verbreiteten ihre Schwestern, namentlich Agaue, das Gerücht, Semele habe nur gelogen, daß Zeus ihr Gatte gewesen sei und sie zur Strafe dafür getödtet. Später jedoch kam Dionysos auf seinem Zuge durch die Welt auch nach Theben, und die thebanischen Weiber, unter ihnen auch Agaue, schlossen sich seinen Mänaden an. Pentheus widersetzte sich der Einführung des neuen enthusiastischen Cultus, wurde aber von seiner eigenen Mutter und deren Genossinnen getödtet. Als Agaue zur Besinnung kam, floh sie aus Theben, und fand erst in Illyrien Ruhe. Die Herrschaft in Theben aber ging auf Polydoros' Sohn, Labdakos, über. So erlebte Kadmos in seiner Familie große Herrlichkeit, aber auch großes und schweres Unglück.

Er selbst mußte vor feindlichen Verfolgungen in seinem hohen Alter mit seiner Gattin nach Illyrien fliehen, wo er starb, aber vom Zeus mit seiner treuen Harmonia ins Elysium versetzt wurde. Nach seinem Tode wurde Kadmos in Theben fast göttlicher Ehre theilhaft, wie er denn als großer Wohlthäter Thebens gelebt hatte, als Begründer des Ackerbaus, Erbauer der ersten Wasserleitung und Lehrer der Buchstabenschrift, die er aus dem Orient mitgebracht haben sollte.

Bei Pentheus' Tode und der Flucht des Kadmos war dessen Enkel Labdakos noch minderjährig, weshalb die Herrschaft Thebens auf Nykteus überging. Dieser hatte von der Göttin von Theben, Thebe, eine Tochter Antiope (die in anderen Sagen Tochter des Flußgottes Asopos heißt), der sich Zeus in heimlicher Liebe gesellt. Als dies Nykteus merkte, wollte er Antiope tödten, die aber vor ihm entfloh und, nachdem sie in einsamer Wildniß am Kithäron von Zwillingen entbunden

war, zum König Epopeus von Sikyon kam. Ihre Söhnchen,
welche die Namen Amphion und Zethos erhielten, vertraute
die unglückliche Mutter einem am Kithäron weidenden Hirten
an, unter dessen Pflege sie, die Söhne des Zeus, herrlich und
kräftig, aber durchaus unbekannt und für Hirtenknaben gehalten, heranwuchsen. Antiope selbst aber fand bei Epopeus in
Sikyon nur kurzen Schutz, denn ihr Vater Nykteus gab seine
Rache gegen sie nicht auf, sondern übertrug dieselbe, als er
bald darauf starb, auf seinen Bruder Lykos, der nach ihm die
Herrschaft in Theben während Labdakos' Minderjährigkeit
führte. Dieser eroberte Sikyon und nahm Antiope wieder mit
sich nach Theben. Und hier begannen für das arme Weib
neue Qualen.

Lykos selbst freilich behandelte sie sehr gut, vielleicht zu
gut, so daß er die Eifersucht seiner Gemahlin Dirke erregte,
und diese peinigte die Antiope, welche sie zu ihrer Sclavin
machte, auf jede erdenkliche Weise. Viele Jahre ertrug Antiope ihr hartes Loos, endlich aber, als sie merkte, daß Dirke
ihr gar nach dem Leben trachtete, entfloh sie abermals und
kam wieder an den Kithäron, wo sie von ihren Söhnen ohne
daß diese sie oder sie selbst ihre Kinder erkannt hätte, gastlich
aufgenommen wurde. Bald darauf aber führte eine bakchische
Feier auch Dirke an den Kithäron. Hier fand sie ihre entlau-
fene Sclavin und beschloß nun, diese auf die grausamste Weise
zu tödten. Sie befahl demgemäß als Königin den beiden ver-
meintlichen Hirtenjünglingen Amphion und Zethos, einen wilden Stier aus der Heerde herbeizuholen, an dessen Hörnern
Antiope geschleift werden sollte. Die Jünglinge gehorchten
dem Befehle und wollten eben die unselige Antiope an dessen
Hörner binden, als der alte Hirt, der sie auferzogen hatte,
diese erkannte und sie den Jünglingen als ihre Mutter ver-
stellte. Wüthend gegen Dirke, daß diese sie in die Gefahr gebracht zu Mördern ihrer Mutter zu werden, und im höchsten

Grade erbittert über die Leiden, welche Antiope durch Dirke zu ertragen gehabt hatte, ergreifen nun die Jünglinge die Königin selbst, fesseln sie an die Hörner des Stieres, und lassen sie jämmerlich zu Tode schleifen. Nach ihrem Tode wurde Dirke in eine Quelle bei Theben verwandelt, die von ihr den Namen erhielt.

Nun trat Lykos ihnen die Herrschaft Thebens ab, und sie erbauten die Mauern um die untere Stadt, während Kadmos nur die Burg befestigt hatte. Bei diesem Mauerbau mußte Zethos selbst die Steine tragen, Amphion aber bewegte diese durch den Klang seiner wunderbaren Laute, die ihm Hermes geschenkt hatte, und nach den Weisen, die Amphion spielte, fügten sich die Steine von selbst zum harmonischen Bau. Amphion heirathete die Niobe, die Tochter des Tantalos, von deren Ueberhebung und Bestrafung durch Apollon und Artemis wir früher (oben S. 117) erzählt haben. Als durch Apollons Pfeile auch Amphion und Zethos getödtet waren, die man nach ihrem Tode als Schutzgötter Thebens verehrte, ging die Herrschaft endlich auf Labdakos über. Von Labdakos' Regierung wird nichts Besonderes berichtet. Desto berühmter aber sind die Geschichten von seinem Sohne Laios und seinem Enkel Oedipus.

Laios heirathete die Jokaste, Tochter des Menoikeus, welche ihm einen Sohn, den Oedipus, gebar, dem er bald nach seiner Geburt die Füße durchbohren, und ihn dann in dem Waldgebirge Kithäron aussetzen ließ, weil ein Orakel ihm geweissagt hatte, daß dieser Sohn ihn umbringen werde. Hirten fanden den Knaben, und brachten ihn dem Könige Polybos von Korinth, dessen kinderlose Gemahlin sich seiner annahm und ihn erzog. Als er herangewachsen war, befragte er das Orakel wegen seiner Eltern, erhielt aber zur Antwort: er solle die heimathlichen Fluren vermeiden, weil er sonst der Mörder

seines Vaters werden, und seine eigne Mutter heirathen werde.
Oedipus mied, um diesem Unglücke zu entgehen, den Königs-
hof von Korinth, weil er nicht sicher wußte, ob Polybos nicht
doch sein Vater sei, zog in die Ferne, begegnete aber auf der
Reise unbekannter Weise seinem wirklichen Vater, gerieth zufällig mit dessen Gefolge in Streit, in welchen Laios sich
mischte, und so von seinem Sohne Oedipus erschlagen wurde.
Unbekümmert über den Frevel, den er unwissend verübt hatte,
zog Oedipus weiter, und kam nach Theben. Hier fand er
Alles in Bestürzung, weil die Sphinx, ein Ungeheuer, halb
Weib halb Löwe, die Gegend verheerte, allen Vorübergehenden
ein Räthsel aufgab, und sie, wenn sie dasselbe nicht lösen konnten, umbrachte. Oedipus zog gegen das Ungeheuer aus, und
lösete glücklich das von demselben ihm aufgegebene Räthsel,
worauf dasselbe sich von dem Felsen, auf dem es wohnte, hinabstürzte, und den Tod fand. Oedipus erhielt die von den Thebanern dem Bezwinger des Ungeheuers versprochene Belohnung, nämlich die Jokaste, des Laios Wittwe, zur Gattin, und
mit ihr die Herrschaft in Theben.

So erfüllte Oedipus das seinem Vater und ihm gegebene
Orakel, ohne es zu wissen, und wurde, nachdem er schon seinen
Vater erschlagen hatte, der Gemahl seiner eigenen Mutter, die
ihm vier Kinder, den Eteokles und Polyneikes, die Antigone
und Ismene gebar. Als darauf schwere Unglücksfälle das
Land plagten, fragte man das Orakel um Rath, und nun enthüllte sich der Zusammenhang des schrecklichen Geschickes des
Oedipus. Im namenlosen Schmerz darüber tödtete Jokaste
sich selbst, Oedipus aber stach sich die Augen aus, und verließ
das Land. Seine Söhne Eteokles und Polyneikes gelangten
nach ihm zur Regierung, lebten aber in bitterster Feindschaft
mit einander, veranlaßten dadurch die sogenannten thebanischen Kriege, von denen wir in der dritten Abtheilung unserer Heroengeschichte erzählen werden, geriethen im Laufe der-

selben in einen Zweikampf mit einander, und tödteten sich gegenseitig.

Diese schreckliche Erzählung ist von Dichtern noch weiter ausgeschmückt und oft als Gegenstand von Tragödien mit Erfolg benutzt worden. Besonders berühmt sind diese Tragödien von Aeschylos und Sophokles.

Thrakien.

Nach Thrakien und an den Helikon gehört der Mythus von Orpheus, den wir weiterhin noch unter den Argonauten wiederfinden werden, von dem es aber auch eine eigene Erzählung giebt, die wir hier einfügen können. Orpheus wird der älteste Sänger der Griechen, und ein Sohn des Apollon und der Muse Kalliope genannt. Nach einigen Erzählungen soll er von einem berühmten Tonkünstler der alten Welt, dem Linos, zugleich mit dem Herakles und Thambris, Unterricht in der Musik erhalten, nach andern aber seine Jugend in Aegypten verlebt haben, und dort in der Musik unterrichtet worden sein. Er spielte die Lyra unübertrefflich schön, und sang so bezaubernd, daß die ganze Natur bewegt ward, die Vögel in der Luft, die Fische im Wasser, die Bäume, die Felsen, die Berge, die wilden Thiere aus ihren Schluchten ihm folgten, um ihn zu hören. Der Sinn dieser Sage ist, daß die Macht des Gesanges Alles überwältigt.

Sein Gesang galt besonders seiner Gattin, der Nymphe Eurydike, die vor den Verfolgungen des Aistäos fliehend, von einer Schlange gestochen den Tod fand. Darüber ergoß er sich in Alles durchdringenden Klagen, in die selbst alle Nymphen der Thäler und Berge einstimmten. Von seinen Klagen gerührt, erlaubten ihm die Götter, die Verlorene aus der Unterwelt zurückzuholen. Er stieg daher in dieselbe hinab, und erhielt auch vom Hades und der Persephone die Vergünstigung, die Eurydike wieder auf die Oberwelt mit sich zu neh-

men, mußte sich aber der Bedingung unterwerfen, sich beim
Hinaufsteigen aus dem Schattenreiche nicht nach seiner Gattin
umzusehen. Liebe und Besorgniß ließen ihn diese Bedingung
überschreiten; er sah sich auf dem dunkeln Wege nach der Eurydike um, worauf diese sogleich zurückweichen mußte, und nun
auf immer für ihn verloren war. Traurig kehrte Orpheus auf
die Oberwelt zurück, und irrte lange in den öden Wüsteneien,
seinem Schmerze überlassen, umher, bis er sich dem Zuge der
Argonauten anschloß. Diesen leistete er auf der Meerfahrt
wichtige Dienste, besonders dadurch, daß er theils durch Gesang und Spiel die Lockungen der Sirenen übertönte, und dadurch die Seefahrer vor den Gefahren derselben bewahrte,
theils dadurch, daß er durch seine in Aegypten erlernten Zauberkünste den Drachen einzuschläfern wußte, welcher das goldene Vließ bewachte, das die Argonauten abzuholen gekommen
waren.

Orpheus hatte das traurige Ende, von Bakchantinnen
(Mänaden) in Thrakien bei einem wilden Festgelage getödtet
zu werden. Seinen zerstückelten Leichnam sollen die Musen
begraben haben. Seine Leier wurde unter die Sterne versetzt.

Der Ruf des Orpheus hatte sich über ganz Griechenland
verbreitet. Er galt nicht blos für einen ausgezeichneten Liedersänger, sondern auch für einen Mann, der die Gabe der Weissagung von den Göttern erhalten habe. Seine Lehren über
den Dienst der Götter und deren Orakel breiteten sich über
alle Völker Griechenlands aus, wurden aber mit mysteriösen
(geheimen) Gebräuchen verbunden, zu deren Kenntniß eine besondere Weihe nothwendig war, woraus die orphischen Geheimnisse oder der orphische Geheimdienst entstand.

Die berühmtesten Schüler des Orpheus im Gesange und
in der Musik waren Amphion und Musäus.

Thessalien.

Von den Haupthelden Thessaliens, Peirithoos, dem Freunde des Theseus, und von Peleus und Achill werden wir später berichten. Hier nennen wir nur eine eigenthümliche Gestalt der thessalischen Heldensage, welche mit vielen Heroen in Berührung gekommen ist, nämlich Cheiron oder Chiron.

Cheiron war ein Sohn des Kronos und der Philyra, einer Tochter des Okeanos. Sein Vater hatte sich, aus Furcht vor der Eifersucht seiner Gemahlin Rhea, in ein Pferd verwandelt, als er die Philyra heimführte; Cheiron bekam daher eine Centauren-Gestalt. Die Centauren nämlich waren riesenartige Wesen, am Vorderkörper Mensch, am Hinterkörper aber Pferd, und gefährlich durch ihre Kraft und Schnelligkeit, über deren Entstehung man folgende Mythe erzählte. Irion hatte die Here selbst mit sträflicher Liebe verfolgt. Diese sandte die ihr selbst täuschend ähnliche Nephele (eine Wolke), mit welcher er die Centauren erzeugte, darauf aber für die der Here angethane Beleidigung die schreckliche Strafe in der Unterwelt erleiden mußte, welche bereits zuvor geschildert worden ist. (S. Art. Hades.)

Cheiron gehörte indeß nicht zu dem Geschlechte dieser Centauren, welche in der Mythologie besonders durch ihre Kriege mit den Lapithen, den Mannen des Peirithoos, bekannt sind; er hatte nur eine Centaurengestalt bekommen, wird der gerechteste der Centauren genannt, und galt bei den Alten für einen berühmten Arzt, Wahrsager, Sternkundigen und Tonkünstler. Er wohnte in einer Höhle auf dem Berge Pelion, erzog und bildete den Achilleus, Asklepios, Herakles, und viele andere berühmte Griechen. Sein Freund war Peleus, dem er die furchtbare Lanze, eine Esche vom Pelion, schenkte. Auch die Argonauten besuchten ihn auf ihrer Fahrt. Orpheus selbst begann einst mit ihm einen musikalischen Wettstreit. Er wurde zufällig, als er bei einem Streit des Herakles mit den Centauren herzukam, um Frieden zu stiften, durch einen vergifteten Pfeil verwundet, und ging, da diese Wunde unheilbar war, freiwillig in den Tod, der eigentlich nicht sein Loos war, da er für unsterblich galt.

Wir haben eine bildliche Darstellung dieses Kampfes in der Abbildung XXII. ausgewählt. Herakles braucht seine riesige Keule, während ein Centaur Feldsteine gegen ihn schleudert. Ein Centaur eilt verwundet davon.

Nach seinem Tode wird Cheiron vergöttert, und unter dem Bilde des Schützen unter die Sterne versetzt.

Attika.

Das attische Volk glaubte, wie die thebanischen Sparten, aus dem eigenen heimischen Boden entsprossen zu sein, und in ältester Zeit von ebenso entsprossenen Königen beherrscht worden zu sein. Daneben aber erhielt sich der Glaube an eine fremde Einwanderung von Aegypten her, und diese knüpft sich an den Namen des Kekrops, welcher unter der Herrschaft des Königs Aktäos ins Land gekommen, und von diesem gastfreundlich aufgenommen worden sein soll. Er heirathete dessen Tochter, und wurde nach des Aktäos Tode König dieses Landes. Neben dieser Sage, welche Kekrops zum Fremblinge macht, bestand aber, eben so gut geglaubt, die andere, nach der er, wie alle attischen Könige vor ihm, ein Sohn der Ge (der attischen Erde) war.

Von seiner Regierung erzählt man Folgendes. Er legte, nachdem er die Grenzen Attikas gegen die räuberischen Einfälle der Böotier gesichert hatte, die nach ihm benannte kekropische Burg (Kekropia) an, die den Anfang zu der, der Athene gewidmeten, und nach ihr benannten Stadt Athen bildete. (S. Art. Athene.) Kekrops erwarb sich große Verdienste um die Beförderung der Bildung seines Volks, theilte dasselbe in

zwölf Stadtgemeinden ab, und führte eine feste bürgerliche
Ordnung bei demselben ein. Auch auf religiösem Gebiete tritt
er als Gesetzgeber auf, besonders errichtete er der Pallas
Athene Altäre, und ordnete ihr Priester und Opfer an. Auch
schrieb man ihm die Entscheidung in dem Streit zwischen Po=
seidon und der Athene zu Gunsten der letzteren zu. Seine Töch=
ter, die Kekropiden, waren Herse, Aglauros und Pandro=
sos. Herse gebar dem Hermes den Kerhx, von dem das attische
Priestergeschlecht der Kerhken (Herolde) ihren Ursprung ab=
leitete; Aglauros wurde von Ares Mutter der Alkippe, welche
Poseidons Sohn Halirrhotios liebte, den aber Ares erschlug.
Wie dieser Mord Anlaß zur Stiftung des areopagitischen Ge=
richts wurde, haben wir früher (s. oben S. 90) erzählt. Die
dritte Schwester Pandrosos blieb unvermählt, und wurde
Priesterin der jungfräulichen Landesgöttin Athene. Ueber das
Ende der drei Schwestern berichtet der Mythus: Athene über=
gab ihnen, in ein Kästchen verschlossen, das Kind des Hephästos
und der Ge, Erichthonios, mit dem Gebote, das Kästchen
nicht zu öffnen. Pandrosos gehorchte, die beiden anderen
Schwestern aber konnten ihre Neugier nicht bezähmen, sie öff=
neten den Kasten, als sie aber das Kind in Schlangengestalt
erblickten, ergriff sie wahnsinniger Schrecken, in dem sie sich
von dem Burgfelsen hinunterstürzten. Die getreue Pandrosos
wurde unsterblich und eine Begleiterin der Athene. Als Erich=
thonios erwachsen war, wurde er König des Landes und Stifter
der panathenäischen Festfeier (s. oben S. 108). Sein Sohn
war Pandion, und dessen Kinder hießen Erechtheus, Philo=
mele und Prokne. Erechtheus starb nebst seiner Tochter
Chthonia in einem Kriege gegen den König Eumolpos von
Eleusis den freiwilligen Opfertod, durch den er nach einem
Vertrage Eleusis an Attika brachte. Mit ihm erlosch der
Mannesstamm des Kekrops, und die Herrschaft in Attika ging
auf Jon, den Sohn des Apollon, über, welcher den Athenern

in dem Kampfe gegen Eumolpos beigestanden hatte. Von den Schwestern des Erechtheus aber giebt es noch einen schönen und rührenden Mythus, den wir hier kurz erzählen wollen.

In einem Kriege, welchen König Pandion gegen Labdakos von Theben führte, hatte ihm der Thrakerkönig Tereus großen und erfolgreichen Beistand geleistet, wofür zum Lohne er die Hand von Pandions Tochter, Prokne, erhielt. Das Kind dieser Ehe war Itys oder Itylos. Tereus aber begehrte auch der Philomele, der Schwester Proknes, und heirathete sie unter dem Vorgeben, Prokne sei gestorben. Als Philomele die Wahrheit erfährt, droht sie mit Entdeckung von Tereus' Schandthat, weshalb ihr dieser die Zunge ausschneidet und sie im Dickicht des Parnaß verbirgt. Prokne weiß Nichts, weder von dem traurigen Schicksal, noch von der Nähe ihrer geliebten Schwester, da unterrichtet sie Philomele durch ein kunstreich gewebtes Gewand, in welchem ihre Schicksale dargestellt waren, von dem Geschehenen. Beide Schwestern finden sich und verbünden sich zu gräßlicher Rache an Tereus; sie schlachten den Itys, und setzen dem Vater das Fleisch seines Kindes vor. Tereus entdeckt das Entsetzliche, und will eben die beiden Schwestern mit einem Beile tödten, als alle drei in Vögel verwandelt werden, Tereus in den Wiedehopf, Prokne in die Schwalbe und Philomele in die (gleichnamige) Nachtigall. Der Umstand, daß die Nachtigall den größten Theil des Jahres nicht singt, hat zu der Geschichte von der der Philomele ausgeschnittenen Zunge geführt. Die Sage von Oreithyia, einer Tochter des Erechtheus, welche der Windgott Boreas heirathete, haben wir früher schon erzählt (oben S. 183); ebenso wie wir diejenige von Kephalos und Prokris bereits kurz berichtet haben (oben S. 179). Es bleibt uns deshalb nur noch die Geschichte von Jon zu erzählen, welcher nach dem Erlöschen des Mannesstammes des Ketrops, und nachdem ein unechter Sohn des Erechtheus, Pandion II., nach Megara vertrieben worden war, wo er Vater des Aegeus wurde, auf den attischen Thron kam. Jon war der Sohn der Kreusa, einer Tochter des Erechtheus, der sich Apollon in heimlicher Liebe gesellt hatte. Kaum geboren, wurde Jon ausgesetzt, und seine Mutter verlor ihn aus den Augen. Sie heirathet darauf den Xuthos, aber ihre Ehe blieb ohne Kindersegen. Xuthos und Kreusa gehen deshalb nach Delphi, um den Gott wegen ihrer Nachkommenschaft zu befragen, erhalten aber den Bescheid, den ersten Jüngling, der ihnen begegne, als Sohn anzuerkennen. Dies war Jon, den dann Xuthos adoptirte (so daß er auch als dessen Sohn gilt), und auf den er nach seinem Tode die Herrschaft überträgt, während ein dem Xuthos später von Kreusa geborener Sohn Achäos, wie wir berichtet haben, Stammvater der Achäer wurde.

Nach einem anderen Mythus wurde Pandion durch die Söhne des Metion aus Attika vertrieben, und wandte sich nach Megara zum Könige Pylos, wo er den Aegeus adoptirte, der dann nach Pandions Tode mit seinen Brüdern Pallas, Nisos und Lykos nach Attika zog, die Söhne des Metion vertrieb und mit seinen Brüdern sich in die Herrschaft Attikas theilte. Aegeus', der Vater des Theseus wurde, fernere Geschichte, sowie die Sagen von Theseus' Thaten, werden wir später berichten, nachdem wir erst ein Wort über die Heroen von Kreta gesagt haben, welche in die attische Heroengeschichte hineinspielen.

Kreta.

Wir haben früher erzählt, wie Zeus in Gestalt eines schneeweißen Stieres die schöne Tochter des Königs Agenor, Europa, geraubt, und wie er sie nach Gortys auf Kreta gebracht hat. Hier wurde Europa von Zeus Mutter dreier berühmter Söhne, des Minos, Rhadamanthys und Sarpedon. Rhadamanthys und Sarpedon verließen Kreta, — Rhadaman-

thys wandte sich über die westlichen Inseln nach Böotien, wo
er als Gesetzgeber und Richter hochgeehrt lebte, und der zweite
Gemahl der Alkmene, Herakles' Mutter, geworden sein soll;
nach seinem Tode wurde er zum Todtenrichter. Sarpedon
gründete eine mächtige Herrschaft in Lykien, und Minos, dem
ältesten Bruder, fiel die Herrschaft Kretas zu. Minos ist der
Repräsentant aller Ordnung, Gesetzmäßigkeit, Macht und
Größe Kretas, und was man von ihm erzählte, war so Vieles
und so Bedeutendes, daß es für e i n e n Heros zu viel erschien,
und, daß man es später auf zwei Könige desselben Namens
vertheilte, von denen man den zweiten als Sohn des Lykastos
zum Enkel des ersteren machte. Es ist dies aber ein ganz ver-
kehrtes Verfahren, welches den Mythus wie wirkliche Geschichte
behandeln will, und nicht berücksichtigt, daß ja die Heroen
selbst nur erfundene oder geglaubte Personen und die persön-
lichen Repräsentanten gewisser historischer Entwickelungen sind.
Dies gilt auch vom Minos, der uns für e i n e, aber wohl-
gemerkt, eine m y t h i s c h e Person gilt.

Minos zeichnete sich als Regent vorzüglich durch strenge
Gerechtigkeit aus, und gab seinem Volke viele weise Gesetze,
welche ihn, seiner Aussage nach, Zeus selbst lehrte, mit dem er
öftere Unterredungen hatte. Er begab sich nämlich alle neun
Jahre in eine heilige Höhle, um hier von Zeus Gesetze zu empfangen. Seine Klugheit und Gerechtigkeit verschafften ihm,
wie seinem Bruder die Würde eines Richters in der Unterwelt.

Besonders beförderte er die Schifffahrt, um dadurch seine
Macht zu erhalten, und befuhr selbst eifrig das Meer. Während einer solchen Abwesenheit knüpfte — nach einer dunkeln
Sage — seine Gemahlin P a s i p h a ë, die Tochter des Helios
und der Perseïs, welche ihm schon mehrere Kinder, und unter
diesen auch die Ariadne und Phädra, geboren hatte, einen ehe-
brecherischen Umgang an, dessen Frucht ein Ungeheuer, halb
Mensch, halb Stier, war, welches den Namen M i n o t a u r o s,

d. h. Stier des Minos, führte. Minos ließ bei seiner Rückkehr durch einen geschickten griechischen Baumeister, Namens Dädalos, aus Athen, ein sehr weites und verworrenes Gebäude erbauen, Labyrinth genannt, welches aus vielen Gemächern bestand, die durch verschlungene Wege mit einander so verbunden waren, daß ein Fremder den Ausgang aus demselben nicht finden konnte. Dort ließ Minos den Minotauros einsperren. Ebenso kerkerte Minos späterhin alle Verbrecher in das Labyrinth, welche in demselben dem Ungeheuer Minotauros zum Opfer wurden.

Wie ausgebreitet die Schifffahrt und wie stark die Macht des mächtigen Königs von Kreta war, sieht man daraus, daß er auch die Könige in dem entfernten Griechenland bezwang. Aegeus nämlich, der König von Athen, tödtete aus Neid den Sohn des Minos, Androgeos, der auf einer Reise dorthin gekommen war, und sich durch ungewöhnliche Geschicklichkeit in öffentlichen Spielen ausgezeichnet hatte. Minos aber kam und rächte den Tod seines Sohnes. Er eroberte Megara durch List und Verrath, schloß hierauf Athen ein, und nöthigte die durch Hunger und Krankheiten geängstigten Einwohner, ihm das grausame Opfer von sieben edlen Jungfrauen und eben so vielen Jünglingen zu geben, die alle acht Jahre aus Athen nach Kreta geschickt, und dem Minotauros im Labyrinth zur Beute gegeben wurden, bis Theseus, der Sohn des Aegeus, als er erwachsen war, die Athener von diesem eben so furchtbaren wie schmählichen Tribut befreite, wie weiterhin unter Theseus' Thaten erzählt werden soll.

Wie nun Minos überall seine Herrschaft ausübte mit der Gewalt seines Willens und seiner Macht, so geschah es auch an dem Urheber des Labyrinthbaues, der ein sehr geschickter Baumeister und zugleich Bildkünstler war, und einst wider den Wunsch des Minos durch ein ausgezeichnetes Kunstwerk das Begehren der Gemahlin des Herrschers befriedigt hatte.

Dafür sollte der Künstler büßen. Der König sperrte den
Dädalos nebst seinem Sohn Ikaros in das Labyrinth ein.
Inreffen retteten sich Beide vermöge ihrer Kunst aus dem
Verließ, und entflohen sogar von der Insel daburch, daß
Dädalos sich und seinem Sohne Flügel von Federn und Wachs
verfertigte, mit deren Hülfe er nach Sicilien gelangte. Sein
Sohn Ikaros hatte sich auf diesem Fluge trotz der väterlichen
Warnung der Sonne zu sehr genähert; die Flügel schmolzen,
und er stürzte in das Meer, das nach ihm das ikarische
genannt wurde. Minos, von Rache entflammt, eilte dem
Dädalos auch über das Meer nach, fand ihn in Sicilien,
wurde aber auf Anstiften desselben von den Einwohnern dieser
Insel erschlagen.

Elis und Argos.

Ehe wir uns nun zu den beiden erhabensten Heldenfiguren
Herakles und Theseus wenden, müssen wir noch eine Heroen-
gestalt kennen lernen, die theils selbst von hervorragender
Bedeutung ist, theils Nachkommen hinterließ, in deren Hause
die grausamsten Thaten vollbracht und die härtesten Schicksale
erduldet wurden. Wir meinen Pelops. Er war der Sohn
des Tantalos und Bruder der unglücklichen Niobe, die wir
schon als Gemahlin des Amphion von Theben kennen gelernt
haben. Von des Pelops Vater erzählt die Mythologie: er sei
bei den Göttern so beliebt und angesehen gewesen, daß sie ihn
sogar zu ihrer Tafel im Olymp gezogen hätten; er habe aber
dieses Vertrauen gemißbraucht, Geheimnisse aus dem Olymp
verrathen, Nektar und Ambrosia von dort entwandt, ja sogar
in schändlicher Verruchtheit seinen eigenen Sohn Pelops geschlachtet, dessen Fleisch zubereitet und den oberen Göttern, als
sie einst bei ihm zu Gaste gewesen wären, zur Speise vorgesetzt,
um deren Allwissenheit zu prüfen. Die Götter hätten den
Frevel sogleich entdeckt, dem hingemordeten Pelops das Leben

wiedergegeben, den grausamen Vater aber habe Zeus in die
Unterwelt verbannt, um ihn dort die größten Qualen leiden
zu lassen. (S. Art. Pluton.)

Pelops kam aus Phrygien in Kleinasien nach dem Pelo-
ponnes, der von ihm den Namen erhielt, weil er dort, in der
Landschaft Elis, seine Herrschaft gründete und dem Volk auf
vielfache Weise durch Gesetze und Anordnungen nützlich wurde.
Uebrigens sind an Pelops so vielerlei Mythen geknüpft, daß
die Bedeutung derselben dunkel ist. In dem Lande, in welchem
Pelops aus Phrygien ankam, herrschte ein König, Namens
Oenomaos, ein Sohn des Ares, der eine einzige Tochter hatte,
Hippodamia genannt. Diesem hatte ein Orakel verkündigt,
er werde durch seinen Eidam umkommen, weshalb er die
Verheirathung seiner Tochter zu hintertreiben suchte. Jedem
Bewerber um dieselbe gab er demgemäß auf, ein Wettrennen
mit ihm zu halten, und nur für den Fall des Sieges wurde
ihm die Hand der Tochter versprochen. Bei der Schnelligkeit
der Pferde des Oenomaos, bei seiner Gewandtheit und mancher
angewandten List hatte aber bisher nicht nur kein Freier den
Sieg errungen, vielmehr Alle bei dem Wettrennen ihren Tod
gefunden. Dies konnte jedoch den Pelops nicht abschrecken;
er warb um die Hippodamia, siegte, als Liebling der himmlischen Götter und des Poseidon, der ihm einen goldenen
Wagen mit flügelschnellen Rossen zum Wettlauf schenkte, im
Wettrennen, und zwar — wie die Mythe erzählt — dadurch,
daß er den Wagenführer des Oenomaos, den Myrtilos, bestach,
welcher es so einzurichten wußte, daß ein Rad vom Wagen des
Erstern ablief, wodurch dieser umstürzte, — und erhielt als
Sieger das Reich, und die Hippodamia zur Gattin, welche ihm,
außer anderen Kindern, auch den Atreus und Thyestes gebar.
Hippodamia liebte insgeheim den Myrtilos; als sie aber ihre
Zärtlichkeit nicht erwidert fand, verleumdete sie denselben aus
Rache bei ihrem Gemahl so, daß dieser denselben in's Meer

hinabstieß, als er eines Tages mit ihm an der schroffen Felsen-
küste desselben entlang fuhr, worauf das Meer hier das
myrtoische genannt wurde. Sterbend fluchte Myrtilos
dem Pelops und dessen Hause; ein Fluch, der in demselben
durch viele Leiden und Unglücksfälle späterhin nur zu sehr in
Erfüllung ging.

Pelops soll übrigens ein wackerer Held gewesen und seinem
Volke sehr nützlich geworden sein, auch die olympischen Spiele
wieder in Aufnahme gebracht und deren Glanz erhöhet haben.
Die Einwohner von Elis vergötterten ihn wegen seiner
großen Eigenschaften als Regent, und brachten ihm jährliche
Todtenopfer in einem Tempel, der ihm im Hain zu Olympia
errichtet war.

Die Söhne des Pelops, nach ihm Pelopiden genannt,
erlebten schreckliches Unglück. Dies begann in dem Mord des
schönen Chrysippos, dem Lieblingssohn des Pelops, den die
beiden andern Söhne Thyestes und Atreus begingen, und
darauf die Heimath verließen. Atreus kam nach Mykenä, der
damaligen Königsburg der Landschaft Argos, wo der König
Sthenelos, der Sohn des Perseus und der Andromeda, sein
Schwager war. Hier lebte er in Midea, bis er von dem
Sohne des Sthenelos, Eurystheus, der in einem Kampfe fiel,
die Herrschaft von Argos und Mykenä erbte und so der Stifter
einer neuen Dynastie wurde. Seine Söhne waren Agamemnon,
der Heerfürst des Zuges gegen Troia, und Menelaos, König
von Sparta, dessen Gemahlin Helena Paris geraubt und
dadurch den Anlaß zum Kriege gegen Troia gegeben hatte. —
Mit Atreus war Thyestes nach Mykenä gekommen, wo er aber
die Gemahlin seines Bruders verführte, der ihn deshalb aus
Mykenä vertrieb. Um sich zu rächen, sandte Thyestes aus der
Verbannung Atreus' Sohn Pleisthenes, den er als den seinigen
auferzogen hatte, zu Atreus mit dem Auftrage, diesen zu
ermorden. Atreus aber kam dem Abgesandten seines Bruders

zuvor und wurde so der Mörder seines eigenen Sohnes. Hiefür sich an Thyestes zu rächen, versöhnte er sich scheinbar mit ihm, lud ihn zu sich ein, und als Thyestes kam, setzte er ihm das Fleisch zweier seiner Söhne als Speise vor. Als Thyestes davon gegessen hatte, ließ Atreus ihm die Köpfe und Hände der Kinder bringen; entsetzt entfloh Thyestes, und selbst der Sonnengott soll aus Schauder vor der Gräuelthat seinen Lauf geändert haben. Ueber des Atreus Land aber kam Mißwachs und Mangel, und ein Orakel gebot, Thyestes zurückzurufen. Als Atreus nach langem vergeblichen Suchen seinen Bruder auffand, ließ er ihn in Argos einkerkern und suchte dessen Sohn Aegisthos, dem wir in der Geschichte Agamemnon's wieder begegnen werden, zu bestechen, daß er seinen Vater tödte. Dieser aber wandte sich gegen seinen grausamen Oheim und erschlug ihn bei einem Opfer. Nach Atreus' Tode bestieg Agamemnon den Thron von Argos und wurde der mächtigste Fürst Griechenlands; sein Bruder Menelaos aber gelangte durch Heirath auf den Thron Spartas, wie wir später erzählen werden.

Herakles oder Hercules.
(Siehe Abbildung XXII.)

Wir kommen nun zu den beiden erlauchtesten Heroen, Herakles und Theseus, von denen namentlich der Erstere, den die Römer Hercules nannten, recht eigentlich zum griechischen Nationalhelden und zum leuchtenden Vorbilde aller Heroengröße geworden ist. Seine sehr reich ausgestattete Lebensgeschichte müssen wir in vier Abschnitte zerlegen: 1. Geburt und Jugend, 2. Herakles als Dienstmann des Eurystheus, 3. Herakles als nationaler Kriegsheld und 4. sein Tod und seine Vergötterung.

1. Herakles' Geburt und Jugendgeschichte.

Herakles war ein Sohn des Zeus (Jupiter) und der Alkmene, einer Gemahlin des Königs Amphitryon (griechisch) oder Amphitruo (römisch), eines Sohnes des Alkäos (daher Herakles' Beiname Alkides, oder der Alcide) und Enkel des Perseus. Here (Juno), welche die heimliche Liebe ihres Gemahls zur Alkmene entdeckt hatte, verfolgte diese mit leidenschaftlichem Hasse, und zeigte sich gegen den Herakles schon bei dessen Geburt feindselig. Zeus (Jupiter) hatte nämlich geschworen, daß der, welcher an diesem Tage würde geboren werden, die Herrschaft über Alle, die um ihn her wohnten, erhalten sollte, worauf Here (Juno) die Geburt des Herakles aufhalten, und statt deren die Gemahlin des Sthenelos, eines Oheims des Amphitryon, von einem Sohne, Namens Eurystheus, entbunden werden ließ. Der später geborene Herakles wurde nun zwar dem Eurystheus unterthan, allein Zeus wußte seinen Sohn zu entschädigen, indem er ihm schon als Säugling dadurch die Gewähr einstiger Unsterblichkeit verlieh, daß er durch den Hermes den schönen Säugling der Here (Juno) bringen ließ, die ihn, im Wohlgefallen über seine Anmuth, ohne ihn zu kennen, einige Augenblicke an ihre Brust legte, wo Herakles Unsterblichkeit einsog. Die Fabel erzählt, daß, als Here erkannte, wer an ihrer Brust sog, sie das Kind wegriß, und daß einige hierbei verspritzte Milchtropfen die Entstehung der sogenannten Milchstraße am Himmel, — eine Masse von kleinen Gestirnen, deren Schein einen weißlichen Streif am Sternenhimmel bildet, — bewirkt habe. Schon im zartesten Kindesalter erwies sich Herakles als den Sohn eines Gottes. Here (Juno) nämlich sandte zwei Schlangen, die das Kind tödten sollten; Herakles ergriff sie lächelnd und erwürgte sie, während sein Zwillingsbruder Iphikles weinend zurückbebte. Amphitryon, ohne Eifersucht darüber, daß seine Gemahlin dem Zeus einen Sohn geboren hatte, erkannte bald dessen große Bestimmung, und sorgte seinerseits eifrig, daß das Götterkind früh von den besten Meistern in allen Künsten unterrichtet werde, durch welche sich in jener Zeit Helden auszeichneten. Herakles machte die auffallendsten Fortschritte, zeigte aber früh eine außerordentliche Heftigkeit, die ihn einst so sehr hinriß, daß er den Linos, seinen Lehrer im Spiel der Lyra, erschlug. Amphitryon entfernte ihn dafür von seinem Hofe auf's Land, wo er dessen Heerden weidete, — ein in damaliger Zeit keineswegs unwürdiges Geschäft, — und bis zu seinem achtzehnten Jahre blieb.

Während seines ländlichen Aufenthaltes stand Herakles einst auf einem Scheidewege, als ihm plötzlich zwei Göttinnen erschienen. Die Eine, schön und lockend von Gestalt, schmiegte sich innig an den Jüngling, bot ihm Entfernung von allen Mühseligkeiten des Lebens und von allen Gefahren, und Freude und Wonnegenüsse an, wenn er sich ihrer Leitung überlassen wollte; die Andere, mehr ernst als schön, würdevoll und bescheiden, versprach ihm dagegen Ehre und Ruhm bei Menschen und Göttern, und Unsterblichkeit, wenn er ihr folgen und sich mit hohem Muthe den Mühen und Gefahren des Lebens unterziehen wollte. Herakles erkannte bald in der ersten Göttin die weichliche Lust üppigen Lebensgenusses, in der andern die Tugend ernster Anstrengung. Im Gefühle seines hohen Ursprungs und seiner großen Bestimmung entschied er sich für die Letztere, und seine Hand der Tugend reichend, widmete er sich ihr für immer. — Dies ist der Lebenspunkt eines Jünglings, in dem das Selbstbewußtsein seiner Bestimmung für das Leben erwacht ist, und er sich bestimmt für seine Lebensthätigkeit — durch seine Wahl.

Was aber jene Heroenzeit Tugend nannte, heißt bei uns, besonders nach dem Sittengesetz der christlichen Religion,

17

nicht so. Es war damals kräftige Männlichkeit, welche keine
Gefahren scheut, vielmehr dieselben aufsucht; Tapferkeit und
Großherzigkeit, die nicht immer nach u n s e r n Begriffen von
Gerechtigkeit und Billigkeit handelt. Wer, auch ohne nach
unseren Begriffen ein Tugendheld zu sein, gefährliche Ungeheuer, reißende Thiere, oder räuberische Horden, welche
Gegenden unsicher machten, erlegte und bezwang, wer wüst
liegende Landstriche anbaute, Kolonieen gründete, und der
sich im Zustande der anhebenden Ausbildung befindenden
Menschengesellschaft wohlthat, d e n pries die damalige Welt
einen Helden, und in allen solchen Thaten zeichnete Herakles
sich vor allen andern Heroen vorzüglich aus. Seine außerordentliche Kraft und riesenmäßige Größe machten ihn zu
Thaten der Tapferkeit besonders fähig, und sein lebhafter und
hoher Geist ließ ihn die Bedürfnisse der Zeitgenossen eben so
richtig erkennen, als glücklich befördern. Darum wurde er
Sohn des Zeus, der tüchtigste, tapferste, der beste Held,
den man jemals gesehen, aber auch der unglücklichste genannt,
der schon von Geburt an mit Mißgeschick zu kämpfen hatte,
aber im Bewußtsein seiner Kraft in allen Prüfungen aus-
harrte, und dadurch von den olympischen Göttern mit der
Unsterblichkeit und dem Leben selbst unter den Göttern belohnt
wurde.

Den ersten Beweis seiner Tapferkeit und Stärke gab Herakles dadurch, daß er einen Löwen tödtete, der am Berge Kithäron
den Heerden des Königs Thestios von Thespiä schädlich ward.
Darauf befreiete er seine Geburtsstadt Theben von einem
schimpflichen Tribute, den ihr die Orchomenier auferlegt hatten,
und zwang diese räuberischen Nachbarn, künftig selbst den
Tribut an Theben zu entrichten. Mit diesen Thaten, in denen
er sich schon als Jüngling herrlich bewährte, hatte Herakles
die Grenze seiner Freiheit erreicht und es folgte für ihn jetzt
die harte Zeit seines Frohndienstes unter Eurystheus.

2. Herakles' Dienstbarkeit unter Eurystheus.

Here, erbittert über des Herakles auflebenden Ruhm, ver=
mochte den Eurystheus, die ihm nach Zeus' Schwur gewordene
Gewalt zu benutzen, um den Herakles aufzufordern, daß er
komme und ihm diene. Unwillig wandte dieser sich an das
delphische Orakel, erhielt aber zur Antwort: daß er zwölf
vom Eurystheus ihm auferlegte Abenteuer bestehen müsse,
dann werde er Unsterblichkeit erlangen. Nach langem schmerz=
lichen Kampfe mit sich selbst, während dessen er die Einsamkeit
suchte, unterzog er sich der schweren Pflicht, begab sich zu
dem Eurystheus, ihm zu dienen, und führte die von dem=
selben ihm aufgegebenen zwölf gefahrvollen Aufträge, die
man auch die zwölf Arbeiten des Herakles genannt hat,
rühmlich aus.

Sie sind, nach Erzählung der Mythologie, folgende:

1. Zuerst erlegte er den sogenannten nemeïschen Löwen,
welcher in den Wäldern der Landschaft Argolis, zwischen
Nemea und Kleonä, große Verheerungen anrichtete, und
von keinem Geschosse getödtet werden konnte. Herakles
umschlang das Raubthier mit seinen kräftigen Armen am
Halse, drückte es nieder und erwürgte es, während er
ihm mit den Knieen die Weichen eindrückte. Das
undurchdringliche Fell zog er ihm ab, und hängte es
sich als seine, von dieser Zeit an stets beibehaltene
Tracht um.

2. Tödtete er die lernäische Schlange oder Hydra, ein
schlangenartiges Ungeheuer mit hundert Köpfen, die
immer wieder nachwuchsen, wenn auch einer derselben
abgehauen war. Dieses Ungethüm, welches sich bei
Lerna, in den Sümpfen der Landschaft Argolis, auf=
hielt, in welche es Menschen und Thiere hinabzog und
dann erwürgte, erlegte Herakles mit Hilfe seines Be=

17*

gleiters oder Knappen Jolaos, welcher die Stumpfe der
Hälse, welche Herakles mit einem sichelförmigen Schwerte
abgeschnitten hatte, sofort mit einer Fackel ausbrannte,
wodurch das Nachwachsen verhindert wurde. Eben diese
Hilfe, welche Jolaos dem Herakles geleistet hatte, nahm
Eurystheus zum Vorwande, um dieses Abenteuer nicht
gelten zu lassen und Herakles sofort ein neues auf-
zuerlegen. Bemerken wollen wir noch, daß Herakles
den Körper der lernäischen Hyder zerschnitten hatte und
seine Pfeile in die Galle des Ungeheuers tauchte, wodurch
dieselben vergiftet und unfehlbar töbtlich wurden.

3. Fing er eine der Artemis geweihete Hinde (Hirschkuh), — welche eherne Füße und goldene Hörner hatte,
außerordentlich schnellfüßig war und von dem Berge
Keryneia, wo sie sich aufhielt, den Namen der kerhniti-
schen Hinde führte, — durch unverdrossenes und unab-
lässiges Nachjagen, wodurch das Wild ermüdete. Artemis,
welche er damit beleidigt hatte, besänftigte er daburch,
daß er ihr vorstellte, er habe im Auftrage des Königs
Eurystheus gehandelt.

4. Fing er den erymanthischen Eber, welcher um den
Berg Erymanthos her die Ebenen Thessaliens verwüstete, lud ihn lebendig auf seine Schultern, und
brachte ihn dem erschrockenen Eurystheus nach Mykenä,
der sich im Entsetzen über das ungeheure Thier in ein
Faß verkroch zum großen Ergötzen des Herakles und des
Hausgesindes.

5. Reinigte er in einem Tage die Ställe des Augias
(sprich: Augias, nicht Augias), des Königs von Elis.
Dreitausend Rinder hatten geraume Zeit in demselben
gestanden; die Aufgabe zu lösen, schien daher unmöglich.
Aber Herakles riß einen Theil der Wand im Stalle ein,
leitete einen Arm der vorüberfließenden Flüsse Alpheios

und Klabeos in dieselbe, und so spülten die Fluthen den Unrath weg. — Darum sagt man heute noch von einer Arbeit, die sehr schwierig ist wegen der Wegschaffung des vielen unnützen Wustes, es sei ein Augiasstall.

6. Tödtete er die Stymphaliden, ungeheure Raubvögel mit ehernen Flügeln und Schnäbeln, die sich in den sumpfigen Waldungen bei Stymphalos in Arkadien aufhielten, und in der Umgegend Thiere und Menschen anfielen. Athene lehrte ihn eine große Klapper brauchen, womit er die Vögel aufscheuchte, die er dann mit seinen Pfeilen in der Luft schoß.

7. Fing er den wüthenden Stier, der die Felder auf der Insel Kreta verheerte. Minos hatte sich denselben einst vom Poseidon erbeten, ihn aber unter seine Heerden gebracht, wo er, in Wuth gerathen, viel Unheil anrichtete, besonders auch auf eigenes Anstiften Poseidon's, dem Minos Opfer zu bringen verweigert hatte. Herakles bemächtigte sich des wüthenden Stiers, und brachte ihn lebendig nach Mykenä; Eurystheus ließ ihn aber wieder los, worauf derselbe die Gefilde Attika's in der Thallandschaft bei Marathon, wo später das große Perserheer von den Griechen vernichtet wurde, verwüstete, und in der Geschichte des Theseus unter dem Namen des marathonischen Stiers wieder vorkommt.

8. Brachte er die Pferde des thrakischen Königs Diomedes nach Mykenä. Diesen Thieren ließ der grausame König alle Fremdlinge vorwerfen, die sein Land betraten, und die ausgearteten Rosse verzehrten sie. Herakles, von mehreren muthigen Männern begleitet, schiffte sich nach Thrakien ein, erschlug die Führer der Rosse, brachte diese zu Schiffe, und führte diese dem Eurystheus zu, welcher sie in Gebirgsklüfte treiben ließ,

wo sie von wilden Thieren zerrissen wurden. Auch der
König Diomedes selbst verfolgte dann Herakles mit einem
Heere, aber Herakles besiegte und erschlug ihn. Während
dieses Kampfes war einer der Gefährten des Herakles,
Abdēros, von jenen wüthenden Pferden zerrissen wor=
den. Diesem zum Andenken gründete Herakles die Stadt
Abdēra, und benannte sie nach seinem Freunde.

9. Holte er das Wehrgehänge der Amazonenkönigin
Hippolyte im Lande der Scythen, im heutigen südlichen Rußland, im Norden des schwarzen Meeres. Er
tödtete diese tapfere Königin in einem Treffen, das sie
ihm mit ihrer entschlossenen und kriegsgewohnten Weiber=
schaar lieferte, nahm ihr das Wehrgehänge ab, und brachte
es der Tochter des Eurystheus.

10. Holte er die Heerden des Geryon von der Insel
Erythīa (im westlichen Ocean) nach Mykenä. Geryon
war ein dreileibiger Riese, und ließ seine Heerden
von einem dreiköpfigen Hunde bewachen. Herakles
erschlug Beide.

11. Holte er die goldenen Aepfel aus den Gärten
der Hesperiden, und tödtete den Drachen,
der sie bewachte. (S. Art. Hesperiden.)

Das Aufsuchen dieser Gärten war bei Weitem das
Mühevollste, denn ihre Lage war unbekannt. Der Riese
Atlas half dem Herakles dieselben aufsuchen; dafür
mußte er aber jenen eine Zeitlang ablösen, und den
Himmel tragen.

12. Holte er den Kerberos aus der Unterwelt, wobei
er eine so große Körperkraft, wie noch nie bisher,
bewies; denn Pluton hatte die Erlaubniß, denselben
aus dem Schattenreich in die Oberwelt zu bringen, nur
unter der Bedingung ertheilt, daß Herakles das Thier
ohne Waffen überwältigen könne. Dies geschah, und

der kräftige Heros brachte dem Euryſtheus den furcht=
baren Wächter des Orkus lebendig. Euryſtheus befahl
dem Herakles aber, den Kerberos wieder dorthin zurück=
zubringen, und auch das that er noch; dann aber war
er von der Knechtſchaft des Euryſtheus frei, welche ihm
die feindſelige Here auferlegt hatte. Des Euryſtheus
Tochter Abmete war, begeiſtert von den Thaten des
Herakles, die Erſte, welche als Prieſterin der Here die
ſpäter ſo allgemeine göttliche Verehrung des Herakles
veranlaßte.

In nachſtehenden Verſen ſind die zwölf Arbeiten des
Herakles von einem deutſchen Dichter ſo ſchön zuſammen=
geſtellt, daß dieſelben zum leichtern Ueberblick des Ganzen
hier ihren Platz finden mögen:

„Herakles würgt auf Euryſtheus Befehl den nemeïſchen Löwen;
Tödtet die giftige Hydra mit ſtets nachwachſenden Köpfen;
Fängt die Hinde mit ehernen Füßen und goldenen Hörnern;
Jagd den verderblichen Eber im erymanthiſchen Wald auf;
Reinigt in einem Tage die Ställe des reichen Augias;
Tilgt die ſtymphaliſchen Vögel mit Schnäbeln und Klauen von Eiſen;
Holt den neptuniſchen Stier aus Kreta's Fluren lebendig;
Dem Diomedes entreißt er die menſchenfreſſenden Roſſe;
Kämpft mit den Amazonen um ihrer Königin Gürtel;
Den Geryon erſchlägt er, entführt die Heerde der Rinder;
Pflückt die hesperiſchen Aepfel, die gold'nen, und tödtet den Drachen;
Schleppt aus des Tartaros Reich den Kerberos feſtgebunden.“

3. Herakles als nationaler Kriegsheld.

Außer dieſen ſogenannten zwölf Arbeiten verrichtete
Herakles theils auf ſeinen weiten Zügen nach Weſten und
Oſten im Dienſte des Euryſtheus, theils nach Ablauf ſeiner
Knechtſchaft noch viele andere berühmte und wichtige Thaten,
welche man, im Gegenſatz von jenen, Nebenthaten zu nennen
pflegt. Zu denſelben gehört unter Anderem: die Ueber=
windung des Rieſen Antäus, in Cyrene im nördlichen

Afrika, eines Sohnes des Poseidon und der Gäa. Derselbe brachte alle Fremden im Zweikampfe um, indem ihm, so lange er den Erdboden mit den Füßen berührte, aus diesem stets neue Kraft zu Theil wurde; Herakles aber erdrückte ihn, indem er ihn vom Boden emporhob, und brachte seine Gebeine nach Olympia. — In Aegypten erschlug er den König Busiris, der auch ein Sohn des Poseidon war, und dem Zeus alle Fremden opferte, und zuerst den Wahrsager geschlachtet hatte, der ihm diese Opfer gerathen. Auch Herakles war schon zum Opfer gefesselt; er aber zerriß die Fesseln und überwältigte den König. — Auch befreite er den an den Kaukasus angeschmie-beten Prometheus (s. Art. Prometheus), rettete die Alkestis, Gattin des Königs Admetos von Pherä*), befreite Theseus aus der Unterwelt, und nahm auch Theil am Argonautenzuge.

Nach Vollbringung aller dieser Thaten kehrte Herakles nach Theben zurück, wo er, von der großen Anstrengung ermattet, in eine heftige Krankheit verfiel, die in einen Wahn-sinn ausartete, während dessen er manche Unglücksthat beging, ja selbst das Heiligthum des delphischen Orakels plünderte, indem er sich gegen die Gottheit des Apollon vergaß. Damals verkündigte ihm die weissagende Priesterin: „er werde nur dann von seinem Wahnsinn genesen, wenn er sich auf's Neue drei Jahre lang als Sclav vermiethe,“ worauf Herakles in die Dienste der Omphale, Königin von Lydien, trat. Sowohl während dieser Zwangsjahre, als nach ihrem Ablauf, fuhr Herakles fort, Ungerechtigkeiten, wo er sie fand, zu strafen,

---

*) Nach dem Ausspruche des Orakels konnte der erkrankte König Admetos nicht anders genesen, als wenn sich Jemand freiwillig für ihn dem Tode weihete. Alkestis brachte dieses Opfer für den Gemahl. Herakles aber umfaßte den Todesgott so lange mit starken Armen, bis er geängstigt die Einwilligung gab, daß Herakles seinem Freunde Admetos die Gemahlin wieder holen dürfe, was er denn auch that.

den Bedrängten zu Hilfe zu eilen, und Thaten der Tapferkeit und des Rechts zu thun.

Unter seinen glänzenden Kriegsthaten, durch welche er sich Anspruch auf den Namen eines nationalen Helden erwarb, nennen wir zunächst die Theilnahme am Argonautenzuge (s. unten), sodann die erste Eroberung Troias. Den Anlaß gab die Wortbrüchigkeit des Königs Laomedon, dem Herakles die von einem Meerungethüm bedrohte Tochter Hesione gerettet hatte, unter der Bedingung, sie zum Weibe zu erhalten; dies Versprechen brach Laomedon, und nun bekämpfte ihn Herakles in Verbindung mit anderen Helden, namentlich Telamon, dem Vater des Aias (s. unten), Peleus, dem Vater des Achill, Oïkles, dem Vater des Amphiaraos, in seiner festen Burg, deren Mauer zuerst Telamon erstieg, während Laomedon mit allen den Seinigen bis auf einen Sohn, Podarkes, durch Herakles' Pfeile umkam. Nur Hesione überlebte und wurde als Siegespreis dem Telamon gegeben; durch ihre Bitten erkaufte sie das Leben ihres Bruders Podarkes, der seit der Zeit den Namen Priamos, d. h. der Erkaufte, führte und, nachdem Herakles mit den Seinen abgefahren war, eine neue Herrschaft in Troia gründete. Auf der Rückfahrt wurden Herakles und seine Begleiter durch einen Sturm nach Kos verschlagen, dessen Bewohner ihnen die gastliche Aufnahme in ihrer Noth verweigerten, worüber es zum Kampfe und zur Zerstörung der Stadt kam. In einem anderen Kriegszuge gegen Pylos erlegte Herakles den Periklymenos, welcher die Gabe der Verwandlung besaß, und welchen Herakles nur unter dem Beistande der Athene zu überwinden vermochte. Bald darauf unternahm er einen Rachezug gegen die Hippokoontiden in Lakedämon, welche den rechtmäßigen Herrscher Tyndareos, Herakles' Freund, vertrieben hatten. Herakles' Zug war wieder von Erfolg gekrönt, obwohl er viele seiner Genossen, namentlich die Söhne des Königs Kepheus von

Tegea einbüßte, und Thndareos wurde durch Herakles wieder in
seine Herrschaft eingesetzt. Wir übergehen manche andere
Thaten und Kriegsunternehmungen des Herakles, und berichten nur noch über diejenige, die sein Ende herbeiführen sollte.

4. Herakles' Ende und Vergötterung.

Er hatte früher um die Jole, Tochter des Königs Eurytos von Oechalia, geworben, und die Bedingungen erfüllt, die
der Vater für den Besitz seiner Tochter festgestellt hatte, dessen-
ungeachtet aber von dem wortbrüchigen Eurytos die Jole nicht
zur Gattin erhalten. Hierauf vermählte er sich mit der Dei-
anira, Tochter des kalhdonischen Königs Oeneus, um deren
Besitz er einen schweren Kampf mit dem Flußgott Acheloos zu
bestehen hatte, und zog dann gegen den Eurytos, um ihn für
seine Wortbrüchigkeit zu bestrafen. Er nahm Oechalia, dessen
Stadt, ein, tödtete ihn und seine Kinder, die Jole aber nahm
er als Gefangene mit sich, als er sich von dort auf ein Vorgebirge von Euböa begab, um daselbst dem Zeus feierliche
Opfer zu bringen. Deïanira hatte mit geheimem Schmerze
erfahren, daß die Jole bei dem Herakles sei, und fürchtete, von
dieser aus der Liebe ihres Gatten verdrängt zu werden. Als
daher Herakles einen Boten zu ihr sandte, um sich von ihr ein
weißes Gewand, wie er es bei Verrichtung der Opfer brauchte,
holen zu lassen, bestrich Deïanira dasselbe mit einer Salbe, die
ihr der von Herakles überwundene Centaur Nessos einst heim-
tückischer Weise als ein Mittel geschenkt hatte, die verlorene
Liebe ihres Gemahls wieder zu gewinnen, und schickte so das
Gewand durch ihren Sohn Lichas dem Herakles, der es anzog.
Aber jene Salbe, welche Nessos der Deïanira gegeben hatte,
war aus den schrecklichsten Giftstoffen gemischt, und unbedingt
tödtlich. Kaum hatte daher Herakles das mit derselben ge-
tünchte Gewand angelegt, so wurde er von entsetzlichen
Schmerzen ergriffen, und das in seinen Körper eingedrungene

Gift drohte seinen Tod unabwendbar herbeizuführen. Die unglückliche, schrecklich hintergangene Deïanira tödtete sich bei der
Nachricht davon, Herakles aber ließ sich auf den Berg Oeta
bringen, dort einen Holzstoß errichten, und übergab sich, nachdem er seinem Freunde Philoktetes' seine unfehlbar tödtenden
Pfeile geschenkt hatte, freiwillig den Flammen. Da senkte sich eine
Wolke herab, umfing ihn und trug ihn in den Olymp, wo er,
versöhnt mit der Here, hochgeehrt vom Zeus, dem er im
Gigantenkriege die nützlichsten Dienste geleistet hatte, und geliebt
von allen Göttern, der Unsterblichkeit theilhaftig, und wie wir
früher erzählt haben, mit der Hebe vermählt wurde.

Dies ist der wesentliche Inhalt vieler, oft sich widerspre-
chenden mythologischen Erzählungen von dem Leben und den
Thaten des Heroen Herakles. Einige behaupten: es wären
der Männer seines Namens mehrere gewesen, und die Sage
von ihm nur eine Zusammenstellung der Thaten aller seiner
Namensverwandten. Sei dem wie ihm wolle — als ein schönes Symbol hoher Kraft und Heldentugenden seines Zeitalters steht der Heros Herakles da. Als einen solchen verehrten ihn die griechischen Völkerschaften, und errichteten ihm
Tempel, deren schönste in Achaja und Böotien gefunden werden. Auch die Römer verehrten ihn, und in ihrer Hauptstadt
war ihm ein Tempel erbaut.

Von verschiedenen seiner Eigenschaften und Thaten waren
ihm Beinamen zugelegt, welche wir hier nicht aufzählen wollen,
weil sie kein besonderes Interesse darbieten.

Gewöhnlich wird Herakles abgebildet als ein Mann
von sehr kräftigem Körperbau, mit krausem, starkem Barte,
in reifem Lebensalter, nackt oder mit der Löwenhaut bekleidet, und eine Keule in der Hand.

Außerdem wurde er auch im Olymp im Genuß der ewigen Götterfreuden dargestellt.

Herakles hinterließ eine zahlreiche Nachkommenschaft. Die

Abstammung von ihm galt im Alterthume für eine hohe Ehre. Seine Nachkommen wurden Herakliden genannt, und hatten lange und blutige Kämpfe mit den Pelopiden, den Nachkommen des Pelops, zu denen Erhstheus gehört hatte, wegen des Besitzes des Peloponnes, zu bestehen.

Als attisches Gegenbild des Herakles lassen wir

Theseus
(siehe Abbildung XXV.)

folgen, denn was in Argos und Böotien Herakles galt, das galt Theseus den Bewohnern von Attika. Die Mythe von dem Letzteren ist demnach der vom Ersteren auch in manchen Stücken sehr ähnlich.

Theseus war ein Nachkomme des athenienfischen Königs Erechtheus, also aus dem Geschlechte der Erechthiden, und zwar ein Sohn des Aegeus, Königs von Attika (f. oben S. 251), und der Aethra, einer Tochter des Pittheus, Königs von Trözen, und Enkelin des Pelops. Er wurde bei seinem Großvater Pittheus, dessen weise Sprüche und Tugend im Alterthum berühmt waren, erzogen. Seinen Körper übte er in der Kampfschule, und auch im Lautenspielen brachte er es bald zur Meisterschaft. Die Locken des Vorderhauptes weihte er dem Apollon, d. h. er trug die Haare vorn am Haupt kurz verschnitten; aber die Haare am Hinterhaupt nach uralter, ionischer Volkssitte lang und aufgebunden, wie es das Bild zeigt. Als er nun sechszehn Jahre alt geworden, sollte er den ersten Beweis seiner Kraft ablegen. Als nämlich Aegeus von der Aethra in Trözene Abschied nahm, legte er sein Schwert und seine Sohlen unter einen Felsenblock, mit dem Bedeuten, wenn sein Sohn im Stande sein werde, diesen Felsen wegzuheben, so solle sie ihn mit Schwert und Sohlen nach Athen schicken. Dies geschah, als Theseus erst sechszehn Jahre alt

XXV

THESEUS.

LAOCOON.

war. Darauf kehrte er nach Athen zurück, wo Medea mit
seinem Vater vermählt (s. unten) und auf dessen Unter=
gang bedacht war, aber bei ihrem frevelhaften Unternehmen
ertappt und verjagt wurde.

Auch vollbrachte Theseus schon auf seinem Wege nach
Athen ähnliche Thaten, wie Herakles sie in seiner Jugend ge=
than. Auf der unwegsamen Grenze zwischen Trözen und
Epidaurus tödtete er den Periphetes, der mit eiserner
Keule Alle, die diese Straße gingen, erschlug. Weiterhin, auf
dem korinthischen Isthmus, erschlug er den Wegelagerer Si=
nis, der alle Reisende umbrachte, und stiftete später in dieser
Gegend die isthmischen Spiele. Bei Krommyon erlegte
er die furchtbare wilde Sau, die auch ihn anfiel. Auf dem
gefährlichsten Punkte des Felsenweges stürzte er den Räuber
Skiron ins Meer, wie derselbe alle Wanderer hinabgestoßen
hatte. Bei Eleusis bezwang er den gewaltigen Kerkyon, der
Alle mißhandelte, welche diese Straße zogen. Eben dort züch=
tigte er auch den Damastes, den man gewöhnlich Pro=
krustes nannte, welcher alle bei ihm Einkehrenden in ein
Bett zwängte, und nun allen, welche zu lang waren, das Ueber=
maß abschlug, während er die, welche zu kurz waren, mit Ge=
walt ausreckte, damit sie hineinpaßten.

Als Theseus darauf vor Athen ankam, reinigten ihn die
freundlichen Umwohner vom Blut. Er trug das lange ionische
Schleppgewand, in dem er einem Mädchen ähnlich sah. Des=
halb spottete das Volk, daß ein Mädchen so allein ziehe. Zu
zeigen, daß er nicht Mädchen sei, spannte er die Stiere von
einem dastehenden Wagen mit Baumaterialien, und warf den=
selben hoch in die Luft, daß Alle staunten.

Auch die Pallantiden, funfzig riesenstarke Söhne sei=
nes Vatersbruder Pallas, die den mit der Medea kinder=
losen Aegeus und den angekommenen jungen Theseus mit
Gewalt um die Herrschaft in Athen bringen wollten, besiegte

Theseus durch seine Kraft und sein Geschick. — Darauf be=
zwang er den unbändigen Stier, den Herakles (f. vorher die
Erzählung von dessen siebenter That) aus Kreta nach Griechen=
land gebracht hatte, und der hier in der Thalebene von Mara=
thon Verheerungen anrichtete, und deshalb als maratho =
nischer Stier bekannt ist.

Theseus führte dieses Thier lebendig nach Athen, und
opferte es hier der Athene (Minerva), die ihm den Sieg
verliehen hatte, wie es die ausgewählte Abbildung bildlich
darstellt, indem die Nike (Victoria) von dem Knie der Athene
dem Theseus, der eben das Thier erschlägt, entgegen
schwebt.

Seine berühmteste That aber ist die Erlegung des Mino=
tauros, von welcher die Sage folgendermaßen lautet. Als
wieder einmal der Tribut attischer Jünglinge und Jungfrauen
nach Kreta abgesandt werden sollte, erbat sich Theseus, mit
unter den zum Opfer bestimmten Jünglingen sein zu dürfen,
weil er sicher hoffte, den Minotauros zu besiegen. Auf Kreta
angelangt, erwarb er sich heimlich die Liebe von Minos' Tochter
Ariadne, durch deren Klugheit Theseus zu einem erfolgreichen
Versuche gegen den Minotauros ausgerüstet wurde. Wir haben
oben (S. 251) erzählt, daß dieser im Innern des Labyrinthes
hauste, und daß das Labyrinth ein so verworrenes Gebäude
war, daß kein Mensch den Rückweg aus demselben finden
konnte. Ariadne nun gab Theseus ein Knäul Garn mit, dessen
eines Ende er am Eingange des Labyrinthes befestigte, und
das abwickelnd er bis in den Mittelpunkt des Labyrinthes ge=
langte. Hier bestand er siegreich den furchtbaren Kampf gegen
das Ungeheuer, und kam dann, ruhig seinem Faden nachschrei=
tend, glücklich wieder aus dem Labyrinth. So war Athen von
seinem Tribut befreit, Theseus aber schiffte sich mit seinen ge=
retteten Genossen und mit seiner Retterin Ariadne heimlich
ein und fuhr gen Athen. Unterwegs aber verließ er Ariadne

auf der Insel Naxos, weil er nicht eine Fremde als Gattin mit in die Heimath bringen wollte; wie Ariadne in ihrer Verlassenheit von Dionysos gefunden und zu seiner unsterblichen Gemahlin gemacht wurde, ist oben (S. 134) erzählt.)

In Athen harrte man mit banger Sorge der Rückkehr des Schiffes. Bei der Abfahrt hatte Theseus versprochen, wenn er glücklich wieder mit dem Schiff heimkehrte, ein weißes Segel anstatt des schwarzen, mit dem das Trauerschiff ausgefahren war, aufzuziehen; aber in der Freude glücklicher Heimkehr vergaß er dies, und als der greise Vater das schwarze Segel sah, gab er sich, im Uebermaß des Schmerzgefühls, seinen letzten Sproß verloren zu haben, den Tod.

Auch an dem Argonautenzuge nahm Theseus Theil, und kämpfte ferner gegen die Amazonen mit Glück. Und zwar zwei Mal; einmal in Herakles' Begleitung, als dieser den Gürtel der Hippolyte holte, und Theseus sich die Liebe der Amazone Antiope erwarb, die er mit sich nach Athen entführte, das andere Mal, als die Amazonen, diese Entführung zu rächen, mit gewaltiger Heeresmacht in Attika einfielen, wo sie von Theseus in die Flucht geschlagen und größtentheils aufgerieben wurden.

Innige Freundschaft verband ihn mit dem thessalischen Fürsten Peirithoos. Auf dessen Hochzeit mit der Hippodamia brachen die Centauren als wüste Räuber und Störer des Festes in das Hochzeithaus ein, wurden aber, wesentlich durch Theseus' Heldenkraft zurückgeschlagen und zu Grunde gerichtet. Später ergriff Peirithoos eine wahnsinnige Leidenschaft zu Persephone, und er faßte den tollkühnen Entschluß, sie dem Hades aus der Unterwelt rauben zu wollen. Theseus verließ auch bei diesem Unternehmen seinen Freund nicht, stieg mit ihm in das Schattenreich hinab, wurde aber nebst jenem von Hades dort so lange gefangen gehalten, bis Herakles sie befreite.

Theseus regierte nach des Aegeus, seines Vaters, Tode

mit Ruhm und großer Weisheit, gründete, indem er sich selbst
der Ausübung der Obergewalt begab, die demokratische Ver=
fassung Athens, und stattete das berühmte Volksfest zu Ehren
der Pallas: die Panathenäen, weit reicher aus, als es von
Erechtheus eingerichtet worden war. Auch hat er bei seiner
Rückkehr von Kreta auf der heiligen Insel Delos das jährlich
zu feiernde Wettkampffest der Delien gestiftet, bei welchem
der Siegespreis die heilige Palme war. Athen sendete zu
diesem Fest Abgeordnete auf einem Schiffe, das für dasselbe
galt, auf welchem Theseus dort gewesen war. In Athen stif=
tete er dem Apollon das Fest der Pyanepsien, und dem
Dionysos, als dem Gemahle der Ariadne, das Fest der Oscho=
phorien. Er soll bei einem Aufstande in Athen durch
die meuchelmörderische Hand des Lykomedes seinen Tod
gefunden haben. Als seine Gemahlinnen werden besonders
Antiope und des Minos Tochter Phädra genannt. Die
Athenienser verehrten den Theseus als einen Halbgott, erbau=
ten ihm einen Tempel und widmeten ihm jährlich ein Volks=
fest. Durch ihn war Athen erst zu einer Stadt gemacht wor=
den, durch die Vereinigung der zerstreuten kleinen Ortschaften
in der Landschaft Attika, und durch die Gründung eines Ge=
meinhauses, Prytaneum genannt.

Zum Schlusse unserer zweiten Hauptabtheilung der He=
roensagen haben wir nun noch über die Jagd des kalydonischen
Ebers und den Argonautenzug als die beiden größeren Unter=
nehmungen zu berichten, zu denen sich die berühmtesten Helden
dieses Zeitalters verbündeten.

Meleagros und die Jagd des kalydonischen Ebers.

An der Spitze dieses Unternehmens finden wir Mele=
agros (römisch: Meleager), über dessen Person wir uns
zunächst unterrichten wollen. Meleagros war ein Sohn des
Königs Oeneus zu Kalydon (Andere sagen: des Ares) und der

Althäa, und ein Bruder der Deïanira, also Herakles'
Schwager. Als die Parzen bald nach seiner Geburt bei der
Althäa erschienen, und ihr das Schicksal ihres Sohnes verkün=
deten, sagte Atropos: „er wird so lange leben, bis jener auf
dem Hausheerde glühende Brand verzehrt sein wird." So=
gleich riß Althäa das brennende Stück Holz aus den Flammen,
löschte es aus, und hob es sorgfältig auf. Meleagros wurde
unverwundbar und wuchs heran, wohnte dem Argonautenzuge
bei, und vollbrachte manche tapfere That. Am glänzendsten
aber erscheint er als Haupt der Jäger des kalydonischen Ebers.
Diesen Eber, ein ganz gewaltiges Thier, angeblich ein Nach=
komme der von Theseus getödteten krommyonischen Sau,
sandte Artemis in die Fluren von Kalydon, die er von Grund
aus verwüstete, zur Strafe, weil Oeneus als er allen Göttern
Opfer brachte, dieselben für Artemis versäumt hatte. Als
alle Versuche, das Ungethüm zu erlegen oder zu fangen ver=
geblich blieben, versammelte Meleagros die besten Helden
Griechenlands zur Jagd, und versprach dem, welcher das Thier
erlegen würde, die Haut desselben als Ehrenpreis. Und es
kamen Idas und Lynkeus aus Messene, Kastor und Poly=
deukes aus Lakedämon, Theseus aus Athen, Admetos aus
Pherä, Ankäos und die schöne Atalante aus Arkadien, Ja=
son aus Jolkos, Peleus aus Thessalien und viele Andere.
Neun Tage lang bewirthete Meleagros die Gäste, und am
zehnten zogen sie zur Jagd aus. Mehrere der kühnen Jäger,
unter ihnen namentlich Ankäos, unterlagen dem fürchterlichen
Eber. Atalante aber, welche Meleagros liebte, traf das Thier
zuerst mit ihrem Pfeil, noch Andere verwundeten es, aber erst
Meleagros durchbohrte es. So war der Siegespreis, die
Haut des Ebers, sein, er aber schenkte dieselbe galanter Weise
der Atalante. Die Brüder der Mutter Meleagros', erzürnt,
daß sie dieses Fell nicht als Beute erhalten hatten, nahmen es
der Atalante, als sie sich auf dem Rückwege nach Arkadien be=

fand, gewaltsamer Weise wieder ab. Darüber kam es zwischen dem Meleagros und seinen Oheimen zu einem Streite, der in Thätlichkeiten ausartete, und zur Folge hatte, daß Ersterer die Letzteren erschlug. Als seine Mutter dies erfuhr, warf sie, um ihre Brüder selbst an ihrem Sohne zu rächen, das bisher sorgfältig aufbewahrte, angebrannte Stück Holz zornig in's Feuer, und sogleich ward Meleagros von den schrecklichsten Schmerzen befallen, die ihn tödteten. In zu später Reue über ihre zu rasche Handlung erstach sich die Mutter; das Andenken Meleagros', als eines wackern Helden, blieb aber lange in Ehren. — Abgebildet wurde Meleagros in schöner, kräftiger Gestalt, als Jäger mit dem Jagdspeer, dem Jagdhunde und Eberkopf.

Noch ungleich berühmter aber als die von Dichtern und bildenden Künstlern oft dargestellte kalydonische Jagd war:

Der Zug der Argonauten,

welcher auch eine ungleich größere Zahl merkwürdiger und wunderbarer Abenteuer umfaßt. An der Spitze dieser Unternehmung stand Jason, den wir als die Hauptperson in seinen sonstigen Lebensschicksalen erst kennen lernen wollen.

Jason war ein Sohn des Aeson, Königs von Jolkos in Thessalien, und der Alcimede, Urenkel des Aeolos (nicht aber des Gottes der Winde, sondern des Sohnes des Hellen, und Enkels des Deukalion). Ein Stiefbruder des Aeson, Namens Pelias, hatte denselben vom Throne gestürzt, sich dessen bemächtigt, und verfolgte nun alle Angehörigen des Aeson mit blutdürstiger Grausamkeit. Den Jason retteten einige Freunde seines Vaters, brachten ihn zum Centauren Cheiron, und ließen ihn dort erziehen. Als Jason aber zwanzig Jahre alt war, kehrte er auf den Ausspruch des Orakels zum Pelias zurück, und verlangte von demselben sein väterliches Reich. Auch dem Pelias war durch Orakelspruch verkündigt, daß ein Nachkomme des Aeolos, der mit einem Schuh vor ihm erscheinen werde, ihn vom Throne stürzen werde. Das angegebene Zeichen traf bei dem Jason zu, welcher kurz ehe er vor dem Könige erschien, Here, die Schutzgöttin von Jolkos, in der Gestalt eines alten Mütterchens, die sie, um ihn zu versuchen, angenommen, durch den Fluß Enipeus getragen und dabei eine Sandale verloren hatte. Dennoch konnte Pelias sich nicht weigern, Meleagros' Verlangen zu erfüllen. Aber er versprach dem Jason Krone und Reich, erst wenn er sich deren zuvor durch eine ritterliche That werde würdig gemacht haben, und schlug ihm vor, nach Kolchis zu schiffen, und von dort das goldene Vließ zu holen. Jason nahm den Vorschlag an, es wurde ein Schiff, Argo genannt, das größte, welches Griechenland bis dahin gesehen, unter besonderer Mitwirkung der Here und Athene gebaut und ausgerüstet, und bald fanden sich tapfere Begleiter, mit denen Jason absegelte. Unter diesen Begleitern waren fast alle erlauchten Helden Griechenlands: Herakles, Kastor und Pollux, Meleagros, Orpheus, Peleus (Vater des Achilles), Neleus (Nestors Vater), Admetos, Theseus, dessen Freund Peirithoos, die beiden Söhne des Boreas: Kalaïs und Zetes, geflügelt wie ihr Vater, und mehrere andere berühmte Helden.

Mit diesem goldenen Vließ hatte es folgende Bewandtniß:

Unter den Söhnen des Aeolos, des Sohnes von Hellen, war einer mit Namen Athamas. Dieser Athamas erzeugte mit seiner Gemahlin Nephele zwei Kinder, den Phrixos und die Helle. Nephele starb, und Athamas verheirathete sich zum andern Male mit der Ino, Tochter des Kadmos, welche ihm den Learchos und den Melikertes gebar. Ino haßte ihre Stiefkinder, und trachtete ihnen nach dem Leben. Um sie zu retten — erzählt der Mythus — erschien die verstorbene Nephele ihrem Sohne Phrixos, rieth ihm, mit seiner

Schwester Helle zu entfliehen, und brachte ihm dazu einen gro= ßen Widder, mit einem goldenen Bließ oder Fell bedeckt, auf welchem Phrixos mit seiner Schwester durch das Meer reiten sollte. Phrixos vollbrachte die Flucht; Helle aber fiel vom Widder hinab in's Meer und ertrank. Von ihr erhielt die Meerenge zwischen Europa und Asien, jetzt die Straße der Dardanellen genannt, den Namen Hellespont. Phrixos allein erreichte Kolchis — an der entlegensten Küste des schwar= zen Meeres — opferte zum Dank für seine Rettung dem Zeus seinen Widder, und hängte das goldene Bließ in einem Tempel des Ares auf; er selbst aber regierte dort bis zu seinem Tode mit Ruhm.

Dieses goldene Bließ sollte nun Jason wieder zurück= holen. Er schiffte sich ein, nachdem er zum Zeus gebetet und dieser ihm zum günstigen Zeichen mit Blitz und Donner ge= antwortet hatte, und gelangte mit seinen Gefährten, den Ar= gonauten (das heißt: Seefahrern auf dem Schiffe Argo), zuerst nach Lemnos, wo sie nur Frauen antrafen, welche auf Eingebung der Aphrodite alle ihre Männer ermordet hatten. Aber die Argonauten wurden freundlich aufgenommen, und verbanden sich in Liebe mit den Lemnierinnen, wodurch auf Lemnos ein neues Heldengeschlecht entstand. Unter den lem= nischen Frauen müssen wir namentlich die Hypsiphyle erwäh= nen, die uns später wieder begegnen wird, und ihren Sohn vom Jason, Euneos. Nach längerem Aufenthalte auf Lem= nos, der in Festlichkeiten dahin ging, setzen die Argonauten ihre Fahrt fort. Zunächst landeten sie in Kyzikos; als sie von dort wieder abfahren wollten, zerbrach dem Herakles sein Ruder, er ging in den Wald, sich ein neues zu schneiden, begleitet von dem schönen Jünglinge Hylas. Diesen raubten die Nymphen, und da Herakles nicht eher den Ort verlassen wollte, bis ihm Hylas lebendig oder todt herausgegeben sei, fuhren die Argo= nauten einstweilen ohne ihn weiter. Ihr nächstes Abenteuer hatten sie sodann im Lande der Bebryker (in der Gegend des heutigen Skutari, Constantinopel gegenüber) zu bestehen. Hier herrschte der gewaltige und grausame König Amykos, ein besonders furchtbarer Faustkämpfer, welcher alle Fremden, die in seinem Lande Trinkwasser schöpfen wollten, zum Faustkampfe zwang, und in demselben zu erschlagen pflegte. Auch den Argonauten, wie sie landeten, um frisches Trinkwasser einzunehmen, stellte er sich entgegen, aber unter diesen fand er seinen Meister in Polydeukes (Pollux), dem Sohne des Zeus, dem ersten Faustkämpfer seiner Zeit. Amykos ward besiegt und getödtet, und die Argonauten setzten ihre Fahrt weiter fort. Sie gelangten aber in die noch heute der Schifffahrt gefährliche Einfahrt in's Schwarze Meer, in welche der alte Mythus mancherlei fast unüberwindliche Gefahren versetzte, denen auch die Argonauten unterlegen wären, wenn sie sich nicht durch ein neues Abenteuer guten Rath zur Weiterfahrt verschafft hätten. In der bezeichneten Gegend herrschte Phineus, Gemahl einer Tochter des Boreas, ein der Fahrten in jenen Gewässern überaus kundiger Wahrsager. Aber wegen einer Frevelthat gegen seine Gemahlin und deren Kinder war er von den Göttern mit Blindheit gestraft, und wurde durch die Harpyien (s. diese) gepeinigt, welche ihm seine Speisen fortraubten oder beschmutzten. Diese wurden, wie schon früher erzählt, von den Söhnen des Boreas erlegt, und zum Danke hiefür weissagte Phineus den Argonauten über die Weiterfahrt. Die größte Gefahr drohte ihnen durch die Symplegadenfelsen, zwei gewaltige aber bewegliche Steinmassen, welche jedes Schiff zwischen sich zermalmten. Phineus rieth ihnen, ihrem Schiffe voraus eine Taube durch die Symplegaden fliegen zu lassen. Das geschah; wie die Taube durchfliegen wollte, schlugen die Felsen zusammen, und wie sie wieder auseinander wichen, fuhren die Argonauten kühn und schnell und glücklich hindurch, nur daß ein Theil des Steuers zwischen den wieder zusammenklappen-

den Felsen zersplittert wurde. Seit dieser Zeit stehen die
Symplegaden fest. So gelangten die Argonauten nach man=
cherlei Fährlichkeit gen Kolchis. Hier herrschte König Aeëtes,
Sohn des Helios und der Perseïs; dieser wollte indessen das
goldene Vließ nur nach glücklicher Vollbringung sehr gefähr=
licher Kämpfe herausgeben, während Medea, des Aeëtes
schöne Tochter, die den Jason liebgewonnen hatte und sich auf
Zauberkünste verstand, diesen durch eine Wundersalbe gegen
Schwert und Feuer sicherte. Zuerst sollte er feuerspeiende,
unbändige Stiere mit ehernen Hufen vor einen ehernen Pflug
spannen und den Acker des Ares pflügen; dann sollte er Dra=
chenzähne in die Ackerfurchen säen, woraus gewaffnete Riesen
zum Kampf erwüchsen, dann erst sollte er sich das goldene
Vließ holen, welches im Hain des Ares an einer Eiche aufge=
hängt war, die von einem furchtbaren Drachen bewacht wurde.
Er siegte; besonders durch die Athene — die Göttin des Ver=
standes und Nachdenkens — in dem Kampfe mit dem Drachen
unterstützt. Nachdem er alle Bedingungen erfüllt hatte, nahm
er das goldene Vließ, schiffte sich ein, und entführte zugleich
dem Aeëtes seine Tochter Medea. Als der erzürnte Vater
dem Schiffe Jason's nachsegelte, um die Entflohene zurückzu=
führen, und die Flüchtigen bereits eingeholt hatte, ermordete
Medea ihren kleinen Bruder Absyrtos, den sie mit sich ge=
nommen hatte, und warf dessen zerstückelte Gebeine in's Meer*).
Der jammernde Aeëtes sammelte diese. Darüber gewannen
Jason und Medea Zeit zu entkommen, erreichten mit dem
goldenen Vließ glücklich, wenn auch abermals nach mancherlei
Irrfahrten und Abenteuern, das Reich des Pelias, brachten

---

*) Einer andern Erzählung zufolge, hätte Medea diese grausame
That nicht vollbracht. Absyrtos wäre schon erwachsen gewesen, ihr
vom Vater Aeëtes auf der Flucht nachgesandt, und sei auf einer Insel
im Kampfe gegen den Jason von diesem erschlagen.

biefen, der auch jetzt, nachdem die Bedingung erfüllt war, Ja=
fon die Herrschaft nicht abtreten wollte, um Thron und Leben,
und Jason folgte ihm sowohl in Jolkos in der Regierung
nach, wie auch in Korinth, wo Aeëtes früher, ehe er nach Kol=
chis ging, geherrscht hatte.

Zehn Jahre friedlicher Zeit waren vorüber gegangen, da
gewann Jason die Kreusa (andere nennen sie Glauke),
eine schöne Korintherin, lieb, und erhob sie zu seiner Gemahlin.
Medea, durch Eifersucht zur Rache erhitzt, sandte ihrer Neben=
buhlerin ein vergiftetes Kleid, mit einem ebenfalls vergifteten,
aber kostbaren Kranz, tödtete sie dadurch, und steckte den Pa=
last ihres Vaters Kreon in Brand. Als der aufgebrachte Ja=
son sie dafür strafen wollte, tödtete sie selbst die Kinder, die sie
ihm geboren hatte, entfloh darauf nach Athen, wo sie eine kurze
Zeit hindurch die Gemahlin des Königs Aegeus war, aber
wegen verderblicher Anschläge gegen das Leben des Theseus
(siehe diesen) auch von dort entfliehen mußte, und, wie Einige
erzählen, auf einem geflügelten Drachenwagen nach Kolchis
zurückkehrte. Jason begab sich, um Ruhe zu finden, in das
Heiligthum auf dem Isthmos von Korinth, wohin er die Argo
geweiht hatte. Als er sich seinem Weihgeschenk nahete, stürzte
das Hintertheil desselben herab und erschlug ihn. Nach einer
andern Sage nahm er sich selbst das Leben.

Der Mythe von Jason und dem Argonautenzuge liegt
vielleicht eine wahre Begebenheit zu Grunde. Das goldene
Bließ könnte den königlichen Schatz des Aeëtes bedeuten, den
die Argonauten auf ihrer kühnen Fahrt, dem ersten großen
Unternehmen der Griechen in uralter Zeit zur See, unter
großen Gefahren, begünstigt durch die Medea, raubten. In
der späteren Zeit erkannte man in Jason das Geschick dessen,
dem der Besitz von Schätzen Alles gilt, und um denselben zu
gewinnen, sich den größten Gefahren aussetzt und alle Mittel
braucht — wie hier die Entführung der Medea — die Jason

später wieder verläßt aus unedlem Gelüst seiner Genußsucht, ohngeachtet er nur durch sie den großen Reichthum erworben, und ihm in ihrer Hingebung Alles, Elternliebe, Heimath, selbst ihren Bruder geopfert hatte, um bei ihm bleiben zu können. Jason that Nichts — ein Gegenbild des Herakles — für das allgemeine Wohl, nur für sich, und in dieser niedrigen Gesinnung nahm er ein erbärmliches und schmähliches Ende. Wie ganz anders dagegen Herakles! — In der Medea zeigt sich die Gewalt der aufopfernden Hingebung, welche besonders Frauen eigen ist, aber auch die Furchtbarkeit der Rache, wenn nur Leidenschaft die Triebfeder der Handlungen, ohne höhern, edlen Sinn ist. So sind Jason und Medea Gegenstand der Tragödie geworden, und besonders von dem griechischen Schauspieldichter Euripides in einem großartigen Charakterstück dargestellt worden.

C. Das Zeitalter der jüngeren Heroen, die Kriege gegen Theben und Troia.

Das Zeitalter der jüngeren Heroen, der Söhne und Enkel Derer, die wir in dem vorstehenden Abschnitte kennen gelernt haben, umfaßt besonders die beiden großen Ereignisse, die wir in der Ueberschrift genannt haben: die Kriege gegen Theben und gegen Troia, denen, wie schon früher bemerkt, historische Wahrheit zum Grunde zu liegen scheint, die aber durchaus mythisch eingekleidet und mit durchaus mythischen Zügen durchwebt sind.

Beide großen Begebenheiten sind in ihrem ganzen Zusammenhange mehr als irgend welche andere Heroensagen von der nationalen Poesie der Griechen durchgebildet worden, der Krieg oder der Zug der Sieben Helden gegen Theben in einem alten Epos der „Thebaïs", deren Dichter wir nicht kennen, und später in vielen, zum Theil erhaltenen Trauerspielen, der Krieg gegen Troia in einer ganzen Reihe von epischen Gedichten, als deren ältestes und berühmtestes die „Ilias" oder „Iliade" des Homer uns vollständig erhalten ist. Da wir die beiden großen Sagen im Zusammenhange kennen, so halten wir es für unsere Pflicht, sie Ihnen auch im Zusammenhange zu erzählen, und wir wollen die Musen zu unserer Hülfe anrufen, wie die alten Dichter zu thun pflegten, auf daß es uns gelingen möge, Ihnen die im höchsten Grade interessanten Geschichten so vorzutragen, daß auch Sie sich von denselben angezogen und in ernster Weise unterhalten fühlen mögen. Wir beginnen mit

Theben und dem Zuge der Sieben Helden und ihrer Söhne, der Epigonen.

Wir haben früher (f. S. 242) berichtet, durch welche Verkettung von dunkeln Schicksalen Oedipus, nachdem er seinen Vater Laios erschlagen hatte, auf den Thron Thebens gelangte und seine eigene Mutter Jokaste heirathete. Sie erinnern sich ferner, daß Oedipus von der Jokaste vier Kinder hatte, zwei Söhne, Eteokles und Polyneikes, und zwei Töchter, Antigone und Ismene, und daß nach Entdeckung der frevelhaften Ehe Jokaste sich selbst tödtete, während Oedipus sich blendete und in die freiwillige Verbannung ging, begleitet von seiner edlen Tochter Antigone, welche alles Unglück mit ihrem Vater tragen wollte.

Die Söhne dagegen blieben in Theben zurück, und geriethen über die Thronfolge in heftigen Streit, um welchen zu schlichten sie endlich übereinkamen, abwechselnd ein Jahr zu regieren. Der erstgeborene Eteokles bestieg demgemäß zuerst den Thron; als aber sein Jahr herum war, weigerte er sich nicht allein, die Regierung an seinen Bruder Polyneikes abzu-

treten, sondern er vertrieb diesen mit Gewalt aus der
Vaterstadt.

Rachebrütend kam Polyneikes zum Könige Adrastos von
Sikyon, der ihn gastfrei aufnahm, und bei dem er einen zweiten vertriebenen Thronprätendenten, Tydeus von Argos, an-
traf. Beide Jünglinge schlossen Freundschaft und verschworen
sich mit einander, sich gegenseitig in der Wiedererlangung der
Herrschaft beizustehen. Mit ihnen verbündete sich der König
Adrastos, der ihnen seine beiden Töchter zur Ehe gegeben
hatte, und der jetzt eine gewaltige Heeresmacht aufbot, um
zuerst den Polyneikes in Theben, dann den Tydeus in Argos
wieder einzusetzen.

Die beiden Jünglinge zogen selbst in Griechenland umher, um sich Kampfgenossen zu werben, und manche starke Helden folgten ihrem Heerrufe: namentlich Kapaneus, des
Hipponoos Sohn aus Argos, Eteoklos, des Iphis Sohn,
Parthenopäos, der Sohn der Atalante und des Melanion
oder des Ares aus Arkadien. Diese drei nebst Polyneikes, Tydeus und Adrastos und endlich dem edlen Seher Amphiaraos, der Sohn des Oikles oder Apollon, sind die sieben Führer, nach denen der Kriegszug der Zug der Sieben Helden
gegen Theben heißt. Mit Amphiaraos' Mitwirkung aber ver-
hielt es sich so. Er erkannte als höchst frommer Mann und
Seher, daß alle übrigen Führer mehr oder weniger frevelhafte
Männer seien, und sah voraus, daß das ganze Unternehmen,
wie es denn ein gottloses war, da Polyneikes, wenngleich er
Unrecht erduldet hatte, ein fremdes Heer gegen seine eigene
Vaterstadt führte, einen übeln Ausgang haben würde; er weigerte sich deshalb standhaft, an demselben Theil zu nehmen
und weissagte den Anderen das traurige Ende. Aber sie hörten nicht auf ihn, und da ihnen an seiner, des Sehers, Theilnahme Vieles gelegen war, suchten sie dieselbe von ihm zu er-
zwingen. Und zwar auf folgendem Wege.

Amphiaraos hatte Adrastos' Schwester, Eriphyle, zur Frau, und die beiden Schwäger, welche sich früher schon einmal heftig verunreinigt hatten, waren übereingekommen, bei einer neuen großen Meinungsverschiedenheit die Eriphyle zwischen sich entscheiden zu lassen. Diese Eriphyle nun bestach Polyneifes durch kostbare Geschenke, gegen ihren Gemahl zu entscheiden, sie that es, obgleich sie von Amphiaraos wußte, daß außer Adrastos keiner der Helden lebend zurückkehren werde. Dafür fluchte ihr Amphiaraos ehe er in's Feld zog, und dieser Fluch ging später durch ihren Sohn Alkmäon in Erfüllung, der die eigene Mutter tödtete, um den verrathenen Vater zu rächen.

So war denn das Heer unter seinen Sieben Führern zum Ausmarsche bereit. Ehe wir aber dessen fernere Schicksale verfolgen, müssen wir uns einen Augenblick nach Oedipus umsehen. In Jammer und Elend, nur von seiner hochherzigen Antigone begleitet, war er in Griechenland umhergeirrt, und endlich nach Attika gekommen, wo ihm ein Orakel das Ende seiner Leiden vorherverkündet hatte. Von seinen Söhnen hatte sich keiner um den unglücklichen Greis gekümmert, nun aber, da sie ein Orakel erhalten hatten, der werde siegen, der Oedipus für sich habe und nach Theben zurückbringe, gedachten Beide seiner. Polyneifes kam selbst zu ihm, um ihn für seinen Kriegszug gegen die Vaterstadt um seinen Segen zu bitten; Oedipus aber fluchte ihm wegen seines frevelhaften Unternehmens. Eteokles, der andere Bruder, sandte als König seinen Oheim, Kreon, den Bruder seiner Mutter, nach Attika mit dem Auftrage, Oedipus nöthigenfalls mit Gewalt nach Theben zu bringen. Diese Gewalt versuchte denn auch Kreon, aber Theseus legte sich in's Mittel, vertrieb Kreon und sein Gefolge, und Oedipus, nachdem er seinen beiden pflichtvergessenen Söhnen geflucht hatte, daß sie sich gegenseitig tödten würden, fand seinen Tod im Haine der

Eumeniden bei Kolonos unfern Athens, wo Theseus ihn feierlich bestattete. Antigone aber kehrte tief trauernd nach Theben zurück.

Um dieselbe Zeit marschirte der Heerzug der Sieben da= hin ab. Als sie nach Nemea kamen, fanden sie dort durch ein Wunder, welches Dionysos, Thebens Hauptgott, bewirkt hatte, alle Quellen vertrocknet. Von Durst gequält, trafen die Hel= den auf Hypsipyle (s. Argonauten), welche von den anderen lemnischen Weibern aus Neid wegen Jasons Liebe nach Nemea an den König Lykurgos als Sklavin verkauft hatten, und welche dessen Kindchen Opheltes als Wärterin hütete. Diese baten die Helden, ihnen einen Brunnen zu zeigen, Hypsipyle war dazu bereit, legte aber, um mit den Helden zu gehen, den Opheltes, gegen eine Orakelwarnung, im Walde auf den Bo= den. Als die nach dem Brunnen Gegangenen zurückkehrten, fanden sie das Kind von einer Schlange umstrickt und getöd= tet. Tydeus und Kapaneus wollten das Thier tödten, Am= phiaraos aber verkündete ihnen, daß es eine Wunderschlange sei, die Zeus ihnen als üble Vorbedeutung gesandt hatte, und nannte das getödtete Kind Archemoros, d. h. „des Ver= hängnisses Anfang". Die zürnenden Eltern des Archemoros versöhnten die Helden, indem sie dem Kinde glänzende Lei= chenspiele anstellten, welche den nemeïschen Spielen (oben S. 51) den Anfang gaben, und Hypsipyle wurde von ihrem Sohne Euneos, der ausgegangen war, sie zu suchen, aufge= funden und in die Heimath zurückgebracht.

Trotz den üblen Vorzeichen zog das Heer der Sie= ben gen Theben weiter, und gelangte nach einigen we= niger wichtigen Abenteuern vor die Stadt. Hier schlug man ein Lager auf, und sandte, um zuerst einen gütlichen Ausgang zu versuchen, Tydeus nach Theben mit dem Auf= trage, für Polyneikes die Herrschaft zurückzufordern.

Tydeus aber wurde übel empfangen und wäre in einem
Hinterhalt, den Eteokles ihm gegen alles Vertragsrecht legen
ließ, umgekommen, wenn er nicht ein gar so gewaltiger Held
gewesen wäre, der alle seine Feinde, ihrer 50 an der Zahl,
niederkämpfte bis auf Einen, der Eteokles von Tydeus' Helden-
that Bericht erstattete.

So war es denn zur Nothwendigkeit der Waffenentschei-
dung gekommen. Theben wurde eng eingeschlossen und die
sieben Führer mit ihren Heerhaufen vertheilten sich vor die
sieben Thore Thebens. Eteokles stellte ihnen sieben Heerhaufen unter ebenfalls sieben Führern entgegen, den Platz aber
seinem Bruder gegenüber behielt er für sich selbst. Als es
nun zum Kampfe kam, geschahen große Thaten der Tapferkeit
von beiden Seiten; aber die Götter waren gegen die Angreifenden, während die Thebaner sich deren besondere Gunst
dadurch erworben hatten, daß nach einem Orakelspruche des
Sehers Tiresias Kreons Sohn Menoikeus den freiwilligen
Opfertod für's Vaterland gestorben war. Am Tage der Ent-
scheidungsschlacht weissagte Amphiaraos den Angreifenden
allgemeine Niederlage und den Tod aller Führer bis auf
Adrastos; diesem gaben deshalb Alle Andenken an die Ihrigen
mit und eilten dann mit dem trotzigen Muthe der Verzweiflung
in die Schlacht.

Und schon schien es um Theben schlecht zu stehen; schon
hatte der grimme Kapaneus, der sich frech berühmte, auch
gegen alle Götterzeichen und gegen Zeus' Willen Theben zu
erobern, auf der Sturmleiter die Zinnen der Mauer erstiegen,
als ihn Zeus mit einem Blitz zu Boden schmetterte. Ein
allgemeiner Ausfall der Thebaner folgte und diesem eine
allgemeine Niederlage des Argiverheeres, alle Führer fielen,
Eteokles und Polyneikes durchbohrten sich gegenseitig im
Zweikampf, den Amphiaraos nahm die von Zeus mit einem
Blitz gespaltene Erde auf und er lebte fort als orakelnder

Dämon, und nur Adrastos entkam auf dem geflügelten Rosse Arion.

In Theben aber gelangte Kreon, der Oheim der gefalle= nen Söhne des Oedipus, zur Herrschaft. Dieser ließ Eteokles feierlich bestatten, verbot aber bei Todesstrafe, Polyneikes' Leiche zu beerdigen, wodurch der Seele des Verstorbenen die Ruhe in der Unterwelt geraubt wurde. Das konnte die hoch= herzige Antigone nicht ertragen. Heimlich und gegen Kreon's strengen Befehl bestattete sie den unglücklichen Bruder. Hiebei von Kreon's Wächtern ertappt, wurde sie von diesem ver= urtheilt, lebendig begraben zu werden, obwohl sie die Braut seines Sohnes Hämon war, der flehentlich für das Leben der edlen Geliebten bat. Antigone wurde in ein unterirdisches Gewölbe eingeschlossen, wo sie sich erhenkte, um dem qual= vollen Hungertode zu entgehen; Hämon entleibte sich ebenfalls aus Verzweiflung, und der verwais'te Kreon mußte seine unmenschliche Härte mit der Veröbung seines Hauses büßen, während auch Oedipus' ganzes Geschlecht zu Grunde gegan= gen war.

Dreißig Jahre nach dem Zuge der Sieben unternahmen deren Söhne einen zweiten, den Rachezug ihrer Väter gegen Theben. Das ist der Krieg der sogenannten Epigonen (d. h. der Nachgeborenen, der Söhne), welcher, mit der Götter Zustimmung unternommen, mit Thebens Zerstörung endete, so daß lange Zeit keine Stadt Theben mehr bestand, sondern nur ein offener Flecken, der Untertheben genannt wurde.

Troia und der troianische Krieg.

Der Anlaß des Krieges.

In Troia oder Ilion, der Hauptstadt einer schönen Landschaft am Hellespont, herrschte zu der Zeit, wo Theben durch die Epigonen erobert wurde, Priamos (s. oben S. 265),

welcher mit der Hekabe (Hecuba römiſch) viele und ausgezeichnete Söhne hatte. Als ihm abermals ein Sohn geboren
werden ſollte, weiſſagte ihm ſeine durch Apollon mit der
Sehergabe ausgeſtattete Tochter Kaſſandra, daß durch dieſen
Sohn Troia zu Grunde gehen werde. Das Kind wurde
demnach, um der Weiſſagung auszuweichen, gleich nach ſeiner
Geburt ausgeſetzt, aber von Hirten aufgefunden und erzogen.
Unbekannt und vergeſſen, wuchs ſo Paris oder Alexan-
dros in ländlicher Einſamkeit am Ida als Hirte auf.

So weidete er auch eines ſchönen Tages ſeine Heerde,
als die drei Göttinnen Here, Athene und Aphrodite vor ihm
erſchienen und ihn zum Richter über ihre Schönheit aufriefen.
Das hing aber ſo zuſammen. Wir haben früher berichtet, daß
Themis dem Zeus, der Thetis liebte, geweiſſagt hatte, der
Sohn der Thetis werde größer werden, als ſein Vater, worauf
die Götter beſchloſſen, die Meergöttin einem ſterblichen Manne
zu vermählen. Dieſer war Peleus, König von Phthia in
Theſſalien, der ſich durch beſondere Frömmigkeit dieſer Götter-
gunſt werth gemacht hatte. Lange ſträubte ſich Thetis gegen
dieſe Ehe, allein Peleus' Beharrlichkeit überwand ihren Wider-
ſtand, und die ſehr feſtliche Hochzeit beſuchten, wie die des
Kadmos und der Harmonia, alle Götter. Nur Eris, die
Göttin der Zwietracht, war nicht geladen; hierüber erzürnt
und ihrem Charakter gemäß, ſuchte ſie Hader unter die feſtlich
vereinten Götter zu bringen; ſie warf zu dem Behufe einen
goldenen Apfel mit der Aufſchrift in den Saal: „der Schönſten“.
Die genannten drei Göttinnen erhuben Anſpruch auf denſelben,
und Zeus verwies ſie an Paris auf dem Ida. Als ſie nun
vor dieſem erſchienen, weigerte ſich der Jüngling, den Richter-
ſpruch zu thun, bis ihm die Göttinnen große Geſchenke verſprachen: Here, die Königin, das Königthum von Aſien; Athene,
die Kriegsgöttin, unendlichen Heldenruhm, und Aphrodite, die
Liebesgöttin, das ſchönſte Weib auf Erden. Und Paris ent-

schied für Aphrodite, wodurch er sich die beiden anderen
Göttinnen zu erbitterten Feindinnen machte, die ihre Feindschaft auch auf seine Vaterstadt übertrugen.

Mittlerweile trug es sich zu, daß im Königshause von
Troia zu einem großen Opfer Stiere gebraucht wurden; zwei
Söhne des Königs, Hektor und Helenos, gingen nach den
Heerden am Ida, um die Thiere auszusuchen. Ihre Wahl
fiel auf einen Lieblingsstier des Paris, den herauszugeben
dieser sich mit keckem Muthe weigerte, und den vom Könige
zurückzufordern er mit dessen Söhnen zur Stadt ging. Hier
gerieth er mit diesen in Streit; es kam zu Thätlichkeiten, und
Paris wäre von seinen Brüdern, ohne daß diese ihn kannten,
erschlagen worden, wenn nicht zur rechten Zeit Kassandra sich
in's Mittel gelegt und Paris' Herkunft enthüllt hätte. Nun
war Freude im Königshause von Troia über den wieder-
gefundenen Sohn, der so gar schön und stattlich und so
mannhaft geworden war; die böse Prophezeiung war vergessen
und Paris wurde feierlich in die Familie des Priamos
aufgenommen.

So war aus dem Hirten ein Prinz geworden, dem das
Leben in der Stadt und am Hofe so wohl gefiel, daß er kaum
noch des Götterbesuchs auf dem Ida gedachte und das ihm
versprochene schönste Weib der Erde schier ganz vergessen hätte,
wenn nicht Aphrodite selbst es sich hätte angelegen sein lassen,
ihn daran zu gemahnen. Sie gebot ihm, Schiffe zu bauen
und nach Hellas zu fahren, wo er in Sparta das ihm versprochene schönste Weib, die Helena, finden werde. Paris
gehorchte, die Schiffe wurden gebaut und Paris schiffte sich,
begleitet von Aeneas, dem Sohne des Anchises und der
Aphrodite, nach Hellas ein.

Als er hier in Amyklä ankam, wurde er von den Dioskuren
Kastor und Polydeukes (Pollux) freundlich empfangen.
Das waren Söhne des Zeus und der Leda, Brüder der Helena

und der Klytämneſtra, der Gemahlin des Agamemnon, und
zwar der eine, Kaſtor, ſterblich, wie die eine Schweſter,
Klytämneſtra; der andere Bruder, ſowie Helena unſterblich,
beide aber in der innigſten Bruderliebe verbunden, von der
wir bald einen ſehr ſchönen Zug zu berichten haben werden.

Nachdem Paris eine kleine Zeit bei den Dioskuren ver-
weilt hatte, ging er mit ſeinem Begleiter Aeneas nach Sparta,
wo ihn Menelaos, der König und Gemahl der Helena, eben ſo
arglos und treuherzig empfing, und eben. ſo gaſtfreundlich
bewirthete, wie dies Helena's Brüder gethan hatten. Von
Menelaos' Abſtammung von Atreus haben wir berichtet, die
folgenſchwere Geſchichte ſeiner Ehe mit Helena aber iſt dieſe.

Helena war von einer ſo wunderbaren Schönheit und
Anmuth, daß ſie ſchon als halbwüchſiges Mädchen die Herzen
entzündete und daß Theſeus ſie ſchon in ihrer frühen Jugend
entführte. Aber die Dioskuren nahmen ſie ihm bald wieder ab,
und machten bei dieſer Gelegenheit Theſeus' Mutter Aethra
zu ihrer Gefangenen, welche ſie ihrer Schweſter als Dienerin
ſchenkten. Als Helena in die jungfräulichen Jahre trat, wurden
die Bewerbungen edler griechiſcher Helden um ihre Hand
allgemein und ſo dringend, daß Tyndareos, Leda's Gemahl,
der ſterbliche Pflegevater der Göttertochter, fürchten mußte,
wenn er Helenas Hand einem der Bewerber gäbe, ſich die
andern zu Feinden zu machen. Er traf deshalb die Auskunft,
Helena ganz frei ſelbſt wählen zu laſſen, und verpflichtete
ſämmtliche Freier durch einen gewaltigen Eidſchwur, daß ſie
ſich nicht allein mit Helenas Wahl zufrieden geben, ſondern
dem von ihr Erkorenen jetzt und in Zukunft in jeder Noth und
Gefahr hilfreich und dienſtwillig beiſtehen ſollten. Helena nun
wählte den edlen Menelaos, des mächtigen Agamemnon, ihres
Schwagers, Bruder, und die Hochzeit ward mit großer Pracht
gefeiert. Tyndareos aber hatte vergeſſen, der Aphrodite zu
opfern, und die Göttin rächte ſich dadurch, daß ſie die Herzen

19

der Töchter oder Pflegetöchter des Tyndareos zügelloser Liebes-
leidenschaft zugänglich machte. Diese sollte sich bei Helena
jetzt zeigen.

Paris wurde also, wie gesagt, von Menelaos arglos
und gastfreundlich aufgenommen, aber schon bei der ersten
Zusammenkunft mit Helena entzündete sich in den Herzen
Beider die heftigste Liebe, welche nicht gerade vermindert
wurde, als Paris der Helena unter dem Titel von Gast-
geschenken mancherlei asiatische Kostbarkeiten verehrte. Beide
Liebenden wußten aber ihre Gefühle so gut zu verbergen, daß
der brave Menelaos Nichts ahnte und eine Besuchsreise zu
Idomeneus, dem Fürsten von Kreta, trotz der Anwesenheit
des gefährlichen Gastes, ganz ruhig unternahm.

Kaum war er abgereist, als auch die Dioskuren in einen
Streit verwickelt wurden, der ihnen das Leben kosten sollte,
so daß auch sie die sich vorbereitende freche That des Paris
nicht wehren konnten. Sie freiten nämlich um die Töchter
des Leukippos, Hilaeira und Phöbe, welche mit den
Söhnen des Aphareus, Idas und Lynkeus, verlobt waren.
Diese widersetzten sich den Werbungen der Dioskuren und es kam
zum Streite; Kastor, der sterbliche Bruder, tödtete den Lynkeus,
wurde aber dann von Idas erschlagen. Wohl rächte ihn sein
unsterblicher Bruder Polydeukes; aber so groß war seine
Bruderliebe, daß er ohne seinen geliebten Kastor nicht leben
mochte und seinen Vater Zeus bat, ihm mit jenem abwechselnd
die Unsterblichkeit zu gewähren. Zeus erfüllte seine Bitte, und
so leben denn die Dioskuren Tag um Tag und zwar als
hochgeehrte Halbgötter, besonders Horte der Seefahrt, deren
Anwesenheit bedrängte Seefahrer in dem sogenannten Sanct-
Elmsfeuer, einer elektrischen Erscheinung an den Spitzen von
im Sturm segelnden Schiffen, wahrzunehmen glaubten.

Doch zurück zu Paris. Als er sich mit Helena allein
befand, wußte er sie gar bald zu überreden, daß sie mit ihm

flöße und in der Königsſtadt von Troia ſeine Gemahlin werde.
Helena ließ ſich bethören; heimlich bei Nacht entwich ſie mit
ihrem Verführer, der auch den edlen Gaſtfreund ſchmählicher
Weiſe noch eines großen Theiles ſeiner Schätze beraubte und,
trotz eines heftigen Sturmes, den die erzürnte Ehegöttin Here
erregte, mit ſeiner Beute glücklich nach Troia kam, wo die
Hochzeit in Pracht und lauter Feſtlichkeit begangen wurde.

Vorbereitungen zum Kriege gegen Troia.

So war das Verderben über Troia heraufbeſchworen.
Dem Menelaos, welcher ſich zu der Zeit, als Paris ſein Weib
entführte, bei Idomeneus befand, brachte Iris Nachricht
von dem Unglück und der Schande, die ihn betroffen hatten.
Schleunigſt kehrte Menelaos heim, rathſchlagte zuerſt mit ſeinem
mächtigen Bruder Agamemnon, und begab ſich dann nach
Pylos zum greiſen Könige Neſtor, der ſchon zwei Menſchen-
alter durchlebt und gewaltige Kämpfe beſtanden hatte, und der
unter den jüngeren Helden wie ein ehrwürdiges Denkmal einer
vergangenen, gewaltigen Heldenzeit daſteht, voll weiſen Rathes
und reicher Erfahrung, die er in ſüßtönender Rede, wenn auch
etwas greiſenhaft geſprächig, mitzutheilen weiß. Der berieth
denn nun auch den Menelaos, daß nur mit einem allgemeinen
Heeraufgebot in Griechenland es möglich ſei, ihm wieder zu
ſeinem Rechte zu verhelfen.

Und ſo zogen denn beide Helden werbend durch Griechen-
land und forderten alle namhaften Helden zum Rachezug gegen
Troia auf. Viele derſelben waren als einſtige Freier Helenas
mitzuziehen verpflichtet, Andere ſchloſſen ſich aus ritterlichem
Sinne bereitwillig an, denn Alle waren auf's tiefſte empört,
durch eine That, wie dieſe, wo ſich Treubruch, Verführung,
Diebſtahl und Beſchimpfung des griechiſchen Namens zum
Verbrechen verbanden. So kam denn ein gewaltiges Heer

19*

zusammen, in welchem nicht leicht ein einziger namhafter
Held fehlte.

Nur zwei berühmte Heroen machte es Mühe zu erwerben:
Odysseus und Achilleus, den Klügsten und den Stärksten
in ganz Griechenland. Odysseus, Laërtes' Sohn, der König
von Ithaka und den umliegenden Inseln, war überaus glücklich
verheirathet mit Penelope, Ikarios' schöner und sinniger
Tochter, einem der edelsten und reinsten Frauencharaktere der
ganzen griechischen Geschichte. Und vor Kurzem war ihm ein
Söhnlein geboren mit Namen Telemachos. So kam es
denn dem Odysseus hart an, aus seinem schönen häuslichen
Glück hinauszziehen zu sollen in einen Krieg, dessen Ende nicht
abzusehen war. Als deshalb die Werber gen Ithaka kamen,
suchte er sich durch eine List der Theilnahme am Kampfe zu
entziehen; er stellte sich wahnsinnig, und hätte die Werber
getäuscht, wenn ihn nicht der kluge Palamedes durchschaut
und entlarvt hätte. So blieb ihm denn nichts Anderes übrig,
als mitzuziehen; dem Palamedes aber schwur er Rache, die er
denn auch später an ihm nahm.

Anders bewandt war die Sache mit Achilleus. Von diesem,
dem Sprößling aus jener Ehe des Peleus mit der Thetis, war
seiner Mutter geweissagt, es stehe ihm entweder ein langes
Leben in dunkler Unberühmtheit oder ein früher Tod bei größtem
Heldenruhme bevor. Die Mutter wählte begreiflicher Weise
das Erstere und verbarg den Sohn in Weiberkleidern unter den
Töchtern des Königs Lykomedes auf der Insel Skyros. Hier
erwarb sich Achill die Liebe der Deïdamia, mit der er einen
Sohn Neoptolemos erzeugte, der später selbst vor Troia
erscheinen sollte. Einstweilen aber galt es den Griechen,
Peleus' Sprößling aufzufinden und zu gewinnen. Beides
gelang dem schlauen Odysseus.

Er landete mit andern Werbern auf Skyros, als Kaufmann gekleidet, der den Töchtern des Königs allerlei Schmuck

zum Kaufe anbot. Die Mädchen griffen zu, nur Achilleus
nicht; da erkannte ihn Odysseus und ließ unerwarteter Weise
eine prächtige Waffenrüstung bringen und zugleich eine krie=
gerische Musik blasen. Begeistert fuhr Achilleus auf, ergriff
die Waffen und schloß sich, dürstend nach Ruhm, den Helden
Griechenlands an. Und nachdem die Helden von den Ihrigen
Abschied genommen, bei welchem Peleus seinem Sohne den
Patroklos, (Menötios' Sohn,) als Begleiter mitgab, ver=
sammelten sie sich in Aulis.

Noch niemals war ein solches Heer zusammengekommen;
über 1000 Schiffe lagen in der Bucht von Aulis zusammen
und jedes führte mindestens 150 Streiter, so daß die, für jene
Zeit und für das kleine Griechenland enorme Zahl von
150,000 Kämpfern gegen Troia auszufahren bereit war.
Zum Oberfeldherrn aber oder Heerfürsten und Oberkönige
wurde Agamemnon ernannt, der mächtigste Fürst Griechen=
lands, der über ganz Argos und viele Inseln mit dem von
Zeus stammenden Scepter herrschte.

Die einleitenden Begebenheiten.

Als dies mächtige Heer in Aulis versammelt war, ereig=
nete sich ein Wunderzeichen, das durch den Opferpriester
Kalchas seine Deutung fand. Eine Schlange ringelte sich
um eine Platane empor, in der sich ein Sperlingsnest mit
neun Jungen befand. Sie alle verschlang das Ungethüm,
dann auch noch als zehnte die Sperlingsmutter, darauf aber
wurde es versteinert. Kalchas deutete dies so: Neun Jahre
werden wir um Jlion kämpfen, im zehnten aber die Stadt
nehmen. Mit diesem Vorzeichen fuhr man denn aus zum
langen Kampfe; aber unkundig des Weges, verirrte die Flotte
sich nach Mhsien, welches die Griechen für Troia hielten und
zu verwüsten begannen. Da eilte der König des Landes,
Telephos, ein Sohn des Herakles, mit seinem Heere zur

Abwehr herbei, und es gelang ihm, so gewaltig die Griechen kämpften, sie in ihre Schiffe zurückzutreiben. In diesem Strauß hatte sich Patroklos an Achill's Seite mannhaft hervorgethan und war verwundet worden. Achill, der seine Kindheit bei Cheiron auf dem Pelion verlebt und die Arzneikunde erlernt hatte, verband ihn und schloß mit ihm jene berühmte Freundschaft, die selbst der Tod der Helden nicht zu trennen vermochte. Abgeschlagen hatte nun freilich Telephos den Sturm auf sein Land, und die Griechenflotte kehrte noch einmal in den Hafen von Aulis zurück, aber er selbst war von Achill's Speere verwundet worden und seine Wunde wollte nicht heilen. Da erhielt er das Orakel: der dich verwundete, wird dich heilen; den Griechen aber ward der Spruch: Telephos sollte ihr Führer nach Troia sein. Wie er dies wurde, wollen wir gleich erzählen; zuvor aber müssen wir uns nach den Griechen in Aulis umsehen.

Als sie dort zum zweiten Male lagerten, begegnete dem Agamemnon ein prachtvoller, der Artemis geweihter Hirsch; in seiner Jagdlust und seinem Uebermuthe erlegte Agamemnon das Thier und rühmte sich dann mit frevelhafter Zunge, die Göttin der Jagd selbst als Jäger zu übertreffen. Das war für ihn der Anfang einer Kette der schrecklichsten Unglücksfälle. Die beleidigte Göttin sandte vollkommene Windstille, so daß von Woche zu Woche an kein Auslaufen der Flotte zu denken war; (mochte nun auch Palamedes durch Erfindung des Brettspiels und anderer Unterhaltungen den lagernden Helden Beschäftigung bieten, der thatenlose Müßiggang drückte schwer auf das Heer, um so schwerer, da kein Ende abzusehen war; es gab Unzufriedene, und die ganze glorreiche Fahrt nach Troia drohte in Nichts sich aufzulösen. Da wahrsagte Kalchas dem Agamemnon, Artemis verlange die Opferung seiner ältesten Tochter Iphigenia.

Lange kämpften in Agamemnon die väterliche Liebe mit

dem Pflichtgefühle des Königs und Heerfürsten; endlich siegte dieses, und Agamemnon entbot seine Gattin Klytämnestra mit Iphigenia nach Aulis, unter dem Vorgeben, die Jungfrau solle dem Achill verlobt werden. Die Frauen kamen, und nun fand Iphigeniens Opferung Statt, das heißt, das Mädchen wurde zum Altar geführt und sollte eben getödtet werden, als Artemis es an dieser Probe von Agamemnons Buße und Unterwerfung genug sein ließ, Iphigenia in einer Wolke entrückte, sie nach Tauris schaffte und zu ihrer Priesterin machte, während sie eine Hirschkuh als ihre Stellvertreterin an den Altar stellte. Die Göttin war versöhnt, Klytämnestra aber hat ihrem Gemahl die ihr angethane furchtbare Täuschung nie verziehen, und daran knüpfen sich Begebenheiten, auf die wir weiterhin zurückkommen.

Nun war Alles zum zweiten Aufbruche bereit, aber noch fehlte der Führer Telephos. Diesen aber brachte das oben erwähnte Orakel nach Aulis; er kam verkleidet, ergriff Agamemnons Söhnchen Orestes, das mit der Mutter gekommen war, und drohte, dasselbe zu tödten, falls man ihm die Heilung versagte. Odysseus mußte zu vermitteln; mit dem Roste von Achilleus' Speer wurde Telephos' Wunde geheilt, und dieser erklärte sich bereit, die Führung gen Troia zu übernehmen. So fuhr man denn zum zweiten Male ab. Unterwegs landete man in Lemnos, um dort auf einem von Herakles erbauten Altar zu opfern; bei dieser Gelegenheit wurde Philoktetes, der Herakles' Bogen und Pfeile geerbt hatte (s. Herakles), von einer Schlange in den Fuß gebissen, und, da seine Wunde nicht allein nicht heilte, sondern mit furchtbar üblem Geruche eiterte, einsam auf Lemnos an unwirthlicher Küste zurückgelassen, das Herz voll Groll und Wuth über die Griechen, und allem Elend seiner Krankheit anheimgegeben. Die Flotte aber fuhr weiter und landete bald auf troischem Gebiete.

Die ersten Jahre des Kampfes.

Die Troer hatten früh von dem gegen sie anhebenden
Kriege Kunde erhalten, und hatten Zeit gehabt, sich ihrerseits
aus umliegenden Ländern ein bedeutendes Bundesheer zu ver-
schaffen, so daß sie in ihrer stark befestigten Stadt den Griechen
gewachsen waren. Den Oberbefehl über das troische Heer
führte Hektor, Priamos' ältester Sohn, da dieser selbst zu
alt war, um in's Feld zu ziehen. Als nun die Griechenflotte
heranfuhr, stellte sich das troische Heer ihnen zur Abwehr entgegen; allein es gelang ihnen nicht, die Landung abzuschlagen,
sie wurden vielmehr, obgleich auch auf Seiten der Griechen
manche Helden fielen, in ihre Stadt zurückgeworfen. Diese
aber im ersten Anlauf zu nehmen, mißlang den Griechen, Achill
an der Spitze, vollständig und so blieb, nachdem man Helenas
gütliche Herausgabe vergeblich gefordert hatte, Nichts übrig,
als daß die Griechen sich am Ufer des Meeres ein verschanztes
Schiffslager bauten. Der Sturm auf Ilion ward als unmöglich
erkannt und andererseits hatten die Troer in offener Feldschlacht die Ueberlegenheit der Griechen kennen gelernt; so kam
es ferner lange Jahre hindurch zu keinem Zusammenstoß der
beiden Parteien; nur Achill und Hektor maßen einmal ihre
Kraft in einem Zweikampf, der aber ohne Erfolg blieb; Achill
fing und tödtete Priamos' jüngsten Sohn Troïlos, und die
Griechen beschränkten sich im Uebrigen darauf, das troische
Gebiet zu verwüsten und die umliegenden kleineren Städte
zu zerstören.

Bei der Einnahme einer dieser Städte, Pedasos, erhielt
Agamemnon als Ehrengeschenk die schöne Chryseïs, Tochter
des Apollonpriesters Chryses auf der Insel Chryse, Achilleus
aber die nicht minder schöne Briseïs, um welche beiden
Mädchen bald ein höchst verderblicher Streit zwischen dem Heerfürsten Agamemnon und dem ersten Helden Achill entbrennen

sollte. Chryses nämlich, der Vater der Chryseïs, kam bittend in das Lager der Griechen, um gegen reiches Lösegeld seine Tochter zu befreien; Agamemnon aber wollte diese nicht herausgeben, und sandte den Priester mit Schimpf und Schande von bannen. Da flehte dieser zu seinem Gotte Apollon, seinen Vaterschmerz zu rächen, und der Gott, ohnehin den Griechen übel gesinnt und Freund der Troer, erhörte ihn, und sandte mit seinen furchtbaren Pfeilen eine Pest in's Griechenlager. Viele starben; endlich berief Agamemnon eine allgemeine Heerversammlung, und befragte in dieser den Opferseher Kalchas, womit der Gott zu versöhnen sei. Kalchas, nachdem er sich unter Achills' Schutz gestellt hatte, eröffnete, daß der Gott wegen seines Priesters zürne und nur durch die Herausgabe der Chryseïs zu versöhnen sei. Agamemnon, der dem Kalchas schon wegen der Wahrsagung über Iphigenia bittern Groll nachtrug, und der hier ein abgekartetes Complott zwischen ihm und Achill witterte, weigerte zwar die Herausgabe der Jungfrau nicht, aber er überhäufte den Priester und besonders Achill mit den bittersten Vorwürfen. Diese zu ertragen, war Achill nicht der Mann; wüthend fuhr er gegen den König heraus, und hätte sich an ihm vergriffen, wenn nicht Athene selbst ihn zurückgehalten hätte. Agamemnon aber, im Gefühle seiner Würde, wurde nur noch zorniger gegen Achill, und zeigte ihm an, er werde, kraft seiner Obmacht, ihm, dem Achill, sein Ehrengeschenk, die schöne Briseïs, wegnehmen lassen. Achill, von Athene zur Mäßigung ermahnt, erklärte, dies nicht hindern zu wollen, aber von Stund' an sich mit seinen Mannen vom Kampfe zurückzuziehen.

Alles geschah; Chryseïs wurde abgesandt, der Gott versöhnt, dem Achill die Briseïs weggenommen, und dieser trennte sich von der gemeinsamen Sache. Seine Mutter aber, Thetis, bat Zeus, ihren Sohn zu verherrlichen, indem er Agamemnon und die Griechen dessen Beleidigung büßen lasse; Zeus gewährte

die Bitte, und verhängte, daß bis zu Achills Zurückkehr zum
Kampfe die Griechen im Nachtheil sein sollten. Kaum erfuhren
die Troer, daß der furchtbare Achill sich vom Kampfe zurück-
gezogen habe, als sie sich wieder aus ihrer Stadt hervorwagten.
Es kam zur offenen Feldschlacht und zu mancherlei Kämpfen,
in denen aber die Griechen, so mannhaft sie fochten, doch stets
den Kürzeren zogen, so daß, nachdem fast alle ersten Helden,
Agamemnon nicht ausgenommen, verwundet und kampfunfähig
waren, die Griechen in ihrem verschanzten Lager von den
Troern eingeschlossen wurden. Zu dieser großen Noth
demüthigte sich Agamemnon; er schickte eine Gesandtschaft
edler Fürsten zu Achill, versprach ihm Briseïs' Herausgabe,
eine seiner Töchter zur Ehe und sieben Städte als Mitgift,
wenn er wieder für die Griechen mitkämpfen wolle. Aber
vergebens; kalt und stolz wies ihn Achill zurück. So geriethen
die Griechen in die größte Bedrängniß; allein auch Achills'
unmäßiger Zorn und Hochmuth sollte nicht ohne schwere
Strafe bleiben.

Als es so weit gekommen war, daß Hektor an der Spitze
der Troer den Lagerwall der Griechen erstürmt und mehrere
ihrer Schiffe verbrannt hatte, da jammerte das Patroklos'
edles Herz, und er bat Achill, in seiner Rüstung den Griechen
zu Hilfe eilen zu dürfen. Dem Freunde wurde die Bitte
gewährt, Patroklos ging in den Kampf und es gelang ihm, die
Troer, die über die Wiederbetheiligung der Myrmidonen (der
Mannen Achills) erschraken und bald diesen selbst auf dem
Kampfplatz erscheinen zu sehen erwarteten, von dem Lagerwall
zurückzutreiben. Anstatt aber nun, Achills Gebote gemäß,
umzukehren, verfolgte er seinen Sieg und die fliehenden Troer,
bis sich ihm nahe vor der Stadt Hektor entgegenwarf und ihn
nach kurzem Einzelkampfe tödtete. Die Leiche erkämpften die
Griechen wieder, nicht aber Achills Rüstung, die Hektor als
Beute nahm und anlegte.

Nun war Achills Schmerz um den Freund eben so heftig
und ausgelassen, wie sein Zorn gegen Agamemnon gewesen
war; er dürstete nur nach Rache, und der Wunsch, Hektor zu
züchtigen, brachte die Versöhnung mit Agamemnon zu Stande,
welche das edlere Gefühl der Pflicht gegen seine hartbedrängten
Landsleute nicht hatte zu Stande bringen können. Auf Thetis'
Bitte schmiedete Hephästos für Achill eine neue Rüstung, so
schön und prachtvoll, wie noch nie eine gewesen war, und in
dieser zog dann Achill zur Rache gegen Hektor aus. Die Heere
begegneten einander, und Wunder der Tapferkeit wurden auf
beiden Seiten gethan; aber vor Achill flohen die Troer wie die
Schafe vor dem Wolfe, und bald stand Hektor allein dem weit
überlegenen Gegner gegenüber. Wohl war er voll trüber Ahnung
in diesen Kampf ausgezogen, wohl hatte er von seinem treuen
Weibe Andromache und von seinem Söhnchen Asthanax
schweren Abschied genommen, aber er hielt es für Pflicht der
Ehre, Achilleus zu bestehen. Und dennoch, wie dieser nun
gegen ihn daherkam, furchtbar und gewaltig wie der Gott des
Krieges selbst, da sank dem Hektor der niemals noch erschütterte
Muth, und er floh und suchte das Thor zu gewinnen.
Umsonst; rascher als er laufen konnte, verfolgte ihn der Pelide
und schnitt ihm den Weg der Flucht ab. Da ermannte sich
Hektor und ergab sich in sein Schicksal, das ihn denn auch nach
kurzem Kampfe angesichts der Seinen, die von der Mauer herab
schauten, ereilte.

Aber auch Hektors Tod konnte Achill nicht versöhnen und
er beging gräßlichen Frevel an der Leiche des überwundenen
Feindes. Er band sie an seinen Kriegswagen und schleifte sie
dreimal um Troia, und dann in das Lager der Griechen, wo
er sie in Staub und Schmutz hinwarf. Die Götter aber,
empört über solches Uebermaß des Grolls, schützten Hektors
Körper vor Entstellung und Verwesung, und Zeus beschloß,
Achills Herz zu erweichen und ihn sich durch eine edle That im

Andenken der Menschen reinigen zu laffen. So gebot er ihm
denn durch seine Mutter Thetis, Hektors Leiche ohne Löfegeld
herauszugeben, Priamos aber ließ er durch Hermes befehlen,
daß er heimlich in der Nacht und ganz allein zu Achilleus
gehe, ihn um des Sohnes Leiche zu bitten. Der Greis ge=
horchte; er kam in Achilleus' Zelt und bat ihn mit rührenden
Worten und mit Erinnerung an seinen eigenen alter Vater,
um Löfung des Sohnes. Da schmolz Achilleus' hartes Herz
in edler, menschlicher Rührung, er erhob den flehenden Greis
vom Boden, ließ ihm des Sohnes Leiche ausliefern, bewirthete
ihn gastfreundlich, und fandte ihn am Morgen mit ficherem
Geleite nach Troia zurück. Patroklos' Leiche aber wurde mit
großer Feierlichkeit von den Griechen bestattet.

Achilleus' letzte Kämpfe und fein Tod.

Nachdem Hektor, ihr Schutz und Schirm, gefallen war,
wagten die Troer sich nicht mehr aus ihren Mauern heraus,
bis ihnen neue Hülfe wurde, was jedoch bald geschah. Noch
trauerte Achill um seinen Patroklos, und Priamos' Familie
um Hektor, als ein Amazonenheer unter der Führung der Pen=
thefilea, Ares' leiblicher Tochter, ankam, und den Troern
neuen Muth gab. Penthefilea namentlich brannte vor Be=
gierde, sich mit Achill zu messen, und vermaß sich hoch und
theuer, Hektors Tod an ihm zu rächen.

So begannen neue Kämpfe; an der Spitze des Troer=
heeres kämpfte Penthefilea, an derjenigen der Griechen neben
Achill Aias, Telamons Sohn, der Held von Aegina. Wäh=
rend dieser die Masse der Troer mit dem Griechenheer zurück=
trieb, begegnete Penthefilea im Einzelkampfe dem Achill. Mit
mannhaftem Muthe ging fie den Helden an, aber einem Achil=
leus waren auch die stärksten Männer nicht gewachsen, und
Penthefilea war, wenngleich Ares' Tochter, nur ein Weib.
Achill aber war ritterlich gefonnen, er wollte fie schonen, und

erst nachdem sie ihn in ernstliche Gefahr brachte, nahm er seine
Kraft zusammen, und Penthesilea erlag dem Schicksale Aller,
die vor Achilleus' Speer gestanden hatten.

Als sie sich tödtlich getroffen fühlte, gedachte sie des
Schicksals, das Hektors Leiche getroffen, und hob flehend an,
um Schonung zu bitten. Es hätte dessen kaum bedurft, gegen
hülflose Weiber hat ein Achilleus keine Waffen und keinen
Zorn; er trat zur Sterbenden, erhob sie vom Boden, und als
er erkannt hatte, daß Rettung nicht mehr möglich sei, ließ er
sie langsam in seinen Armen sterben. Als nun die Troer und
Amazonen ihre kühne Führerin in Achill's Gewalt sahen, er-
mannten sie sich zu neuem Angriff, um die Leiche zu erkämpfen,
Achill aber rief ihnen ein donnerndes Halt! entgegen, und erklärte dann in einer Rede, in der er Penthesileas Tapferkeit
pries, und ihre vernichtete Schönheit und Jugend beklagte, die
Leiche freiwillig herauszugeben zu wollen. Alle Griechen und
Troer ehrten Achills ritterliches Zartgefühl, nur Thersites,
ein eben so häßlicher, wie gemeiner und feiger Mensch, war
nicht fähig, dasselbe zu fassen, und schob in lästernder Rede
Achill unlautere Motive unter, indem er zugleich der Leiche der
gefallenen Amazone seine Lanze in das Auge stieß. Wüthend
sprang Achill hinzu, ein Faustschlag genügte, und der Lästerer
lag todt am Boden.

Die Anwesenden billigten von Herzen, was Achill gethan,
nur Diomedes, Tydeus' Sohn, konnte es nicht so hingehen
lassen, da Thersites sein Blutsverwandter war, deshalb trat
er vor und forderte Sühngeld von Achilleus. Der aber, hierüber tief verletzt, und gekränkt, daß nicht alle Griechen, namentlich Agamemnon nicht unbedingt auf seine Seite traten,
verließ zum zweiten Male die Sache der Griechen und schiffte
sich nach Lesbos ein: Hier gelang es nur der Klugheit und
Beredtsamkeit des Odysseus, den zürnenden Helden, nachdem
er ihn von der Blutschuld gesühnt hatte, zu begütigen und in

das Griechenlager zurückzubringen, wo neue Kämpfe seiner harrten.

Denn ein neuer Bundesgenoß der Troer war auf dem Kampfplatze erschienen, Memnon, der Sohn der Eos und des Tithonos, der erste Achilleus völlig ebenbürtige Gegner, der nicht allein wie er von einer Göttin geboren, sondern ebenfalls mit einer von Hephästos geschmiedeten Rüstung ausgestattet Achill entgegentrat. Als die Helden einander zum entscheidenden Kampfe begegneten, eilten ihre beiden göttlichen Mütter zum Olymp, um an Zeus' Throne für das Leben ihrer Söhne zu flehen. Zeus aber, entschlossen, auch hier Nichts gegen den Willen der Möra zu thun, ergriff die goldene Schicksalswage, mit der er den Erdenbewohnern die Loose des Lebens und Todes zuwägt, warf die Loose Achills und Memnons hinein, und tief senkte sich, Tod verkündigend, Memnons Schale. Verzweiflungsvoll verließ Eos den Olymp; als sie aber auf dem Schlachtfelde vor Troia ankam, konnte sie Nichts mehr thun, als die Leiche ihres Sohnes, der nach langer und tapferer Gegenwehr dem Achill unterlegen war, davontragen in das ferne Heimathland im Osten, wo sie ihn feierlich bestattete.

Aber auch Achills Triumph sollte nicht lange dauern; fortgerissen von seinem Siege stürmte er an der Spitze des griechischen Heeres gegen Troia, die Troer leisteten keinen Widerstand, und Achill hätte gegen des Schicksals Willen Ilion erobert, wenn nicht Apollon im entscheidenden Momente einen Pfeil von dem Bogen des Paris so gegen Achill gelenkt hätte, daß er tödtlich getroffen dahinsank. Nach heftigem Kampfe wurde seine Leiche durch die vereinten Bemühungen des Telamoniers Aias und des Odysseus gerettet und feierlich bestattet, wobei die Musen selbst die Todtenklage anstimmten. Achills Habe setzte Thetis als Preise in den großen Kampfspielen aus, die zu Ehren des Gefallenen von allen Helden ge-

halten wurden, nur auf ſeine von Hephäſtos geſchmiedete Rüſtung erhoben nicht Alle Anſpruch, ſondern beſtimmten ſie als
Ehrenauszeichnung eines der beiden Männer, welche die Leiche
gerettet hatten, und zwar des am meiſten Verdienten. Das
Urtheil fiel für Odyſſeus aus, worauf Aias, dieſe Zurückſetzung
zu ertragen unfähig, entweder ſofort ſich ſelbſt tödtete oder in
Wahnſinn verfiel, in dem er kindiſche Streiche beging, und
aus dem erwachend er aus Scham ſich das Leben nahm.

Die letzten Ereigniſſe bis zur Eroberung der Stadt.

So waren die Griechen nicht allein des Achilleus für
immer, ſondern auch des nach ihm ſtärkſten Helden beraubt,
und es trat eine Pauſe im Kampfe gegen Troia ein, bis es
dem Odyſſeus gelang, aus einem Hinterhalte Priamos' Sohn,
Helenos, zu fangen. Dieſer hatte, wie ſeine Schweſter Kaſſandra, die Gabe der Weiſſagung, und Odyſſeus zwang ihn,
dieſelbe gegen ſeine Vaterſtadt zu gebrauchen.

Da erfuhren denn die Griechen Dreierlei, was zu
Troias Einnahme nöthig ſei: erſtens müſſe Achill's Sohn mit
ihnen kämpfen, zweitens müßten ſie des Herakles' Pfeile haben,
und drittens ſich in den Beſitz des Palladium (ſ. Art. Pallas
Athene) ſetzen. Achill's Sohn war nicht ſchwer zu gewinnen;
Odyſſeus, allezeit willig dem gemeinen Beſten zu dienen, fuhr
nach Skyros, wo Achill's Sohn, Neoptolemos, mittlerweile
bis zu dem erſten Jünglingsalter herangewachſen war, erregte
des feurigen Jünglings Ehrgeiz, trat ihm großmüthig ſeines
Vaters göttliche Rüſtung ab, und brachte ihn mit ſich nach
Troia, wo er ſich ſofort im Einzelkampfe gegen Eurypylos,
Telephos' Sohn, welcher den Troern zu Hilfe gekommen war,
auszeichnete.

Schwerer war es, die Pfeile des Herakles zu verſchaffen,
welche im Beſitze des von den Griechen ſchwer gekränkten Phi-

loktetes waren, der sich mit seiner noch immer nicht geheil-
ten Wunde im äußersten Elend auf Lemnos befand. Aber
dem klugen Eifer des unermüdlich thätigen Odysseus, dem sich
Thdeus' Sohn, Diomedes (nach Andern Achill's Sohn, Neoptolemos), zugesellte, gelang auch diese Aufgabe, er brachte den Philoktetes in's Lager der Griechen, Machaon, Asklepios' Sohn,
heilte ihn, er versöhnte sich mit Agamemnon, und erprobte
seine Pfeile zuerst im Zweikampfe mit Paris, den er erlegte,
und nach dessen Tode Helena den Deïphobos, einen Bruder
des Paris, heirathete. Hierauf wurden die Troer in ihre
Stadt eingeschlossen und belagert, aber vergeblich, denn noch
blieb die dritte und schwerste Bedingung der Einnahme, der
Erwerb des Palladiums übrig.

Wer anders konnte hier helfen, als wiederum Odysseus!
Und was that der kühne Schlaukopf? Er entstellte sich durch
freiwillige Wunden, und indem er sich in Bettlerlumpen klei-
dete, fast zur Unkenntlichkeit, schlich er sich in die Stadt, den
Aufbewahrungsort des Palladiums zu erkunden. Das gelang
ihm, und er wurde auch von Niemand erkannt, außer von Helena, deren Herz sich aber nach Paris' Tode schon von den
Troern ab- und der Sache der Griechen zugewandt hatte, und
die, sehnsüchtig ihre Wiedervereinigung mit Menelaos verlan-
gend, sich als Gefangene in Troia betrachtete. An ihr fand
demnach Odysseus eine unerwartete Bundesgenossin, mit der
er einen listigen Plan zur Einnahme der Stadt berieth.

Nachdem er darauf in's Lager zurückgekehrt war, gesellte
er sich abermals den Diomedes zu, und mit ihm vereint holte er
das Palladium aus Troia. Nun waren alle Vorbedingungen
der Eroberung erfüllt, dennoch sollte diese nur durch List gelingen, deren Anstifter, freilich unter dem unmittelbaren Be-
rath der Athene, abermals Odysseus war. Der Plan aber
war dieser. Epeios, ein im Griechenheere befindlicher Bildner, wurde angewiesen, ein ganz kolossales, hölzernes Pferd zu

verfertigen, groß genug, um in seinem Bauche eine Auswahl der tapfersten Helden zu verbergen. Als dies Wunderwerk vollendet war, und sich die auserlesensten Tapferen in demselben verborgen hatten, brachen die Griechen ihr Lager ab und schifften sich ein, scheinbar als seien sie durch die fruchtlosen zehnjährigen Kämpfe ermüdet, und gäben ihr Unternehmen auf, das hölzerne Roß hinterlassend.

Troias endliche Eroberung.

Als die Troer nun das Griechenlager abbrechen und die Feinde abfahren sahen, glaubten sie in der That, sie seien gerettet; in Masse strömten sie aus der Stadt, sich die Stätte zu besehen, wo die griechischen Helden gelagert hatten. Hier fanden sie das hölzerne Roß, das sie umdrängten, und über dessen Bedeutung sich große Meinungsverschiedenheit zeigte. Die Einen betrachteten es als Kriegsmaschine, und forderten seine Vernichtung, die Anderen hielten es für ein Heiligthum, und wollten es in die Stadt geschafft wissen. Diese letztere, verderbliche Ansicht siegte besonders durch zwei Umstände.

Unter denen, welche die wahre Bedeutung des Rosses durchschauten, stand obenan Laokoon, ein Priester des Apollon, welcher nebst seinen zwei unerwachsenen Söhnen mit den Troern herausgekommen war, um ein Opfer zu vollziehen. Dieser warnte seine Landsleute mit einbringlicher Beredtsamkeit, dem Geschenke der Griechen in keinem Falle zu trauen, und ging so weit, den Bauch des Pferdes mit seinem Speer zu durchbohren, wobei man aus dem Innern die Waffen der eingeschlossenen Helden rasseln hörte. So wären die Troer beinahe in der That gewarnt worden; da aber die Götter den Untergang Troias beschlossen hatten, so geschah ein Wunderzeichen, das die Troer irre leitete. Als Laokoon mit seinen Kindern am Altare stand, das Opfer darzubringen, kamen von der Insel Tenedos durch's Meer zwei gewaltige Schlangen,

20

welche ·graden Wegs auf Laokoon zueilten und zuerst seine
Söhne, dann, als er diesen zu Hilfe eilte, ihn selbst umwan=
den und unter furchtbaren Schmerzen tödteten, wie dies un=
sere Abbildung (Nr. 25.) nach der weltberühmten Marmor=
gruppe im Vatican darstellt. Dieses Schicksal des Laokoon
schien eine Strafe für die That, welche Laokoon gegen das ver=
meintlich heilige Roß begangen hatte, und so wandte sich die
Meinung der Troer wieder dem Irrthum zu. Dazu kam dann
ein Anderes.

Außer dem Rosse hatten die Griechen einen Mann, den
Sinon, einen Freund des Odysseus, zurückgelassen, der jetzt
sich flehend und mit gebundenen Händen dem Könige Priamos
näherte, vorgebend, er sei von den Griechen zur Opferung be=
stimmt gewesen, und ihnen nur durch ein Ungefähr entkommen.
Der gutmüthige alte König glaubte ihm dies, ließ ihm seine
Bande lösen, und forderte ihn auf, ihn über das Roß aufzu=
klären. Natürlich log nun Sinon, es sei ein Heiligthum, und
rieth den Troern, dasselbe in ihre Stadt zu schaffen, um an=
statt des geraubten Palladiums eine neue Gewähr des Götter=
schutzes zu erwerben. Das geschah, und da das Thor zu nied=
rig war, um das Roß durchzulassen, wurde die Mauer einge=
rissen und das vermeintliche Heiligthum gleichsam im Triumphe
in die Stadt gezogen. Hierauf überließen sich die Troer, in
der Meinung, die Sache sei entschieden und sie hätten die Grie=
chen besiegt, der ausgelassensten Lustigkeit; man schmauste und
zechte, jubelte und sang bis zum späten Abende, und gab sich
dann sorglosem Schlummer hin.

Kaum war Alles still in Troia, als Sinon das Roß öff=
nete und die eingeschlossenen Helden herausließ. Darauf
wurde der Griechenflotte, die bei Tenedos im Versteck lag, ein
Feuerzeichen gegeben, und in aller Stille landete das Griechen=
heer auf's Neue. Ohne Mühe drang man in die offene Stadt,
und nun begann ein fürchterliches Blutbad unter den Troern.

Aber auch nachdem dieſe den Ueberfall gewahr wurden, und ihre beſten Helden tapfer kämpften, wurden ſie beſiegt, und Troia an allen Ecken angezündet. Priamos fiel durch Neoptolemos, der Sohn Hektors wurde ebenfalls getödtet, damit er nicht zum Rächer ſeines Vaters heranwachſe, die beſten Helden fielen im Kampfe, nur Aeneas rettete ſich mit ſeinem Sohne Askanios oder Julus (ſ. Artikel Aphrodite) und ſeinem Vater Anchiſes, den er auf ſeinen Schultern aus der Stadt trug, floh in den Jda und kam ſpäter nach Italien, wo er der Stammvater eines nenen Geſchlechtes wurde.

Helena wurde von Menelaos aufgefunden, der ſich mit der reuigen und, da ſie unſterblich war, noch immer wunderbar ſchönen Gattin verſöhnte, und die anderen troiſchen Weiber wurden als Siegespreiſe an die griechiſchen Helden vertheilt, wobei Neoptolemos Hektor's Gemahlin Andromache, Agamemnon Priamos' Tochter Kaſſandra erhielt. Unermeßliche Beute des reichen Königshauſes fiel außerdem in die Hände der Griechen, die ſich nun, nachdem ſie Troia dem Erdboden gleich gemacht hatten, zur Heimkehr anſchickten.

Die Heimfahrten der griechiſchen Helden.

Aber nicht Alle ſollten die Heimath wiederſehen oder in derſelben des Sieges froh werden, denn im Siegesübermuthe waren von Mehren Frevel begangen, ob denen die Götter zürnten. So wurde Aias, Oïleus' Sohn, durch einen von Athene erregten Sturm dicht vor Troia an den gyräiſchen Felſen zerſchmettert, und auch Andere kamen um, oder mußten lange umherirren, ehe ſie heimkamen. Ohne Fährlichkeiten gelangten Neſtor, Jdomeneus, Diomedes, Philoktetes, auch Neoptolemos und Andere in ihre Heimath; Menelaos fuhr lange umher, und kam erſt nach Jahren nach Sparta. Am traurigſten aber war das Schickſal Agamemnons und dasjenige des Odyſſeus.

Agamemnon's letzte Schicksale und Orestes' Rache.

Agamemnon's Heimfahrt verlief freilich ohne sonderliches Abenteuer, daheim aber fand er Unheil und Verderben. Klytämnestra, seine Gattin, zürnend über die Opferung der Iphigenia, wie wir früher berichtet haben, und ihrem Gemahl entfremdet, hatte während dessen zehnjähriger Abwesenheit ein ehebrecherisches Verhältniß mit dem Sohne des Thyestes, Aegisthos, angeknüpft.

Als nun Agamemnon heimkam, verbündeten sich Beide zu seinem Untergange. Klytämnestra heuchelte die größte Freude und Liebe, und Agamemnon gab sich ihr arglos hin, trotz den Warnungen der Seherin Kassandra. Da bereitete Klytämnestra ihm ein warmes Bad, und warf ihm, als er aus demselben stieg, ein weites und so künstlich gewebtes Badegewand über, daß er sich in demselben verwirrte, und nun wehrlos von der falschen Gattin und ihrem Buhlen erschlagen ward. Mit ihm starb Kassandra, und unter allen Anhängern Agamemnons wurde ein großes Blutbad angerichtet, dem nur Orestes, Agamemnons Sohn, mit Hilfe seiner Schwester Elektra entging. Er flüchtete zu einem Gastfreunde nach Phokis, wo er mehrere Jahre blieb, während Aegisthos Agamemnon's Thron bestieg und in trügerischer Sicherheit an Klytämnestras Seite über Argos herrschte.

Nach einigen Jahren aber ermahnte Apollon den Orestes, seinen Vater an dessen Mördern zu rächen, und verhieß ihm dabei seinen Schutz. Unerkannt kam Orestes, begleitet von seinem treuen Freunde Phlades, nach Mykenä, wo er sich Elektra zu erkennen gab, der Mutter aber die unwahre Botschaft von seinem eigenen Tode brachte. Als sie nebst Aegisthos sich dessen freute, da hielt sich Orestes nicht mehr, und Klytämnestra fiel von Sohnes Hand, während Phlades den Aegisthos tödtete.

Aber die Strafe für eine so grausige That des Muttermordes, wenn sie auch eine von Apollon gebotene That der Rache war, konnte nicht ausbleiben; kaum war sie geschehen, als die Erinyen erschienen und Orestes in ruheloser Pein von Land zu Lande jagten. So kam er auch nach Delphi, und klagte dem Apollon sein Leiden; der aber gab ihm die Weisung, aus Tauris das Bild der Artemis nach Griechenland zu schaffen, worauf seine Sühnung erfolgen werde.

Wir wissen, daß in Tauris Iphigenia Priesterin der Artemis war, müssen aber hier hinzufügen, daß daselbst das Tempelgesetz gebot, alle Fremdlinge der Göttin zu opfern. Auch Orestes wurde, wie er mit Pylades landete, ergriffen, und sollte geopfert werden, und zwar durch die Hand der eigenen Schwester, da vermittelte ein Zufall die gegenseitige Erkennung der Geschwister, Orestes berichtete der Iphigenia das Geschehene und den Auftrag des Apollon, und mit ihrer Hilfe gelang es ihm, das Bild der Artemis zu entführen. Daß Iphigenia ihm folgte, brauchen wir kaum zu sagen.

So war Apollon's Gebot erfüllt, aber die Furien ließen von Orestes nicht ab. Da wies ihn Apollon nach Athen, wo er gerichtlich freigesprochen werden solle. Orestes kam dahin, rief Athenes Hilfe an, und diese berief (so lautet eine andere als die frühere, s. Artikel Ares, mitgetheilte Sage über die Gründung des Areopag's) das Gericht des Areopag's. Die Erinyen traten als Klägerinnen, Apollon trat als Vertheidiger des Orestes auf, die Stimmen des Gerichts für Schuldig und Nichtschuldig standen gleich: da legte Athene selbst einen weißen, freisprechenden Stein in die Stimmurne, Orestes war freigesprochen, die Erinyen wichen von ihm und wurden durch Athene versöhnt zu Eumeniden (s. Artikel Erinyen), und seit jener Zeit ist es in Athen Sitte gewesen, bei gleicher Stimmenzahl den Angeklagten freizusprechen, indem man in Athenes Namen einen weißen Stein, den „Stein der Athene" oder der

Gnade, in die Urne legte. Von den Furien befreit und von
seiner Blutthat religiös gesühnt, bestieg nun Orestes den Thron
seiner Väter in Mykenä, auf den er an seine Seite die Tochter
des Menelaos und der Helena, Hermione, als seine Gattin
erhub, so daß er nach Menelaos' Tode auch über dessen Reich
die Herrschaft erhielt.

Odysseus' Heimfahrt, die Odyssee.

Wir haben schon gesagt, daß neben Agamemnon's Heimkehr besonders diejenige des Odysseus durch traurige Schicksale
ausgezeichnet war, wenngleich diese sich als ganz verschieden
darstellen.

Lange waren alle übrigen Helden schon in ihre Heimath
zurückgekehrt, als Odysseus noch immer auf dem Meere umherirrte, und das ging so zu. Mit seinen sämmtlichen Schiffen,
zahlreicher Mannschaft und reicher Beute war er von Troia
abgefahren, und war nach einigen weniger bedeutenden Abenteuern, die ihm eine Anzahl seiner Gefährten kosteten, zu den
Kyklopen gekommen, furchtbaren Riesen mit e i n e m Auge auf
der Stirn. In der Höhle eines dieser Kyklopen, des Poly=
phemos, der ein Sohn des Meergottes Poseidon war, kehrte
Odysseus mit den Genossen seines eigenen Schiffes ein, wäh=
rend die anderen Schiffe an einer benachbarten Insel ankerten.
Der Kyklop war abwesend, als er aber heimkam, schob er einen
Felsen vor die Oeffnung seiner Höhle, den einige hundert
Männer nicht hätten bewegen können, dann, als er die Fremden entdeckte, fraß er ihrer zwei zum Abendessen, und schlief
dann ohne Sorgen ein. Desgleichen that er am nächsten
Morgen, trieb seine Heerde aus und setzte den Felsen wieder
vor die Höhle, so daß Odysseus mit den Seinen gefangen war.
Das ging drei Tage so fort; da ersann der kluge Odysseus
eine List, um sich zu befreien.

Er hätte den Kyklopen im Schlafe leicht tödten können,

aber dann wäre er in der Höhle verhungert, da er den Felsen
nicht wegschieben konnte, der den Eingang sperrte. Deswegen
machte er ihn betrunken, und als er im tiefen Schlafe lag,
blendete er ihm sein Auge. Rasend sprang der blinde Kyklop
auf und tappte nach den Fremden umher, aber vergebens. Da
öffnete er seinen Felseneingang ein wenig, und setzte sich mit
ausgebreiteten Händen davor, in der Hoffnung, die Fremden
würden so dumm sein, ohne Weiteres hinauszufliehen, wo er
sie dann unfehlbar gepackt hätte. Aber Odysseus band seine
Gefährten schlauer Weise unter den Bauch der großen Schafe
des Polyphem, und so entkamen sie unter den tastenden Händen des Ungeheuers, der nur den Rücken seiner Thiere befühlte
und diese dann passiren ließ. Draußen und in seinem Schiffe
angelangt, rief Odysseus dem Kyklopen höhnende Worte zu,
und nannte ihm seinen Namen; der Kyklop aber flehte zu seinem Vater Poseidon, Odysseus zu verfolgen, er ward erhört,
und nun hatte Odysseus zehn Jahre umherzuirren, bis er endlich, nach Verlust aller seiner Genossen, im tiefsten Elend
heimkehrte.

Von den Abenteuern, die er unterwegs erlebte, sind die
wichtigsten diese. Zuerst kam er zum Herrscher der Winde,
Aeolos, wie früher erzählt ist (siehe Artikel Aeolos, S. 181),
dann zur Zauberin Kirke, einer Schwester der Medea, die
seine Gefährten in Schweine verwandelte, aber von Odysseus,
an dem ihr Zauber scheiterte, gezwungen wurde, ihnen die
menschliche Gestalt wiederzugeben. Nun wurde Kirke sehr
gastfreundlich, und behielt Odysseus und die Seinen ein ganzes
Jahr im Wohlleben bei sich, worauf sie ihm eine Fahrt in die
Unterwelt anrieth, um die Seele des Tiresias über seine fer-
neren Schicksale zu befragen. Odysseus vollbrachte auch dies,
und sah im Hades die Schatten der schon gestorbenen anderen
Helden des troischen Krieges; dann kehrte er zur Kirke zurück,
die ihn mit gutem Rath für die weitere Fahrt versah. Glück-

lich gelangte er bei den Sirenen vorbei, wie früher berichtet wurde (Artikel Sirenen), mit Verlust von sechs Gefährten bei der Sylla, einem Meerungeheuer, in dem wir das Bild eines Meeresstrudels erkennen dürfen, und landete darauf gegen die Warnung des Tiresias und der Kirke auf Thrinakia, wo sich seine Gefährten an den heiligen Heerden des Sonnengottes vergriffen (s. Artikel Apollon und Helios). Zur Strafe hiefür gingen Alle, bis auf Odysseus, in einem furchtbaren Sturme zu Grunde; Odysseus gelangte, nachdem er neun Tage auf den Trümmern seines Schiffes umhergetrieben war, zur Insel der Nymphe Kalypso, die ihn freundlich aufnahm, aber, da sie ihn liebte, sieben Jahre lang bei sich gefangen hielt.

Odysseus aber verschmähte ihre Liebe und ihr Anerbieten, ihn unsterblich zu machen; sehnsüchtig saß er am Strande des Meeres, und verlangte nur vor seinem Tode noch einmal den Rauch seines Hauses aufsteigen zu sehen. Da erbarmten sich die Götter, Kalypso erhielt Befehl ihn fahren zu lassen, Odysseus baute sich ein Floß und stach in See. Poseidon aber zerschellte sein Floß, und Odysseus wäre ohne die Hilfe der Leukothea (siehe Artikel Leukothea) ertrunken; schwimmend erreichte er das Eiland der Phäaken, deren König Alkinoos ihn gastfrei aufnahm, sich seine Abenteuer erzählen ließ, und ihn dann reich beschenkt in seine Heimath schaffte. Hier war ihm seine Gattin Penelope unwandelbar treu geblieben, obwohl alle Fürstensöhne der umliegenden Inseln sie lange Jahre hindurch umwarben und sie zur zweiten Ehe zu zwingen versuchten, indem sie Odysseus' Gut verpraßten.

Seinen Sohn Telemachos, der zum Jüngling geworden und ausgefahren war, um Nachrichten von seinem Vater einzuholen, fand er, wie er eben zurückkehrte, bei einem treuen Hirten; er gab sich ihm zu erkennen, und trat dann mit dem Sohne verbunden als Rächer unter die Freier, die er trotz ihrer tapfern Gegenwehr mit Hilfe der Athene alle tödtete.

Hierauf folgte ein überaus rührendes Wiederfehen mit der
treuen Gattin Penelope, und Odyffeus herrfchte, nachdem ein
Aufftand in Ithafa wegen der Ermordung fo vieler Fürften=
föhne unterdrückt war, unangefochten bis an feinen Tod. —
Eine ausführliche und überaus intereffante Erzählung der
Abenteuer des Odyffeus finden Sie in dem weltberühmten epi=
fchen Gedichte des Homer, der „Odyffee", welche durch die
deutfche Ueberfetzung von Johann Heinrich Voß Jedem zu=
gänglich ift, und die Niemanden, der auf Bildung Anfpruch
macht, fremd bleiben darf.

Auch die Römer hatten Heroen. Sie verehrten als
folche

Romulus und Remus,

die Gründer der Stadt Rom. Die Mutter derfelben war
eine Veftalin. Das Heiligthum des Romulus, eine einfache
Strohhütte, ftand auf dem palatinifchen Berge in Rom, und
wurde durch ftete Nachbefferung von den Prieftern erhalten.
Romulus ftiftete mit feinem Bruder Remus die Hirtenfefte
der Lupercalien (zum Andenken an ihre Ernährung durch
eine Wölfin), und der Palilien; dann auch das Priefter=
thum der Arvalbrüder zur Entfündigung der Felder. Ro=
mulus war in feinen Unternehmungen glücklicher als Remus,
der mit feinem Anhange erfchlagen wurde; Romulus dagegen
wurde während einer Volksmufterung unter Donner und Blitz
in den Himmel erhoben und verfchwand. — Auch

Horatius Cocles

wurde wegen feiner Standhaftigkeit im Kampf gegen die wie=
derkehrende vertriebene Königsfamilie und deren Anhänger als

Heros mit Liedern gefeiert, und hatte auf dem Markt eine goldene Bildsäule, bei der ihm auch geopfert wurde.

IV. Die Gottheiten der Aegypter.

Die Religion der Aegypter hat drei Perioden gehabt, welche einander folgten, und deren Gestaltungen aus einander hervorgingen, so daß erst am Ende der dritten Periode die Zahl der ägyptischen Gottheiten und ihre Mythologie abgeschlossen erscheint. Die älteste Zeit verehrte einen Kreis von 8 Gottheiten, welche den elementaren Principien entsprachen, die folgende Periode fügte 12 Götter hinzu, und die dritte vollendete die Gesammtzahl von 27 uns bekannten ägyptischen Gottheiten, indem sie noch weitere 7 verehrte.

Zur Würdigung der ägyptischen Religion muß man einen Blick auf das Land selbst und sein Klima werfen. Aegypten ist ein langes, zwischen Bergen und Wüsten belegenes Thal, welches seiner ganzen Länge nach vom Nil durchströmt wird, und welches einzig und allein diesem, regelmäßig alle Jahre austretenden und das ganze Land überschwemmenden Strome seine große Fruchtbarkeit verdankt, da es in Aegypten so gut wie niemals regnet, das Land also ohne die Ueberschwemmungen des einen fruchtbaren Schlamm führenden Stromes eine trostlose Wüste sein würde. Demgemäß mußte man in diesem Segenstrome eine göttliche Macht erkennen, während andererseits die regelmäßige Wiederkehr der Ueberschwemmung in bestimmten Perioden früh auf eine Beobachtung der Zeitenwechsel und ihrer Erscheinungen führte, und außerdem das ganze Leben sich mit der größten Regelmäßigkeit, Stille und Einfachheit abspann. Charakteristisch aber für das ägyptische Religionsleben ist die Ausbildung einer abgeschlossenen, mächtigen und in sich fest gegliederten Priesterclasse, welche in

6 Abtheilungen zerfiel und die höchste Gewalt im Lande ausübte, da auch die Könige der priesterlichen Weihe bedurften,
und die Priester im alleinigen Besitze aller Wissenschaften
waren. Die erste Classe der Priester waren die „heiligen
Schreiber", denen die Kunde des Himmels und der Erde ob-
lag, die zweite Classe besorgte die Ceremonien des Cultus, die
dritte bildete die „Propheten" oder Orakelgeber, die vierte
umfaßte die „Sänger", welche die zum Cultus gehörigen Gesänge bewahrte und anstimmte, die fünfte Classe befaßte sich
mit der Astronomie und Zeitberechnung, und die sechste endlich
besorgte den Dienst der heiligen Thiere, welche man theils
für Verkörperungen der Götter, theils für selbstständige segens-
reiche und deshalb geheiligte Mächte hielt, und deren jeder
Gau eine eigene Art verehrte, der eine die Katzen, ein anderer
die Ibisse, ein dritter die Ichneumons, und so fort.

Die Wissenschaft der Priester war eine der Masse des
Volks geheime, in welche nur Einzelne eingeweiht wurden,
weshalb auch der Glaube und die Götter der Volksreligion
von den Geheimlehren verschieden gewesen sind. Diese geheimen Religionslehren nannte man Mysterien, und die in
dieselben eingeweihten Personen Epopten (Anschauer). Der
Ort, wo dieser Geheimdienst gefeiert wurde, war der Tempel
der Isis und des Serapis. Dieser religiöse Geheimdienst
galt als die Wahrheit, die kennen zu lernen, in der frühesten
Zeit die Griechen sogar nach Aegypten gingen, wie Pythagoras, Herodot und Andere. Dieses ist auch der Gegenstand
des Gedichtes von Schiller: das verschleierte Bild zu Saïs,
— nämlich der Isis (Neitha).

Sicherlich betraf dieser Geheimdienst die Verehrung der
Götter, die als Urmächte nicht Körpergestalt angenommen
haben, oder die Gottheiten der ersten Ordnung, deren, wie gesagt, 8 waren, von denen wir aber nur 6 mit Namen und ihrer
Bedeutung nach mehr oder weniger genau kennen. Unter

ihnen nimmt Ptahs oder Phthas die erste Stelle ein, der
Gott des Urfeuers, der, wenig passend, mit dem griechischen
Hephästos verglichen worden ist. Er heißt Vater der Götter,
oder speciell des Sonnengottes, auch der erste Herrscher über
Aegypten. Sein Symbol war der Käfer (Skarabäus) und
sein Haupttheiligthum in Memphis. Er kann für das Lebens-
princip des Universums oder die zeugende Urkraft gelten.
Unter Phthas walten die übrigen Götter der ersten Ordnung,
oder die Elementargötter: 2) Ammon (Amun), der Gott
des Wassers mit dem Symbole des Widders, der wieder in
zwei Abarten unter den Namen Mendes und Knuph oder
Knuphis erscheint, und zwar als zeugender und als segen-
spendender Gott; 3) ihm gegenüber erscheint Neith oder
Neitha, die Göttin des lichten und feurigen Aethers, mit
dem Symbole des Geiers und dem Hauptculte in Saïs; sie
heißt die Mutter, wie Phthas der Vater des Sonnengottes;
während 4) mit Amun in näherem Verhältnisse Satis steht,
eine Göttin, welche die Griechen mit ihrer Here, wie den
Amun mit ihrem Zeus verglichen. 5) Eine vierte Urgottheit
ist die Athor, die Göttin der Urnacht und der im Dunkeln
waltenden Lebenskraft, mit dem Symbole der Kuh, der Haupt-
göttin von Tentyra (oder Denderah), und 6) wird Buto genannt, die sich wie Amun auf Wasser bezogen zu haben scheint.
Die siebente und achte Stelle können wir nicht ausfüllen.

Dieses sind die ewigen Elemente der Welt, die in dem
Bilde einer in einen Zirkel zusammengekrümmten Schlange,
dem Sinnbilde der Ewigkeit, dargestellt wird. Aus dem Munde
des Knuph ging das Weltei hervor, woraus alle Dinge entstanden. In der Bilderschrift, deren Bedeutung nur die Priester verstanden, hält die Schlange dieses Ei zwischen Kopf und
Schweif, — wohl gewiß in dem Sinn, daß die Welt ewig sei.
In der großen ägyptischen Stadt Theben, welche in den alten
Schriften wegen ihrer vielen Thore hundertthorig heißt,

wurde Knuph als der einzige unsterbliche Gott verehrt. Das
Ei, welches er im Munde trug, bedeutete die Welt, die er mit
Licht erfüllte, wenn er die Augen öffnete, und mit Dunkelheit,
wenn er sie zuschloß. Späterhin wurde dieser Gott mit einem
Sperberkopf und dem ägyptischen Henkelkreuz in der einen
Hand, dem Kennzeichen des Osiris, abgebildet.

Diesen 8 Elementargöttern folgten als zweiter Götter-
kreis zwölf andere Götter, welche als Naturgötter erscheinen, ohne daß wir sie jedoch mit Sicherheit alle nachweisen
und ihre Bedeutung bestimmen können. Diejenigen, die wir
kennen, sind 1) Ra oder Phra, der Sonnengott, Sohn von
Phthas und Neitha; sein Symbol ist der Sperber, weßhalb
der Gott sperberköpfig und mit der Sonnenscheibe bekrönt erscheint. 2) Joh oder Pioh, der Mondgott, welcher mit der
Mondsichel auf dem Haupt erscheint. 3) Ein Gott, der mit
dem griechischen Ares verglichen wird, dessen Namen wir aber
nicht wissen. 4) Son oder Chon, der mit dem griechischen
Herakles für gleich gilt. 5) Thut oder Thot, gilt gleich
dem Hermes, und hat den Ibis zum Symbol. 6) Anubis,
mit dem Kopfe eines Hundes oder Schakals. 7) Sochos
oder Sok, krokodilköpfig. Endlich ist 8) von einer ägyptischen
Rhea die Rede, deren eigentlichen Namen wir nicht kennen,
die aber von verschiedenen Vätern Mutter der jüngeren Gottheiten: Osiris, Isis, Horus, Nephthys und Typhon ist.

Die Sagen von diesen Gottheiten, ihrem Entstehen,
ihrem Wirkungskreise und Zusammenhange unter einander
sind weniger ausgebildet, als die der Griechen und Römer,
und verlieren sich in eine zu dunkle Vorzeit, als daß sich Bestimmtes darüber angeben ließe. Soviel aber ist ausgemacht,
daß die gesammte Religion und Mythologie der Aegypter mit
der Astronomie und mit der Naturkunde, ja selbst mit der
Heilkunde eng vereint war. — Die Himmelskörper wurden

schon in frühester Zeit von diesem Volke verehrt, da es die
wirksamen Einflüsse derselben überall, und besonders auch bei
den Ueberschwemmungen wie bei dem Zurücktreten des für die
Existenz ganz Aegyptens so wichtigen Hauptflusses Nil wahrzunehmen und zweifelfrei zu erkennen glaubte. Sonne und
Mond (Osiris und Isis) schienen den Aegyptern vornämlich
auf jene Naturerscheinungen einzuwirken, und so wurden jene
die Hauptgottheiten, der Nil aber mit dem Osiris in so nahe
Verbindung gebracht, daß man Beide öfters als eine Gottheit
betrachtet findet. Der Zeitraum von 360 Tagen, abgemessen
nach dieses Stromes regelmäßigen Ueberschwemmungen nach
der Sonnenwende, wurde daher das Religionsjahr, das natürliche Sonnenjahr aber der Zeitraum von 365 Tagen. Daher
kam es, daß man die Planeten nebst den Zeichen des Thierkreises als Gottheiten und Beherrscher der Wochentage und
der Tagesstunden nach ihrer Rangordnung am Himmel verehrte, so daß der Beherrscher der ersten Tagesstunde auch der
Schutzgott des ganzen Tages war, und demselben den Namen
gab. Selbst die natürlichen Eigenschaften und wirthschaft-
lichen Beziehungen jedes einzelnen Monats personificirte man
als Gottheiten mit verschiedenen Eigenschaften und Kräften,
und verehrte dieselben unter den Zeichen des Thierkreises.
Deshalb sind die meisten Untergottheiten der Aegypter räthsel-
hafte Sinnbilder der Gestirne, oder aus dem Thierkreise entlehnt, oder Eigenschaften des Nils, oder selbst aus dem Thierreich entlehnte Symbole.

Zwischen dem Religions- und dem Sonnenjahre hatte
man jedoch eine Verschiedenheit wahrgenommen, die den Zeitraum von fünf Tagen und sechs Stunden betrug. Es mußten
also andere Untergottheiten diese Tage und Stunden bezeichnen, da sie als Beherrscher derselben gedacht wurden. Uebrigens stellte man sich dieselben, und besonders über ihnen die
Obergottheiten, als wirklich vorhandene, einflußreiche, mächtige

Weſen vor, als Urheber und Regierer alles Sichtbaren, ſo wie der Zeit, ihres Wechſels und ihrer Erſcheinungen, der Erbbewohner Schickſale beſtimmend und lenkend. Den einzel= nen Gottheiten waren beſondere Prieſter beſtellt, und man brachte ihnen Opfer der Verehrung und Sühnopfer. In früheſten Zeiten ſollen ſogar Menſchenopfer Statt gefunden, der König Amaſis aber dieſe abgeſchafft haben.

Neben der Verehrung der Geſtirne beſtand aber auch noch, wie wir weiter unten hören werden, eine Verehrung gewiſſer Thiere, die man nicht als bloße Symbole von Gottheiten, ſondern als wirkliche Götter — wie Apis oder Mnevis — anbetete und deren Weſen und Verehrung man mit jener der obern Gottheiten in möglichſte Verbindung und Uebereinſtim= mung zu bringen wußte. So bildete ſich die Religion und Mythologie der Aegypter allmälig weiter und weiter aus, ſo daß ſie in den verſchiedenen Perioden der Geſchichte dieſes Volks ſehr verſchieden, und in Beziehung auf die früheſte Zeit ſehr dunkel und ſchwer zu erklären iſt, da — wie bereits angegeben — die meiſten Gottheiten der Aegypter räthſel= hafte Sinnbilder der Geſtirne oder der wohlthätigen Eigen= ſchaften des Nils, oder gar aus dem Thierreiche entlehnte Symbole ſind.

Laſſen Sie uns, meine Leſer, diejenigen Gottheiten der alten Aegypter kennen lernen, welche am häufigſten genannt und auf Kunſtwerken dargeſtellt werden.

Oſiris
(ſiehe Abbildung XXVI.)

iſt in der Volksreligion die vornehmſte und am allgemeinſten verehrte männliche Gottheit der Aegypter.

Oſiris, der Sohn der ägyptiſchen Rhea, Bruder und Gemahl der Iſis, tritt uns deutlich und beſtimmt als Gott

des Nilstroms in seinen Beziehungen zum ägyptischen Lande
entgegen, und sein Mythus ist ein Bild dessen, was im
Jahreslaufe mit dem Strom Nil vorgeht. Wenn die Ueberschwemmung beginnt, und also der Nil das Land befruchtend
über seine Ufer tritt und in seiner vollen Größe und Kraft
erscheint, dann verbindet sich Osiris in liebender Ehe mit Isis.
Aber nur kurze Zeit währt diese glückliche Verbindung; die
Ueberschwemmung verläuft sich, immer kleiner und schwächer
wird der Nil, immer mehr wird sein übergetretenes Wasser in
einzelne Tümpel und Lachen zerrissen, und endlich verschwindet
es ganz. In dieser Thatsache erkennt die Mythe Osiris' Tod
in der höchsten Blüthe seiner Kraft und seines Glückes, und
zwar nennt sie als seinen Todfeind und Mörder seinen Bruder
Typhon (Bebon, Babys oder Seth), welcher im Gegensatze
zu dem Gotte aller Fruchtbarkeit, Osiris, der Dämon der
Unfruchtbarkeit, der Dürre ist (s. unten).

Von diesem Typhon also wird Osiris erschlagen und in
vierzehn Stücke zerrissen; darüber ist allgemeine Trauer in
Aegypten, und Osiris' Tod wird in ausschweifenden Trauer-
festen gefeiert. Am tiefsten aber trauert Isis, welche die
zersetzten Stücken vom Leibe ihres Gemahls zusammensucht
und in einem Sarge bestattet. Aber so tief Isis' Trauer ist,
so soll sie doch nicht ewig dauern; in Osiris' Sohne Arori,
Arouris oder Horus, erwächst dem Vater ein Rächer, der
Typhon vertreibt und tödtet. Und auch Osiris ist nicht für
immer gestorben, sondern sein Leichnam wird durch den
menschenköpfigen Vogel Amun wieder belebt, und wenn dies
geschieht, so fällt ein Funke himmlischen Feuers auf die Erde,
und befruchtet eine Kuh, welche dann den Stier Apis gebiert,
der als eine Fleischwerdung (Incarnation) des Osiris und
dessen sichtbare Gestalt auf Erden gilt. Obgleich aber Osiris
vom Tode erstanden ist, wird er dennoch als gestorben betrachtet,
und als gestorbener Gott wieder zum Herrscher der Unter-

XXVI

ISIS.　　OSIRIS.

SERAPIS.

welt und zum Todtenrichter Amenthes, ſo daß er demnach,
im Himmel gemäß ſeinem Urſprunge, auf Erden und in der
Unterwelt waltet. Durch die regelmäßige Wiederkehr der
Naturerſcheinungen, welche der Mythus von Oſiris angeht,
erhielt der Gott ferner eine Beziehung auf das Sonnenjahr,
und ſo ward Oſiris das Symbol deſſelben, ſo wie Iſis für
das Symbol des Mondjahres galt; endlich aber erſcheinen
Beide wieder in jener Hinſicht für Symbole der Sonne
und des Mondes ſelbſt, je nachdem ſich ſtufenweiſe die Ideen
von der Iſis erweiterten, und die Vorſtellungen vom Oſiris
erhöheten.

Die Griechen erkannten den Oſiris für den von ihnen
verehrten Dionyſos, der, wie Oſiris, Gott der Fruchtbarkeit
war und, wie dieſer von Typhon, von den Titanen getödtet
und zerriſſen ward, oder ſie verglichen ihn auch mit dem Pan,
weil er, dieſem ähnlich, den Aegyptern das Symbol der
befruchtenden Kraft der Erde und der Natur überhaupt war.
Hiernach erſchien er verſchiedenartig abgebildet:

als Symbol der Sonne nämlich in einem flammen=
farbenen Gewande, auf einem Wagen ſitzend, eine Erdkugel
in der Hand, oder mit einem Sperber= oder Habichtskopfe
verſehen, oder auch auf dem Kopf Ochſenhörner, und einen
Stab haltend, auf dem ein Habichtskopf befindlich iſt.

Iſis,

(ſiehe Abbildung XXVI.)

öfters auch Miot genannt, war die weibliche Halbgottheit der
Aegypter, und als Mutter der Natur und Gemahlin des
Oſiris, — wie die Aſtarte der Syrer, — ganz vorzüglich
verehrt. Was Kybele, Juno und Diana — beſonders
aber was Demeter (Ceres) den Griechen galt, das galt
Iſis den Aegyptern wegen des Vereines der meiſten Eigen=

schaften jener Göttinnen zusammengenommen. — Die Nach=
richten von der Isis hüllen sich aber in mythische tiefe
Dunkelheit; nur durch griechische Schriftsteller sind dieselben
erhalten, und daher auch nach der Ansicht der Griechen
dargestellt.

Isis liebte ihren Gemahl Osiris sehr, und bildete sich ihm
so ganz und so eifrig nach, daß sie im Stande war, im Geist
desselben und statt seiner mit fast männlicher Kraft und Weis=
heit zu herrschen, als er alle Aegypten umgrenzenden Länder
durchzog, um Ackerbau, nützliche Künste des Friedens, und
heilsame Einrichtungen überall zu verbreiten.

Typhon aber, der personificirte böse Geist, stiftete eine
Verschwörung gegen den Osiris an, und stellte dem Leben
desselben nach. Osiris ward zwar sein Opfer; Isis aber,
von grenzenlosem Schmerze getrieben, suchte und fand die
Gebeine des ermordeten Gemahls, welcher hierauf zu neuem
Leben erwachte.

Horus, der Sohn des Osiris und der Isis, bekämpfte
den Typhon wegen des gegen den Vater verübten Verbrechens,
nahm ihn gefangen, und überlieferte ihn seiner Mutter zur
wohlverbienten Strafe. Diese aber fand sich bewogen, Gnade
für Recht zu üben, und entließ den Typhon großmüthig seiner
Haft. Darob ergrimmte Horus so, daß er mit seiner Mutter
zerfiel. Isis theilte indessen, ihrer großen Eigenschaften wegen,
die allgemeine Verehrung des Volks mit dem Osiris, ja sie
genoß dieselbe vielleicht noch im höhern Maße, wenigstens
gewiß früher noch, als jener. Sie gilt für das Symbol der
Natur, für die Ernährerin alles Lebenden. In Verbindung
mit ihrem Gemahle überschüttete sie, nach dem allgemeinen
Volksglauben, das menschliche Geschlecht mit Segnungen,
und verschönerte das gesellschaftliche Leben. Sie schaffte die
Menschenopfer ab, (wie einige Mythen erzählen), und lehrte
den Menschen den Anbau des Getreides, Osiris aber den

Gebrauch deſſelben. Sie gründete Städte und Tempel, und
vervollkommnete die Schifffahrt.

Gewöhnlich wird Jſis abgebildet als ein junges Weib
im faltenreichen Gewande, welches über der Bruſt in einem
Knoten zuſammengefügt iſt; eine Art von Nonnenſchleier,
— die ſogenannte ägyptiſche Haube, — auf dem Haupt,
und auf demſelben eine Lotusblume; ein Siſtrum (eine
metallene Klapper, womit die Jſis einſt den Typhon vertrieben hatte, weshalb die Aegypter dieſes Inſtrument bei
dem Jſisfeſt brauchten, das ſehr lärmend begangen wurde)
oder ein Waſſergefäß in der Hand haltend.

Sie erhielt aber auch das Bild des halben Mondes als
Attribut, oder wurde als Allernährerin mit vielen Brüſten
abgebildet. Nach den früheſten Mythen erſcheint Jſis ſogar
in weiblicher Geſtalt mit Kuhhörnern, ja ſelbſt mit dem Kopf
einer Kuh, und eine Kugel zwiſchen beiden Hörnern, dargeſtellt.
In der letztern Abbildung bedeutet die Kuh den Mond, wie es
die Kugel noch beſtimmter andeutet. Da auch die Aſtarte der
Phönizier und die Jo der Griechen als eine Kuh dargeſtellt
werden in der Mythe wie in Abbildungen, ſo iſt es begreiflich,
daß man ſie mit dieſen Göttinnen verglich, ja mit denſelben
für einerlei hielt, was ſie thatſächlich gewiß nicht iſt.

In Memphis fand die Verehrung der Jſis beſonders
Statt, obſchon dieſelbe über ganz Aegypten verbreitet war.
Als Begründerin des Ackerbaues wurden ihr überall die erſten
abgemäheten Aehren des Weizens und der Gerſte zum Opfer
dargebracht, wobei man ſich, neben der Opfergarbe ſtehend,
an die Bruſt ſchlug. Alljährlich feierte man ihr zu Ehren
ein zehntägiges Feſt, und trug dabei allerlei Getreidearten
in Prozeſſion umher. Der Dienſt dieſer Göttin ging ſpäter
nach Griechenland und beſonders nach Rom über, jedoch ward
das Jſisfeſt wegen der bei der Feier deſſelben eingeriſſenen
Zügelloſigkeiten in der Zeit des Freiſtaates verboten. Augu=

stus weihete der Isis wiederum einen Tempel; Tiberius verbot aber nochmals ihren Dienst, den jedoch nachfolgende Kaiser wieder herstellten, indem Domitianus, Commodus und Caracalla sich selbst für Priester der Isis erklärten und ihre Tempel sich mit Weihgeschenken der von schweren Krankheiten Genesenen füllten. Ihr Dienst hat sich durch die Herrschaft der Römer sogar bis Deutschland verbreitet, wie hier aufgefundene Bildwerke beweisen.

Horus,

ein Sohn des Osiris und der Isis, der ältere Bruder des Harpokrates, war, im Gegensatz zu diesem, kräftig und rüstig. Bei der symbolischen Darstellung des Sonnenjahres galt er, als Helios der Aegypter, als das Bild der Sonne in aller ihrer Kraft und Einwirkung auf alle lebendige Wesen und alle Produkte der Pflanzenwelt. Daher betrachteten ihn auch die Griechen als die Gottheit, welche ihrem Apollon glich. Von ihm erhielten die Zeiten des Jahres und des Tages ihre Namen.

In der mythischen Geschichte des Osiris wird derselbe als Rächer seines Vater, und als dessen mächtiger Nachfolger dargestellt, nachdem er den Typhon überwunden hatte.

Andere Erzählungen nennen ihn aber den Bruder des Osiris, der sich selbst gegen diesen Letzteren auflehnte und denselben vom Throne zu stürzen versuchte. Endlich schildern ihn wieder andere Mythen als einen berühmten Arznei= kundigen, und lassen ihn für den ägyptischen Aesculap gelten. Da im Alterthum die Heilung der Krankheiten häufig durch Orakel geschah, so ist auch die Mythe erklärlich, nach welcher er von seiner Mutter, der Isis, die Wahrsagerkunst erlernt haben soll, so daß er sich durch Krankenheilungen und weise Orakelsprüche um die Menschen verdient machen konnte.

— Er soll der letzte Gott gewesen sein, der als König über Aegypten herrschte.

Verschieden, wie seine Bedeutung, ist auch seine Abbildung. Er erscheint als Säugling auf dem Schooße der Isis, oder als Knabe, Lotusblumen haltend, oder auf einer Lotusblume sitzend, eine Peitsche in der Hand, oder endlich selbst mit einem Geier- oder Habichtskopfe, wie Osiris.

Harpokrates,

der griechische Name einer ägyptischen Gottheit, der aus den ägyptischen Worten Har-pa-chrut, d. h. Kind, gebildet sein soll. Er galt als der jüngere Sohn des Osiris und der Isis, und wird manchmal mit dem Horus verwechselt. Er ist ein Symbol der Alles belebenden Sonne am Morgen und im Frühlinge, wenn die Einwirkung ihrer Strahlen wächst und am wirksamsten ist. Er war vielleicht nur eine Provinzial-Gottheit; denn seine Verehrung war nicht allgemein. Man stellte ihn als zart und gebrechlich, ja selbst als lahm und unvollkommen gebildet als Kind, auf einer Lotusblume sitzend, dar. Wo sein Dienst eingeführt war, da brachte man ihm die Erstlinge der Hülsenfrüchte und auch Pfirsichen zum Opfer dar. An besonderen Festtagen wurde er von alten Männern mit Milch gefüttert und sein Bild von Priestern in Procession umhergetragen.

In den frühesten Zeiten erschien er in den verschiedenartigsten Abbildungen, je nachdem er für das Symbol des menschlichen Lebens, oder für das Symbol der Zeit, der Frühlings- und der Morgensonne galt. War Harpokrates das Symbol der anhebenden und wachsenden Sonnenkraft, so war Horus das Symbol der vollen Sonnenkraft. Dahin deuten verschiedene Abbildungen, unter denen Harpokrates erscheint.

Mit dem Letztern ist öfters auch Somus oder Herakles gleichbedeutend, galt jedoch mehr für den Regierer des Sonnenjahres, überhaupt aber — wie Harpokrates — für eine heilbringende Gottheit.

Späterhin und allgemeiner wird Letzterer jedoch für den Gott des Stillschweigens gehalten, und als Knabe oder zarter Jüngling abgebildet, der den Finger auf den Mund legt.

An allen Eingängen zu den ägyptischen Tempeln pflegte sein Bild zu stehen. Sein Dienst verbreitete sich für einige Zeit auch in andern Ländern.

Die Griechen nannten ihn (von dem Zeitworte figän, schweigen) Sigalion, und bei den Römern war es Gebrauch, seine Abbildung auf Siegelringen zu tragen. Unter den Thieren waren ihm die Scorpione, Schlangen, Krokodile, Löwen und Hirsche geheiligt.

Serapis oder Sarapis,
(siehe Abbildung XXVI.)

ist ein Beiname des Osiris als des Herrschers der Unterwelt und der abgeschiedenen Seelen, welcher aber in der späteren Zeit durch die Könige aus dem Geschlecht der Ptolemäer zu ganz besonderer Geltung erhoben wurde und als eine dem griechischen Pluton (f. oben S. 66) verwandte Gestalt an zweiundvierzig Tempel in Aegypten erhielt.

Die Vorstellung von ihm war mannichfach, als Herr der Elemente, Inhaber der Schlüssel zum Wasserreiche, mithin auch zum Nil, Gott der Erde und ihrer Kräfte, Gott der Unterwelt, Geber des Lebens, aber selbst auch Todtenrichter und Begnadiger im Tode. Daher erscheint er denn in doppelter Bedeutung, nämlich bald als ein freundlicher, bald als ein furchtbarer Gott, wie Pluton-Aïdes der Griechen. Jener war er als Ernährer alles Lebenden und als Urheber des Reich-

thums, als Erhalter der Menschen und als Arzt, und in dieser
Beziehung gleichbedeutend mit Aesculap, und überhaupt als
Freudengeber; — dieser aber, — der furchtbare Gott, — war
er als Gott der Finsterniß und als Herrscher und Richter im
Todtenreiche.

Der dem Serapis gewidmete Dienst war sehr alt, und
fand schon lange vor der Erbauung von Alexandria Statt, wo
er späterhin als vornehmste Gottheit verehrt ward, indem man
ihn sich als Zeus und Hephästos zu einem Begriffe vereint
vorstellte. Seit und nach den Zeiten Alexanders verehrte
man ihn jedoch besonders zu Memphis, wo ihm das berühmte
Serapeion — der prachtvollste unter den zahlreichen ihm
gewidmeten Tempeln — errichtet war. Späterhin galt er
gewöhnlich als Sinnbild des Nils, und in dieser Beziehung
gleichbedeutend mit dem Kanobus, und der Fruchtbarkeit der
Erde überhaupt, und wurde als ein ernster bärtiger Mann im
faltenreichen Gewande, mit einem Fruchtmaß auf dem Haupt,
abgebildet. Manchmal erscheint er aber auch mit einem drei-
zackigen Stabe, von einer Schlange umwunden, und mit
Strahlen um das Haupt, oder auch als Gott der Unterwelt
mit dazu passenden Attributen dargestellt.

Anubis,

der Genius des Sirius (des Hundssterns), welcher als Vorläufer des Osiris (des Nils) betrachtet ward, gehört ebenfalls
zu den angesehensten Gottheiten der Aegypter. Ihm waren
nicht nur zahlreiche Altäre, sondern in Mittel-Aegypten sogar
eine ganze Stadt (Kynopolis) allein geweiht. Er galt für
einen Sohn des Osiris, den ihm die Nephthys, — Schwester
der Isis, geboren hatte. Diese Letztere suchte das von der
Nephthys aus Furcht vor den Verfolgungen ihrer Schwester
verborgen gehaltene Kind auf, und fand es mit Hilfe einiger

Hunde in seinem Verstecke am Ufer des Meeres. Isis erzog das Kind, und hatte späterhin an ihm einen treuen Begleiter und Wächter. — So weit die Fabel von der Geburt des Anubis. Späterhin soll derselbe seinen Vater Osiris auf allen Feldzügen desselben begleitet, und ihm sowohl durch seine Treue, als durch seine Geschicklichkeit als Jäger und Schütze große Dienste geleistet haben.

Anubis wird, mit einem Helme bekleidet, über den ein Hundsfell ausgespannt war, gewöhnlicher aber in Menschen-gestalt mit einem Hundskopfe, abgebildet, denn treu, wie der Hund die Menschen, bewachte Anubis die Götter. Hunde wurden bei den Aegyptern wegen der guten Dienste, welche sie nach den Ueberschwemmungen des Nils den Uferbewohnern leisteten, in Ehren gehalten. Durch Hunde war Anubis in seiner zartesten Jugend entdeckt; daher wurde vielleicht der Vorstellung von ihm und seiner Treue und Nützlichkeit das Bild des Hundes als Symbol gegeben, dem offenbar, wie überall in den ägyptischen Mythen, eine aus Erscheinungen in der Natur entlehnte Idee zum Grunde gelegen hat. Als Genius des Sirius oder des Vorläufers der Nilfluth spürte er, dachte man sich, das Anwachsen des Haupt-stromes, und gab ihm die Bezeichnung eines Hundes, welchen die Spürkraft auszeichnet, daneben aber auch wohl ein Wassergefäß als Symbol. Hatte man den Anubis aber in frühester Zeit unter der Gestalt eines Hundes verehrt, so erhielt er in späterer Zeit menschliche Gestalt mit einem Hundskopf.

Andere Mythen machen ihn zu einem Boten der oberen ägyptischen Gottheiten, und geben ihm als solchem den Schlangenstab des Mercur, und einen Palmzweig zu Attri-buten. Wieder andere Mythen zählen ihn zu den unteren Gottheiten, und betrachten ihn als Symbol der Tageszeiten; noch andere Mythen verwechseln ihn mit Thoth (Hermes),

dem Genius der höchſten Wiſſenſchaft und Weisheit, welcher
in dieſer Eigenſchaft als Rathgeber und Begleiter des Oſiris
und der Iſis gedacht wird, und dem alle ſymboliſche Zeichen
und Namen des Anubis beigelegt wurden.

Bubaſtis,

ſoll eine Tochter der Iſis geweſen ſein, und galt für ein
Sinnbild des Neumondes, oder, wie Andere behaupten,
des Vollmondes, ſo daß ſie zu Horus in das Verhältniß tritt,
welches Artemis zu Apollon einnimmt.   Sie war deshalb bei
den Aegyptern, was Artemis (Diana) und Selene (Luna)
bei den Griechen waren.   Die Katzen, als im Finſtern ſcharf-
blickende und nächtlich wachende Thiere, waren ihr geheiligt,
ſtanden deshalb in Aegypten in großem Anſehen und durften
nicht getödtet werden.

Die Bubaſtis wird mit einem Katzenkopfe abgebildet,
oder ſie erhielt eine der Iſis ähnliche Geſtalt, und das Zeichen
des Neumondes wurde ihr als Attribut gegeben.   In der Stadt
Bubaſtus in Unter-Aegypten verehrte man vornämlich dieſe
Göttin in einem großen mit weiten Vorhöfen verſehenen und
reich ausgeſtatteten Tempel auf einer Inſel im Nilkanal, zu
welchem jährlich wohl 700,000 Aegypter wallfahrteten, und
dort der Göttin glänzende Opfer darbrachten.

Neitha

oder Neith erſcheint in den Mythen der Aegypter aus verſchiedenen Zeiten auch in ſehr verſchiedener Bedeutung, die
jedoch bei dem ſehr hohen Alter jener Sagen ſchwer aufzuklären
iſt.   Bald iſt nämlich Neitha das Sinnbild der lichten und
feurigen Aetherluft, bald das der Zeit, bald aber das Symbol
der Weisheit, und die Erfinderin der Künſte.   Selbſt mit der

Isis ist die Neitha in frühesten Mythen beinahe gleichbedeutend, und erscheint derselben fast gleich abgebildet, oder doch mit einigen Attributen jener Göttin. Später galt Neith den Aegyptern meistens für das, was Athene bei den Griechen war. In Nieder-Aegypten war ihre Verehrung am weitesten verbreitet, und dauerte am längsten. Dort, in der Hauptstadt Sais, war ihr ein Tempel errichtet, welcher die Inschrift trug: „Ich bin Alles, was war, und ist, und sein wird. Kein Sterblicher enthüllte meinen Schleier. Die Sonne war mein Kind." — Der Tempel war prächtig verziert, und wurde alljährlich einmal bei der Feier des ihr geheiligten Festes glänzend erleuchtet.

Sothis und Surot.

Der Erstere galt öfters, — wie Anubis, — für das Symbol des Gestirnes Sirius, mit dessen Aufgange im ersten Neumonde das Jahr der Aegypter anfing, und der Letztere für das Symbol des Morgensternes (der Venus), mit dessen Aufgange der Tag anbricht.

Die Sphinx

galt für eine Tochter des Typhon und der Echidna, und ward, nach griechischen Mythen, von der Here zu den Thebanern, auf die sie zürnte, zur Strafe gesandt, wo sie ein Räthsel zur Lösung aufgab, Alle aber, die es nicht zu lösen vermochten, zerriß und verschlang. Oedipus tödtete das Ungeheuer. (S. Art. Lajus und Oedipus S. 242.)

Ganz abweichend davon waren die Vorstellungen der Aegypter von der Sphinx. Dort war sie ein Symbol der Fruchtbarkeit des Landes oder auch ein Symbol der Weisheit, und der Geheimnisse in der Natur. Sie wurde, — völlig

verschieden von der griechischen Sphinx, — abgebildet als eine
liegende Löwin, mit der Brust einer Jungfrau, das Haupt
mit einer Art von Schleier bedeckt, der zu beiden Seiten
herabhing, oder auch mit vielen Brüsten, und das Fruchtmaaß
der Serapis auf dem Haupt. So dargestellt, befand sich das
Bild der Sphinx am Eingange aller ägyptischen Tempel.

Kanobus,

ein Halbgott der Aegypter, ward als Flußgott des Nils oder
als Symbol dieses Flusses betrachtet. Man bildete ihn als
eine mit mancherlei Sinnbildern bemalte dickbauchige Urne
ab, die den Kopf irgend einer andern höhern ägyptischen Gott=
heit trug, und gab (wunderlich genug) dem Bilde dieser Urne
zuweilen kurze Hände und Füße.

Ein berühmter Seefahrer zur Zeit des Osiris soll den
Namen Kanobus geführt haben, und derselbe — um das
Andenken dieses Seehelden zu bewahren — einem Gestirn
beigelegt worden sein.

Der rohe Fetischmus*) war im innern Afrika schon in
der frühesten Zeit bei den Völkern allgemein im Gange, und
bildete sich besonders im Thierdienst, und in diesem wieder
als Verehrung von Schlangen aus. Die beobachtete Nützlich=
keit oder Schädlichkeit gewisser Thiergeschlechter leitete die

---

*) Gegenstände der Natur, als: Elemente, Berge, Flüsse, Quellen,
Wälder, Bäume und Steine, besonders aber auch Thiere, und Werke
von Menschenhänden, als: Urnen, Töpfe, Pfähle ꝛc., fanden in frühesten
Zeiten Verehrung und Anbetung bei verschiedenen Völkern der Erde.
Man nannte diese Gegenstände Fetische, und die Verehrung derselben
heißt Fetischmus oder Fetischdienst.

Völker auf die Verehrung derselben. So findet sich auch bei den Aegyptern der Thierdienst.

Unter den heiligen Thieren war

Apis,

oder Mnevis, oder Onuphis genannt (unter welchen Be= nennungen derselbe zu Heliopolis und Hermonthis verehrt ward), das am allgemeinsten und dauerndsten ver= ehrte. Der Apis war dem Osiris und der Isis geheiligt, deren Zeichen: Sonne und Mond, er an sich trug, vornämlich aber dem Erstern, mit dem er nach einigen Mythen g a n z e i n s war, oder dessen Seele nach andern Mythen ihren Wohnsitz in ihm genommen hatte, da man in Aegypten noch an Seelenwanderung glaubte.

Osiris hatte den Aderbau eingeführt; Apis, der heilige Stier der Aegypter, war daher auch ein Sinnbild des Ader= baues, und seine Verehrung wurde mit der des Nils in mannichfaltige Beziehung gebracht.

Der Apis mußte schwarz von Farbe sein, ein weißes Dreieck auf der Stirn, und auf der rechten Seite einen weißen Fleck von der Gestalt des Halbmondes, unter der Zunge aber einen Knoten haben, der einem Käfer glich. Nur ein solcher Stier war der rechte, und in ihm wähnte der von Priestern unterstützte Volksglaube den wohlthätigen Geist des Osiris verborgen.

Hatten die Priester einen Stier mit diesen Zeichen gefun= den (und daß man ihn f a n d, dafür wußten sie zu sorgen), so ward derselbe vier Monate hindurch in einem Gebäude, das nach Osten hin geöffnet war, gefüttert, mit dem nächsten Neumonde aber unter großen Festlichkeiten in einer reich verzierten Barke nach Heliopolis gebracht, dort abermals von Priestern vierzig Tage lang gefüttert, und hierauf nach Memphis geführt, woselbst er seinen bleibenden Sitz, einen

Tempel und zwei ihm zur Wohnung bestimmte Kapellen, und auch einen großen Hof inne hatte, auf welchem er sich Bewegung machen konnte. Außerhalb seiner Kapellen ließen die Priester ihn nicht leicht vor irgend Jemandem sehen.

Die Gottheit des Apis hatte nicht nur selbst die Gabe, Orakel zu ertheilen, sondern auch die Macht, auf Andere die Kraft der Weissagung zu verbreiten, indem derselben besonders, wie man glaubte, die immer um ihn befindlichen Knaben theilhaftig wurden. Uebrigens galten seine Bewegungen, der Umstand: ob er öfter in die eine oder in die andere Kapelle ging, und überhaupt sein ganzes Verhalten für wichtige Umstände, woraus die ihm geheiligten Priester weissagten.

Der Apis ward durch Opfer und Feste göttlich verehrt. Um die Zeit nämlich, in welcher der Nil anfing anzuschwellen, wurden ihm zu Ehren während sieben nach einander folgenden Tagen Feste gefeiert, bei denen seine Priester außer manchen anderen Ceremonien eine goldene Schaale in die Fluthen des Nils warfen, und dem Apis mehrere Ochsen von rother Farbe zum Opfer darbrachten.

Bei aller dieser Verehrung ließen die Priester ihn aber nicht über fünf und zwanzig Jahre leben. War dieser Zeitraum vorüber, so wurde er heimlich in einen dem Nil geheiligten Brunnen gestürzt, und dann in der Stille begraben. Andere Nachrichten behaupten jedoch, sein Begräbniß sei unter vielen Ceremonien öffentlich begangen, und sein Körper in dem Tempel des Serapis bei Memphis feierlich beigesetzt worden. Vielleicht fand dies Letztere aber nur dann Statt, wenn der Stier natürlichen Todes gestorben war. So viel ist indeß nach übereinstimmenden Nachrichten gewiß, daß bis zu dem Zeitpunkte, wo die Priester einen andern Apis von vorschriftmäßiger Farbe und mit den erforderlichen Zeichen versehen, gefunden hatten, allgemeine Landestrauer herrschte, welche sich in laute Freude verwandelte, sobald der rechte Apis entdeckt

war, bei dessen Abführung nach Memphis sich dann die ge=
wöhnlichen Feierlichkeiten erneuerten.

Der Ibis,

ein unserm Reiher ähnlicher Vogel, lebte in Aegypten in gro=
ßer Anzahl, und wurde dem Volk dadurch nützlich, daß er die
Frösche und kleinen Amphibien aufzehrte, welche in schädlicher
Menge auf den Feldern zurückblieben, wenn das befruchtende
Wasser von der Ueberschwemmung des Nils sich wieder ver=
laufen hatte. Die Aegypter hielten daher auch dieses Thier
für das Bild einer wohlthätigen Gottheit, und verehrten es
als solche auf mancherlei Weise.

Auch das Nilpferd, und selbst das Krokodil und dessen
Feind, der Ichneumon (eine Art Wiesel), ein gewisses Ge=
schlecht von Affen, und ein Geschlecht von Käfern, sollen in
frühester Zeit Gegenstände der Verehrung des ägyptischen
Volkes, ja selbst einige Pflanzen, worunter der Knoblauch, ihm
heilig gewesen sein.

V. Die Götter der alten Deutschen.

Wir wissen, meine Leser, über die Götter und den reli=
giösen Glauben unserer Urväter sehr, sehr wenig. Ihr Glaube
ist verschwunden. Sie waren ein einfaches Naturvolk, unter
dem nur die Priester das Schreiben verstanden, aber auch nur
in sehr wenigen Fällen, und zwar mittelst Schriftzeichen, die
Runen heißen, anwendeten. Bücher, so wie die Griechen
und Römer, haben sie niemals geschrieben, und die wenigen
Ueberreste mit Runenschrift sind nur dürftige Denkmäler aus
Stein, auf denen diese Schrift eingehauen ist. Außerdem be=
nutzten sie auch Baumrinde, um darauf zu schreiben. Das

Verständniß dieser Schriftüberreste ist jedoch noch nicht vollkommen ermittelt, weil man die Bedeutung der Schriftzeichen
nicht genau kennt. Viel bedeutender würden die Volkslieder
der alten Deutschen für die Kenntniß ihres religiösen Glaubens sein, die sich durch Ueberlieferung von Mund zu Munde
fortpflanzten, wenn sie nicht bis auf die einfache Nachricht von
ihrem einstigen Vorhandensein untergegangen wären. Schon
zu Kaiser Karl des Großen Zeiten fingen sie an im Volke aus-
zusterben; daher ließ sie dieser Kaiser sammeln und aufschreiben.
In diesen Schlachten-, Helden- und Feierliedern sprach sich der
heidnische Glaube unserer Urväter aus. Nach Karl d. Gr.,
unter Ludwig dem Frommen, fand jedoch die Geistlichkeit in
ihrem weit gehenden Eifer jene Ueberlieferungen aus dem Heidenthum zu widerwärtig und anstößig für den christlichen Glauben, und wo noch alte Liedersammlungen oder schriftliche Er-
innerungen an das Heidenthum sich fanden, da wurden sie
schonungslos vernichtet. Auf diese Weise sind sie für die Nachwelt spurlos verschwunden. Dies war das eigenthümliche
Schicksal der einzigen geistigen Erbschaft unserer Urväter in
dem heutigen deutschen Lande. In den Volkssagen und Mähr-
chen hat sich zwar so Manches aus dem Glauben gerettet, aber
es läßt sich dasselbe kaum sicher enträthseln.

Mehr dagegen hat sich von dem alten Glauben des
stammverwandten nordischen Volks auf der skandinavischen
Halbinsel, dem heutigen Norwegen und Schweden, in alten
Schriften, besonders den beiden Eddas, erhalten. Deshalb
stellt man Das, was man von dem Glauben der alten Skan-
dinaven weiß, mit dem Wenigen zusammen, was man von
dem Glauben der alten Deutschen weiß. Auf diese Weise hat
man, meine Leser, durch emsige Forschung ermittelt, wie sich
die germanischen, d. h. die Völker deutschen Stammes, die
Entstehung der Welt, Götter und Menschen darstellten. Dies
sollen Sie nun in dem Folgenden näher kennen lernen.

Die Entstehung der Welt.

Wie es in einer alten nordischen Schrift dargestellt wird, gab es im Uranfange weder Sand noch See, weder Festland noch salzige Wogen, weder die Himmelsdecke noch gähnende Tiefe, noch auch Gras; nur eine weite Leere gab es, ehe die Welt entstand. Diese öde Weite hieß Ginnungagap. Darin bildete sich der gährende Urstoff Ymir, in welchem alle Elemente enthalten waren, die gährend durch einander brausten. Ymir wird ein Riese genannt, und ist das, was Sie bei den Griechen als das Chaos kennen gelernt haben, aber auch das, was die Titanen und Giganten der Griechen sind. Daraus bildete sich an dem nördlichen Ende Ginnungagaps das kalte und dunkle Niflheim, aber am südlichen Ende das heiße und lichte Muspelheim. In Niflheim befand sich Hwergelmir, d. h. der rauschende Kessel, aus dem sich zwölf Ströme, Eliwagar (die fremden Wogen) genannt, in die leere Ginnungagap ergossen. Aus diesem Wasser bildete sich Eis und Schnee, der die Leere erfüllte, aber durch die Hitze fing es an zu schmelzen, wodurch der erste Stoff Ymir mit Lebenskraft entstand.

Ymir wird ein Riese des Urdaseins, d. h. eine Urkraft der Weltelemente genannt. Wie die Mythe es nun darstellt, fiel Ymir in Schlaf und begann zu schwitzen. Er war Mann und Weib zugleich. Aus ihm entstanden noch andere Riesen, besonders ein Sohn mit sechs Köpfen, Wafthrudnifm. Dies sind die sogenannten Hrimthursen, d. h. Reif- oder Frostriesen.

Betrachten Sie, meine Leser, diese Mythe, und Sie werden sich sagen, daß dieser ewige Reif und die Eisriesen nichts sind, als die sinnbildliche Vorstellung von der Entstehung der ewigen Eismassen des Nordens, die nur auf kurze

Zeit in den heißen Sommertagen ein wenig thauen, daß aber trotzdem der Ocean um die Küsten der nordischen Halbinsel rauscht.

Bei unsern deutschen Urvätern mag indessen wohl eine etwas andere Vorstellung von der Entstehung der Welt heimisch gewesen sein, da in ihrem südlicheren und wärmer liegenden Lande die Eismassen nicht so dauern konnten. Vielleicht deutet sogar Muspelheim diesen südlicheren Theil des Länder-gebietes an, in welchem die Völker deutschen oder germanischen Stammes wohnten. Man hat auch Tuisco oder Tuisto, der gewöhnlich der Stammvater der Germanen (Deutschen) genannt wird, als einen Riesen wie Ymir betrachtet, von dem der Sohn Mannus, und von diesem wieder die drei Söhne Istio, Inguio und Hermino, als die Stammväter von den drei deutschen Volksstämmen der Istäwonen, Ingäwonen und Herminonen, entsprangen. Möglich ist es und auch wahrscheinlich, aber man weiß es nicht mit Zuverlässigkeit. Die Ableitung des Ursprunges von einem Gott als Stamm-vater war in der uralten Zeit den Völkern gewöhnlich; indessen wird dadurch wohl nur der einfache Gedanke ver-sinnlicht, daß der Mensch durch Gott entstanden sei, indem eine Gottheit des heimathlichen Glaubens als der unmittelbare Urheber genannt wird, und dies mag Tuisco oder Tuisto wohl sein.

Mit Ymir zugleich war eine Kuh entstanden, Audhumbla, das heißt schatzfeuchte (saftreiche), genannt. Aus dem Euter derselben flossen vier Milchströme, von denen sich Ymir ernährte. Diese Kuh beleckte die Eisblöcke, die salzig waren. Da kamen am Abend des ersten Tages Menschenhaare an den Eisblöcken zum Vorschein, am andern Tage das Haupt eines Mannes, am dritten Tage ein ganzer Mann, der Buri hieß. Derselbe war schön von Angesicht, groß und stark. Er erhielt einen Sohn, Bör genannt, der sich mit der Bestla oder Belsta,

22

einer Tochter des Riesen Bölthorn, vermählte, und mit
derselben die drei Söhne Odin, Wili und We erzeugte, von
denen aber nur Odin herrschend bleibt.

Sie werden in der Darstellung dieser Mythen leicht die
nordische Natur mit ihrem Eise und den hauptsächlichsten
Besitz in der Viehzucht erkennen. Die Tage der Entstehung
des Menschen bedeuten große Zeiträume, etwa so wie es in
den Psalmen von Gott heißt: „Tausend Jahre sind vor dir
wie ein Tag." So erscheinen auch unsere Urahnen als die
Kinder der Natur, in der sie geboren waren und lebten, aber
gewiß nicht minder religiös als die Griechen und Römer, wenn
auch ihr Glaube ein anderer war. Indessen nehmen wir darin
dennoch eine gewisse Uebereinstimmung der Vorstellung von
dem Werden der Dinge wahr. So versinnlichte man sich eben=
falls den Kampf der Elemente. Bör's Söhne tödteten den
Riesen Ymir, und aus seinen Wunden lief so viel Blut, daß
darin das ganze Geschlecht der Reif-Riesen ertrank, bis auf
den Einen Bergelmir, der mit den Seinen erhalten blieb,
dadurch, daß er mit seinem Weibe ein Boot (Ludr) bestieg.
Bergelmir war Thrudhgelmir's Sohn und Ymir's Enkel.
Aus Ymir's Blut oder Schweiß entstanden Meer und Wasser,
aus seinem Fleisch die Erde, aus seinen Haaren die Bäume,
aus seinen Knochen die Berge, aus seinen Zähnen, Kinnbacken
und zerbrochenem Gebein die Felsen und Klippen, aus seinen
Augenbrauen für die Menschen rund um die Erde die Burg
Midgard wider die Angriffe der Riesen, aus seinem Schädel
der Himmel, der sich mit vier Hörnern oder Ecken über der Erde
wölbte. An diesen vier Hörnern setzten sie je einen Zwerg
als Wächter, die einzeln Austri (Osten), Westri (Westen),
Nordri (Norden), Sudri (Süden) hießen. Demnach be=
deuten diese Zwerge die vier Himmelsgegenden. Die Luft
und Wolken bildeten sich aus dem Gehirn des Riesen. Die
Sterne entstanden aus den Feuerfunken, die von Muspelheim

ausgeworfen umherflogen. Eine andere Mythe erzählt, daß ein Mann, der Mundilföri hieß, zwei Kinder hatte, die hold und schön waren. Den Sohn nannte er Mani (Mond), und die Tochter Sol (Sonne). Diese vermählte er mit Glenr (Glanz). An dem Himmel führen die beiden Rosse Arwakr (Frühwach) und Alswidr (Allgeschwind) die Sonne, und Mani leitet, über Neulicht und Vollicht herrschend, den Mond. Die Flecken in dem Monde deutete die Mythe als Widfinnr's beide Kinder Bil und Hiuki, die den Eimer Sägr an der Stange Simul tragen. Nach Volkssagen sind diese Flecken ein Mann mit einem Reißholzbündel oder ein Mädchen mit dem Spinnrocken, die dorthin versetzt seien, weil beide die Feier des Sonntags durch ihre Arbeit verletzt hätten. Diese Sagen mögen in der Hauptsache immerhin alt sein, die Erklärung der Erscheinung dagegen ist christlichen Ursprungs.

Die zeitweilige Verfinsterung der Sonne und des Mondes in den Sonnen- und Mondfinster- nissen stellt ferner die nordische Mythologie so dar, als würden beide Gestirne von Wölfen verfolgt. Der, welcher die Sonne verfolgt, hieß Sköll, wie es in einer alten Schrift heißt:

„Sköll heißt der Wolf, der der leuchtenden Gottheit
Folgt in die dämmernde Fluth."

Der Wolf, welcher den Mond verfolgt, ist Hrodwitnir's Sohn und heißt Hati. Der Mond wird die „Himmelsbraut" genannt. Diese Wölfe stammten von einem alten Riesenweibe, das in dem Walde Jarnwidr (Eisenholz) wohnt, der östlich von der Burg Midgard liegt.

Wie Sonne und Mond von der Mythe göttliche Wesen genannt werden, so auch Tag und Nacht. Nach der Vor- stellung der alten Deutschen ging die Nott (Nacht) dem Dag (Tage) voran. Die Nacht ist die Tochter des Riesen Neri,

22*

Nörwi oder Narfi, der auch ein Sohn Loki's genannt wird. Dadurch ist sie mit der Todesgöttin Hel verwandt, die auch Loki's Tochter war. Der Tag war ein Sohn der Nacht, die zuerst mit Naglfari, dann mit Onar (Anar), und endlich mit Dellingr aus dem Asen-Geschlecht vermählt war. Aus der ersten Verbindung entsprangen Udr (Audr), aus der zweiten die Töchter Jörd (Erde), und aus der dritten der lichte, schöne Dag (Tag.) — Nach einem anderen, als der im Vorhergehenden erwähnten Mythe fährt die Nacht voran mit dem Rosse Hrimfaxi, das jeden Morgen mit dem Schaum seines Gebisses die Erde bethaut. Ihr folgt der Tag mit dem Roß Skinfaxi, dessen Mähne Luft und Erde erleuchtet.

Der religiöse Glaube der Urahnen nahm bei der auf- und untergehenden Sonne ein Schauern, eine Erschütterung, einen Klang durch die Natur wahr, etwa so, wie es unser Goethe dichterisch schildert:

„Tönend wird für Geistesohren
Schon der neue Tag geboren.
Felsenthore knarren rasselnd,
Phöbus Räder rollen prasselnd;
Welch Getöse bringt das Licht!
Es drommetet, es posaunet,
Auge blinzt und Ohr erstaunet,
Unerhörtes hört sich nicht."

Von den Jahreszeiten kannten unsere Urväter nur Sommer und Winter. Des Sommers Vater heißt Swasudhr, der milde und süß (svasligt) war; der Vater des Winters heißt sowohl Windloni (Windbringer), als auch Windswalr (Windkühl), der kaltherzig und sogar grimmig war. Die Mythe sagt, sie werden dauern durch alle Zeiten, bis die Götter vergehen. Der Wind, ein Riese in Adlergestalt, Hräswelgr genannt, sitzt am nördlichen Ende des Himmels. Durch seinen Flug entsteht der Wind. — Die Naturerscheinung

des Regenbogens, der Bifröst (die bebende Wegstrecke)
genannt wird, nennt die nordische Mythe eine Brücke zwischen
Himmel und Erde, die in drei schönen Farben glänzt.
Bifröst ist eine gute Brücke; aber nur die Asen oder milden
Gottheiten, nicht die Riesen oder schlimmen Gewalten können
darüber gehen, denn sonst würden diese letztern ja den Himmel
ersteigen.

Ueber die Erschaffung des Menschen giebt es zweier=
lei Mythen. Die eine schreibt dieselbe Bör's drei Söhnen
Odin, Wili und We, die andere den drei Göttern Odin,
Hönir und Lodur (Loptr, Loki) zu. Die drei Gottheiten,
— bemerken Sie die Dreizahl, — gingen am Meerstrande,
und fanden zwei Bäume. Diese nahmen sie, und schufen
daraus Mann und Weib. Erstere nannten sie Ask (Esche),
und dessen Genossin Embla. Von diesem Menschenpaar
stammt das Menschengeschlecht, dem Midgard zur Wohnung
verliehen wurde. Odin gab dem erschaffenen Paar die Seele,
Hönir die Sinne, Lodur aber Blut und blühende Farbe.

So erscheint die Weltschöpfung nach der Mythe des
germanischen Volksstammes. Dieselbe gehört zum größten
Theil der sogenannten skandinavischen oder nordischen Mytho=
logie an, da nur äußerst Weniges von der eigentlich deutschen
sich erhalten hat, wie schon bemerkt ist. Wir haben in dem
Vorhergehenden die versinnlichende Vorstellung von der Ent=
stehung der Erde und sichtbaren Welt kennen gelernt; aber
bemerkenswerth ist außerdem das Bild der Esche Yggdrasil,
in dem man sich ein unendlich weites Weltgebäude vorstellte,
das sich über die sichtbaren Grenzen hinaus ausdehnte. Denn
diese Esche wird der größte und beste aller Bäume genannt,
dessen Aeste und Zweige sich über die ganze Welt ausbreiten
und über den Himmel hinauf reichen. Wir nehmen also
in diesem Bilde eine überraschende Vorstellung von der
Unendlichkeit des Weltraums wahr. Dieser Weltraum wird

durch drei Wurzeln, — bemerken Sie auch hier die Drei=
zahl, — gehalten. In einem alten Mythenbuche heißt es
darüber:

> „Hel wohnt unter Einer, Hrimthurjen unter der andern,
> Aber unter der britten Menschen."

Ueber den Himmel hinauf breitet sich also die Weltesche
mit ihren Zweigen aus; aber mit ihren Wurzeln dringt sie
in die finstere Tiefe des Todes (Hel), so wie in das Reich
der finstern Mächte, die Wohnung der Menschen zugleich
einschließend. An den Wurzeln dieser Weltesche liegen drei
Brunnen, von denen der, welcher dem Riesen Mimir gehört
und woraus derselbe trinkt, voll Weisheit ist.

Die Götter.

Die deutsche Mythologie lehrt, wie besonders auch die
griechische, mehrere Klassen göttlicher, d. h. übermenschlicher
Wesen. Der Glaube ihres Daseins knüpft sich an die Ent=
stehung der Weltelemente und Urkräfte, wodurch die Welt
entstanden ist. Daher sind die ältesten diejenigen, welche
Riesen genannt werden, und die urkräftigen Weltelemente
bedeuten, wie Sie dieselben in dem Vorhergehenden kennen
gelernt haben. Als Kräften ist ihnen stete Bewegung und
Andrang eigen; daher bewirken sie nach der naturgemäßen
und ohne Zweifel tiefen Naturanschauung unserer Ahnen den
ewigen Kampf, den auch die Götter nicht überwältigen, —
natürlich weil er der ewige Gang der Natur ist. So bedeuten
wohl die Riesen die ewig anstrebenden Naturkräfte der Masse,
die Götter oder Asen das ewige leitende Naturgesetz,
wodurch gleichsam die sinnlich rohe Gewalt gezügelt wird.
Sicherlich ist es daher falsch, wenn man die Riesen als böse
Gewalten deutet. Die Mythe sagt ja ausdrücklich, wie schon
bemerkt, daß den Riesen der ewige Brunnen der Weisheit

eigen ist, aus dem ja Mimir täglich trank. Auch nennt sie
die Riesen Erzieher und Lehrer der Seher, und Odin selbst
streitet mit dem Riesen Wafthrudnir über die uranfänglichen
Dinge. Darum endet nach dem Glauben des alten deutschen
Volkes der Kampf der Dinge' in der Welt nie, — natürlich,
indem jede Kraft auf Gegenkräfte stößt; darum glaubte man
Reif= oder Frostriesen (Hrimthursen), Sturmriesen,
Wasserriesen, Feuer= und Gewitterriesen. Die
Götter wurden nach und nach um so bestimmter von den
Riesen unterschieden, als man sie sich besonders in dem
Leben der Menschen waltend vorstellte.

Der Name Gott stammt von dem gothischen Wort gôds,
das gut bedeutet. Die eigentlichen Götter werden mit
einem uralten Wort Asen genannt. Es gab deren männliche
und weibliche. In der nordischen Mythologie wird Odin
auch Allvater genannt. Nach einer alten Nachricht verehrte
das deutsche Volk der Semnonen, die in der heutigen Mark
wohnten, einen allwaltenden Gott, dem Alles unterworfen
war. Welche Gottheit mit Irmincot bezeichnet wird, ist
bis jetzt noch nicht ermittelt. — Außerdem glaubten die Deut=
schen, wie die Griechen, ein Schicksal, das durch die drei
Schwestern der Nornen: Urd, Werdandi und Skuld
(d. h. Vergangenheit, Gegenwart und Zukunft) vertreten wird.
Sie sind zugleich Göttinnen der Zeit, und besitzen einen der
drei erwähnten ewigen Weltbrunnen, bei dem auch die Götter
ihre Gerichtsstätte haben. Mit dem Erscheinen der Nornen,
die älter als die Götter, hörte das goldene Zeitalter der Götter
auf. Diese Vorstellung gehört gewiß zu den tiefsinnigsten, in
welchen ein Gedanke versinnlicht wird.

Die Wanen waren ebenfalls Götter; so viel sich jedoch
aus den dürftigen Nachrichten ergiebt, gehörten sie einem
anderen nordischen Volk an, als dem, welches die Asen ver=
ehrte. Zwischen beiden Völkern scheint ein langer Kampf

gewährt zu haben, bis das Volk der Asen siegte, aber doch die Wanen annahm. — Die Walküren sind die Dienerinnen in der Walhalla.

Die Elben oder Elfen sind halbgöttliche Wesen, deren es zweierlei giebt: Lichtelben (Liosalfar) und Schwarz- elben (Swartalfar) oder Dunkelelben (Döckalfar). Sie bezeichnen gute Geister. Die Schwarzelben sind Naturgeister, treiben das Gras und Halme hervor, und schaffen in der Tiefe der Erde das Erz, sind kunstreiche Schmiede, und lieben Spiel, Gesang und Tanz. Sie bilden eigene Reiche, in denen ein König herrscht, und sind Eins mit den Zwergen. — Auch der Alb oder Nachtmar ist ein Nachtgeist, der einen Schlafenden drückt. Derselbe lebt noch im Volksglauben fort, und heißt im Oldenburgischen die Walbriderske. — Außerdem glaubte man Wald- und Wassergeister. — Auch in dem Volksglauben von der wilden Jagd in rauhen Nachtstürmen hat sich ein Ueberrest des heidnischen Glaubens erhalten. Der Führer dieser Jagd heißt in Niedersachsen und Westfalen Hackelbärend, Hackelberg oder Hackelblock, in Mecklenburg, Pommern und Holstein aber der Wod.

Die Asen

männlicher Natur sind Odin, das Oberhaupt derselben; Thor, der stärkste von Göttern und Menschen; Freyr, der gütigste, der Sonnenschein, Regen und gedeihliche Witterung schafft, ist daher Sonnengott und Gott der Fruchtbarkeit; Widar, der Verschwiegene; Ali oder Wali, Odins Sohn und der Rindr, kühn in der Schlacht und ein guter Schütze; Niördhr beherrscht den Gang des Windes und stillt Meer und Feuer, weshalb man ihn zur See und bei der Fischerei anruft; Heimdall, ist der Wächter der Himmelspforte, darum bedarf er weniger Schlaf als ein Vogel und sieht bei

Tag wie bei Nacht hundert Rasten weit, und hört auch das
Gras so wie die Wolle wachsen; Uller (Oller) ist ein winter-
licher Gott, Bogenschütze und Schlittschuhläufer; Forseti
ist Baldur's und der Nanna Sohn, und schlichtet alle
Streitigkeiten; Thr ist Gott des Krieges und der Kühnheit,
und wurde unter dem Symbol des Schwertes verehrt; Bragi
ist Gott der Beredtsamkeit und Dichtkunst, dessen Gemahlin
Jdunn heißt; Höbhr, ein blinder Gott, bedeutet die winter-
liche, dunkle Hälfte des Jahres im hohen Jahre, während
Baldur die lichte, sommerliche Hälfte des Jahres ist, so daß
Beide sich bekämpfen, darum war Baldur der glänzende
und beste Gott. — Gor ist Monatsgott, und nach ihm der
Gor=Monat, d. h. der Schlachtmonat, benannt, wo man
im Herbst zu schlachten pflegte.

Die Asen weiblicher Natur sind: Frigge oder Fricka,
Odins Gemahlin; Jdunn, die lieblichste der weiblichen Asen,
denn sie war Göttin der Unsterblichkeit, von Anfang an, und
ungeboren, Gemahlin Bragi's, welche in einem Gefäß die
Aepfel der Verjüngung für die Götter verwahrte, ohne welche
dieselben altern würden, und die sie deßhalb täglich genießen
müssen, damit sie bis zur Götterdämmerung in frischer Kraft
dauern; — Frehja (Friia, Frua, Frigg), Göttin der Liebe;
Jörd (Erde) ward Thor's Mutter genannt, und ist wohl
die Herka (Hirke, Hurke) des spätern Volksglaubens; Gerda,
Frehr's Gemahlin; Laga, Odin's Gesellschafterin; Rindr,
eine Gemahlin Odin's und die Mutter Walis', der Höder,
den Mörder Balder's, erschlug; Gefion, eine Jungfrau,
Beschützerin der Jungfrauen und deren Tugend, die alle
Jungfrauen in ihren Palast aufnimmt, welche als Jungfrauen
sterben, und auch die Insel Seeland von Schweden abtrennte;
Fulla (Volla) ist Schwester und Gefährtin der Frehja;
Lofe ist die Gütige, die Liebe selbst, und stiftet die Bündnisse
zwischen Mann und Frau; Hnoff, die Tochter Frehja's,

ist die Schönheit; Siösn ist die Göttin der Zärtlichkeit und Sehnsucht; Wara ist die Göttin der Treue im Halten der Eide und Verträge zwischen Mann und Frau, und straft die, welche die Treue brechen; Syn bewacht die Thüren und verschließt sie denen, die nicht eingehen sollen; Hlin, die Göttin des Schutzes aller in Gefahr Schwebenden; Snotra, die Göttin der Reinlichkeit; Gna ist die Botin der Götterkönigin Frigge, welche bei ihren Sendungen durch die Luft schwebt. — Eine Monatsgöttin ist Spurke, nach welcher der Monat Februar den Namen Sporkel erhielt. Ihr zu Ehren wurde das Fest der Spurkalien gefeiert.

Asenpferde.

Eine Eigenthümlichkeit des germanischen Götterglaubens ist, daß alle Gottheiten ihre Pferde, die sogenannten Asenpferde, hatten, — Sie sehen auch hieraus, daß unsere Urahnen ihren Göttern das zutheilten, was ihnen selbst als das Beste galt, nämlich ein Pferd. Der Götter Zeitvertreib bestand ja in ritterlichen Spielen, zu denen sie das Pferd bedurften. Odin's, des Götterfürsten, Pferd hieß Sleipnir. Dasselbe hatte acht Füße, und ermüdete deshalb nie, weil vier davon immer ausruhten. Mit demselben ritt Hermodur neun Nächte, um Baldur wieder aus dem Todtenreich der Hel zu holen, und dabei über den Giöll-Fluß und die mit glänzendem Golde belegte Giöll-Brücke, ehe er an das Thorgitter der Hel gelangte, das er mit dem Pferde im gewaltigen Sprunge übersetzte. Heimdall's Pferd hieß Gulltopp (Goldzopf); Baldur's Pferd wurde mit ihm sammt dem Geschirr verbrannt. Die übrigen neun Pferde sind Fallhofner, Gjel, Glabr (Munter), Gyller (Goldig), Letfete, Siner, Silfrintoppr (Silberzopf oder Silberhaar), Skeidbrimer. Das Pferd der Gna heißt Hofhwarfnir, das durch Luft und Wasser rennt. — Freyr fuhr aber in einem Wagen, dem der Eber Gullinbursti (Goldborstig) vorgespannt war; und Freyja mit ihren Katzen.

Afenheim und Asgard.

Das Götterland ist Afenheim, und die Hauptstadt darin Asgard, der eigentliche Sitz der Götter, eine Stadt oder ein großes, prachtvolles Schloß, mitten in der Welt. In diesem Aufenthaltsort der Götter sind die weiten Paläste ganz aus Gold und Edelsteinen, die Gitter goldene Ritterspeere, und an den Decken der Säle die so mächtig strahlenden Schilde der Helden in Walhalla aufgehängt, daß man keines Lichtes, selbst nicht der Sonne und des Mondes bedarf. Diese Wohnungen sind von immergrünen, lieblichen Hainen umgeben, in denen sich die Götter nach ihrem Mahl und nach den Kämpfen ergingen. Der größte Platz in diesem Göttersitz ist Glaadsheim, auf dem jeder der zwölf Götter einen Ehrensitz hat, über die alle jedoch der dreizehnte für Odin hervorragt. Odin's besondere Wohnung ist Walaskialf, in welcher er einen so hohen Thron hat mit seiner Gattin Frigge, daß er die ganze Welt überschauen kann. Der Wohnsitz der Göttinnen in Asgard heißt Wingolf (Freudenwohnung). Die Wohnung der Freyja heißt Folkwang, und ihr Saal Sessrummir. — Zu dieser Götterwohnung gehört auch die Walhalla, die Wohnung der im Kriegskampf Gefallenen. Dieselbe besteht aus Gold, und hat eine solche Höhe, daß das Auge kaum dieselbe erreicht. Darin giebt es 540 Thore. Hier werden die Gefallenen von der Göttin Freyja, die hier als Gemahlin Odin's waltet, empfangen, indem sie ihnen Ael, den Trank der Seligen, im Trinkhorn darreicht, während außerdem hier die Walküren den Helden dienen, die sie nach dem Willen Odin's auf der Walstadt erlesen und in die Wohnung der Seligkeit führen, um sie hier reichlich mit dem Meth zu bewirthen, den das Euter der Ziege Heidrun in der reichlichsten Fülle giebt. Darum heißen sie auch Odin's Nornen. Mit den Nornen nebst der Freyja werden sechs oder auch dreizehn Walküren gezählt. Von den Schicksalsgöttinnen Nornen sind sie verschieden, indem sie nicht, wie diese, das Schicksal im Allgemeinen, sondern nur das Schicksal der Kriegsstreiter bestimmen. Dies bedeutet auch ihr Name: Wal Kampf, küren wählen. Auf Wolkenrossen schweben sie über dem Schlachtfelde, und Thau träufelt von den Mähnen ihrer Rosse in tiefe Thäler, Hagel auf hohe Bäume. Die berühmteste der Walküren ist Hilde, die jede Nacht auf dem Walplatz erscheint, und die Gefallenen mit einem Kuß erweckt, um sie in die Götterhalle zu führen. Diese Helden heißen nach ihrem Eingang in die Walhalla Einheriar.

So dauert nach der Mythe das Leben der Götter und der Kampf fort bis zu der

Götterdämmerung, die Ragnarök

heißt, und den Weltuntergang bedeutet. Die Götter bemühen sich zwar, nach der Mythe, als die weltordnenden Mächte, die Urgewalten der Natur, die Riesen, zu bekämpfen, aber diese Ungeheuer brechen ihre Fesseln, und die Wölfe, welche Mond und Sonne verfolgen, verschlingen diese Himmelslichter, worauf ein Erdbeben folgt, das so heftig ist, daß alle Ketten und Banden der Welt reißen.

Dieser Glaube von dem Untergange der Welt ist dem Glauben der Griechen und Römer fremd; er ist um so bemerkenswerther bei unsern Urahnen, als er auch von Christus ausgesprochen wird. Der Weltuntergang tritt ein, ohngeachtet die Götter (Asen) der Idunn verjüngende Aepfel, und ihren

Unsterblichkeitstrank Odhrärir aus der Urd ewigen Brunnen genossen, und auch die Sendung von Odin's Raben Hugin zu zwei weisen Zwergen, so wie zur Jdunn geschah.

Eine andere Mythe stellt den Untergang der Welt in dem allmäligen Vertrocknen der Weltesche dar, die Sie schon, meine Leser, in dem Vorhergehenden kennen gelernt haben. Ihr Wachsthum fing an zu stocken; Jdunn sank aus deren Zweigen herab, und weilte nun im Thale, unter des Laubbaums Stamm gebannt. Gewöhnt an heitere Wohnung behagte es ihr unten im dunklen Thal bei Nörwis' Tochter, der Nacht, nicht, und weint schweigend. Die Nacht bringt Schlaf über die Völker und Schlummer über die Götter bis zum Aufgang der Sonne. Hierauf bezieht man die noch lebende Volkssage, daß die Raben noch um den Berg Kiffhäuser in Thüringen fliegen, in welchem Kaiser Rothbart schlummert, und nur alle hundert Jahre erwacht, um nachzufragen, ob die Raben noch fliegen, die den Zustand der Dinge in der Welt erkunden sollen, bis sie in den Berg fliegen, und sich auf die Schulter des Kaisers setzen, um ihm die Kunde in das Ohr zu flüstern. Man hält diese Raben für die beiden Raben Odin's.

Die Unterwelt

ist das Reich der Göttin Hel, woraus in der späteren Zeit das Wort und der Begriff Hölle entstand. Es ist der unterirdische Aufenthaltsort aller Verstorbenen, die nicht im Kriegskampf starben. Man stellte sich diese Göttin halb schwarz und halb menschenfarbig vor, und von furchtbarem Aussehen. Ihr Saal heißt nach der Mythe Elend, Hunger ihre Schlüssel, Gier ihr Messer, Träg (Ganglat) ihr Knecht, Langsam (Ganglöt) ihre Magd, Einsturz ihre Schwelle, ihr Bette Kümmerniß, und ihr Vorhang dräuendes Unheil. Die Entfernung bis zu dem Reich der Todten war, wie wir schon hörten (S. 346), für Odin's Roß neun Nächte, ehe man zu dem Fluß und der Brücke darüber gelangte. Die Brücke bewacht die Jungfrau Modgudhr (d. h. Seelenkampf). Daher war es nach dem Glauben nicht gleichgültig, was für ein Leben man auf Erden geführt hatte; man ging der Strafe, wie der Belohnung in dem Reich der Hel entgegen. In den deutschen Märchen und Sagen ist Hel Frau Holla, die schwarze Grete.

Eigenthümlich ist es, daß die altdeutsche Vorstellung der Hölle darin kein Feuer, sondern Ströme voll Sumpf und Schlamm kannte, die außerdem Schwerter wälzten. Darin müssen Verbrecher fortdauernd waten. Einer dieser Flüsse heißt Wadgelmir. So heißt es in einem alten Mythenbuche:

„Harte Strafe wird Menschensöhnen,
Die in Wadgelmir waten:
Wer mit Unwahrheit den Andern verlügt,
Ueberlang schmerzen die Strafen."

Ein anderer Strom heißt Slidhr; überhaupt zählen verschiedene Mythen zweiunddreißig bis siebenunddreißig solcher Qualströme. Der Giöll umfließt strengbewacht als Grenzstrom das Todtenreich, in welchem Nastrand (Leichenstrand) ein großer Saal ist, dessen Thüren nach Norden gerichtet sind. Derselbe ist mit Schlangenrücken gedeckt, während die Köpfe der Schlangen in den Saal gekehrt sind und so viel Gift speien, daß es die Ströme bildet, in denen Eidbrüchige und Meuchelmörder waten müssen. — So stellte sich der Glaube den grauenhaften Aufenthaltsort der Uebelthäter vor.

Noch wollen wir einige Götter besonders betrachten.

Odin

war der Fürst der Götter. Nach einer Mythe ist er Sohn des Riesen Bör und der Bestla; nach einer andern Mythe

löste er sich von dem Weltbaum durch eigene Kraft, und ward
die ordnende Weltmacht. Sie werden den tief empfundenen
Sinn in dieser sinnlichen Vorstellung von der Entstehung des
Weltgeistes, gegenüber den Naturkräften (Riesen), leicht wahr=
nehmen. Indem der Geist sich denkt, ist er auch da. Darum
ist Odin Gott des Geistes, aber auch Gott der Sonne, weil
der Geist Licht schafft. In seiner Hoheit und tiefen Weisheit
bedarf er auch nur Eines Auges. Deshalb weiß er auch Alles,
und wird er auch Erfinder der Runen genannt, von denen
jedes einzelne Zeichen nicht blos ein Wort, sondern einen voll=
ständigen Gedanken ausdrückt, weshalb sie auch während ihres
Gebrauches als geheimnißvoll und voll Zauberkraft galten.
Deshalb ist auch jetzt deren Deutung so schwierig und ungewiß.
Ferner ist Odin Gott der Räthselweisheit, der Dichtkunst und
der Heilkunst; er ist auch der Drachenbekämpfer, der Gestirnen=
gott, der Frühlings= und Gewittergott, der Gott der Liebe
und Ehe, der Jagd, des Krieges, der Eroberung, des Sieges.
Seine Waffe ist ein Speer; doch hat er auch nach anderen
Mythen einen Rohrstengel bei Weihungen und Opfern. In
der Götterwohnung Asgard ragt Odin's Sitz über die aller
übrigen Götter empor. Nach einer Mythe verwandelte er
sich in Adlergestalt. Er hat auch Schwert, Helm und Brünne
(Panzer), die er begünstigten Helden zum Kampf leiht. Auf
seinen Schultern sitzen die beiden Raben Hugin (Gedanke)
und Munin (Erinnerung), die ihm die Kunde in's Ohr flü=
stern, da er sie jeden Tag aussendet, um die Zeit zu erforschen.
Diese Raben werden auch Habichte genannt. Zu seinen
Füßen sind Wölfe, die auch Hunde genannt werden, und
die er mit dem Fleisch des Ebers füttert, da er selbst keiner
Speise bedarf; nur Meth bedarf er, den ihm stets die beiden
Walküren Rista und Mista darreichen. Der Wolf ist das
Symbol des Krieges, und der Adler oder Aar das Symbol sei=

ner Herrschaft in der Luft und in dem unsichtbaren Reich der
Welt.   Sein achtfüßiges Roß war unermüdlich.

Seine Frauen und Geliebten sind Jörd (deren Sohn
Thor); Rindr; Frigga; Grhdat, Skada, Gritha,
Laga (Göttin der Genüsse).

Thor, Donar,

ist der höchste Gott in der Natur, wie Odin im Gebiet des
Geistes, und waltet darum in allen Elementen.   Er ist Sohn
Odin's und der Frigga, und war mit der schönen goldhaarigen
Sif vermählt.   Er besiegte die Mächte der Urelemente, die
Riesen, Skirner und Andere mittelst der Kraft seines Ham-
mers, und ist Freund der Menschen, denen er die Cultur dadurch giebt, daß er die Ehe, das Eigenthum, die Brücken mit
seinem Hammer befestigt.   Indem er der Gott des Blitzes und
Donners ist, kehrt er diese Naturgewalt nicht gegen die Menschen, sondern gegen die Riesen, die Feinde der Götter und
Menschen; diesen aber erschließt er den Himmel, läßt den befruchtenden Regen niederströmen, um ihre Saaten zu segnen.
Mit seinem Hammer spaltet er den Riesen das Haupt, nämlich
er zermalmt das Gestein, um es fruchtbar zum Anbau zu
machen.   Die kalten Ostwinde zu bannen, zieht er stets gegen
Osten.   Es ist Gott des Landbaues, daher auch der Bauern
und Knechte, und regt nicht, wie der Gott des Geistes, Odin,
die Fürsten zum Kriege auf.   In Deutschland insbesondere
war er Heerd- und Feuergott.   Ihm ist das Eichhörnchen, der
Widder (Bock) und die Eberesche heilig, mit deren Zweigen
das Vieh berührt wurde, um es zu weihen.   In der Vorstellung wurde ihm rothes Haar und rother Bart beigelegt.   Ihm
war auch der Donnerstag (Thorstag) heilig, und an diesem Tage litten die Zwerge nicht, daß gesponnen oder Holz
gehauen wurde.   Auf ihn, als Heerd- und Feuergott, bezieht

man auch den Gebrauch in den Sagen: dem Ofen das zu beichten, was man eiblich hat geloben müssen, keinem Menschen zu verrathen. Auf seine Verehrung beziehen sich auch die noch gebräuchlichen Johannisfeuer.

In Beziehung auf seinen Kampf gegen die Riesen wird er mit dem Herakles der Griechen verglichen. Er soll auch dieselbe Gottheit sein, welche Irmin genannt wird, und welchem die alten Sachsen nach ihrem Siege über die Thüringer an der Unstrut opferten. Es gab auch Thors-Säulen, wie Herakles-Säulen. Berühmt ist die Irminful (Irmen-säule), welche Karl der Große bei Freiburg (Stadtbergen) in Westfalen zerstören ließ. Indessen betrachtet eine andere Deutung den Gott Irmin als den Gott Tyr.

Tyr ober Ziu, Heru, Saxnot

ist die Gottheit, welche bei den Germanen die dritte Stelle einnahm. Ihr war der Dienstag (Thysdago; Dienstag; baierisch: Ertag, Erichtag) heilig. Er wurde unter dem Symbol des Schwertes verehrt, das überhaupt ein sehr heiliges Zeichen war, und ist also der Schlachtengott. Bei den Sueven, einem alten deutschen Volk, hieß Tyr Ziu, bei den Cheruskern Heru, und bei den alten Sachsen Saxnot. Am Dienstage mußte das Eisenkraut gepflückt werden, mit dem sich die Kriegansagenden bekränzten. — Auch bei den Wenden wurde ein Gott Thir verehrt.

Freyja und Frigg. Nerthus.

Erstere wird als unvermählt, aber auch als Odin's Gemahlin genannt, auch als Göttin der Liebe und der schönen Jahreszeit; die andere steht neben ihr als Göttin der Ehe, und ist eine mütterliche Gottheit und Gemahlin Odin's. Nach Freyja

23

ist der Wochentag Freitag (nordisch Freyjudagr) benannt. Sie nimmt in ihre Wohnung die Verstorbenen oder Einheriar auf. — Nerthus war eine bei den alten deutschen Völkern weit verehrte Göttin, deren Haupthain sich auf der Insel Rügen befand. Sie ward bei Umzügen auf einem Schiffe, Wagen oder Pfluge zur Frühlingszeit, wenn Ackerbau und Schifffahrt wieder beginnen, verehrt. Darum ist sie die Mutter der Erde.

Wodan

ist der höchste Gott der alten Deutschen, dessen Name ursprünglich Wuotan hieß. Sein Name soll von waten, rasch vorwärts streben und Alles durchdringen, abgeleitet sein. Es ist dieselbe Gottheit, wie der nordische Odin, die Römer aber verglichen sie mit ihrem Mercur. Die in den Kriegskampf ziehenden Altvordern gelobten ihm, die gefangenen Feinde nach der Schlacht zu opfern, weshalb auch die römischen Soldaten unter dem großen Cäsar vor dem Kampf mit den Deutschen so sehr zagten, daß sie der Feldherr nur mit Mühe dazu bewegen konnte. Nach ihm wurde auch das Sternbild des großen Bären der Wodan's-Wagen, und die Milchstraße Wodan's-Straße, die Mittwoch (bei den alten Römern Mercur's-Tag) Wodan's-Tag (im Englischen noch Wednesday) genannt. In Niedersachsen ließ der Landmann bei der Kornernte bis in die späteste Zeit ein Büschel Getreide für Wodan's Pferd auf dem Felde stehen, bei dem man sang:

> Woda, Woda,
> Hal dinem Rosse nu Voder,
> Nu Distel und Dorn,
> Achter Jär beter Korn!

d. h. „Wodan, hol deinem Rosse nun Futter, nun Distel und Dorn, künftig Jahr besser Korn."

Die Verehrung der Götter geschah bei unsern Alt-
vordern ebenfalls, wie bei Griechen, Römern, Juden und an-
dern Völkern durch Opfer und Umzüge. Die Opfer waren
Dankopfer, oder Sühnopfer, oder auch Bittopfer.
Es wurden nicht blos Thiere und Früchte, — auch Menschen
geopfert, und zwar nicht blos die im Kriegskampf gefangenen
Feinde, sondern z. B. zur Heilung des Aussatzes Kinder,
Frauen und Kinder bei Flußübergängen, selbst Könige bei
Mißwachs. Besonders gefielen Odin Menschenopfer. Noch
im Mittelalter wurden alle neun Jahre am 6. Januar, am
Berchtentage, 99 Menschen nebst eben so viel Pferden zur
Sühne der Göttin der Unterwelt auf der dänischen Insel See-
land dargebracht. — Im Herbst wurden für den Segen der
Ernte große Dankopfer an Pferden, Lämmern, Ziegen, Schweinen, Federvieh und Feldfrüchten und auch Obst dargebracht.
Ein Ueberrest dieses Gebrauchs ist noch die Martinsgans.
Die Thiere durften dem Menschen noch nicht zur Arbeit ge-
dient haben, und mußten entweder fleckenlos weiß, oder fleckenlos schwarz sein. Bei den Opfern hielt man Mahlzeiten, wobei Priester und Volk die Opferspenden gemeinschaftlich verzehrten. Man brauchte dabei auch Backwerk in der Gestalt
von Götzenbildern und Thieren.

Die Heiligthümer der Götter waren Haine in den
dichten Eichenwäldern; nur das alte deutsche Volk der Marsen
scheint ein berühmtes Tempelgebäude gehabt zu haben. Den
geheiligten Hain der Semnonen, dessen Umkreis mit einer
heiligen Schnur gezogen war, durften nur Gefesselte betreten.
— Diese heiligen Stätten waren zugleich Gerichtsstätten,
und der Priester zugleich Richter. Die Priester begleiteten
auch das Heer, und feuerten die Streiter zur Tapferkeit an.
Aus dem Priesterthum ging auch das Königthum hervor bei
den nordischen Völkern; bei den Deutschen waren die Könige nur Feldherren, aber die Priester zugleich Richter, die

auch die Macht hatten, die Streiter zu binden und zu schlagen.

Unsere Altvordern glaubten auch an die Kraft der Zauberei, von dem noch Ueberreste im Volksglauben übrig sind, z. B. das Nestelknüpfen, die Verwandlung in Thiergestalten, besonders in den Werwolf.

Das Jahr begann bei den alten Deutschen mit dem Winter, der in dem altdeutschen Kalender mit dem Sct.-Clemenstag, am 23. November, hier und da schon mit dem Martinstag, dem 11. November, anfing. — Der Walpurgistag war die Feier der Vermählung des Sonnengottes mit der Erdgöttin. — Ueberhaupt enthält der Volksglaube noch Vieles aus der heidnischen Zeit, nur ist es durch Christliches umgestaltet und umgedeutet worden.

VI. Die indische Götterlehre.

Aus der Vorzeit der Heimath lassen Sie uns noch einen Blick in die Ferne, weithin in das östliche Asien, nach Indien werfen, um auch den religiösen Glauben des dortigen Volkes kennen zu lernen, der zwar auch mehrere Gottheiten umfaßt, ähnlich dem Glauben der Griechen, Römer, Aegypter und alten Deutschen, aber dennoch in seiner Ausübung oder vielmehr Anwendung auf das Leben ganz eigenthümlich erscheint, indem Gebote oder Gesetze für das sittliche Handeln mit Rücksicht auf religiöse Gesinnung aufgestellt wurden. Im Allgemeinen begreift man die ganze Lehre der Indier unter der Bezeichnung indische Götterlehre, weil sie auch an mehrere Götter geknüpft ist, aber die Ausbildung derselben zeigt ein tiefes Denken und Eindringen in die Dinge, die nicht körperlich sind, und die man gewöhnlich als übersinnlich bezeichnet.

Indessen ist dieses Denken doch ein in sich selbst gekehrtes Nachsinnen, und hat die ganze Lebensweise zur Folge, welche man eine beschauliche zu nennen pflegt, in welcher nämlich der Mensch gleichsam von der Außenwelt um ihn her abgeschieden nur ein sich selbst genügendes Leben führt. Daher bei den Indiern die Einsiedler so häufig sind, die, Fakirs, Jogi (d. h. Fromme), Saniassi (d. h. der Welt Abgestorbene) und Avadoutos (Fakirs, die besonders an den Flüssen liegen, weil diese als heilig gelten) genannt, in ihrer Einsamkeit durch die furchtbarste Kasteiung ihre Sinnlichkeit und ihren Körper zu ertödten sich bestreben. Sie sitzen entweder unbeweglich still mit einem auf den Nabel gerichteten Blick, oder liegen auf Brettern, die mit Nägeln beschlagen sind, und sind entweder nackt oder nur in Lumpen gekleidet, weil sie das Aeußere nicht achten; aber sie werden von dem Volk als Heilige verehrt, und durch reichliche Geschenke und Lebensmittel erhalten.

Die indische Götterlehre ist sehr alt, und deren Lehren sind in uralten heiligen Schriften, den vier Beda's und der Zend-Avesta, enthalten. Diese Schriftwerke sind in der alten heiligen Sprache, dem Sanskrit, abgefaßt. Man hält diese Sprache für die Ursprache, mit der auch die griechische, römische, persische, deutsche und slavische zusammenhängen. Dieser Zusammenhang zeigt sich in der Uebereinstimmung vieler Worte und sprachlicher Formen. So heißt im Sanskrit Gott Dewas, im Griechischen Theos, im Lateinischen deus, im Lettischen dews, im Gothischen thius, und im Nordischen tyr. Der griechische Name des Zeus, Dios, und der römische Jupiter stimmen mit dem indischen Wort dju, Himmelsglanz, überein.

Je weiter sich die Völker dieses uralten Stammes ausbreiteten, traten natürlich auch Veränderungen ein, indem sich die Völkerschaften schieden. In der frühesten Zeit wurde

*Indra als höchster Gott verehrt. Derselbe bedeutet den Mond und zugleich den Geist. Außerdem werden noch genannt: dreiunddreißig Götter, nämlich acht Ba=sus, d. h. die Guten, zu denen Feuer, Erde, Wind, Sonne, Himmel gehören; dann acht Rudras, zehn verschiedene Hauche des Menschen sammt der Seele; dann die zwölf Abiljas, und die beiden Asvinan, d. h. göttliche Reiter, die man mit den Dioskuren der Griechen vergleicht.

Eine besondere Eigenthümlichkeit der indischen Götterlehre ist es überhaupt, daß die Veränderungen derselben geschichtlich nach gewissen Zeiträumen bestimmbar, und dieselben aus den durch Nachdenken gewonnenen Bestimmungen hervorgegangen sind. So unterscheidet man vier Zeiträume. Der früheste beginnt in unbekannter Zeit, und dauerte bis etwa 900 vor Christus; der zweite dauerte bis etwa 250 vor Christus; der dritte bis gegen 800 nach Christus; worauf der vierte, noch dauernde, folgte. Diese Zeiträume des religiösen Glaubens unterscheiden sich nach der Verehrung eines höchsten Gottes, des Brama, Wischnu, Siwa. — Der ältere ist nur wenig bekannt. Die Sonne, und als ihr Abbild auf Erden, galt anfänglich das Feuer als die einzige höchste Macht. Deshalb wurden in der frühesten Zeit auch die Indier Sonnen= und Feueranbeter genannt. Bald aber wurde die Verehrung des Brama eingeführt, den man als den Ursprung der Welt betrachtet, indem dieselbe aus ihm hervorging. Da Brama sich selbst anschaute, entstand die Paruscha, d. h. die Urseele. Diese fiel jedoch von Gott ab; deshalb schuf Brama die körperliche Welt, als Wohnung der Geister, die sich in fortdauernder Läuterung durch verschiedene Stufen wieder mit Brama vereinigen. Dies ist die Lehre der Seelenwanderung, nach welcher die Indier auch kein Thier tödten dürfen, selbst Schlangen, Flöhe, Wanzen 2c. nicht. Nach diesem Glauben muß die bestehende Welt

endlich vernichtet werden, worauf ein geiſtiges Reich von reinen
Seelen entſteht.

Brama's Gattin war Saraswati, und zugleich ſeine
Tochter mit dem Beinamen Brami. Sie wurde als Göttin
der Sprache und Wiſſenſchaften verehrt. Bei der Schöpfung
der Welt gingen aus Brama auch zehn Bramen, die
ſogenannten Riſchis, die Urväter und Herren der Schöpfung,
nämlich: Angiras, Atri, Bhrigu, Dakſcha, Maritſchi,
Narada, Pulaha, Pilaſtha und Waſiſchka, hervor,
denen Brama die Macht verlieh, Götter, Menſchen und
Thiere zu ſchaffen. Als guter Geiſt wurde Brama unter
dem Namen Attimabach verehrt. Bramapatnam iſt
die Stadt des Brama, welche auf dem Gipfel des Berges
Meru liegt, und der Aufenthalt der ſeligen Geiſter iſt. Aus
den vier Thoren ergießen ſich die vier Ströme Alaguni,
Sadaſſon, Sadalam und Patnam, die ſich dann in der Quelle
des weltbekannten großen Stromes Ganges vereinigen, weshalb
ſein Waſſer ſo überaus heilig gehalten wird, daß es die
Braminen durch ganz Indien in Flaſchen verſenden.

Neben der Verehrung des Brama entwickelte ſich die
Verehrung des Wiſchnu, der als die Alles durchdringende
Weltſeele und als Erhalter verehrt wird. Der Zweck ſeines
Daſeins iſt die Beglückung der Welt. Um dies zu erreichen,
hat er ſich zehn Verkörperungen (Awataras) unterworfen. In
der erſten wird er Fiſch, dann Schildkröte, dann Eber, der die
Erde aus ſieben unterirdiſchen Welten rettete, wo ſie der furchtbare Rieſe Heraunhi Akſana verborgen hatte; dann wird er
Menſch-Löwe und ſo fort, bis er zuletzt als geflügeltes Roß
(Kalenki awatara), von einem himmliſchen Führer geleitet,
erſcheint. Bis dahin ſchläft Wiſchnu auf dem Ringe der
fünfköpfigen Schlange im Milchmeer ſchwimmend. So wird
er dargeſtellt, liegend, und am Haupt von den aufgerichteten

Schlangenköpfen überragt. — Als die berühmteste und erhabenste Verkörperung des Wischnu ist die achte, in welcher er als Krischna Mensch geworden ist. Er wurde von der Ysobha, der Gattin des Schäfers Nanda, geboren, und trotz der furchtbarsten Nachstellungen des Königs Kamsa erhalten und erzogen. Es war nämlich dem Könige geweissagt worden, er würde durch den gebornen Gott besiegt und des Lebens beraubt werden. Krischna lebte im Jünglingsalter als Schäfer, tödtete später den grausamen Kamsa, vermählte sich mit acht Prinzessinnen, besiegte den Riesenkönig Bhumasser und erlöste aus dessen Gefangenschaft 16,000 Prinzessinnen, die er sich wieder zu Gemahlinnen nahm. Seine früheste, noch im Schäferstande gewählte Gemahlin war Radha, die als Göttin der Schönheit, Lakschmi, verehrt wurde. Die Indier, welche den Krischna als höchsten Gott verehrten, heißen Krischnaiten, und zeichnen sich durch zwei große senkrechte weiße Striche über den Augenbrauen aus, mit einem rothen Fleck dazwischen, das Zeichen der Sonne, weil dies Krischna selbst an der Stirn trug.

Außer dem Brama und Wischnu wird Siwa oder Schiwa verehrt, als furchtbarer Zerstörer, aber auch als Erzeuger alles Lebenden und der Freuden der Liebe, überhaupt als großer Gott (Mahadewa), und als höchster Herr (Paramesuara). Ihm zu Ehren wird im März das Fest Schiwararti, und im August das Fest Awani-Aoton gefeiert. Im Dienst dieses Gottes leben die Bajaderen bei den Tempeln des Gottes, in mehrere Klassen getheilt, deren Beruf ist, Freude zu schaffen und zu empfangen.

In dem zweiten Zeitraum wurden die drei Gottheiten Brama, Wischnu und Siwa als eine Dreieinige von den Priestern dargestellt. Diese Ansicht gewann unter den Priestern durch Lehre Geltung. Dieselbe blieb jedoch nur Eigenthum der Prieſter, die eine abgeſchloſſene Kaſte des Volkes bilden, und Braminen heißen. Sie werden als der unmittelbare, verkörperte Ausfluß der Gottheit verehrt, und ſind deshalb ſo heilig wie die Gottheit ſelbſt; aber ſie beſitzen auch allein die Kenntniß von der Gottheit, und müſſen in allen Religions= übungen den drei übrigen Kaſten des Volkes vorangehen. Darum iſt ihre Lebensweiſe ſehr genau eingerichtet, und beſon= ders enthalten ſie ſich des Umganges mit den übrigen Kaſten, weil ſie ſich dadurch verunreinigen würden. Der verachtetſte Theil der ganzen indiſchen Bevölkerung ſind übrigens die Parias, deren Berührung alle Kaſten verabſcheuen und meiden. Dieſe dürfen daher auch keine Pagode (Tempel) und kein Haus der anderen Kaſten betreten, noch viel weniger mit ihnen eſſen oder trinken. Sie wohnen einſam und ſollen die unterdrückten Ureinwohner Indiens ſein, haben aber auch ihre Prieſter, die Bainier heißen, ſo benannt von dem Inſtrument Baini, das ſie vor dem Tempel ihrer Göttin Mariatale zu ihrem Geſange ſpielen. Das Sonderbare bei der Verehrung dieſer Göttin iſt, daß in deren Abbildungen der Körper kopf= los iſt, und an der Thür der Tempel ſteht, während das Haupt in dem innerſten Heiligthum ſich befindet. Dieſe Göttin war die Frau des Büßers Schamadagini, der ihr durch ſeine Söhne den Kopf abſchlagen ließ.

Auch die Braminen ſind in vier beſondere Grade ge= theilt, von denen der Bhikſchu der höchſte iſt, in den jeder Bramin mit ſeinem zweiundſiebenzigſten Lebensjahr eintreten kann, wenn er ſich zu den damit verbundenen Entbehrungen entſchließen kann, um dadurch ein vollkommener Heiliger zu werden, dem dann Nichts als der Tod fehlt, um in die Seligkeit des Paradieſes einzugehen. Er muß allem Beſitz irdiſcher Güter entſagen, ſich den Haarzopf abſchneiden laſſen, dann entkleiden, ein leinenes Tuch und zu Ehren Siwa's ein Tigerfell umhängen; darauf verrichtet er das Opfer Homa

und dann wird er in den Pflichten seines neuen Standes
unterrichtet. Sein Leinentuch muß er selbst waschen, die von
Fremden empfangenen Speisen selbst in einem kupfernen Gefäß
reinigen, und den Stab Dambam mit sieben Astknoten zur
Erinnerung an die sieben Heiligen Indiens tragen und täglich
mit Wasser benetzen, wodurch er vor allen bösen Geistern
gesichert wird. Ferner muß er im Lande umherziehen, und
durch Ausstrecken der Hand — nicht durch Worte — betteln,
sich täglich dreimal baden, so wie alle Leidenschaften und Gefühle, Liebe, Zorn, Freude, Trauer, Haß, Zuneigung, Stolz,
Rachsucht ꝛc. bekämpfen. Begraben werden diese Heiligen in
sitzender Stellung in einer mit Salz gefüllten Grube. So ist
es in Indien noch heute, und solcher Heiligen wandeln noch
Tausende im Lande umher. Einem Braminen Hochachtung
zu erweisen, ist jedes Indiers unverbrüchliche Pflicht, weil er
sonst die Gottheit selbst verletzen würde.

Die Einheit der drei Gottheiten Brama, Wischnu und
Siwa (Schiwa) wird in der Lehre noch anschaulicher so dargestellt, daß sie alle aus der Gattin des Siwa, die Bhawani
heißt, der Urkraft, woraus Alles entsprungen ist, entstanden
sind, durch ihr Wort Om, d. h. es sei oder werde. Aus
Wischnu entstand in einer Lotosblume Brama, und aus
diesem wieder Siwa. Sie überdauert, als die Urkraft alles
Daseins, alle Zerstörungen des Weltalls. Bhawani ist die
Spenderin aller Glückseligkeit, der Fruchtbarkeit, der Weisheit, des Reichthums; aber sie ist auch die furchtbare Rächerin,
deren Blicken Nichts entgeht. Deshalb wird sie auch mit acht
Händen abgebildet. Ihr werden mehrere Feste gefeiert. —
Brama wird mit vier Gesichtern und vier Händen dargestellt,
um seine Allwissenheit und seine Allmacht zu bezeichnen.

Das Eigenthümliche des indischen Volkes ist, wie Sie,
meine Leser, schon hieraus sehen, daß die ganze Bildung

Eigenthum der Priesterkaste und auf das Religiöse ausschließlich beschränkt war. Dadurch haben die Lebensverhältnisse des indischen Volkes ihren beschränkten Charakter erhalten und alle Bildungsfähigkeit verloren, so tiefsinnig auch die religiösen Lehren sein mögen. Dieselben haben das Leben des Menschen den irdischen Verhältnissen entfremdet, ein Verlust, welcher die Menschheit hart trifft, indem er dieselbe in einen widernatür= lichen Zustand versetzt. Sie werden dies überall bestätigt finden, weil der Mensch in dem beschaulichen Leben, wenn er sich demselben ergiebt, unthätig wird, also seinen Lebenszweck, die Thätigkeit, aufgiebt.

Im dritten Zeitraum der indischen Götterlehre erhob sich ein Weiser, von seinen Verehrern Bubbha genannt, als Reformator. Dieser bekämpfte die Lehre der Braminen von Brama, daß derselbe eine Person sei, und lehrte dagegen, die Weltschöpfung selbst sei die Gottheit, und Alles bestehe durch sich selbst nach dem Weltgesetz. Außerdem wollte er den Kastenunterschied des Volkes aufgehoben wissen. Das Volk war deshalb der neuen Lehre, dem Bubbhaismus, zugethan, während die Braminen mit der größten Hartnäckigkeit aller ihrer Macht dagegen kämpften. Diese neue Lehre erhielt auch ein neues Sittengesetz für die Menschen. Der Grundsatz desselben ist: „Nichts Böses zu veranlassen; alles Heilsame zu vollbringen; die eigenen Gedanken (d. h. die Gelüste) zu bezähmen." Ausführbar dargestellt ist dieser Grundsatz in den zehn Geboten des Bubbhaismus: 1) nicht die geringste Creatur tödten; 2) sich keines fremden Eigenthums bemächtigen; 3) die Keuschheit nicht verletzen; 4) nicht lügen; 5) nicht ver= leumden; 6) nicht beleidigen; 7) nicht Zank und Streit ver= anlassen; 8) nicht hassen; 9) nicht an den heiligen Schriften zweifeln; 10) an die Unsterblichkeit glauben.

Nach der Lehre der Braminen gehört zu einem religiösen Leben Werkthätigkeit und Erkenntniß; das Volk giebt den

Werken den Vorzug, der Weise dagegen achtet Werke und
äußere Genüsse für gering, und sucht durch Selbstbeschauung
in Gott aufzugehen, und hält dies für Erlösung und Seligkeit. Die allgemein frommen Werke sind Gebete, die an
einem Rosenkranz vor- und rückwärts halblaut hergesagt
werden; Waschung, besonders mit dem heiligen Wasser des
Flusses Ganges; Opfer von geschlachteten Thieren, so wie
von Früchten, Honig ꝛc. Diese zu unterlassen ist Sünde.
Außerdem sind empfohlene Werke: Tempel bauen, Brunnen
graben, Almosen geben. Zu den frommen Werken gehört
ferner die Feier der Feste, die in Opfern, Aufzügen mit
Herumtragen der Götterbilder, Musik, Spielen, Tänzen,
Illuminationen ꝛc. besteht. An achtzehn Festen jährlich muß
jeder Indier Theil genommen haben.

Der Hindu glaubt, daß jede That ihre unausbleiblichen
Folgen hat, und daß Jeder für eine böse Handlung ein
bestimmtes Maß von Unglück oder Strafe zu erwarten hat,
von dem man aber durch Selbstqual sich befreien könne.
Da nun diese länger fortgesetzt werden kann, als die Strafe
dauert, so erwachse durch die Fortsetzung ein Vorrath von
guten Werken, auf deren Anrechnung man bei der Gottheit
Anspruch habe. Aus diesem Glauben entspringen die bei den
Indiern so allgemeinen Selbstpeinigungen aller Art, die bis
zur Grausamkeit ausarten.

Der vierte Zeitraum in der indischen Götterlehre begann mit der Unterdrückung der Buddha-Lehre (Buddhaismus)
durch die Braminen, etwa im neunten Jahrhundert nach
Christo, indem dieselben ihren Kampf dagegen nie ausgesetzt
hatten. Alle Bekenner dieser Lehre wurden durch die grausamste Verfolgung aus Indien vertrieben. Sie zogen sich in die
angrenzenden Länder zurück, und so hat sich der Buddhaismus
nördlich von Himalaya, in Birmanien, in Thibet, in der

Mongolei ꝛc. weit verbreitet. Seitdem ist in Indien die Lehre von Brama wieder herrschend, im vierten Zeitraum. Natürlich bildeten sich in diesen Glaubensstürmen auch Sekten, z. B. die Dschainas, deren Glaube eine Verschmelzung des Buddhaismus mit dem Bramaismus ist. Ebenso sind die Sikhs, welche einen besondern Staat bilden, eine Sekte, deren Religionsglaube ein Gemisch des bramanischen und muhamedanischen Glaubens ist. Dieselbe wurde 1540 gestiftet. Die Anhänger desselben erkennen nur Einen unsichtbaren Gott als Weltregierer an, verwerfen allen Bilderdienst, haben allen Kastenunterschied aufgehoben und fordern allgemeine Menschenliebe.

Wenden wir den Blick insbesondere auf den religiösen Glauben der Indier zurück! Außer den drei genannten Hauptgöttern Brama, Wischnu und Siwa werden noch viele andere, sowohl männliche als weibliche Gottheiten verehrt, z. B. die zwölf Adithas. Dies sind die Gottheiten, welche den Stand der Sonne in den zwölf Bildern des Thierkreises bedeuten, die sie während eines Jahres durchläuft. Ihre Namen sind sehr verschieden. Der höchste derselben ist Indra, der Sonnengott, der den Luftkreis beherrscht, der König aller Geister, die im Luftkreise und im überirdischen Paradiese wohnen. Sein Symbol ist der Donnerkeil, und er reitet auf einem Elephanten. Dagegen ist verschieden von ihm Surya, die Sonne, die nach der Mythe in einem mit sieben grünen Rossen bespannten Wagen, von dem Führer Arun geleitet, fährt, begleitet von tausend Geistern, die diesen Gott mit Lobgesängen anbeten. Seine Zwillingssöhne sind Aswin und Kumar.

Narabas wurde als Götterbote verehrt. — Ganesa Pulear ist ein Sohn Siwa's; wird mit einem Elephantenkopf abgebildet, und als Gott der Klugheit bei dem Beginn jedes Unternehmens angerufen. Er besiegte den Riesen Gedjemugaschurin, der sich gegen die Götter empörte; daher wird er zum Beistande im Kampf gegen die bösen Geister angerufen. Vor seinem Bilde werden alle Hausandachten verrichtet. — Kama oder Kama-dewa ist der Gott der Liebe. Er wird auf einem Papagei reitend abgebildet, mit einem Bogen von Zuckerrohr, dessen Sehne aus Bienen besteht, während die Spitzen der Pfeile die rosenrothen Blüthenknospen des Amrabaumes sind. — Wabrakali ist eine mächtige Göttin, Siwa's Tochter, die den übermächtigen Riesen Dariba bezwang, welcher den Gott Siwa selbst zum Kampf forderte, und den kein Mann zu tödten vermochte. — Wasuba Surabbi ist die Göttin der Erde. — Im Himmel erfreuen die Jungfrauen Apsaras, deren Zahl 600 Millionen beträgt, die Götter, wie die abgeschiedenen Menschen.

Außer den Göttern werden auch Heilige als Günstlinge der Götter in den Tempeln verehrt, z. B. Dandesuren, dessen Bildsäule neben der des Siwa steht.

Neben den Göttern glaubte man auch eine große Menge gute und böse Geister. Die guten Geister hießen Dewetas. Ihr Geschäft ist der Gesang von Lobliedern vor dem Throne der höchsten Gottheit; deßhalb heißen sie auch Ghandharwas, d. h. Tonkünstler der Luft. Ihre Zahl ist unendlich, wie die Wassukels. — Die bösen Geister heißen Asparna, d. h. die Nichtschlummernden, oder auch Assur. Einer der bösen Geister ist Bhuta (Butta), der an der Pforte des Tempels des Gottes Manar, als Krieger dargestellt, Wache hält. Das Geschlecht der bösen Geister Danawas ist kriegerisch und lebt stets gegen Indra im Kampf. Auch ist Danu ein Geschlecht böser Geister. Der böse Basmagut vernichtete sich selbst in seinem bösen Sinn, und scheint die Verblendung zu versinnlichen. Asor sind die bösen Geister der Zauberei.

Auch Riesen glauben die Indier, welche gegen die Götter ankämpfen, und Störungen in dem Weltgange verursachen. Denselben Glauben hatten unsere nordischen stammverwandten Altvordern, wie die Griechen. Wir haben schon die Riesen Dariba und Gedjemugaschurin kennen gelernt. Einer der furchtbarsten war noch Bhumasser, der alle Himmel beherrschen wollte und den Gott Indra bekämpfte. Seine Mutter war die Erde. Krischna tödtete ihn im Kampf.

Ferner gab es nach dem Glauben der Indier Halbgöt= tergeschlechter in den Monds= und Sonnenkindern, zu denen die Fürsten oder Rajah gehörten. — Die Affen stammen nach der indischen Mythe von Halbgöttern und Schlangen.

Heilig und angebetet sind von den Thieren das Pferd, der Stier und die Schlange, von den Bäumen die Banane und die Feige. — Auch das Wasser ist den Indiern heilig, besonders das Wasser der Flüsse Ganges und Indus. Darum gehört das Baden zum Gottesdienst. Die Götter selbst badeten sich. So ist Danukobi der heilige Teich und Badeort des Wischnu, und Behra das jeden Badenden verjüngende Meer in Brama's Wohnung.

Auch die mythischen Vorstellungen der Indier von der Welt und dem Menschen sind eigenthümlich. Bobuns heißen die funfzehn Regionen des Weltalls. Davon glaubte man sieben unter, sieben über der Erde, die dazwischen die funfzehnte bildete. Die unteren Regionen sind der Straf= aufenthalt der gefallenen Geister, in den oberen werden sie durch Läuterung gebessert. Die sieben Regionen der Erde werden auch sieben Himmel genannt. Der uns nächste oder unterste heißt Bhulok oder Bhurlok. Der zweite ist der Himmel des Mondes und heißt Bhowerlok. In diesem durchläuft der Mond, auf einer Gazelle reitend, jeden Monat die siebenundzwanzig Häuser seiner weiten Wohnung. Sie sehen hier deutlich das Verhältniß der Umlaufszeit des Mondes zu der Erde in einer Mythe ausgesprochen. — Die Seelen der Guten, glaubte man, würden in das Paradies am Berge Meru, in dem ätherischen Himmelswagen Baiban, von geflügelten Greifen gezogen, versetzt.

Bhut bedeutet die Elemente, aus denen die Körperwelt besteht. Dieselben sind Aether, Feuer, Luft, Wasser, Erde. Bhut-Akasch ist das reinste Element, das wir Aether nennen, woraus durch Verdichtung das Feuer (Wärme), Wasser, Erde, sowie das thierische und das Pflanzenleben entstehen. — Der menschliche Körper heißt Bhut-atma. Derselbe besteht aus den fünf Elementen und dem Geist (Atma). Seine Lebenskräfte werden von fünf Genien in Bewegung gesetzt, von denen einer im Herzen seinen Sitz hat, der Bian heißt und das Blut durch die Adern treibt.

Der große Berg Meru ist der Mittelpunkt der Erde, und besteht aus lauter Gold und Diamanten. Auf seinem flachen Gipfel befindet sich das Paradies der Siwa. Aus demselben ergießen sich die heiligen Ströme: der Ganges, Oxus, Jenisei und Hoangho.

Sie haben, meine Leser, in diesem Ueberblick den mythischen Glauben eines Volkes kennen gelernt, das sich einst durch seine Cultur auszeichnete und mit die ältesten Schriften besitzt.

VII. Allegorische Bilder.

Ich schließe die mythologischen Erzählungen mit dem Wunsch, daß Sie, meine Leser und Leserinnen, Manches aus denselben erlernt haben mögen, was zur Beförderung Ihrer Kenntnisse und Ihrer Bildung im Allgemeinen von Nutzen ist, und füge noch nachstehend eine Reihe solcher Allegorien bei,

woburch Bildner der ältern und neuern Zeiten, ausgehend von
mythologischen Vorstellungen mannichfaltige Verstandesbegriffe symbolisch darzustellen versucht haben.

So wurde nämlich abgebildet:

der Acterbau in dem Bilde der Ceres (Demeter) (siehe
S. 79 folg.), mit allen ihr eigenthümlichen Attributen, und
zu ihrer Seite Triptolemus.

Die vier Stufen des menschlichen Alters, und
zwar 1) das Kindesalter unter dem Bilde eines Säuglings an der Mutterbrust, oder eines Kindes am Gängelbande,
oder mit verschiedenen Spielen beschäftigt; 2) das Jüng-
lings= und Jungfrauen=Alter, unter dem Bilde von
Beiden, wie sie nützliche Beschäftigungen oder gymnastische
Uebungen betreiben, mit einander tanzen, oder auch dem Hymen (s. S. 190) an seinem Altar ein Opfer bringen; 3) das
Alter der Männer und Frauen, indem diese mit dem
Unterricht der Kinder in Wissenschaften, Künsten, oder in
Gegenständen der Hauswirthschaft beschäftigt sind, — oder
auch unter dem Bilde eines Feldherrn, der zum Commando-
stabe greift, — oder eines Römers in der Toga, neben dem die
Zeichen seiner Würde, die Fasces, liegen, — oder einer römischen Matrone im vollen Schmuck, ihre Kinder zur Seite, dargestellt wurden; 4) das Greisenalter, durch das Bild
grauer Krieger, abgelegte Waffen oder erhaltene Ehrenkronen
zur Seite, und betagter Matronen, die, so wie jene, von Kindern und Enkeln umgeben sind.

Als allegorische Vorstellungen der vier Stufen des menschlichen Alters findet man: 1) eine Muse, die einen Säugling
in der Wiege liebkoset; 2) einen Jüngling, der sich von der
Venus abwendend, der Minerva die Hand reicht; 3) einen
Mann, der vor der Bildsäule der Letzteren, oder auch vor der
des Hercules opfert, neben ihm ein mit Lorbeer umwundenes
Schwert; und 4) einen Greis, welcher einem Jünglinge, dem

24

Genius des Todes, der mit einer umgekehrten Fackel in der
Hand an einem Grabmale steht, lächelnd die Hand reicht.

Die vier Weltalter werden, und zwar das goldene
unter der Gestalt des Saturnus, das silberne unter der des
Jupiter, das eherne unter der des Mars, das eiserne aber
unter der Gestalt einer Furie, von passenden Attributen um=
geben, dargestellt.

Die Andacht erscheint als eine weibliche Gestalt, in auf=
rechter Stellung, mit zum Himmel gerichtetem Blick, oder auch
dahin ausgestrecktem einen Arm, und im andern ein Rauchfaß
an einer Kette haltend;

die Anmuth unter dem Bilde der Grazien (f. S. 192);

die Arbeitsamkeit oder der Fleiß in männlicher Ge=
stalt, von den Attributen: einer brennenden Lampe, einem
Buche, oder einem Sporn, oder in weiblicher Figur: von
einem Bienenkorbe, einer Wollspindel oder einem Ameisen=
haufen umgeben;

die Arglist als eine menschliche Gestalt, die sich eine
Larve mit ernsten Zügen vor das Gesicht nimmt, einen Dolch
aber hinter dem Rücken hält. Ein Fuchs zur Seite, und ein
Scorpion, der unter einem Stein hervorkriecht, sind ihre be=
sonderen Attribute.

Die Arithmetik, personificirt dargestellt, ist kennbar
an einer Tafel voll Zahlen und an einem schrägen Kreuze in
einem Viereck. ⊠

Die Arzneikunde wird abgebildet als Aesculap (f.
S. 196), oder als Hygiea (S. 198), oder als Telesphorus
(S. 199) mit den Attributen derselben. — Die Wundarz=
neikunde erscheint in gleicher Gestalt, der das eine, oder das
andere bekannte chirurgische Instrument in die Hand gegeben
oder auf andere Art beigefügt ist.

Die Astronomie oder Sternkunde: mit falten=
reichem Gewande bekleidet, ist kennbar an einem Pergament,

auf dem das Planetensystem abgebildet ist, von einem Seh=
rohre und einer Himmelskugel begleitet.

Die Baukunst erscheint als eine griechisch gekleidete
Gestalt, die den Riß zu einem Gebäude auf einer Tafel ent=
wirft. Zirkel, Winkelmaß 2c. liegen ihr zur Seite;

die Bildhauerkunst hat Meißel und Hammer als At=
tribute, und die verstümmelte Bildsäule des Hercules (den be=
rühmten Torso des Michael Angelo) oder einen Kopf oder
ein Brustbild von Marmor neben sich.

Die Barmherzigkeit, d. h. Mildthätigkeit, Mitleiden,
wird als Weib, mit entblößter voller Brust, ein Kind zu sich
emporhebend, und einem andern eine Gabe darreichend, oder
ihm ein Gewand umwerfend, dargestellt;

die Bescheidenheit (Demuth) tritt auf ein Füll=
horn voll Ehrenzeichen oder Kleinodien, und hält einen Schild,
auf welchem eine gekrönte Person abgebildet ist, die einem
Bettler die Füße wäscht.

Die Beredtsamkeit, s. Redekunst.

Die Beständigkeit (Standhaftigkeit) lehnt sich an eine
Säule, oder trägt eine kleine Schale im Arm. Der Kubus
und der Würfel sind ihre Attribute.

Die Botanik oder Kräuterkunde führt, wenn sie als
allegorische Person erscheint, ein aufgeschlagenes Herbarium
als unterscheidendes Kennzeichen.

Die Buchdruckerkunst aber hat zu Attributen eine
Tafel voll gesetzter Schrift, oder auch die beiden Ballen, mit
denen früher die Buchstaben geschwärzt wurden, oder eine
Buchdruckpresse. Ihr Symbol ist der Greif.

Die Chemie oder Scheidekunst wird durch die dazu
nöthigen Werkzeuge: einen kleinen Ofen mit Destillirkolben
und einer Retorte, oder Schmelztiegel und rohe Erze 2c. dar=
gestellt.

Die Dankbarkeit hält eine Opferschale, und neben ihr
steht ein Storch, von dem man fabelt, daß er sich durch mitge-
brachte Gaben seinen Beschützern dankbar beweise.

Die Dichtkunst wird durch das Bildniß Apollons (s.
S. 113) oder auch einer Muse, je nach der Art der Dichtung,
Kalliope, Melpomene, Erato oder Thalia dargestellt. Leier
und Lorbeerkranz sind ihre Kennzeichen, und öfters liegen auch
die Werke der berühmtesten Dichter des Alterthums, oder es
hängen deren Bildnisse um sie her.

Die Duldung oder Toleranz erscheint mit einem
Schilde, womit sie Kinder schirmt, welche die Religionsbücher
oder andere Zeichen verschiedener Glaubensfecten in Händen
haben. Auf dem Schilde ist das Bild der Sonne befindlich,
die allen Religionsgenossen leuchtet.

Ecloge, s. Idylle.

Die Eintracht hält ein Bündel Pfeile in der Hand.
Auch sind mit Oelzweigen umwundene Heroldsstäbe oder römische Fasces, so wie zusammengeschlungene Fruchthörner und
vereinte Hände der Eintracht Symbole.

Die Eitelkeit trägt als weibliche Gestalt einen Kopf-
putz von Pfauenfedern, ist reich geschmückt, und betrachtet ihr
eignes Bild wohlgefällig in einem Spiegel.

Die Elegie erscheint ebenso neben einer Urne oder einem
Grabmal, auch wohl unter einer Thränenweide, mit gelöstem,
herabhängendem Haar, eine Leier oder ein Thränentuch haltend. Allein gestellt, ohne jene Umgebungen, würde dieselbe,
durch die um sie her liegenden Werke des Tibullus, Ovidius
und Propertius kennbar bezeichnet sein.

Die vier Elemente findet man verschieden dargestellt.
Die Erde nämlich unter der Gestalt der Rhea (s. S. 39) im
gelben Gewande, auf dem Haupt eine Mauerkrone, ein Füllhorn voll Blumen, Früchte, Aehren ꝛc. in der Hand, einen Löwen neben ihr. Die Göttin schüttet ihr Füllhorn über die

Erde aus; das Wasser unter dem Bilde einer Najade, im meergrünen Gewande, mit Schilf bekränzt, eine Urne auf der Schulter tragend, aus der ein Quell hervorrieselt, und ein Netz voll Fische oder ein Ruder haltend; — die Luft aber unter der Gestalt der Here (Juno), der Beherrscherin der Luft (s. S. 48), im azurfarbenen Gewande, das ihr — wie vom Winde bewegt — von der Schulter herabwallt; — das Feuer endlich unter dem Bilde der Vesta (s. S. 84), jedoch im rothen Gewande, ein Gefäß haltend, aus dem Flammen emporlodern. — Auch Genien mit passenden Symbolen: und zwar Schmetterlinge und Vögel die Luft, Hammer und Ambos das Feuer, mancherlei Früchte die Erde, und Netze oder Fische das Wasser bezeichnend — und sogar auch Thiere, z. B. ein Löwe, ein Adler, ein Delphin und der fabelhafte Vogel Phönix, zur Bezeichnung der Erde, werden von Künstlern zu allegorischen Darstellungen der vier Elemente benutzt.

Die Epopöe (Heldengedicht) erscheint unter dem Bilde der Kalliope (s. S. 174), eine mit Lorbeer umwundene Trompete haltend, und das Bildniß Homers oder Virgils betrachtend, deren Werke ihr auch zuweilen zur Seite liegen.

Die Ehre trägt als Göttin einen Sternenkranz, oder hält Lorbeerkränze, oder ein Schwert, oder ein Buch mit Lorbeer umwunden in den Händen.

Die Erdbeschreibung wird an einer Erdkugel oder Landcharte erkannt. Neben ihr liegen auch wohl die Werke des Strabo.

Das Erstaunen erscheint als ernste Gestalt, mit ausgestrecktem Arm, während der Körper mäßig zurückgebogen ist, mit aufwärts gerichtetem Blick.

Die Ewigkeit, in menschlicher Gestalt, hat einen Sternenkranz über dem Haupte, oder sie wird auch als ein geflügelter Genius dargestellt, eine in einen Zirkel gekrümmte Schlange haltend, — das Bild der Ewigkeit bei den Aegyptern.

Die Fabel trägt ein mit Figuren geziertes Gewand und das Bildniß der Sphinx, so wie die Werke des Aesopus und Phädrus umgeben sie.

Der Fleiß, s. Arbeitsamkeit.

Fortuna, s. Glück.

Die Freigebigkeit hat die Gestalt eines Frauenzimmers, mit einem Füllhorn oder mit einer Münze in der Hand.

Die Freiheit trägt einen langen Stab, auf dem ein Hut — oder eine Art von Mütze — befindlich ist. Neben ihr liegt eine zerbrochene Kette, oder steht ein Palmbaum. Die Römer gaben einen solchen Hut den Sclaven, die freigelassen waren, und dabei zugleich einen leisen Schlag mit einem Stecken. Daher obige allegorische Bezeichnung der Freiheit.

Die Freude wird als ein lächelndes, junges, geflügeltes Mädchen, oder auch als ein geflügelter Genius, mit Blumen bekränzt, oder auf einem Stöckchen eine Schellenkappe tragend, dargestellt.

Die Freundschaft wird — außer zahlreichen andern Symbolen — auch unter dem Sinnbilde einer Ulme, um die sich Epheu schlingt, und bei den Alten besonders unter dem Bilde des Kastor und Pollux abgebildet.

Der Friede erscheint in Gestalt einer Göttin, einen Oelzweig in der Hand haltend. Sie setzt den Fuß auf eine Waffenrüstung, oder hält eine Fackel, mit der sie aufgehäufte Waffen anzündet, oder sie schließt den Janustempel, nach der Sitte der Römer, zu. Dieser letztere war bei den Römern, wie erzählt worden ist, nur dann verschlossen, wenn, was selten Statt fand, die Römer keinen Krieg führten. — Auch gilt ein Helm, über dem eine Spinne ihr Netz ausgebreitet hat, für ein Symbol dauernden Friedens.

Die Fröhlichkeit (der Scherz) wird wie die Freude abgebildet, oder als lächelnder Genius, mit einem Rosenkranz und einem Stabe mit Schellen versehen.

Die Fruchtbarkeit oder Fülle (der Ueberfluß) er=
scheint als Göttin, die ein umgekehrtes Füllhorn, daher Horn
des Ueberflusses (cornu copiae) in der einen Hand trägt, aus
dem schon einige Früchte mit Blumen fallen, in der andern
Hand einen Büschel Weizenähren hält.

Furcht und Schrecken werden abgebildet unter der
Gestalt eines jungen Mädchens in fliehender Stellung, neben
ihr ein Hase oder ein Kaninchen, — oder als ein Greis, den.
Körper — wie von Entsetzen ergriffen — rückwärts gewandt,
und mit gefalteten Händen.

Der Gartenbau erscheint unter der Gestalt des Ver=
tumnus (s. S. 146) und der Pomona (ebendas.). Werk=
zeuge des Ackerbaues, z. B. ein Gartenmesser, eine Harke, ein
Spaten ꝛc., ein Kranz von Früchten, oder ein Füllhorn
mit Gartenfrüchten zieren und umgeben die Gestalt jener
Gottheiten.

Das Gerücht (Fama) ist eine fliegende Gestalt, die eine
Trompete vor dem Munde hält.

Die Geduld wird als eine ehrwürdige Matrone mit
gesenktem Blicke dargestellt. Ihre Attribute sind ein Lamm
und ein Kreuz.

Der Geiz erscheint gewöhnlich in männlicher und zwar
sehr abgemagerter Gestalt, auf Geldsäcken sitzend, oder geschäf=
tig, dieselben zu verschließen. — Man findet auch den Tan=
talus (s. S. 71) als Sinnbild des Geizes gebraucht.

Die Geographie, s. Erdbeschreibung.

Die Geometrie (Meßkunst) erkennt man an verschie=
denen mathematischen Instrumenten und Rissen, so wie auch
an den Werken des Euklides, welche sie in den Händen hält,
oder von denen sie umgeben ist.

Die Gerechtigkeit hat die Gestalt der Themis (s.
S. 142), oder der Asträa (S. 44). Die Alten legten
ihr hellsehende Augen bei, neuere Künstler haben sie mit ver=

bunbenen Augen dargestellt, um ihre Unparteilichkeit zu be=
zeichnen.

Der Geschichte wird die Gestalt der Muse Klio ge=
geben, die sitzend schreibt, oder stehend eine Pergamentrolle
und einen Schreibegriffel in Händen hält. Die Werke des
Herodotus, Thucydides und Xenophon umgeben sie.

Das Geschick wird als Erinyen, Parzen oder Nemesis
dargestellt.

Die Gesundheit erscheint in Gestalt der Fortuna, indem
sie sitzend vor einem Altare, eine Schale auf letzteren ausgießt.
Am Altare windet sich eine Schlange empor.

Das Glück, oder die Göttin Fortuna oder Tyche (s.
S. 200) ward entweder geflügelt oder auch mit verbundenen
Augen — auf einer Kugel oder einem Rade stehend abgebildet,
um den schnellen Wechsel des Schicksals der Menschen anzu=
deuten. Es werden ihr auch als Attribute zwei Steuerruder
gegeben, weil man sich dachte, daß sie mit dem einen den
Nachen des unglücklichen, und mit dem andern den des glück=
lichen Geschickes der Sterblichen leite und lenke.

Die Großmuth findet man unter dem Sinnbilde eines
ruhenden Löwen dargestellt, um den eine Maus spielt.

Das Heil, s. Gesundheit.

Die Heuchelei hält sich eine schöne Larve vor das häß=
liche Gesicht.

Die Hoffart, s. Eitelkeit.

Die Hoffnung erscheint als edle, aber freundliche weib=
liche Gestalt, auf einen Anker gestützt, den Blick gen Himmel
gewandt. Man giebt ihr ein grünes Gewand mit Blumen
besetzt, und den blühenden Zweig eines Fruchtbaumes in die
Hand.

Das Jahr trägt als Göttin einen Blumenkranz auf dem
Haupte, in der rechten Hand eine Sichel und Aehren, und im
linken Arm ein Fruchthorn. Zu ihren Füßen steht eine Roh=

lenpfanne. Auch findet man dasselbe als geflügelten und bekränzten Genius mit Blumen und Früchten abgebildet.

Die vier Jahreszeiten erscheinen wie die Horen, als vier Jungfrauen, deren eine einen Blumen=, die andere einen Aehren=, die dritte einen Weintraubenkranz, die vierte aber ein Geflecht von Tannenzweigen trägt. Sind sie mit Leibgürteln versehen, so hat jede Jungfrau ein Zeichen des Thierkreises auf dem Gürtel; die Frühlingsgöttin nämlich den Stier, die Sommergöttin den Löwen, die Herbstgöttin den Scorpion, und die Wintergöttin den Wassermann. Wählt man zur allegorischen Darstellung der Jahreszeiten statt der Jungfrau einen Knaben, so werden diese mit ähnlichen Kränzen, wie jene, und zugleich in Kleidungen, welche den verschiedenen Jahreszeiten angemessen sind, abgebildet, oder die Knaben tragen ein Blumenkörbchen, eine Sichel, eine Weintraube, oder eine Kohlenpfanne in der Hand.

Die Idylle (Ecloge) hat als Kennzeichen die Rohrpfeife des Pan (s. S. 150), und ist mit Feldblumen bekränzt. Theokrits Werke liegen ihr zur Seite.

Die Ingenieur= (Kriegsbau=) Kunst als männliche Gestalt dargestellt, mit einer offenen Rolle in der Hand, auf welcher der Plan zu einer Festung gezeichnet ist.

Die Jugend erscheint unter der Gestalt der Hebe (s. S. 195) als junges, reizendes Mädchen im leichten Gewande, mit Rosen bekränzt, und eine Opferschale in der Hand haltend.

Die Kaufmannschaft deutet man durch das Bild des Hermes (Mercurius, s. S. 136) an, neben welchem Ballen von Waaren liegen, oder in dessen Umgebung auch ein Schiff sichtbar wird.

Die Keuschheit erscheint als sittsam verhüllte Jung=

frau im weißen Gewande, mit weißem Schleier, eine Lilie
haltend;

die Klugheit aber mit einem Spiegel in der Hand, in
welchem sie sieht, was hinter ihr befindlich ist. Der Stiel des
Spiegels ist mit einer Schlange, dem Symbol der Schlau=
heit oder Verschlagenheit, umwunden.

Die Komödie erhält das Bild der Muse Thalia (s.
S. 175).

Der Krieg wird unter dem Bilde des Mars (s. S. 88)
oder der Bellona (s. S. 206) dargestellt. Mars erscheint
auch wohl in dieser Beziehung, von einem Wolf begleitet, in
voller Waffenrüstung, oder auf einem Wagen, dem Bellona
voraneilt.

Die Kriegsbaukunst, s. Ingenieurkunst.

Der Kunstgeist erhält die Gestalt eines Jünglings, ein
Flämmchen auf dem Haupt, und in der Hand ein kleines
Bildniß der Isis (s. S. 321) haltend. Werkzeuge der schönen
Künste umgeben ihn.

Die Kupferstecherkunst ist kennbar an ihren At=
tributen: einer Radirnadel, einem Grabstichel und einer
Kupferplatte.

Die Liebe wird in ihren verschiedenen Erscheinungen
verschieden abgebildet. Nämlich:

Die Elternliebe erscheint unter dem Bilde einer Mut=
ter, die einen Säugling nährt, und ein anderes neben ihr
stehendes Kind zärtlich an sich drückt; aber auch wohl unter
dem Symbol eines Pelikans, von dem die Fabel erzählt, daß
er sich mit seinem Schnabel die Brust aufritze, um seine
Jungen mit seinem Blute zu nähren.

Die Gattenliebe erhält zwei verbundene Herzen und
zwei Tauben und eine brennende Hochzeitfackel zu Symbolen.
Trauernde Gattenliebe wird durch eine verschleierte Frauen-

gestalt, die an einer Urne weint, dargestellt. Neben ihr liegt eine ausgelöschte Fackel.

Geschwisterliebe wird in Beziehung auf Schwestern gewöhnlich durch einen Schild, einen Altar oder ein Opfergefäß bezeichnet, an dem die drei umschlungenen Grazien abgebildet sind, in Beziehung auf Brüder aber durch zwei sich umarmende Knaben, mit Sternen auf ihrem Helme, als Kastor und Pollux (s. S. 275).

Kindliche Liebe erscheint unter dem Bilde des Aeneas (s. S. 307), der seinen alten Vater Anchises aus der brennenden Stadt Troia trägt; — oder unter dem Bilde eines jungen Weibes, die einen Greis an ihrer Brust nährt (auf welche Art, nach der Erzählung eines römischen Schriftstellers, eine edle Tochter ihrem zum Hungertode verurtheilten alten Vater — die Pero dem Cimon — das Leben erhalten haben soll), oder endlich unter dem Bilde eines an einem Altar opfernden Kindes.

Die Mäßigkeit hat als Symbol einen Zaum am Arme hängen, ein kleines Trinkgefäß in der Hand, und neben sich ein Brot.

Die Malerkunst ist kennbar an Farbenbrett und Pinsel. Sie steht neben der Bildsäule der Isis, oder hält eine Abbildung dieser Göttin in der Hand. Um den Hals trägt sie eine goldene Kette, an der eine kleine Larve hängt. Brustbildnisse der größten Meister der Kunst umgeben sie auch wohl.

Die Meßkunst, s. Geometrie.

Mildthätigkeit, Mitleiden, s. Barmherzigkeit.

Die zwölf Monate des Jahres werden gewöhnlich personificirt durch Genien, welche mit Gegenständen des Landbaues nach den verschiedenen Zeiten, in denen man sie zu vollbringen pflegt, beschäftigt sind. Passende Bilder des Thierkreises werden hinzugefügt, die entweder den Genien zur Seite befindlich, oder auf Schilden abgebildet sind, welche die Genien in den Händen tragen, oder auf den Gürteln sich befinden, womit jene angethan sind.

Die Nacht erscheint als ernste Frau im dunklen Gewande, welches entweder an sich, oder doch der Schleier, den sie trägt, mit Sternen besäet ist, eine umgewendete Fackel in den Händen. Wenn sie fahrend dargestellt wird, so ziehen schwarze Rosse oder auch Nachteulen ihren Wagen, und dann fliegt auch wohl ein Genius vor ihr her, welcher entweder Thau aus einem Sprenggefäße gießt, oder aus einem Horn mancherlei Traumgestalten ausschüttet. (S. S. 212 Nyx oder Nox.)

Die Natur wird als Göttin Isis so abgebildet, wie solches S. 321 beschrieben worden ist.

Die Naturlehre (Physik) wird in einem nämlichen Bilde dargestellt, von Genien umgeben, die sich gleichsam unter ihren Augen, mit Gegenständen beschäftigen, welche zur Naturforschung gehören.

Der Neid (die Mißgunst) erscheint als ein altes häßliches Weib mit schielenden Augen und Schlangenhaaren, die sich mit den Zähnen in ihr eigenes Fleisch beißt.

Nemesis, s. Strafe.

Die Ode wird als eine der Musen: Urania, Kalliope, Erato und Thalia (s. S. 175 fg.), oder als eine Jungfrau von hoher Gestalt abgebildet, welche einen Sternenkranz auf dem Haupte, eine Leier in der einen Hand und in der andern eine Schale — oder auch einen Jocusstab — hält. Manchmal werden ihr auch noch Werke altberühmter Odendichter, z. B. aus dem Alterthum Pindar, als besondere Kennzeichen beigegeben.

Die Philosophie wird als weibliche Gestalt, als Minerva mit der Eule zur Seite, oder auch als sitzende weibliche Gestalt in langem, weitem Gewande mit den Werken des Plato und Aristoteles, oder auch mit Sternenkranz und Scepter, ein offenes Buch in der Hand, oder das Brustbild des Sokrates betrachtend, dargestellt.

Physik, s. Naturlehre.

Die **Plauderhaftigkeit** (Schwaßhaftigkeit) ist kennbar an der schnatternden Gans zu ihrer Seite und dem Papagei auf der Schulter, und hält ein Gefäß, aus dem auf allen Seiten Wasser strömt.

Der **Prägekunst** als menschlicher Gestalt werden als Attribute ein Stempel und eine Schaumünze gegeben. Neben ihr liegen aber einige zum Graviren nöthige Instrumente. Auch mit einer Waage in der rechten Hand, und im linken Arm ein Füllhorn voll Münzen haltend, wird die Prägekunst abgebildet.

Die **Rechnenkunst,** s. Arithmetik.

Die **Rechtsgelahrtheit** erhält die Gestalt der Themis (s. S. 142); die Pandekten oder auch Werke berühmter Rechtsgelehrter liegen ihr zur Seite.

Der **Redekunst** (Beredtsamkeit) wird die Gestalt der Polyhymnia (s. S. 175) gegeben, welche die rechte Hand rednerisch emporgehoben hat, und in der linken eine Pergamentrolle hält. Die Bildsäule des Perikles steht ihr öfters zur Seite, auch wird ihr ein Donnerkeil in die Hand gegeben, und Werke des Demosthenes, Cicero u. s. w. liegen neben ihr.

Die **drei Reiche der Natur** stellt man entweder als drei Genien vor, welche sich mit Thieren, Pflanzen und Mineralien beschäftigen, oder als eine Göttin, welche in dem einen Arm ein Gefäß voll Mineralien, in dem andern ein Füllhorn mit Früchten hält, und zu deren Füßen ein Löwe und ein Delphin liegen.

Der **Reichthum** wird als Gott Plutus (s. S. 65 fg.), blind oder hinkend, oder auch mit Flügeln an den Füßen abgebildet, oder er erscheint als von der Glücksgöttin getragen, und hat manchmal ein Füllhorn mit Gold, oder volle Geldbeutel als Attribute.

Die Religion, und zwar die christliche, hat zu Kenn= zeichen ein Kreuz, einen Kelch und ein Buch mit gekreuzten Palmzweigen: bezeichnet mit dem griechischen Anfangsbuch= staben des Namens Christus; die mosaische Religion dagegen die Gesetztafeln des Moses, und die Religion der Muhame= daner den Koran. Als Sinnbild der Letztern trägt die ernste weibliche Gestalt dann auf dem Haupte einen türkischen Bund mit dem Zeichen des halben Mondes.

Die Religionsduldung oder Toleranz, s. Duldung.

Roma (Rom) wurde zur Zeit ihrer Größe zu einer ver= götterten, personificirten Stadt erhoben. — Augustus weihte ihr einen Tempel. Sie wird dargestellt in langem Gewande, anschließendem Helme und bewaffnet.

Der Ruhm erscheint als geflügelter, bekränzter Genius, eine mit Lorbeern umwundene Tuba haltend;

die Satyre dagegen mit einer mit Lorbeern gezierten Geißel in den Händen, oder mit einem Scepter, auf welchem statt des Knopfes ein Satyrkopf zu sehen ist. Werke des Per= sius, Juvenalis, Horatius ꝛc. umgeben sie.

Die Sanftmuth wird als eine freundliche Göttin dar= gestellt, welche einen Löwen an einem Zaume hält.

Die Schauspielkunst (das Drama) hält eine tragische und komische Maske in der linken, Dolch und Jocusstab in der rechten Hand.

Die Scheidekunst, s. Chemie.

Der Scherz, s. Fröhlichkeit.

Die Schiffskunst und Schiffbaukunst hält (erstere) einen Kompaß und ein Steuerruder — und neben ihr ist der Schnabel eines Schiffes zu sehen, — letztere aber trägt das Modell eines Schiffes auf der Hand.

Der Schlaf hat die Gestalt eines geflügelten Jünglings oder Knaben in sitzender oder liegender Stellung; Mohnköpfe oder auch ein bleiernes Scepter in der Hand haltend. Findet man ihn sich auf einen Löwen stützend, oder auf einer Löwenhaut ruhend, so soll dies die Idee: daß der Schlaf Alles bezwinge, ausdrücken, und hat man eine Eidechse ihm zur Seite gestellt, so ist auf die Fabel Bezug genommen, daß dieses Thier den schlafenden Menschen bewachen, und ihn wecken soll, wenn eine Schlange sich naht. (Siehe S. 213, Hypnos oder Somnus.)

Die Schönheit erscheint unter dem Bilde der Venus (f. S. 287), den goldenen Apfel, vom Paris ihr zugestanden, in der Hand.

Das Schrecken, f. Furcht.

Die Seele erscheint unter der Gestalt der Psyche (f. S. 183).

Der Sieg (Victoria, f. S. 201) wird auf einer Kugel stehend, geflügelt, einen Palmzweig oder Lorbeerkranz haltend, abgebildet, und erhält als Attribute entweder eine vollständige Waffenrüstung oder Schiffsschnäbel neben sich, oder eine Mauerkrone oder eine Graskrone, durch welche Zeichen ein Seesieg, ein Landsieg, oder die Entsetzung und rühmliche Vertheidigung einer belagerten Stadt angedeutet werden soll. Man findet ihn auch auf einem Wagen abgebildet, welchen geflügelte Rosse ziehen.

Die fünf Sinne stellt man als Kinder oder auch als Erwachsene beiderlei Geschlechts dar, welche einen ihrer Sinne auf eine hervorstechende Weise — jedoch meistentheils angenehm — beschäftigen, und fügt ihnen auch wohl ein Thier bei, von dem bekannt, daß ihm einer der fünf Sinne im besondern Grade eigen ist, wie z. B. einen Hasen wegen seines scharfen Gehörs, eine Biene wegen ihres feinen Geschmacks ꝛc.

Der Spott (oder die Tadelsucht) erhält die Gestalt des Momus (f. S. 214), d. h. eines alten hagern Mannes mit einem Satyrgesicht und einer Schellenkappe, eine Tafel betrachtend, auf der ein Mensch, ein Haus ꝛc. abgebildet ist. Auch findet man die Tadelsucht unter dem Bilde eines Frauenzimmers mit hohnlächelnder Miene dargestellt, welches den Mittelfinger der rechten Hand — bei den Römern ein Zeichen der Verhöhnung — ausgestreckt hat.

Die Standhaftigkeit, f. Beständigkeit.

Die Sternkunde, f. Astronomie.

Die göttliche Strafe für ungerechte Thaten wird in den Gestalten der Erinyen (bei den Griechen), und der Larven (bei den Römern) bildlich dargestellt.

Die Tadelsucht, f. Spott.

Den Tag bildet man als Sonnengott Apollon (f. S. 109) ab, einen Lichtschein um das Haupt, und einen Köcher mit Pfeilen — welche Sonnenstrahlen andeuten sollen — auf dem Rücken; manchmal auch stehend auf einem Wagen von vier lichtweißen Rossen gezogen.

Die sieben Tage der Woche erhalten die Gestalt der sieben Götter, deren Namen man zuerst den sieben Weltkörpern, der Sonne, dem Monde und fünf Planeten, hiernächst aber bei den Römern den sieben Tagen der Woche beilegte, Namen, welche in neuern Sprachen beibehalten oder nachgeahmt worden sind, als: Sonntag, Apollon; Montag, Diana (Luna); Dienstag, Mars; Mittwoch, Mercur; Donnerstag, Jupiter; Freitag, Venus; Sonnabend, Saturnus. Auch durch sieben Genien, welche bekannte Zeichen jener Gottheiten tragen und halten, können die sieben Tage der Woche angedeutet werden. Eben so erhalten die Tageszeiten meistens Bilder passender Gottheiten; der Morgen nämlich das Bild der Aurora (f. S. 178), der Mittag das des Sonnengottes Apollon (f. S. 109), der Abend das des Lucifer (Hes-

perus, f. S. 178), und die Nacht das bereits f. Artifel Nacht
angegebene Bild.

Die Tanzkunst erscheint unter dem Bilde der Muse
Terpsichore (f. S. 176), und hat öfters ein aufgerolltes Pergament zur Seite, auf welchem die Touren eines Tanzes gezeichnet stehen.

Die Tapferkeit trägt Schwert und Keule in der Hand,
und hat neben sich einen Löwen, oder eine Löwenhaut liegt zu
ihren Füßen.

Die vier Temperamente werden, und zwar 1) das
cholerische, als zorniger Mann mit gezücktem Schwert, oder
die Hand an das Schwert gelegt, neben ihm ein welscher Hahn;
2) das phlegmatische, als ein dicker Mann, die Nachtmütze
auf dem Kopf, im zerrissenen Gewande auf einem Polster ruhend, und an seiner Seite eine Schildkröte; das sangui-
nische, als froher Jüngling, nachlässig gekleidet, mit Blumen
bekränzt, eine Trinkschale haltend, neben ihm Maske, Würfel ꝛc., und ein Schmetterling auf einer Rose sitzend; und endlich 4) das melancholische Temperament, als bejahrter
Mann, schwermüthig den Kopf in den Arm gestützt, neben dem
ein Dolch liegt, und um den her Fledermäuse flattern.

Der Tod, f. den Artifel Thanatos oder Mors, S. 215.

Die Toleranz oder Religionsduldung, f. Duldung.

Die Tonkunst wird unter dem Bilde der Muse Euterpe
(f. S. 175) dargestellt, und musikalische Instrumente und
Notenblätter werden ihr zu Attributen gegeben.

Die Träume erhalten die verschiedenen Gestalten, unter
welchen Morpheus (f. S. 214) abgebildet wird.

Die Tragödie stellt man unter dem Bilde der Muse
Melpomene (f. S. 174) dar, giebt ihr Dolch, Krone und Larve
in die Hände, und zur Seite die Werfe des Sophokles und
Euripides.

Die Treue erscheint in weißem, fleckenlosem Gewande, einen Schlüssel in der Hand, und neben ihr ein Hund.

Der Ueberfluß, s. Fruchtbarkeit.

Die Unbeständigkeit ist kennbar am bunten Gewande, an der Wetterfahne und einem Chamäleon zu ihrer Seite.

Die Ungerechtigkeit wird als mit dem Fuße auf die Waagschale und Augenbinde der Themis tretend, und ein Schwert in der Hand dargestellt.

Die Unschuld erscheint eben so wie die Keuschheit abgebildet, erhält aber zum Symbol noch ein Lämmchen.

Der Vaterlandsliebe wird gewöhnlich das Bild des Römers M. Curtius gegeben, der sich, gerüstet mit seinem Rosse in einen tiefen Abgrund stürzt, um die auf Rom erzürnten Götter durch dieses Selbstopfer zu versöhnen.

Die Verschwiegenheit erhält die Gestalt des Harpokrates oder Sigalion (s. S. 324).

Die Verleumdung ist an der dreigespitzten Schlangenzunge kennbar, welche sie — in der Gestalt eines Weibes erscheinend — hinter einem Schleier zu verbergen sucht, der aber das Gesicht nicht ganz bedeckt.

Die Verzweiflung erkennt man an einem zerbrochenen Anker, und an dem Dolch, welchen sie gegen die eigene Brust wendet.

Die Viehzucht wird durch das Bild des Pan (s. S. 150) bezeichnet, neben dem ein Schaf, eine Ziege 2c. steht.

Die Wachsamkeit hat als Attribut einen Kranich neben sich, auf Einem Bein stehend, und einen Stein in der aufgehobenen Klaue haltend.

Die Wahrheit erscheint unbekleidet, das Bildniß der Sonne vor der Brust, oder auch als das verschleierte Bild der Neitha der Aegypter (s. S. 329).

Die Weisheit wird dargestellt in dem Bilde der Minerva (s. S. 102), welche den Schild mit dem Medusenhaupte, und öfters auch einen Helm mit dem Bildnisse der Sphinx trägt. Eine Eule steht ihr zur Seite.

Den Weinbau stellt man unter dem Bilde des Bacchus dar (s. S. 132).

Die Welttheile werden weiblich, und zwar: Europa unter dem Bilde Minerva's, Asien kennbar an dem Halb= monde, Afrika als Negerin, und Amerika mit einem Haupt= schmuck und Leibschurz von Federn geziert, abgebildet, und den letzten drei Gestalten ein Kameel, ein Elephant oder Löwe, und ein Greifgeier (oder Kondor) als Symbol zur Seite gestellt.

Der Witz erscheint als Jüngling von schlauem Ansehn, einen Jocusstab in der einen, und in der andern Hand einen Wurfpfeil. Neben ihm befindet sich eine Sphinx.

Die Zeichnenkunst hat die Gestalt eines geflügelten Jünglings, eine Zeichnung und Zeichnenfeder in den Händen. Eine Tafel mit Zeichnungen steht ihm zur Seite.

Die Zeit erhält das Bild des Kronos (s. S. 35) und des Saturnus (s. S. 38).

Der Zorn wird in männlicher oder weiblicher Gestalt ab= gebildet, mit drohenden Mienen, Dolch und Fackel in den Händen, zuweilen auch mit Schlangenhaaren versehen.

Auf ähnliche Weise lassen sich auch noch zahlreiche andere Verstandesbegriffe durch sinnvolle Benutzung des Stoffes sym= bolisch darstellen, welchen die Mythologie dazu den Künstlern darbietet.

Register.

(Die fett gedruckten Zahlen im folgenden Register weisen auf die Abbildungen oder die Seitenzahl hin, wo der betreffende Gegenstand die nähere Erläuterung fand, während die anderen nicht fett gedruckten Zahlen angeben, wo mehr oder minder nur Beziehungen darauf vorkommen.)

A.

	Seite
Abas	231
Abderos	262
Abobas	99
Abretanos	52
Absyrtos	278
Achäos	118. 228. 249
Acheron	69
Acheloïden	164
Acheloos	164. 166. 266
Achill, Achilles, Achilleus	70. 94. 292 ff.
Abiljas	358
Abithas	365
Admete	263
Admetos	116. 264. 273. 275
Abonäa, Abonias	99
Abonis	98 f. 101
Abrastea, s. Nemesis.	
Abrastos	232. 282 f.
Abulta, Abultus	53
Aeakos	73
Aeëtes	278
Aegeus	249. 251. 268. 279
Aegina	235
Aegipane	152
Aegis	94. 103. 104. 106. 211

	Seite
Aegisthos	255. 308 f.
Aegle	119. 172
Aegyptos	280
Aegyptiaden	281
Ael	347
Aëllo	210
Aeneas	99. 288. 307
Aeolos	60. 118. 180 ff. 228. 235. 274. 311.
Aesculaplus, s. Asklepios.	
Aeson	274
Aether	25. 212
Aethra	268. 269
Agamemnon	127. 208. 254 f. 289 ff. 293.
Aganippe	172 f.
Agathodämon	217
Agaue	238 f.
Agenor	230. 236. 240
Aglaia	193 f.
Aglauros	
Agrotera	
Ais, Aïdes, Aïdoneus, s.	
Aias, Telamon's Sohn	300.
Aias, Oileus' Sohn	
Akrisios	231 f.
Aktaie	

	Seite
Aktäon	128. 238
Aktäos	248. 256
Alaguni	359
Alb	344
Alcimede	274
Alekto	34. 209
Alexandros	287
Ali, Wali	344 f.
Alkäos	234
Alkestis	264
Alkide	256
Alkinoos	312
Alkippe	247
Alkmäon	283
Alkmene 46. 54. 234. 250.	256 f.
Allvater	343
Alope	60
Alpheios	106
Alseiden, f. Nymphen.	
Alswidr	339
Althäa	191. 273
Amalthea	35. 43
Amathusia	98
Amazonen	236. 202. 271
Amenthes	321
Ammon, griech., f. Zeus.	
Ammon, Amun, ägypt. 318.	320
Amor, f. Eros.	
Amphiaraos	232. 265. 282 f.
Amphion 117. 140. 240 f. 244.	
252. 271 f.	
Amphitrite	60 f. 64. 161 f.
Amphitryon, Amphitruo 234.	258
Amyklas	120
Amykos	277
Amymone	59. 231
Anadyomene	97
Ananke, f. Fatum.	
Anchesmios	42
Anchises	99. 288
Anchirrhoë	230
Ancile	91
Andregeos	251
Andromache	299. 307
Andromeda	233 f. 254
Angiras	359
Antäos	273
Antäos	60. 263

	Seite
Anteia	235
Anteros	99. 185
Antigone	242. 281
Antiope 117. 236. 239 f. 272.	
Anubis	317. 327 f.
Aoide	172
Apaturien	96
Apeliotes	182
Aphareus	290
Aphrodite, Venus 27. 46. 55.	
89. 94. 96. 97 ff. 125. 139.	
140. 144. 176. 180. 184. 190.	
193. 215. 227. 238. 276. 287.	
Abbild. V u. XI.	
Apis, Mnevis . 319 f. 322 f.	
Apollon, Apollo 8. 22 f. 27. 46.	
51. 72. 85. 109 ff. 126. 138 f.	
150. 173. 190. 208 f. 241.	
243. 249. 297.	
Abbild. VI.	
Apsaras	366
Archemoros	284
Areopagos	90
Ares, Mars 27. 45. 87. 88 f.	
94. 100. 139. 152. 184. 206.	
235. 237 f. 247. 278. 282. 300.	
Abbild. V. u. XI.	
Arethusa	166. 172
Arges	33
Argo	63. 275
Argonauten 60. 104. 165. 210.	
224. 229. 243 f. 245. 274 ff.	
Argos	139. 230
Argostödter	140
Ariadne 134. 191. 250. 270.	
Arion	60. 286.
Aristäos	238
Arsinoë	99
Artemis, Diana 27. 46. 72. 107.	
117. 123 ff. 166. 238. 241.	
260. 273.	
Abbild. VII. VIII. IX.	
Arori, Arouris, f. Horus.	
Arun	365
Arvalbrüder	313
Arwakr	339
Asen	342 f.
Asenpferde	346

Seite

Asgard, Asenheim . 347. 351
Asi 341
Askanios 99
Asklepieen 197
Asklepios, Aesculapius 113. 116.
     118. 196 f. 245.
     Abbild. XV.
Asopos . . . 166. 235. 239
Asor 366
Assur, f. Aswarna.
Astarte 97
Asterie 78
Asträa, f. Dike.
Asträos . . . 178. 182. 243
Asthanar 299
Aswarna, Assur . . . 366
Aswin, Aswinen . . 358. 365
Atalante 273. 282
Ate 207
Athamas . . 163. 238. 275
Athene, Pallas, Minerva 8. 45.
     55. 59. 88. 95 f. 99. 102 f.
     125. 201. 211. 225. 227. 233.
     236 f. 287
     Abbild. VI.
Athor 316
Atlantiden, f. Nymphen.
Atlas 65. 136. 171. 225. 233.
     262
Atreus . . . . . . 253 f.
Atrl 359
Atropos . . 187. 203. 273
Attimabach 359
Attys 40
Audhumbla 337
Audhr, f. Ubr.
Augias 260
Auloniaden, f. Nymphen.
Aura 179
Aurora, f. Eos.
Austri 338
Autonoë 238
Auro 139
Avaboutos 357
Avernischer See . . 70. 79
Awani Acton 360
Awataras 359

Seite

B.

Babys, Bebon, f. Typhon.
Bacchanalien 135
Bacchantinnen, Baccha . 134
Baiban 368
Balnier 361
Bakchos, Bacchus, f. Dionysos.
Balbur . . . . . . 345 f.
Basmagut 368
Bassaridrn 134
Battos 140
Baucis . . . . . . 47 f.
Behra 367
Bellerophon 178. 224. 235 ff.
Bellona, f. Enyo.
Bellonarii 207
Belos 230. 236
Belstu, Bestla . . 337. 350
Bergelmir 338
Bhawani 362
Bhitschu 361
Bhowerlof 367
Bhrigu 359
Bhulof, Bhurlof . . . 367
Bhumasser . . . 360. 367
Bhut 368
— Akasch 368
— Atma 368
Bhuta, Butta 366
Bian 368
Bias 232
Bifröst 341
Bifrons 147
Bil 339
Bobuns 367
Bilthore 338
Böotos 60
Bör . . . 337. 341. 350
Boreas 145. 178. 182 f. 210.
     215. 248
     Abbild. XXIII.
Bragi 345
Brama . . . . . . 358 ff.
Bramapatnam . . . 359
Bramen 359
Braminen 361
Brauronia 123

Seite

Brauronien 126
Briareus 33. 64
Briseïs . . . . . 296 f.
Britomartis . . . 123. 131
Brontes 33
Bubastis 329
Buddha 363
Buddhaïsmus 363
Buri 337
Busiris 264
Buto 316
Butta, f. Bhuta.

C.

Cäsia 106
Camönen 172
Canens 153
Capella 43
Centauren, Kentauren 245. 266.
271
Abbild. XXII.
Centimanen, f. Hekatoncheiren.
Ceres, f. Demeter.
Chalkeen 96
Chaos . . . 24 f. 184. 212
Chariten, Grazien 46. 55. 125.
176. 192 f. 227
Abbild. XXII.
Charitesien 194
Charon 69
Cheiron, Chiron 245. 274. 294
Chelone 45
Chimäre 236
Chiron, f. Cheiron.
Chloris, Flora . . 145. 183
Chryseïs . . . . . 296 f.
Chryses 296
Chrysippos 254
Chthonia 247
Citharödus . . . 113. 114
Cölus, f. Uranos.
Computalien 219
Cupido, f. Eros.
Cyparissus 157
Cythere, Cytherea . . 98

D.

Dädalos . . . . 251 f.
Dag . . . . . . 339 f.

Seite

Dakscha 359
Damastes 269
Dambam 362
Dämon, Dämonen 159. 216 f.
Danaë . . . . . . 232 f.
Danaiden . . . 71. 230 f.
Danaos . . . 59. 72. 230 f.
Danawas 366
Danbasuren 366
Danu 366
Danufobi 367
Daphne 127
Daphnia 123
Dardanos 196
Dariba . . . . . 366 f.
Deïanira . . . 266 f. 273
Deïdamia 292
Deimos 92
Deino 211
Driphobe 117
Driphobos 304
Delia 123
Delien 121. 272
Delios 109
Dellingr 340
Delphinia 123
Delphinien 121
Delphinischer Apollon . 121
Delphinien 121
Demeter, Deo, Ceres 11. 27. 35.
39. 42. 46. 58. 60. 67. 75 f.
79 ff. 164
Abbild. IV.
Deo, f. Demeter.
Despoina 123
Deukalion . . 44. 228. 274
Dewas 357
Dewetas 366
Dia 195
Diana, f. Artemis.
Dike, Asträa 44 f. 142. 145. 205
Diktynna . . . 123. 131
Diktys 233
Diomedes 88. 107. 261. 301.
304. 307
Dione 46. 98
Dionea 98
Dionysos, Bakchos, Bacchus 21.

Seite

30. 42. 46. 58. 93 f. 97. 132 ff.
150. 155. 159. 190. 238. 271.
284
Abbild. VII.
Dioskuren . . . . . 288 f.
Dirke 280
Dis 65
Discordia, f. Eris.
Dithyrambos . . . . 132 f.
Dodona 42. 49
Dodonäos 42
Dodoniden, f. Nymphen.
Dökalfar, Dunkelelfen . . 344
Donar, f. Thor.
Doriden 161
Doris 65. 161
Doros 118. 228
Dryaden, f. Nymphen.
Dschainas 365
Dynamene 162

E.

Eber, erymantischer . . . 260
— kalydonischer 89. 127. 224.
229. 272 ff.
Echidna 330
Echion 239
Echo . . . . . . 170 f.
Edda 335
Eileithyia, Ilithya, Eleutho 125
Einheriar 348
Eirene, Par . . . 145. 202
Eleutho, f. Eileithyia.
Elben, Elfen 344
Elektra . . . 177. 210. 308
Elektryon 234
Eleusinische Geheimnisse, f. My-
sterien.
Eliwagar 336
Elysion . . . 71. 216. 223
Embla 341
Endymion . . . 129. 213
Enkelados 104
Enyo, Bellona 89. 92. 206. 211
Eos, Aurora . 178. 182. 302
Abbild. XIII.
Epaphos 118. 230
Epeios 304

Seite

Ephesische Artemis . . 129 f.
Abbild. VIII.
Epigonen 286
Epimetheus . . 225. 227 f.
Epione 198
Epopeus 240
Epopten 315
Erato 162. 175
Abbild. XXI.
Erebos . . 25. 68. 202. 212
Erechtheus . . . 247. 268
Ergane 106
Erichthonios . . 96. 105. 247
Erinyen, Erinnyen, Eumeni-
den, Semnai, Furien 34. 60.
205. 208 f. 220. 284. 309
Eriphyle 283
Eris, Discordia 89. 205. 287.
Eros, Amor, Cupido 25. 98 f.
183 f.
Abbild. XI.
Erotidien 185
Erytheis 172
Eteokles . . . 242. 281 ff.
Eteoklos . . . 232. 282
Euamerion 200
Eumeniden, f. Erinyen.
Eumolpos 82. 247
Eumolpiden 82
Euneike 162
Euneos 276. 284
Eunomia 145
Euphrosyne 194
Europa . . . 236 f. 249 f.
Euros . . . . 178. 181 f.
Abbild. XXIII.
Euryale 210
Eurydike . . 168. 232. 243
Eurynome . . 46. 193. 208
Euryphylos 303
Eurytheus . . . . 254 ff.
Eurytos 266
Euterpe 175
Abbild. XX.
Evan 132
Evius 132

Seite

F.

Fakirs 357
Fallhofner 346
Fama, f. Pheme.
Fatua, f. Fauna.
Fatuus, f. Faunus.
Fatuen 155
Fatum . . . . 44 f. 202
Fauna, Fatua 153. 154 f. 158
Faunalien 153
Faune 134
Faunus, Fatuus 152 f. 157
Februationen 73
Februus 85
Feen 155
Fetifchismus 331
Flora, f. Chloris.
Flußgötter 166
Folfwang 347
Forfeti 345
Fortuna, f. Tyche.
Freyr . . . 344. 345. 347
Freyja, Freya, Frlia, Frua,
  Frigg . . . 345. 353 f.
Frigge, Fricka . 345 ff. 352 ff.
Fulla, Volla 345
Furien, f. Erinyen.

G.

Gäa, Ge, Tellus, Terra 25. 32 f.
  35 f. 40. 60. 83. 96. 142. 161.
                 246 f. 264
Galanthis 54
Galatea 161
Galaraure 169
Galene 162
Galli 41
Gamelia 53
Ganefa Pulear . . . 365
Ganglat 349
Ganglöt 349
Ganymeda 195
Ganymedes 196
            Abbild. XI.
Gedjemugafchurin . . 366 f.
Gefion 345
Geheimdienfte, f. Mysterien.

Seite

Gelanor 230
Geminus 147
Genien, f. Dämonen.
Gerda 345
Geryon 262
Ghanbarwas 366
Giganten 25. 34. 36. 43. 57.
                 68. 104. 128
Gjel 346
Ginnungagab 336
Giöll 350
Giöllbrücke 346
Glaabsheim 347
Gladr 346
Glaufe 162. 279
Glaufopis 106
Glaufos 117. 235
Gleer 339
Gna 346
Gor 345
Gorgo, Gorgonen . . 210 f.
Gorgophone 104
Gottheiten, olympische zwölf 27
  — obere . . 16 f. 143
  — untere . 16 f. 143
Gräen . . . . 211 f. 238
Gratien, Grazien, f. Chariten.
Gritha 352
Grydat 352
Gulltop 346
Gullinburfti 347
Gute Göttin 154
Gyes, Gyges 33
Gyller 346

H.

Hackelbärend, Hackelberg, Haf-
  felblock 344
Hades, Ais, Aides, Aidoneus,
  Pluton 29. 35. 39. 43. 65 f.
  74 f. 143. 164. 196. 233.
                 235. 243
            Abbild. IV.
Hämon 286
Halbgötter, f. Heroen.
Halie 162
Halirrhotios 247
Haloen 81

                          Seite
Hamadryade 146
Harmonia .... 89. 238 f.
Harpokrates, Harpachrut 324 ff.
Harpyien .. 177. 210. 277
Hati 339
Hebe, Juventas 45. 195 f. 287
       Abbild. XII.
Hegemone 194
Heidrun 348
Heimdall 344
Hekabe, Hecuba 287
Hekate ... 78 f. 154. 200
Hekatoncheiren, Centimanen 32 f.
                36
Hektor .. 88. 288. 296 ff.
Hel .. 340. 342. 346. 349
Helena . 254. 288 ff. 304. 307
Helenos 288. 303
Heliaden 119
Helios, Sol 89. 109 f. 178.
               250. 278
       Abbild. VI.
Helle .... 275 f.
Hellen 228. 235. 274
Hemera ... 25. 178. 212
Hephästeen 96
Hephästos, Vulcan 27. 33. 45.
   89. 92 f. 102. 139. 193. 227.
                299. 302
       Abbild. V.
Hera, Here, Juno 27. 35. 39.
   45 f. 53 ff. 66. 88. 92. 99.
   126. 133. 144. 160. 172. 193.
   195. 245. 256. 259. 267.
               275. 287
       Abbild. III.
Herakles, Hercules 36. 46. 54.
   59 f. 69. 89. 94. 104. 116.
   140. 172. 195. 224. 226. 229.
   243. 245. 255 ff. 275. 280
       Abbild. XXII.
Herakliden 268
Heraunhi Affana ... 359
Herfa, Hirfe, Hurfe .. 345
Hermapollon 149
Hermaphrodit .. 99. 140
Hermathene 149
Hermen, Hermensäulen.. 149

                          Seite
Hermes, Mercur 27. 30. 45 f.
   74. 75. 133. 156 f. 158. 180.
   187. 193. 227. 230. 233.
               247. 256
       Abbild. IX.
Hermino 337
Hermione 310
Hermodur 346
Heroen, Halbgötter, Helden 12.
   17. 28. 221 f. 367
Herse 247
Heru 353
Hestone 265
Hespere 172
Hesperiden ... 171. 262
  — äpfel ... 171 f.
  — gärten 171
Hestia, Vesta 22. 27. 35. 39.
   84 ff. 107. 158
       Abbild. IV.
Hilaeira 290
Hilde 348
Himeros 98. 187
Hinde, kerynitische ... 260
Hippia 106
Hippo 168
Hippodamia ... 253. 271
Hippokampen 60
Hippokontiden 265
Hippokrene 173
Hippolyte 262. 271
Hippolytos 99
Hipponoos 282
Hippotes 181
Hippothoon 60
Hiufi 339
Hlin 346
Hnoß 345
Hofhwarfnir 346
Höbhr 345
Hönir 341
Holla 354
Homa 361
Horatius Cocles 313
Horen 45. 55. 142. 144 f. 176. 227
       Abbild. XXI.
Horus, Arori, Arouris 317. 320.
               322. 324

Seite

Hospitalis ... 52
Hräswelgr ... 340
Hrimthursen ... 336. 342
Hrimfart ... 340
Hrodwitnir ... 339
Hrigin ... 349. 351
Hwergelmir ... 336
Hyakinthien ... 120
Hyakinthios ... 119
Hyakinthos ... 120
Hyaden, s. Nymphen.
Hyas ... 170
Hydra von Lerna ... 259
Hygiea ... 107. 198 f.
Abbild. XV.
Hylas ... 276
Hyläos ... 152
Hymen, Hymenäos 89. 118. 134. 190 f.
Abbild. XII.
Hymnia ... 125
Hyperion ... 33. 114. 178
Hypermnestra ... 231
Hypnos, Somnus ... 213
Hypsipyle ... 276. 284

J.
Janus ... 38. 146 f.
Abbild. IX.
Japetos ... 33. 225
Jarnwidr ... 339
Jasion ... 81
Jason ... 273. 274 ff.
Jdas ... 273. 290
Jdomeneus ... 290 f. 307
Jdalia ... 98
Jdunn ... 345. 348
Jkarios ... 292
Jkaros ... 252
Jkelos ... 214
Jlithyia, s. Eileithyia.
Inachos 54. 60. 228. 229 f.
Jnira ... 358. 365 f.
Jnquio ... 337
Jno ... 163. 238. 275
Inseln der Seligen ... 71
Jnuus ... 152
Jo ... 54. 118. 139. 230

Seite

Jobates ... 235 f.
Jogi ... 357
Joh, Pioh ... 317
Jokaste ... 241 f. 281
Jolaos ... 260
Jole ... 266
Jon ... 118. 228. 247
Jörd ... 340. 345
Jphigeneia, Jphigenia 19. 294 f. 309
Jphikles ... 256
Jphis ... 282
Jris ... 55. 177. 292
Abbild. XII.
Jrmin ... 353
Jrmincot ... 343
Jrminsul ... 353
Jsis, Mot 315. 317 f. 319 f. 321 ff.
Abbild. XXV.
Jsmene ... 242. 281
Jstio ... 337
Jtys, Jtylos ... 248
Julus ... 99
Juno, s. Here.
Junonia ... 55
Jupiter, s. Zeus.
Juventas, s. Hebe.
Jxion ... 71 f. 245
Jynx ... 54

K.
Kadmos 8. 17. 133. 163. 238 f. 275
Kalais ... 210. 275
Kalchas ... 293 f. 297 f.
Kalenki awatara ... 359
Kalliope ... 118. 174. 190. 243
Abbild. XIX.
Kallirrhoë ... 169
Kalliste ... 123
Kallisto ... 127
Kalypso ... 169. 312
Kamadewa ... 366
Kanobus ... 327. 331
Kapaneus ... 232. 282 f.
Karneen ... 120
Karneios ... 120

	Seite
Karpo	144
Kassandra	287 f. 307. 308
Kassiopea	233
Kastalia	172
Kastor	273. 275. 288. 290
Katachthonios	66
Kekrops	17. 183. 246
Kekropia	246
Kekropiden	247
Keleos	80
Kelāno	210
Kephalos	179. 248
Kepheus	230. 233. 265
Kephissos	166
Kerberos	69. 74. 262 f.
Keren	92
Kerkyon	269
Keryr	247
Keto	210 f.
Kilix	236
Kirke, Circe	153. 311
Kleitos	179
Kleta	193
Klio	174

Abbild. XVIII.

Klotho	187. 203
Klymene	225
Klytämnestra	208. 289. 295. 308
Knidia	98
Knuph, Knuphis	316
Kolytos	69
Komos	157
Kora, s. Persephone.	
Koronis	118. 196
Korybanten, s. Kureten.	
Kottos	33
Kreon	279. 283. 286
Kreusa	118. 249. 279
Krischna	360. 367
Krischnaïten	360
Kroniden	36
Kronion, Kronide	43
Kronos	29 f. 32 f. 35 f. 38. 43. 68. 71. 84. 225. 245.

Abbild. I.

Kumar	365
Kureten, Korybanten	35. 41. 118

	Seite
Kybela	42
Kybele, Kybebe	39 f. 154. 158 f.
Kyklopen	25. 32. 68. 116. 310
Kyknos	89. 119
Kyllenios	137
Kynthia	123
Kynthios	109
Kypris	98

L.

Labdakos	239. 241. 248
Labyrinth	261
Lachesis	187. 203
Ladon	172
Laërtes	292
Laga	345. 352
Laïos	241 f. 281
Lakedämon	232
Lakschmi	360
Lampetia	119
Laodamia	236
Laokoon	305 f.

Abbild. XIV.

Laomedon	58. 116.
Lapithen	
Laphria	123
Lar, Lare, Laren	140. 218 f.
Lararium	
Larven	34.
Latona, s. Leto.	
Learchos	
Leda	
Lemnios	
Lemuren	
Lethe	
Leto, Latona	46. 54. 72.
Letoïdes	
Letsete	
Leukippos	
Leukophryne	
Leukosia	
Leukothea	163 f.
Liber	
Libitina	
Libya	
Lichas	
Ligeia	

Seite

Limnäa 123
Limnaden, f. Nymphen.
Limoniaden, f. Nymphen.
Linos 243. 257
Liosalfar, Lichtelfen . . . 344
Lips 182
Liten . . . . 207 f.
Lobur, f. Loki.
Loki, Lobur, Loptr . . 340 f.
Lofe 345
Loptr, f. Loki.
Löwe, kitharonischer . . . 258
— nemeischer 259
Lubentina 77
Lucifer 178. 180
Lucina 57
Luna, f. Selene.
Lupercalien 153. 313
Lyäos 132
Lykaon . . . . 48 f.
Lykeia 123
Lykomedes 272. 292
Lykos . . . . . 240 f. 249
Lykurgos 134. 284
Lynkeus . . 231. 273. 290

M.

Machaon 308
Mahadewa 360
Maia 46. 136. 154
Manar 366
Manen 220
Mani 339
Mannus 337
Mänaden . . 134. 239. 244
Mäon 40
Mariatale 361
Maritschi 359
Mars, f. Ares.
Marspiter 90
Marsyas 117
Matronalien 56
Mechanitis 106
Medea . . . . 269. 278 f.
Meditrina 199
Meditrinalien 199
Medusa 60. 106. 210 f. 233 f.
Megära 34. 209

Seite

Megalesien 42
Megapenthes 334
Melampus 232
Melanion 282
Melanippe 60
Meleagros 89. 127. 272 f. 275
Melete 172
Melifertes 164. 275
Melische Nymphen, f. Nymphen.
Melolosis 169
Melpomene 174
Abbild. XVIII.
Memnon 179. 302
Memnonssäule 179
Mendes 316
Menelaos . 254 f. 289 f. 307
Menoikeus 241. 285
Menötios 225. 293
Mercur, Mercurius, f. Hermes.
Meru 359. 368
Metagnitnien 121
Metion 249
Metis . . 36. 45. 102. 142
Midas 42. 117. 150
Midgard 341
Mimallonen 134
Mimir . . . . 342 f.
Minerva, f. Athene.
Minos 73. 134. 224. 249 f. 270
Minotauros . . . 250 f. 270
Mista 351
Mneme 172
Mnemosyne 33. 46. 172. 176
Mnevis, f. Apis.
Modgudhr 350
Möra, Mören, Parzen 142. 200.
202 f. 302
Möragetes 203
Momus 214
Abbild. XV.
Morpheus 214
Mors, f. Thanatos.
Mot, f. Isis.
Mulciber 92
Mundelföri 339
Munin 351
Munychia 123
Munychien 126

Seite

Rufus 244
Musagetes . . 113. 114. 173
Museien 173
Musen 46. 125. 164. 172. 195
Muspelheim . . . 336 f.
Mutinus 149
Myrrha 99
Myrtilos . . . . . 253 f.
Mysterien, Geheimnisse und Geheimdienste 11. 42. 71. 244. 315
— eleusinische 11. 67. 71. 76 f. 82 f.
Mythos und Mythologie . 8

N.

Nachtmar, f. Alb.
Naglfari 340
Najaden, f. Nymphen.
Nanda 360
Nanna 345
Napäen, f. Nymphen.
Naraba 359. 365
Narkissos . . . . . 170 f.
Narfi, f. Nörwi.
Nastrund 350
Nauplios 231
Neith, Neitha . 315 f. 319 f.
Neleus 60. 275
Nemesis, Adrasteia . . 204 f.
Nemeseen 205
Neoptolemos . 292. 303. 307
Nephele 245. 275
Nephthys 317. 320
Neptun, Neptunus, f. Poseidon.
Nereiden 62. 65. 161 f. 169. 233
Nereus . . . 65. 160. 161 f.
Neri 339
Nerthus . . . . . 353 f.
Nesaie 162
Nessos 266
Nestor . . . . 60. 291 ff.
Neverita 65
Niflheim 336
Nike, Victoria . . 106. 201
Abbild. XXIV.
Niobe . 117. 128. 241. 252

Seite

Nisos 249
Nördhr 344
Nomios 109
Nordri 338
Nornen 343. 348
Nörnis 349
Nörwi, Narfi 340
Notos . . . . . 178. 181 f.
Nott 339
Nor, f. Nyr.
Numa Pompilius 85. 87. 91. 148 f.
Nuptialis 52
Nykteus . . . . . 239 f.
Nymphäen 167
Nymphen 28. 34. 58. 133. 151. 160. 162. 164. 166
Abbild. XVII.
Nysa 133
Nyr, Nor . . . 25. 212 f.

O.

Odhrärir 349
Odin 338. 341. 343 f. 350 f.
Odysseus, Ulisses 70. 107. 165. 180 f. 292 ff. 301 ff. 310 ff.
Oear 231
Oedipus . . . 241 f. 281
Oeneus 266. 272
Oenomaos 89. 253
Oenyges 228
Oikles 265. 282
Oileus, f. Aias, Oileus' Sohn.
Olaleia 231
Okeanos, Oceanus 28 f. 33. 36. 45. 60. 65. 160 f. 162. 210. 245
Okeaniden, f. Nymphen.
Olypete 210
Olympia, olympisches Gefild 7. 49. 56. 142
Olympiade 51. 63
Olympos 7. 27. 43
Omphale 284
Onar 340
Oneiros 214
Onuphis, f. Apis.
Opheltes 284

Seite

Opis, Upis 123
Ops . . . . . 38 f. 154
Orakel . . . 14. 241 f. 253
— delphisches 14. 109. 121 f.
142. 237. 249. 264
Dreaben, f. Nymphen.
Dreithyia 183. 248
Drestes 131. 208. 295. 308 f.
Orion 128. 179
Orfus . . . . 65. 67 f. 263
Orpheus 69. 113. 118. 165. 168.
243 f. 245. 275
Orthia, Orthosia . 123. 131
Oschophorien 272
Osiris . . . . 317 f. 319 ff.
Abbild. XXVI.

P.

Pääon, Päan . 109. 113. 196
Palamedes . . 140. 231. 292
Palämon 164
Pales 158
Palilien . . . 158. 313
Pallabium . 58 f. 107 f. 303 f.
Pallantiden 269
Pallas Athene, f. Athene.
Pallas, Gigant . . . 201
Pallas, Erechtheus' Sohn . 249
Pan . . 54. 117. 150 f. 158
Abbild. XIV.
Panathenäen 96. 108 f. 247. 272
Pandion 207. 249
Pandrosos 247
Pane, Panisken . . . 152 f.
Panisches Schrecken . . . 151
Pandora 227
Paphia 98
Paramasuara 360
Parias 361
Paris 55. 99. 101. 254. 287 f.
302. 304
Parthenopäos . . . 89. 282
Parthenope 164
Parthenos 106
Paruscha 358
Parzen, Parcen, f. Mören.
Pasiphaë 250
Pasithea 162. 193

Seite

Patroklos . . . 293 f. 298 f.
Par, f. Eirene.
Pégasos 60. 105. 178. 180.
211. 236
Abbild. XVII.
Perithoos . . 245. 271. 275
Peitho, Suaba, Suabela 98. 184.
194
Peleus 205. 245. 265. 273. 275.
287. 292
Pelias . . . . . 60. 274 f.
Pelops . 51. 224. 252 f. 288
Pelopiden 254
Penaten . . . . . 218 f.
Peneios 166
Penelope 292. 312
Penthesilea . . . . 300 f.
Pentheus . . . . . 239 f.
Pephredo 211
Periklymenos 265
Periphetes 269
Persephone, Proserpina, Kora
29. 46. 67 f. 73. 74 f. 79 f.
98. 120. 143. 164. 189. 243.
272
Abbild. IV.
Perses 78
Perseïs 250. 278
Perseus 104. 211 f. 224. 232 ff.
254. 256
Personification . . . 12
Phäaken 312
Phädra 250
Phaënna 193
Phaëton . . . . . 118 f.
Phaetusa 119
Phantasos 214
Pheme, Fama 207
Pherusa 162
Philemon . . . . 47 f.
Philoftetes 267. 295. 303 f.
Philomele . . . . 247 f.
Philyra 245
Phineus . . 210. 230. 277
Phöbe 33. 123. 290
Phöbos, f. Apollon.
Phobetor 214
Phobos 89. 92

Seite

Phö... 236
Phorkys . . . 164. 210 f.
Phra, f. Ra.
Phriros . . . . . 275 f.
Picumnus . . . . . 153 f.
Picus . . . . . . 153 f.
Pieriden, Pierinnen . 172
Pieros 172
Pilastha 359
Pilumnus . . . . 153 f.
Pimpla, Pimplea . . 172
Pittheus 268
Plejaden, f. Nymphen.
Pleisthenes 254
Pleraure 168
Pluton, f. Hades.
Plutos 81
Pobarge 210
Pobarkes 265
Polias 106
Pollux, f. Polydeukes.
Polybos . . . . . 241 f.
Polybotes 58
Polydektes . . . . 233 f.
Polydeukes, Pollux 273. 275.
277. 288. 290
Polydoros . . . . 238 f.
Polyhymnia, Polymnia . 175
Abbild. XX.
Polyneikes . . . 242. 281 f.
Polyphemos . . . 60. 310 f.
Polyphonte 99
Polytheismus, Vielgötterei 10
Pomona 146. 153
Pöna 205
Pontos . . . . 25 f. 60. 161
Poseidon, Neptunus 23. 27. 35.
39. 43. 51. 57. 80. 85.
117. 139. 160 f. 162. 211.
233 f. 236. 247. 253. 261 f.
264. 310 f.
Abbild. III.
Potamiden, f. Nymphen.
Pothos 98. 183. 187
Priamos 265. 286 ff. 300. 307
Priapos . . . . 134. 149 f.
Prötos . . . . 231 f. 234
Prokne . . . . . . 247 f.

Seite

Prokris 170. 248
Prokrustes 240
Prometheus 95. 214 f. 225 f.
Pronuba 53
Proserpina, f. Persephone.
Proteus . . . . . . 160 f.
Promno 168
Psyche . . . . 183 f. 187 f.
Abbild. XI.
Psychopompos 137
Ptha, Pthas 116
Pulaha 359
Pyanepsien 272
Pylades . . . . . . 300 f.
Pylos 249
Pyriphlegeton 69
Pyrrha 44. 228
Pythia 121
Pythios 109. 116
Python . . . 116. 122. 126

R.

Ra, Phrah 317
Rabha 360
Ragnaröf 346
Rea Sylvia 87
Remus 87. 318
Rhadamanthys . . 73. 249
Rhamnusia 304
Rhea, griechisch 33. 35. 38 f.
43. 68. 84. 130. 245
Abbild. I. II.
— ägypt. . . . 317. 319
Rhode 65
Rhodeia 169
Riesen . 342 f. 348. 351. 367
Rindr . . . . 344 f. 352
Rischis 359
Rista 341
Romulus . . 87. 148. 318
Rudras 368
Runen 351

S.

Sägr . . . .
Salacia . . . . . .
Salier . . . . . .
Samia . . . . . .

Seite

Saniasii 357
Saraswarti 359
Sarpedon . . . 236. 249 f.
Satire 156
Saturnalien 39
Saturnia 38
Saturnus 30. 35. 38 f. 147. 152. 157
Satyrisken 156
Satyrn 133 f. 155 f. 158. 167
    Abbild. XIV.
Sau von Krommyon . . 269
Sarnot 353
Schamadagini 361
Schicksalswage . . . 302
Schiwa, s. Siva.
Schiwawarti 360
Selene, Luna 78. 123 f. 128 f. 178
Semele 46. 133. 154. 163. 238
Semnai, s. Erinnyen.
Serapeion 327
Serapis, Sarapis 315. 326 f.
    Abbild. XXVI.
Servius Tullius . . . 132
Sessrumnir 347
Seth, s. Typhon, ägypt.
Sibylla 117
Siba 55
Sieben gegen Theben 89. 280 ff.
Sif 352
Silenos, Silenus 133 f. 156. 158 f.
Silfintoppr 346
Silvanus . . . . . 157 f.
Simul 339
Sinnr . . . . . : . 346
Sinis 269
Sinon 306
Sintier 93
Siöfn 346
Sirenen 164 f. 173. 244. 312
    Abbild. XVI.
Sisyphos . . . 71. 235
Siva, Schiwa . . . 358 ff.
Skada 352
Skjedbrimner 346
Skinfari 340

Seite

Skiron 269
Skylla 312
Sköll 339
Skulb 343
Sleipnir 346
Slidhr 350
Snotra 346
Sochos, Sok 317
Sol, lateinisch, s. Helios.
Sol, altdeutsch 339
Somnus, s. Hypnus.
Son, Chon 317
Soteira 106
Sothis, Suroth . . . 330
Sparten 238
Sphinx . . . . 242. 330 f.
Spiele, apollinarische . . 122
— isthmische 23. 51. 62. 269
— markalische . . . 90
— nemeische 11. 23. 51. 284
— olympische 11. 23. 50
— pythische . . . 23. 51
Sporkel 346
Spurkalien 346
Spurke 346
Stator 52
Steropes 33
Stheino 210
Sthenelos . . . 254. 256
Sthenoböa . . . 232. 235
Stier, kretischer . . 261
— marathonischer 261. 270
Stymphaliden . . . 261
Styr . . 27. 69. 177. 201
Suaba, Suadela, s. Peitho.
Subri 338
Summanus 65
Surot, s. Sothis.
Surya 351
Swartalfar, Schwarzelfen . 344
Swasudhr 340
Symplegaden 277
Syrinx 150

Seite

T.

Tantalos . 51. 71 f. 241. 252
Tarquinius 117
Tartaros 25. 27. 29. 36. 55.
     58. 71 f. 160. 213. 231
Taurische Artemis 131. 209. 304
Teiresias 311
Telamon . . . 265. 300
Teleia, Teleios . . . 53
Telemachos . . . 292. 312
Telephassa 236
Telephos . . . 293 f. 303
Telesphoros 199
     Abbild. XV.
Telesto 169
Tellus, Terra, s. Gäa.
Tereus 248
Terminalien 149
Terminus 149
Terpsichore 176
     Abbild. XXI.
Terra, s. Gäa.
Tethys 33. 60. 65. 160 f. 162
Thalassios 191
Thalia . . . 118. 175
     Abbild. XVIII.
Thallo 144
Thalysien 81
Thamyris . . . 173. 243
Thanatos, Mors 213. 215 f. 235
Thargelien 121
Thaumas . . . 177. 210
Theia 33. 178
Themis 33. 45. 115. 142 f. 144
     Abbild. X.
Theophane 60
Thersites 301
Theseus 63. 104. 108. 121. 194.
   224. 245. 251. 264. 268 ff.
     273. 275. 283. 289
     Abbild. XXV.
Thesmophorien . . . 80 f.
Thesmophoros . . . 79 f.
Thestios 258
Thetis 142 f. 161. 287. 292.
         297. 300
Thir 353

Seite

Thoë 162
Thoosa 60
Thor, Donar . . . 344. 352
Thot, Thut . . . 317. 328
Thrudgelmir 338
Thyaden 134
Thyene 170
Thyestes . . . . . 253 f.
Tisiphone 34. 209
Titäa 172
Titan 110
Titanen 25. 22. 36. 43. 57. 64.
   68. 104. 128. 160. 178. 225
Tithonos 179. 302
Tityos . . . . . . 71 f.
Triäna, Tridens, Dreizack 61
Tridens, s. Triäna.
Triptolemos 80
Triton, Tritonen 62. 64 f. 162 f.
     Abbild. XVI.
Tritonia 102
Tritogeneia 102
Troia, Troja, Ilion 55. 58. 61.
      104. 265. 286 ff.
Troilos 296
Tuisco, Tuisto . . . 337
Tyche, Fortuna . . 200. 203
     Abbild. XVII.
Tydeus . . . 282 f. 301
Tyndareos . . . 265. 289
Typhon, Typhoeus, griechisch 36.
        140. 204
— ägyptisch, Seth 317. 320
Tyr, Ziu . . 345. 353. 357
Tyro 60

U.

Ubr, Aubr 340
Ullar 345
Uliffes, s. Odysseus.
Urania 173. 175
     Abbild. XX.
Urania Aphrodite 90. 97. 100
Urania Themis . . . 142
Uraniden . . . 33 f. 36
Uranos, Coelus 25. 29. 32 f.
     40. 142. 160 f. 172
Urd 343

B.

	Seite
Basus	358
Bejovis	65
Beneralien	100
Benilia	85
Benus, f. Aphrodite.	
Bertumnalien	146
Bertumnus	146
Besta, f. Hestia.	
Bestalien	88
Bestalinnen	22. 86 f.
Bictoria, f. Nike.	
Bielgötterei, f. Polytheismus.	
Bließ, goldenes	275
Bolla, f. Fulla.	
Bulcan, Bulcanus, f. Hephästos.	
Bulcanalien	96

W.

	Seite
Wadgelmir	350
Wadrasali	366
Wafthrudnir	336. 343
Walaskialf	347
Walbriderske	344
Walhalla	347
Wali, f. Ali.	
Walküren	347 f.
Wanne	343
Wara	346
Wasischka	359
Wasida Surabbi	366
Waffukels	366
We	338. 341
Werdandi	343
Westri	338
Widar	344

	Seite
Widfinnr	339
Wili	336. 341
Winde	182 f.
Abbild. XXIII.	
Winbloni	340
Winbswalr	340
Wingolf	347
Wischnu	358 f.
Wob	344
Woban, Wuotan	354 f.

X.

	Seite
Xuthos	228. 249

Y.

	Seite
Yggdrasil	341
Ymir	336 ff.
Ysobha	360

Z.

	Seite
Zeitalter, ehernes	44. 142
— eisernes	44
— goldenes	38. 142
— silbernes	44
Zephyros	145. 178. 182 f.
Abbild. XXIII.	
Zetes	210. 275
Zethos	240 f.
Zeus, Jupiter	23. 27. 29. 32. 35 f. 37 f. 39. 42 f. 53 f. 66. 88. 92. 102. 126. 133. 136. 139. 142. 144. 163. 172 f. 184. 193. 195. 200 f. 207 f. 216. 226. 228. 230. 235 f. 256
Abbild. II.	
Ziu, f. Thr.	
Zygia	53

Allegorische Bilder.

	Seite
Ackerbau	369
Alter	—
Die vier Stufen des menschlichen Alters	—
Mittalter (die vier)	370
Anbacht	370
Anmuth	—
Arbeitsamkeit oder Fleiß	—
Arglist	—
Arithmetik	—

	Seite
Arzneikunde	370
Astronomie oder Sternkunde	—
Baukunst	371
Barmherzigkeit	—
Bescheidenheit (Demuth)	—
Beredtsamkeit, s. Redekunst.	
Beständigkeit (Standhaftigk.)	—
Bildhauerkunst	—
Botanik oder Kräuterkunde	—
Buchdruckerkunst	—
Chemie oder Scheidekunst	—
Dankbarkeit	372
Dichtkunst	—
Duldung oder Toleranz	—
Ecloge, s. Idylle	—
Eintracht	—
Eitelkeit	—
Elegie	—
Elemente, die vier	—
Epopöe	373
Ehre	—
Erdbeschreibung	—
Erstaunen	—
Ewigkeit	—
Fabel	374
Fleiß, s. Arbeitsamkeit.	
Fortuna, s. Glück.	
Freigebigkeit	—
Freiheit	—
Freude	—
Freundschaft	—
Friede	—
Fröhlichkeit	—
Fruchtbarkeit	375
Furcht und Schrecken	—
Gartenbau	—
Gerücht (Fama)	—
Geduld	—
Gei...	
...ie, s. Erdbeschreibung.	
...ie (Messkunst)	—
Gluck, G...	
Großmuth	—
Heil, s. Gesundheit.	

	Seite
Heuchelei	376
Hoffart, s. Eitelkeit.	
Hoffnung	—
Jahr	—
Jahreszeiten, die vier	377
Idylle (Ecloge)	—
Ingenieur- (Kriegsbau-) Kunst	—
Jugend	—
Kaufmannschaft	—
Keuschheit	—
Klugheit	378
Komödie	—
Krieg	—
Kriegsbaukunst, s. Ingenieurkunst.	
Kunstgeist	—
Kupferstecherkunst	—
Liebe	—
Elternliebe	—
Gattenliebe	—
Geschwisterliebe	379
Kindliche Liebe	—
Mäßigkeit	—
Malerkunst	—
Meßkunst, s. Geometrie.	
Mildthätigkeit, Mitleiden, s. Barmherzigkeit.	
Monate, die zwölf des Jahres	—
Nacht	380
Natur	—
Naturlehre (Physik)	—
Neid (Mißgunst)	—
Nemesis, s. Strafe.	
Ode	—
Philosophie	—
Physik, s. Naturlehre.	
Plauderhaftigkeit (Schwatzhaftigkeit)	381
Prägekunst	—
Rechenkunst, s. Arithmetik.	
Rechtsgelahrtheit	—
Redekunst (Beredtsamkeit)	—
Reiche, die drei der Natur	—
	382

Seite

Ruhm 382
Satyre . . . . —
Sanftmuth . . . . . . —
Schauspielkunst (das Drama) —
Scheidekunst, s. Chemie.
Scherz, s. Fröhlichkeit.
Schiffskunst und Schiffsbau-
  kunst . . . . —
Schlaf 383
Schönheit . . . . . . —
Schrecken, s. Furcht.
Seele . . . . —
Sieg (Victoria) . . . . —
Sinne, die fünf . . . . —
Spott (Tadelsucht) . . . 384
Standhaftigkeit, s. Beständig-
  keit.
Sternkunde, s. Astronomie.
Strafe, die göttliche . . —
Tadelsucht, s. Spott.
Tag . . . . —
Tage, die sieben der Woche . --
Tanzkunst 385
Tapferkeit . . . . . . —
Temperamente, die vier . —

Seite

Tod 385
Toleranz oder Religionsdul-
  dung, s. Duldung.
Tonkunst . . . . . . —
Träume . . . . —
Tragödie . . . . . . —
Treue 386
Ueberfluß, s. Fruchtbarkeit.
Unbeständigkeit . . . . —
Ungerechtigkeit . . . . —
Unschuld . . . . . . —
Vaterlandsliebe . . . . —
Verschwiegenheit . . . . —
Verleumdung . . . . . —
Verzweiflung . . . . . —
Viehzucht . . . . . . —
Wachsamkeit . . . . . —
Wahrheit . . . . . . —
Weisheit . . . . . . —
Weinbau 387
Welttheile . . . . . . —
Wit . . . . —
Zeichenkunst . . . . . —
Zeit . . . . —
Zorn . . . . —